# 독자의 1초를
# 아껴주는 정성을
# 만나보세요!

세상이 아무리 바쁘게 돌아가더라도 책까지 아무렇게나 빨리 만들 수는 없습니다.
인스턴트 식품 같은 책보다 오래 익힌 술이나 장맛이 밴 책을 만들고 싶습니다.
땀 흘리며 일하는 당신을 위해 한 권 한 권 마음을 다해 만들겠습니다.
마지막 페이지에서 만날 새로운 당신을 위해 더 나은 길을 준비하겠습니다.

## 길벗 IT 도서 열람 서비스

도서 일부 또는 전체 콘텐츠를 확인하고 읽어볼 수 있습니다.
길벗만의 차별화된 독자 서비스를 만나보세요.

더북(TheBook) ▶ https://thebook.io

더북은 (주)도서출판 길벗에서 제공하는 IT 도서 열람 서비스입니다.

## 코딩 자율학습 **컴퓨터 구조와 운영체제**
Introduction to Computer Architecture and Operating Systems

**초판 발행** · 2025년 5월 12일

**지은이** · 기술노트알렉
**발행인** · 이종원
**발행처** · (주)도서출판 길벗
**출판사 등록일** · 1990년 12월 24일
**주소** · 서울시 마포구 월드컵로 10길 56(서교동)
**대표 전화** · 02)332-0931 | **팩스** · 02)323-0586
**홈페이지** · www.gilbut.co.kr | **이메일** · gilbut@gilbut.co.kr

**기획 및 책임편집** · 정지연(stopy@gilbut.co.kr) | **제작** · 이준호, 손일순, 이진혁
**마케팅** · 임태호, 전선하, 박민영, 서현정, 박성용 | **유통혁신** · 한준희 | **영업관리** · 김명자 | **독자지원** · 윤정아

**교정교열** · 이미연 | **디자인 및 전산편집** · 책돼지 | **출력 및 인쇄** · 금강인쇄 | **제본** · 경문제책

- 이 책은 저작권법의 보호를 받는 저작물로 이 책에 실린 모든 내용, 디자인, 이미지, 편집 구성은 허락 없이 복제하거나 다른 매체에 옮겨 실을 수 없습니다.
- 인공지능(AI) 기술 또는 시스템을 훈련하기 위해 이 책의 전체 내용은 물론 일부 문장도 사용하는 것을 금지합니다.
- 잘못 만든 책은 구입한 서점에서 바꿔 드립니다.

**ISBN** 979-11-407-1334-9 93000
(길벗 도서번호 080423)

정가 26,000원

---

**독자의 1초를 아껴주는 정성 길벗출판사**

**(주)도서출판 길벗** | IT단행본&교재, 성인어학, 교과서, 수험서, 경제경영, 교양, 자녀교육, 취미실용
www.gilbut.co.kr

**길벗스쿨** | 국어학습, 수학학습, 주니어어학, 어린이단행본, 학습단행본
www.gilbutschool.co.kr

**페이스북** · https://www.facebook.com/gbitbook
**코딩 자율학습단** · https://cafe.naver.com/gilbutitbook

코딩 자율학습

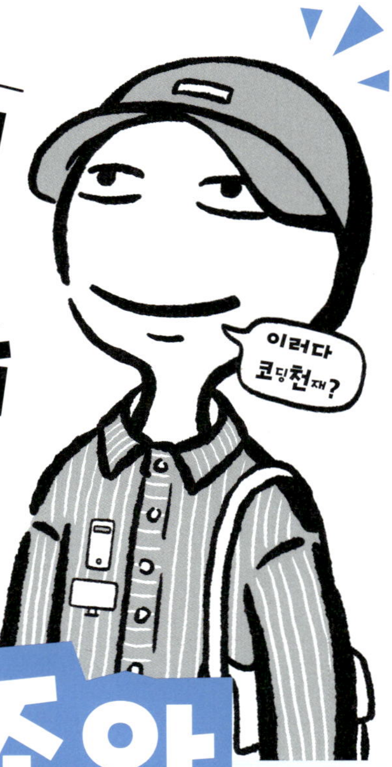


# 컴퓨터 구조와 운영체제

이해하기 쉽게
체계적으로 정리한 CS 자습서

기술노트알렉 지음

길벗

## 베타 학습단의 한마디

간지러운 부분을 잘 긁어 주는 책입니다. 내용이 잘 정리되어 있고, 책을 읽으면서 '이건 뭐지?'라는 생각이 드는 부분을 읽기 쉽게 설명해 줍니다. 중간중간 나오는 TIP이나 NOTE는 학습 내용을 다시 한번 기억나게 합니다. 기초가 탄탄한 분은 물론, CS 지식이 전무한 사람도 읽기 좋은 책입니다. 책이 출간되면 주변에 추천해 주고 싶습니다! _남건우

이 책을 읽으면서 컴퓨터 구조와 운영체제의 개념을 차근히 정리할 수 있었습니다. 특히 장별로 퀴즈가 있어 마지막에 내용을 다시 정리하는 데 도움이 되었습니다. 이 책 덕분에 핵심 개념을 더 확실하게 이해할 수 있었고, 전체 흐름을 잡는 데 유용했습니다. _권두현

이 책은 컴퓨터 구조와 운영체제에서 알아야 하는 핵심 내용을 정리하고 있습니다. 난도가 너무 높아서 흥미와 자신감을 잃게 만드는 기존 서적과 달리 기초 지식이 없는 독자도 충분히 이해할 만큼 내용을 쉽게 풀어 설명합니다. 각 기술 용어와, 해당 기술이 어떻게 동작하는지에 대해 설명하며 '누구나 이해시키리라'라는 저자의 생각이 엿보였습니다. 어렵고 지루할 수 있는 컴퓨터 구조와 운영체제를 제대로 이해하도록 신경을 많이 쓴 것 같습니다. 각 장이 끝나면 배운 내용을 상기하고 복습할 수 있는 퀴즈도 있어, 해당 내용을 제대로 기억하는지 스스로 확인할 수 있습니다. 기술 면접과 실무를 대비하기에도 충분한 책입니다. _박재현

이전에는 컴퓨터 구조와 운영체제가 다소 어렵고 멀게만 느껴졌습니다. 하지만 이 책으로 하나하나 개념을 쌓아가며 점차 원리가 이해되는 신기한 경험을 했습니다. 기초 개념부터 실무에 필요한 심화 주제까지 체계적으로 구성되어서 단계별로 학습할 수 있었습니다. Part 1에서는 후속 내용을 이해하는 데 필요한 기초를 확립할 수 있었고, Part 2에서는 컴퓨터의 핵심 원리를 깊게 배울 수 있어 좋았습니다. Part 3에서는 실무에서 반드시 알아야 하는 운영체제의 중요한 개념을 다뤄 만족스러웠습니다. 컴퓨터 구조와 운영체제에 막연한 어려움을 느끼는 분, 또는 기본 개념은 알고 있지만 더 깊이 있는 내용을 배우고 싶은 분께 강력히 추천합니다. _서윤수

좀처럼 잡기 힘든 컴퓨터 구조와 운영체제의 개념을 명료하게 정의하고 있습니다. 컴퓨터 구조와 운영체제는 개발자, 엔지니어로서 시야 확장을 위해 꼭 필요한 개념입니다. 그 시작이 되어 줄 책입니다. _신유라

프로그램을 구현할 때, 특히 새로운 언어나 프레임워크를 다룰 경우 버그를 자주 접합니다. 근래에는 ChatGPT와 같은 LLM을 통해 상당수 문제를 해결할 수 있지만, 보안 문제 등으로 해결이 어려운 경우가 종종 존재합니다. 이 책은 하드웨어/소프트웨어 분야를 전체적으로 다루어 프로그램을 개발할 때 발생하는 문제의 근본적인 원인을 사고하고 해결할 수 있도록 도와줍니다. _이헌효

이 책은 컴퓨터 구조와 운영체제의 핵심 개념을 알기 쉽게 정리해 줍니다. 처음 접하면 어려울 수 있는 개념을 쉽고 체계적으로 설명합니다. 컴퓨터 구조를 처음 접하는 학습자도 부담스럽지 않은 구성으로, 필수 내용을 빠짐없이 다루고 있습니다. 복잡한 내용의 경우 그림과 함께 번호를 명시해 주어 순차적으로 따라가 보면서 이해할 수 있게 작성된 점이 특히 좋았습니다. 전공 책을 보면 매우 딱딱하고 읽기가 어려운데, 전공 책을 읽기 전에 이 책을 미리 읽으면 개념 잡기도, 이해하기도 더 쉬울 것 같습니다. _**임재곤**

컴퓨터 구조와 운영체제에 대한 핵심 개념을 체계적으로 정리한 책입니다. 장별로 세부 내용을 꼼꼼하게 다루어, 단순한 개념 설명에 그치지 않고 실질적인 이해를 돕는 점이 인상적이었습니다. CPU, 메모리, 파일 시스템 등 주요 개념을 탄탄하게 설명해 줘서 기본기를 다지는 데 큰 도움이 되었습니다. 또한, 운영체제 파트에서는 프로세스 관리, 동기화, 스케줄링 등의 주제를 깊이 있게 다루어 기술 면접을 준비하는 데도 유용할 것 같습니다. CS 기초를 제대로 정리하고 싶은 분, 특히 CS 지식을 단기간에 집중적으로 학습하고 싶은 분께 강력 추천합니다! _**정윤성**

대학교 수업 시간에 들었던 컴퓨터 구조, 운영체제, 디지털 공학 수업을 압축한 듯한 책이었습니다. 컴퓨터 구조와 운영체제가 이해되지 않는 분, 또는 내가 배운 내용을 스스로 검증해 보고 싶은 분께 추천합니다. _**최동근**

학부 시절 교수님의 열정 덕에 열심히 공부한 기억은 있지만, 세월이 흐르며 잊어가던 개념을 이 책으로 다시 만났습니다. 기술 서적은 특히 오래된 지식을 복기하기에 부담스럽기 마련인데, 이 책은 복잡한 이론을 단계적으로 나눠서 설명해 주는 점이 인상적이었습니다. IT 교재는 지루하거나 난해하기 마련인데, 이 책은 주제별로 적절히 분량을 조절해서 독자의 집중력을 유지시킵니다. 책을 읽으며 가장 크게 깨달은 점은 '왜 컴퓨터 구조와 OS를 알아야 하는지'였습니다. 우리가 매일, 매시간 사용하는 기계의 내부가 어떻게 구성되었는지, 어떤 원리로 동작하는지 꼭 이해할 필요는 없습니다. 그러나 단순히 사용할 줄 아는 것을 넘어, 오류가 발생했을 때 '왜 이런 현상이 일어났는지, 내부 구조를 파악해 어디서부터 시도해야 할지'를 추론하는 데 기반이 된다는 것을 알았습니다. 그 점에서 이 책은 큰 가치가 있습니다. _**정현준**

**베타 학습단에 참여해 주신 모든 분께 감사드립니다.**
**여러분의 소중한 의견이 모여 더 좋은 책을 만들 수 있었습니다.**

## 지은이의 말

초등학생 시절 컴퓨터를 접하면서부터 컴퓨터가 너무 좋았습니다. 자연스럽게 컴퓨터를 전공으로 삼게 되었고, 지금까지 프로그래머로서 IT 분야에서 커리어를 쌓아왔습니다. 이 일을 하면서 컴퓨터 구조를 쉽게 풀어 쓰고 싶다는 열망이 있었습니다. 이러한 마음이 길벗 출판사와 맞아 책으로 이어지게 되어 기쁩니다.

직장에서 업무를 수행할 때 컴퓨터 구조와 운영체제를 직접 활용하는 경우는 많지 않습니다. 그런데도 대학에서 컴퓨터 구조와 운영체제를 필수 과목으로 다룹니다. 컴퓨터를 이루는 가장 근본적이면서 중요한 개념을 담고 있기 때문입니다. 컴퓨터 구조와 운영체제는 컴퓨터 관련 전공 지식의 근간을 이루는 과목입니다. 이 지식을 아는 것은 단순히 컴퓨터에 대한 이해를 넘어서, 대규모 시스템을 설계하거나 복잡한 문제를 해결하는 데 강력한 자산이 됩니다.

컴퓨터 구조와 운영체제를 공부하는 과정이 쉽지만은 않을 겁니다. 때로는 답답하고 어렵게 느껴질지도 모릅니다. 지금은 AI가 척척 답을 내놓는 시대라 책이 필요 없다고 생각할 수도 있습니다. 그러나 하나의 분야를 깊이 있게 흐름을 따라가며 전체 맥락 속에서 이해하는 것이야말로 진정한 지식을 쌓는 최선의 방법이라고 믿습니다.

회사에 다니는 동안에도 후배들에게 기술을 설명해 줘야 하는 상황이 많았고, 이 경험을 살려 유튜브에 영상을 올리기 시작했습니다. 그렇게 하나둘 영상을 올리다 보니 〈기술노트with알렉〉 채널에서 5만 명이 넘는 분과 함께하게 되었습니다.

개별 영상으로는 컴퓨터 구조와 운영체제의 전체 체계를 잡기 어려운 점이 있었습니다. 이 책은 그동안 흩어져 있던 지식을 하나의 흐름으로 정리해 더 체계적으로 이해할 수 있도록 집필했습니다. 아무쪼록 이 책이 독자 여러분이 컴퓨터 구조와 운영체제의 세계로 한걸음 더 나아가는 계기가 되기를 바랍니다.

**지은이 소개** **기술노트알렉**

삼성SDS, 한국IBM에서 근무했으며 현재는 아키텍트 및 컨설턴트로 일하고 있습니다. 컴퓨터시스템응용기술사, AWS 프로페셔널 아키텍트 자격을 보유하고 있으며, 〈기술노트with알렉〉 유튜브 채널을 통해 기술 지식을 나누고 있습니다.

- 유튜브 채널: https://www.youtube.com/@with2511
- 인프런 강의: https://www.inflearn.com/users/491366/@alec
- 네이버 카페: https://cafe.naver.com/technotealec

## 책 소개

**컴퓨터 구조와 운영체제, 걱정 마세요.
코딩 자율학습과 함께라면 할 수 있습니다!**

### 대상 독자

이 책은 컴퓨터 공학을 처음 배우기 시작하는 대학 신입생 또는 컴퓨터 구조와 운영체제를 처음 접하는 비전공자, 프로그래밍을 배우며 운영체제의 동작 방식과 컴퓨터 하드웨어 구조를 이해해 더 깊이 있게 학습하려는 분, 소프트웨어 개발 경험은 있지만 운영체제와 컴퓨터 구조의 이론적 지식이 부족한 분, 운영체제 및 컴퓨터 구조 관련 기술 면접이나 자격 시험을 준비하는 분들을 위한 책입니다. 이 책을 공부하고 나면 컴퓨터 구조와 운영체제의 기초 개념을 완벽히 이해하고, 실질적인 문제 해결과 소프트웨어 개발에 적용할 수 있는 능력을 갖추게 됩니다. 또한, 관련 기술 면접 및 시험 준비에 도움이 됩니다.

### 다루는 내용

이 책은 크게 세 부분으로 나닙니다. 1부에서는 컴퓨터 구조와 운영체제의 전반적인 역할과 관계를 이해하고, 컴퓨터가 데이터를 어떻게 표현하고 처리하는지 배울 수 있습니다. 2부에서는 컴퓨터 시스템의 하드웨어 구성 요소들이 어떻게 상호작용하며 동작하는지 이해할 수 있습니다. 3부에서는 시스템 자원을 효율적으로 배분하고, 최적화하는 방법을 배웁니다. 운영체제가 프로세스, 메모리, 파일, 입출력 장치를 관리하는 원리와 기법을 깊이 이해할 수 있습니다.

| 1부 컴퓨터 구조와 운영체제 기초 | 2부 컴퓨터 구조 | 3부 운영체제 |
|---|---|---|
| • 컴퓨터 구조와 운영체제 개요<br>• 데이터와 명령어 | • CPU<br>• 메모리<br>• 보조 기억 장치<br>• 입출력 시스템 | • 운영체제<br>• 프로세스 관리<br>• 동기화<br>• 스케줄링<br>• 메모리 관리<br>• 파일 시스템 |

# 이 책의 구성

개념을 이해하고 충분히 익힐 수 있도록 **개념 소개 → 그림과 표 → 1분 퀴즈 → 마무리** 순으로 공부합니다. 앞서 배운 내용을 반복 학습하며 컴퓨터 구조와 운영체제의 개념을 자연스럽게 익힐 수 있습니다.

### ① 개념 소개
개념을 이해하기 쉽도록 설명

● **라운드 로빈 스케줄링 알고리즘**

라운드 로빈(RR, Round Robin)은 모든 프로세스에 동일한 CPU 시간을 할당되는 시간을 **시간 할당량**(time slice 또는 time quantum)이라 나면 CPU를 반환하고 다음 프로세스로 전환합니다.

라운드 로빈의 작동 방식은 다음과 같습니다.

1. 준비 큐(ready queue)에 도착한 모든 프로세스는 동일한 시간
2. 프로세스는 할당된 시간 동안만 실행할 수 있습니다.
3. 시간 할당량이 끝났을 때 작업을 완료했으면 큐에서 제거하 맨 뒤로 이동해 다시 대기합니다.

이 과정을 반복해 모든 프로세스가 공정하게 CPU 시간을 할당받

### ② 그림과 표
다양한 그림과 표를 활용한 예시

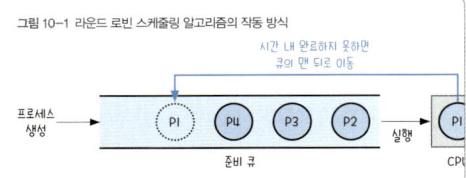

그림 10-1 라운드 로빈 스케줄링 알고리즘의 작동 방식

예를 들어 봅시다. 다음과 같은 프로세스가 있고, 시간 할당량은 4m

표 10-1 프로세스의 도착 시간과 실행 시간

| 프로세스 | 도착 시간 | 실행 시간 |
|---|---|---|
| P1 | 0 | 10 |
| P2 | 1 | 4 |
| P3 | 2 | 7 |

### ③ 1분 퀴즈
간단한 퀴즈를 풀며 배운 내용 바로 확인

**1분 퀴즈**

01. 빈칸에 알맞은 단어를 넣으세요.
   ① _____ 은/는 CPU를 여러 프로세스에 효율적으로 분배하 우선순위로 얼마나 CPU를 사용할지 결정한다.
   ② 선점형 스케줄링에서는 프로세스가 CPU를 사용 중일 때도 ___ 스가 도착하면 CPU를 양보해야 한다.
   ③ 라운드 로빈에서 CPU는 프로세스에 _____ (이)라고 하는
   ④ HRN에서 응답률은 _____ (으)로 계산한
   ⑤ _____ 은/는 작업 유형에 따라 큐를 생성하고, 각 큐마다 한다.

02. 다음 설명이 맞으면 O, 틀리면 X를 괄호 안에 넣으세요.
   ① (   ) HRN은 대기 시간이 긴 프로세스를 우선 처리해 기아 상태를

### ④ 마무리
핵심 내용 정리

**마무리**

1. **스케줄링**
   스케줄링: CPU와 시스템 자원을 여러 프로세스에 효율적으로 분배

2. **선점형 스케줄링**
   ① 선점형 스케줄링: 더 높은 우선순위를 가진 프로세스가 도착 중단하고 CPU를 할당하는 방식입니다.
   ② 선점형 스케줄링 알고리즘은 다음과 같습니다.
   • 라운드 로빈 스케줄링 알고리즘: 모든 프로세스에 동일한 CPU
   • SRT 스케줄링 알고리즘: 남은 실행 시간이 가장 짧은 프로세

## 코딩 자율학습단과 함께 공부하기

혼자 공부하기 어렵다면 코딩 자율학습단에 참여해 보세요.

코딩 자율학습단은 정해진 기간 안에 도서 1종을 완독하는 것이 목표입니다. 학습단 운영 기간에는 도서별 학습 가이드와 학습 Q&A를 제공하고, 완독을 독려하는 다양한 이벤트도 진행합니다.

**학습단 제대로 활용하기** 1. 학습 가이드 참고하기

혼자 공부하기 쉽도록 도서마다 학습 멘토가 공부한 내용을 정리해 학습 가이드를 제공합니다. 혼자 공부하면서 이해하기 어려운 부분이 있다면 학습 가이드를 활용해 보세요.

### 코딩 자율학습단 멘토의 학습 가이드 안내

코딩자율학습 매니저 부 매니저 + 구독 1:1 채팅

안녕하세요, 코딩 자율학습단 매니저입니다.
도서별로 멘토의 학습 가이드를 제공해 드립니다.

멘토분들이 4주 일정에 맞춰 도서를 처음부터 끝까지 학습하면서 도움이 될 만한 내용을 정리해 두었습니다.
학습하실 때 참고하시기 바랍니다.

해당 가이드는 PDF 파일과 구글 시트 두 가지 형식으로 제공됩니다. 편하신 방식으로 이용해 주세요.
(일자별로 정리해두었으니 쉽게 확인하실 수 있습니다.)

*도서별 커리큘럼 참고

| 파이썬 커리큘럼 | C언어 커리큘럼 | HTML+CSS+자바스크립트 커리큘럼 |
| --- | --- | --- |
| 스프링부트 커리큘럼 | 제로초 자바스크립트 커리큘럼 | Vue.js 커리큘럼 |
| 리눅스 커리큘럼 | 자바 커리큘럼 | SQL 커리큘럼 |
| 파이썬 데이터 분석 커리큘럼 | | |

**학습단 제대로 활용하기** **2. 질문 게시판 이용하기**

공부하다가 모르거나 막히는 부분이 있다면 질문 게시판에 물어보세요. 튜터가 친절하게 답변해 드립니다.

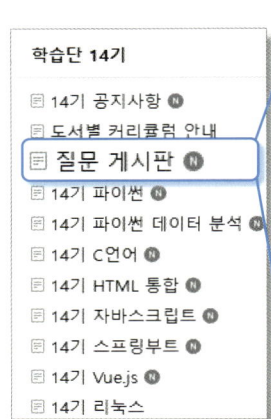
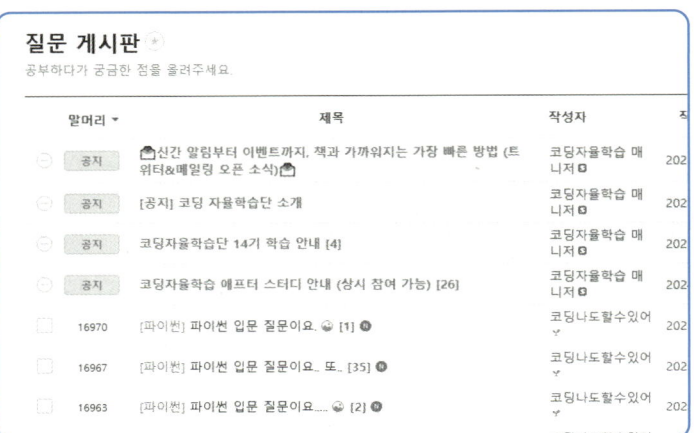

### 코딩 자율학습단 참여 방법

코딩 자율학습단 참여에 관한 자세한 내용은 코딩 자율학습단 공식 카페 (https://cafe.naver.com/gilbutitbook)의 공지사항에서 확인할 수 있습니다.

**지원도 받고 공부도 하는 코딩 자율학습단 참여 혜택**

학습 독려
문자 서비스

학습단 전용
이벤트 제공

학습 완료 시
길벗 포인트 제공

우수 학습자 선정 및
추가 혜택

*코딩 자율학습단은 상황에 따라 진행 및 혜택이 변동될 수 있습니다.

# 목차

## Part 1 컴퓨터 구조와 운영체제 기초 019

### 1장 컴퓨터 구조와 운영체제 개요　021

**1.1 공부를 시작하기 전에** ········· 022
　1.1.1 컴퓨터 구조와 운영체제를 배우는 이유　022
　1.1.2 하드웨어와 소프트웨어　023

**1.2 컴퓨터의 주요 구성 요소** ········· 026
　1.2.1 폰 노이만 구조　026
　1.2.2 현대 컴퓨터 구조　028

**마무리**　033

### 2장 데이터와 명령어　035

**2.1 데이터란** ········· 036
　2.1.1 데이터의 단위　036
　2.1.2 데이터의 종류　037

**2.2 데이터를 표현하는 방법** ········· 039
　2.2.1 이진수와 십육진수　039
　2.2.2 정수를 표현하는 방법　041
　2.2.3 실수를 표현하는 방법　043
　2.2.4 문자를 표현하는 방법　048
　2.2.5 BCD 코드　050

**2.3 데이터 연산** ········· 053
　2.3.1 데이터 연산의 종류　053
　2.3.2 정수 연산 방법　055

**2.4 명령어** ········· 057
　2.4.1 기계어와 어셈블리어　057
　2.4.2 컴파일 방식과 인터프리터 방식　058
　2.4.3 명령어 구조　059

**마무리**　064

# Part 2 컴퓨터 구조
067

## 3장 CPU　069
### 3.1 CPU의 역할 · 070
### 3.2 CPU의 구조 · 072
  3.2.1 산술 논리 장치　072
  3.2.2 제어 장치　076
  3.2.3 레지스터　077
  3.2.4 캐시 메모리　079
### 3.3 CPU의 명령어 처리 · 081
  3.3.1 클럭 속도와 명령어 처리　081
  3.3.2 명령어 사이클　082
  3.3.3 명령어 처리 방식　084
  3.3.4 인터럽트　088
### 3.4 CPU의 병렬 처리 기법 · 092
  3.4.1 파이프라이닝　092
  3.4.2 슈퍼스칼라　094
  3.4.3 슈퍼 파이프라이닝　095
  3.4.4 VLIW　096

**마무리**　099

## 4장 메모리　103
### 4.1 메모리 개요 · 104
  4.1.1 메모리의 역할과 특징　104
  4.1.2 메모리의 계층 구조　105
  4.1.3 메모리의 구성 요소　106
  4.1.4 메모리 접근　111

## 4.2 메모리 유형 ······ 113
### 4.2.1 저장 방식에 따른 분류  113
### 4.2.2 사용 목적에 따른 유형  115

## 4.3 캐시 메모리 ······ 117
### 4.3.1 캐시의 구조  117
### 4.3.2 캐시의 작동 방식  118
### 4.3.3 캐시의 데이터 전송 단위  119
### 4.3.4 캐시의 성능 관리  119

**마무리**  125

# 5장 보조 기억 장치 · 129

## 5.1 HDD와 SSD ······ 130
### 5.1.1 HDD  130
### 5.1.2 SSD  134

## 5.2 디스크 스케줄링 알고리즘 ······ 141
### 5.2.1 FCFS  141
### 5.2.2 SSTF  142
### 5.2.3 SCAN  143
### 5.2.4 C-SCAN  144

## 5.3 RAID ······ 146
### 5.3.1 디스크 확장 기술  146
### 5.3.2 RAID 개요  147
### 5.3.3 RAID의 주요 기술  148
### 5.3.4 RAID의 구현 방식  150
### 5.3.5 RAID의 레벨  151
### 5.3.6 RAID 적용 시 고려 사항  156

**마무리**  159

## 6장 입출력 시스템 163

**6.1 입출력 시스템의 개요** ···················· 164
   6.1.1 입출력 장치의 종류 164
   6.1.2 입출력 시스템의 주요 구성 요소 165

**6.2 입출력 장치의 성능 향상 기술** ············ 169
   6.2.1 장치 컨트롤러와 장치 드라이버 169
   6.2.2 버퍼링과 캐싱 176

**6.3 입출력 장치의 작동과 데이터 전송** ········ 179
   6.3.1 입출력 장치의 작동 과정 179
   6.3.2 입출력 명령의 실행 180
   6.3.3 입출력 장치의 데이터 전송 방식 181

**6.4 버스** ······························································· 187
   6.4.1 버스의 구조 187
   6.4.2 버스와 입출력 장치의 관계 188
   6.4.3 버스 인터페이스 표준 189

**마무리** 192

# Part 3 운영체제 195

## 7장 운영체제 197

**7.1 운영체제 개요** ····························· 198
   7.1.1 운영체제의 역할 199
   7.1.2 운영체제의 구성 요소 200
   7.1.3 운영체제의 실행 과정 202

**7.2 커널** ···································· 205
   7.2.1 커널의 종류 205
   7.2.2 시스템 호출 208

**마무리** 215

## 8장 프로세스 관리  217

**8.1 프로세스 개요** ········· 218

  8.1.1 프로세스란  218

  8.1.2 멀티프로세스  219

  8.1.3 포어그라운드와 백그라운드 프로세스  220

  8.1.4 프로세스의 메모리 구조  220

  8.1.5 PCB  223

**8.2 프로세스의 상태** ········· 230

  8.2.1 프로세스의 생성  230

  8.2.2 초기 프로세스  234

  8.2.3 프로세스의 상태 전환  236

  8.2.4 프로세스의 종료  239

**8.3 프로세스 간 통신** ········· 244

  8.3.1 파이프  244

  8.3.2 메시지 큐  245

  8.3.3 공유 메모리  246

  8.3.4 소켓  247

  8.3.5 시그널  247

**8.4 스레드** ········· 250

  8.4.1 스레드란  250

  8.4.2 멀티스레드에서 컨텍스트 스위칭과 동기화 문제  252

**마무리**  254

## 9장 동기화 257

### 9.1 동기화 개요 258
- 9.1.1 동기화란 258
- 9.1.2 공유 자원과 임계 구역 260

### 9.2 동기화 기법 264
- 9.2.1 뮤텍스 264
- 9.2.2 세마포어 267
- 9.2.3 이벤트 객체 272

### 9.3 교착 상태 275
- 9.3.1 교착 상태란 275
- 9.3.2 교착 상태 해결 방법 276
- 9.3.3 교착 상태를 고려한 시스템 설계 279

**마무리** 283


## 10장 스케줄링 285

### 10.1 스케줄링이란 286

### 10.2 스케줄링 알고리즘 288
- 10.2.1 선점형 스케줄링 288
- 10.2.2 비선점형 스케줄링 295
- 10.2.3 혼합형 스케줄링 303

### 10.3 스케줄링 단계 310
- 10.3.1 장기 스케줄링 311
- 10.3.2 중기 스케줄링 312
- 10.3.3 단기 스케줄링 313

**마무리** 316

## 11장 메모리 관리  319

**11.1 물리 메모리와 논리 메모리** · 320
- 11.1.1 물리 메모리  320
- 11.1.2 논리 메모리  321

**11.2 시점에 따른 메모리 할당 방식** · 323
- 11.2.1 정적 할당  324
- 11.2.2 동적 할당  324

**11.3 공간 배치에 따른 메모리 할당 방식** · 328
- 11.3.1 연속 할당  328
- 11.3.2 할당 알고리즘  332
- 11.3.3 비연속 할당  335

**11.4 가상 메모리** · 342
- 11.4.1 가상 메모리란  342
- 11.4.2 스와핑  343
- 11.4.3 요구 페이징  345
- 11.4.4 페이지 교체  346
- 11.4.5 스래싱  348

**마무리**  351


## 12장 파일 시스템  353

**12.1 파일 시스템 개요** · 354
- 12.1.1 파일과 메타데이터  354
- 12.1.2 디렉터리와 경로  355
- 12.1.3 파일 시스템의 주요 기능  357

## 12.2 파일 시스템의 종류 · 362
**12.2.1** FAT  362
**12.2.2** NTFS  363
**12.2.3** ext  363
**12.2.4** HFS와 APFS  364

## 12.3 파일 시스템의 구조 · 366
**12.3.1** 파일 시스템의 저장 구조  366
**12.3.2** 물리적 저장소와 논리적 구조  368
**12.3.3** 데이터 블록과 인덱스 구조  369

## 12.4 파일 시스템의 작동 원리 · 376
**12.4.1** 파일 읽기 및 쓰기 과정  376
**12.4.2** 파일 조각화와 최적화  378
**12.4.3** 저널링 및 데이터 복구  379
**12.4.4** 접근 제어와 보안  382

**마무리**  386

# 정답 노트 · 389
**INDEX** · 395

# Part 1

# 컴퓨터 구조와 운영체제 기초

# Part 1

# 컴퓨터 구조와 운영체제 기초

**1장** 컴퓨터 구조와 운영체제 개요

**2장** 데이터와 명령어

# 1장
# 컴퓨터 구조와 운영체제 개요

이 장에서는 컴퓨터 구조와 운영체제를 배우는 이유, 하드웨어와 소프트웨어의 관계를 살펴보고 컴퓨터의 주요 구성 요소까지 간단히 알아봅니다.

## 1.1 공부를 시작하기 전에

### 1.1.1 컴퓨터 구조와 운영체제를 배우는 이유

컴퓨터 관련 학과를 전공하면 컴퓨터 구조와 운영체제를 필수로 배우게 됩니다. IT 기업의 기술 면접에서도 자주 나오는 중요한 내용입니다. 하지만 프로그래밍을 하다 보면 이런 지식을 직접 사용할 일이 많지 않아서 "이걸 꼭 배워야 할까?"라는 생각이 들 수도 있습니다. 그렇다면 왜 컴퓨터 구조와 운영체제를 공부해야 할까요?

**컴퓨터 구조**(computer architecture)는 컴퓨터가 어떤 방식으로 동작하는지, 어떻게 데이터를 처리하고 명령을 실행하는지 연구하는 학문입니다. 쉽게 말해, 컴퓨터가 어떻게 만들어지고 작동하는지 배웁니다.

**운영체제**(OS, Operating System)는 컴퓨터가 원활하게 작동하도록 도와주는 소프트웨어입니다. 하드웨어 자원을 관리하고, 사용자가 프로그램을 실행할 수 있도록 돕는 역할을 합니다. 즉, 운영체제는 컴퓨터를 원활하게 작동하는 데 필요한 이론과 기술을 연구하는 학문입니다.

두 과목을 배우면 좋은 점은 다음과 같습니다.

**1. 컴퓨터가 어떻게 작동하는지 이해할 수 있습니다**

컴퓨터 구조를 배우면 CPU, 메모리, 저장 장치, 입출력 장치 등이 서로 어떻게 연결되어 프로그램을 실행하는지 알 수 있습니다. 운영체제를 배우면 컴퓨터가 여러 프로그램을 동시에 실행하는 방법, 메모리를 관리하는 방법 등을 이해할 수 있습니다.

**2. 더 빠르고 효율적인 프로그램을 만들 수 있습니다**

소프트웨어가 하드웨어를 어떻게 사용하는지 알면, 성능이 뛰어난 프로그램을 개발할 수 있습니다. 예를 들어, 메모리를 효율적으로 관리하거나 CPU를 최적으로 활용하는 방법을 알게 됩니다.

### 3. 문제 해결 능력이 향상됩니다

프로그램을 개발하다 보면 오류(버그)나 성능 문제가 발생할 수 있습니다. 이때 컴퓨터 구조와 운영체제를 잘 이해하고 있다면 문제의 원인을 빠르게 찾고 해결할 수 있습니다. 예를 들어, 프로그램이 갑자기 느려진다면 CPU, 메모리, 디스크 사용량 등을 분석해 최적화할 수 있습니다.

### 4. 하드웨어와 소프트웨어를 직접 설계할 수 있습니다

컴퓨터 구조를 배우면 하드웨어 설계나 CPU 아키텍처 개발에 필요한 기초 지식을 얻을 수 있습니다. 운영체제를 배우면 운영체제의 핵심 기능(커널, 드라이버 등)을 설계하는 방법도 배울 수 있습니다.

### 5. 시스템 성능을 분석하고 개선할 수 있습니다

컴퓨터 구성 요소가 어떻게 상호작용하는지 이해하면 컴퓨터의 속도가 느려지는 원인을 찾고, CPU나 메모리 활용도를 높이는 방법을 알 수 있습니다. 또한, 운영체제에서 자원 할당과 스케줄링이 어떻게 이루어지는지 이해하면 성능 최적화 전략을 세울 수 있습니다.

이처럼 컴퓨터 구조와 운영체제를 배우면 하드웨어와 소프트웨어가 어떻게 상호작용하는지 깊이 이해할 수 있습니다. 이를 바탕으로 더 빠르고 효율적인 소프트웨어를 개발할 수 있고, 시스템 성능을 분석하고 최적화할 수도 있습니다.

단순히 프로그래밍 언어를 익히는 것에서 끝나지 않고, 더 깊이 있는 개발자가 되고 싶다면 컴퓨터 구조와 운영체제는 반드시 알아야 하는 중요한 개념입니다.

## 1.1.2 하드웨어와 소프트웨어

컴퓨터가 작동하려면 하드웨어와 소프트웨어가 꼭 필요합니다. 두 요소는 서로 밀접하게 연결되어 있으며, 함께 작동해야만 컴퓨터가 원하는 작업을 수행할 수 있습니다.

**하드웨어**(hardware)는 컴퓨터를 구성하는 실제 부품들을 의미합니다. 눈으로 볼 수 있고 만질 수 있는 장치들이 모두 하드웨어에 해당합니다. 예를 들면 다음과 같습니다.

- **중앙 처리 장치(CPU)**: 컴퓨터의 두뇌 역할을 하며, 모든 연산과 명령을 처리합니다.
- **메모리(RAM)**: 데이터를 일시적으로 저장하는 공간으로, 컴퓨터가 빠르게 작업할 수 있도록 돕습니다.
- **보조 기억 장치(HDD, SSD)**: 데이터를 영구적으로 저장하는 장치입니다.
- **입출력 장치(키보드, 마우스, 모니터 등)**: 사용자가 컴퓨터와 상호작용할 수 있도록 도와줍니다.

**소프트웨어**(software)는 컴퓨터가 특정 작업을 수행하도록 지시하는 프로그램(명령어의 집합)입니다. 쉽게 말해, 컴퓨터를 움직이게 하는 설계도 또는 조종사라고 할 수 있습니다. 소프트웨어의 종류는 다음과 같습니다.

- **시스템 소프트웨어(system software)**: 하드웨어와 응용 소프트웨어 사이의 인터페이스를 제공하며, 컴퓨터 시스템의 기본 운영을 관리하는 소프트웨어입니다. 주로 시스템의 유지, 관리, 성능 최적화 등을 목적으로 합니다. 대표적으로 운영체제와 유틸리티 프로그램(예 백신 프로그램, 디스크 관리 도구 등)이 포함됩니다.
- **응용 소프트웨어(application software)**: 사용자가 특정 작업이나 목적을 달성하기 위해 사용하는 소프트웨어로, 보통 사용자 인터페이스(UI)를 제공합니다. 여기에는 응용 프로그램(예 웹 브라우저, 게임 프로그램, 문서 편집기)뿐만 아니라, 해당 프로그램을 보완하거나 확장하는 다양한 소프트웨어 모듈, 라이브러리, 플러그인 등이 포함됩니다.

하드웨어만 있으면 컴퓨터가 작동할까요? 아닙니다. 하드웨어는 소프트웨어의 지시가 있어야만 제대로 작동할 수 있습니다. CPU는 명령이 없으면 아무 일도 하지 않습니다. 그러면 소프트웨어만 있으면 컴퓨터가 작동할까요? 이 역시 아닙니다. 소프트웨어는 반드시 하드웨어의 도움을 받아야 실행할 수 있습니다. 게임을 하려면 컴퓨터가 필요합니다. 즉, 하드웨어와 소프트웨어는 서로 의존하는 관계입니다.

컴퓨터에서 음악을 듣는다고 가정해 봅시다. 소프트웨어(음악 재생 프로그램)가 음악 파일을 재생하도록 명령을 내립니다. 하드웨어(CPU, 메모리, 스피커 등)가 그 명령을 수행해 음악을 출력합니다. 이처럼 컴퓨터는 하드웨어와 소프트웨어가 함께 작동해야만 원하는 기능을 수행할 수 있습니다.

하드웨어와 소프트웨어가 효과적으로 협력하면 더 좋은 성능과 사용자 경험을 제공합니다. 소프트웨어 개발자는 하드웨어의 특성과 한계를 이해해야 합니다. 그래야 프로그램을 원활하게 실행하고, 최적화할 수 있습니다. 하드웨어 설계자는 소프트웨어의 요구사항을 고려해야 합니다. 그래야 새로운 기술이 적용된 하드웨어를 만들 수 있습니다. 이러한 협력 덕분에 더 빠른 컴퓨터, 더 효율적인 프로그램, 더 편리한 사용자 경험이 가능해집니다.

앞서 설명했듯, 컴퓨터는 하드웨어와 소프트웨어가 함께 작동해야만 원하는 기능을 수행할 수 있습니다. 하드웨어가 없으면 소프트웨어는 실행할 수 없고, 소프트웨어가 없으면 하드웨어는 무용지물입니다. 따라서 컴퓨터를 깊이 이해하고 싶다면, 하드웨어와 소프트웨어를 함께 공부하는 것이 중요합니다.

## 1분 퀴즈

정답 노트 p.390

**01.** 다음 중 컴퓨터 구조를 배우는 주요 이유가 아닌 것은 무엇인가요?

① 문제 해결 능력을 기를 수 있다.

② 컴퓨터의 작동 원리를 이해할 수 있다.

③ 프로그래밍 언어를 빠르게 배울 수 있다.

④ 더 빠르고 효율적인 프로그램을 만들 수 있다.

**02.** 다음 중 하드웨어와 소프트웨어의 관계를 가장 잘 설명한 것은 무엇인가요?

① 하드웨어가 소프트웨어보다 더 중요하다.

② 소프트웨어 없이도 하드웨어는 동작할 수 있다.

③ 하드웨어 없이도 소프트웨어는 동작할 수 있다.

④ 하드웨어는 소프트웨어의 명령을 수행하며, 소프트웨어는 하드웨어가 있어야 실행된다.

# 1.2 컴퓨터의 주요 구성 요소

컴퓨터는 하드웨어(물리적 장치)와 소프트웨어(프로그램 및 명령어)로 이루어져 있습니다. 이 두 가지가 최적의 성능을 발휘할 수 있도록 설계하는 것이 컴퓨터 구조입니다. 컴퓨터 구조를 이해하려면 먼저 기본적인 하드웨어 구성 요소를 알아야 합니다.

이 절에서는 각 구성 요소를 대략적으로 알아보고, 작동 원리 등은 각 장에서 자세하게 다루겠습니다. 그 전에 현대 컴퓨터에서 가장 중요한 구조인 폰 노이만 구조부터 살펴봅시다.

### 1.2.1 폰 노이만 구조

현대 대부분의 컴퓨터는 **폰 노이만 구조**(Von Neumann architecture)를 기반으로 만들어졌습니다. 이 구조는 수학자 존 폰 노이만(John von Neumann)이 제안한 개념으로, 컴퓨터가 데이터를 처리하는 기본 원리를 설명합니다.

폰 노이만 구조의 핵심 원리는 다음과 같습니다.

- CPU가 메모리에 저장된 프로그램과 데이터를 순차적으로 처리합니다.
- 프로그램과 데이터는 동일한 메모리 공간에 저장됩니다.
- 데이터와 명령어는 버스(bus)를 통해 CPU와 메모리 사이에서 이동합니다.

폰 노이만 구조는 다음과 같이 구성됩니다.

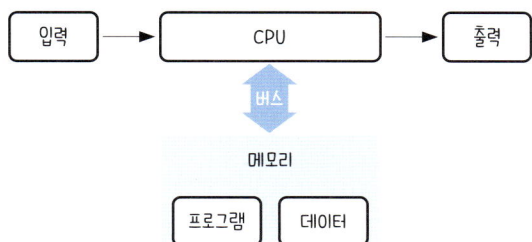

그림 1-1 폰 노이만 구조

- **중앙 처리 장치(CPU)**: 모든 연산을 담당하는 컴퓨터의 두뇌 역할을 하며, 메모리에서 명령어를 가져와 실행한 후 결과를 저장합니다.
- **메모리**: 실행 중인 프로그램과 데이터를 저장하는 공간으로, CPU가 데이터에 빠르게 접근해 연산할 수 있도록 도와줍니다.
- **버스**: CPU와 메모리 사이에서 데이터와 명령어를 전달하는 통로입니다.
- **입출력 장치**: 키보드, 마우스, 모니터, 프린터 등 외부 장치를 나타내며, CPU와 데이터를 주고받아 사용자가 컴퓨터를 조작할 수 있도록 합니다.

폰 노이만 구조는 CPU와 메모리가 직접 연결되어 있습니다. 이 구조는 비교적 간단해서 설계와 운영이 효율적입니다. 프로그램과 데이터가 같은 메모리에 저장되기 때문에 실행 중인 프로그램을 쉽게 수정하거나 업데이트할 수 있고 소프트웨어 개발과 유지 보수가 간편합니다. 또한, 프로그램을 메모리에 저장하면 언제든지 실행할 수 있어 다양한 작업에 유연하게 대응할 수 있습니다.

하지만 이 구조에는 큰 단점도 있습니다. CPU 처리 속도에 비해 메모리 접근 속도가 느리기 때문에 프로그램의 명령어와 데이터를 메모리에서 가져오는 데 시간이 걸립니다. 이로 인해 CPU의 처리 속도가 제한되는 **폰 노이만 병목 현상**이 발생합니다. 또한, 명령을 순차적으로 실행하는 구조라서 여러 프로세서를 동시에 사용하는 병렬 처리가 어렵습니다.

현대 컴퓨터에서는 이러한 단점을 극복하기 위해 다양한 기술이 개발되어 적용되고 있습니다.

## 1.2.2 현대 컴퓨터 구조

현대 컴퓨터는 폰 노이만 구조를 기반으로 성능을 극대화하고 다양한 작업을 효율적으로 처리할 수 있도록 기술이 발전해 왔습니다. 특히 보조 기억 장치(HDD, SSD 등)가 추가되면서 더 많은 데이터를 효율적으로 관리할 수 있게 되었습니다.

현대 컴퓨터 구조에서 각 구성 요소가 어떤 역할과 기능을 하는지 간단히 살펴보겠습니다.

### ● CPU

**CPU**(Central Processing Unit)는 명령어를 해석해 처리하는 컴퓨터의 핵심 장치입니다. CPU의 주요 구성 요소로는 산술 논리 장치, 제어 장치, 레지스터가 있습니다.

#### 1. 산술 논리 장치

**산술 논리 장치**(ALU, Arithmetic Logic Unit)는 컴퓨터가 데이터를 처리하고 계산할 수 있도록 도와주는 장치입니다. 여기서는 산술 연산, 논리 연산, 비교 연산 등을 수행합니다. ALU는 데이터와 제어 신호를 입력으로 받아 연산을 수행하고, 결과와 상태 플래그를 출력합니다. 연산 결과는 레지스터나 메모리에 저장됩니다. 현대 CPU는 ALU를 여러 개 포함해 성능을 높이고, 연산을 동시에 처리해 속도를 향상시킵니다.

#### 2. 제어 장치

**제어 장치**(control unit)는 CPU가 프로그램의 명령어를 올바르게 실행하도록 돕는 역할을 합니다. 메모리에 저장된 명령어를 읽어와서 어떤 작업을 수행해야 하는지 결정하고, ALU에 지시를 내립니다. 또한, 주변 장치에도 제어 신호를 보내 각 장치가 제대로 작동하도록 합니다.

#### 3. 레지스터

**레지스터**(register)는 CPU 내부에 있는 초고속 저장 장치로, CPU가 처리할 데이터나 명령어를 임시로 저장하는 데 사용합니다. 레지스터의 주요 역할은 다음과 같습니다.

- 연산을 위한 데이터나 결과를 임시로 저장합니다.
- 현재 실행 중인 명령어를 저장해 CPU가 빠르게 해석하고 실행할 수 있도록 합니다.
- 메모리에서 데이터를 가져올 때 메모리 주소를 저장하고 참조합니다.

레지스터는 CPU의 속도와 성능에 큰 영향을 미치며, 메모리보다 훨씬 빠르게 데이터를 처리할 수 있습니다. CPU에는 범용 레지스터, 프로그램 카운터, 스택 포인터 등 다양한 종류의 레지스터가 있습니다.

● **메모리**

**메모리**(memory)는 포괄적으로 컴퓨터에서 데이터를 저장하는 장치를 가리키지만, 일반적으로 **주 기억 장치**(main memory)를 의미하는 경우가 많습니다.

주 기억 장치는 CPU가 직접 접근할 수 있는 메모리로, 프로그램이 실행될 때 데이터를 일시적으로 저장하는 공간입니다. 속도가 빠르지만, 전원이 꺼지면 데이터가 사라지는 휘발성(volatile)입니다. **RAM**(Random Access Memory)이 대표적인 주 기억 장치입니다.

프로그램을 실행하면 보조 기억 장치(HDD, SSD 등)에서 데이터를 불러와 RAM에 저장합니다. CPU가 프로그램을 실행하는 데 필요한 데이터를 RAM에서 읽고 연산을 수행합니다. 결과를 다시 RAM 또는 보조 기억 장치에 저장합니다.

● **보조 기억 장치**

**보조 기억 장치**(secondary storage)는 데이터를 영구적으로 저장하는 장치로, CPU가 직접 접근하는 주 기억 장치(RAM)와 대비됩니다. HDD, SSD, USB, 외장하드 등이 모두 보조 기억 장치에 해당합니다.

보조 기억 장치의 역할은 다음과 같습니다.

1. **데이터 영구 저장하기**

주 기억 장치는 전원이 꺼지면 데이터가 사라지지만, 보조 기억 장치는 데이터를 영구적으로 보관할 수 있습니다. 사용자가 저장한 파일(문서, 사진, 동영상 등)과 운영체제(OS), 응용 프로그램(게임, 웹 브라우저 등)이 모두 보조 기억 장치에 저장됩니다.

2. **메모리에 데이터 로드하기**

보조 기억 장치의 데이터는 CPU가 직접 접근할 수 없기 때문에 필요할 때 메모리에 데이터를 로드해 실행합니다. 예를 들어, 게임을 실행하면 게임 데이터를 HDD나 SSD에서 메모리로 로드하고 이를 사용해 CPU가 연산을 수행합니다.

### 3. 데이터 백업 및 복구하기

보조 기억 장치는 중요한 데이터를 백업하는 용도로 사용합니다. 외장하드를 이용하면 중요한 파일을 안전하게 보관할 수 있습니다.

### 4. 가상 메모리로 활용하기

메모리가 부족할 경우 보조 기억 장치의 일부 공간을 가상 메모리로 사용해 프로그램 실행을 돕습니다. HDD나 SSD의 일부 공간을 메모리처럼 활용하지만, 속도는 메모리보다 훨씬 느립니다.

이처럼 보조 기억 장치는 컴퓨터가 데이터를 장기적으로 저장하고, 필요할 때 메모리로 불러와 사용하도록 돕는 역할을 합니다.

## ● 입출력 장치

**입출력 장치**(Input/Output Device)는 컴퓨터가 외부와 소통할 수 있게 도와주는 장치입니다. 입출력 장치의 주요 역할은 다음과 같습니다.

### 1. 입력 장치로 데이터 받기

입력 장치는 사용자가 컴퓨터에 정보를 전달할 수 있도록 돕는 장치입니다. 키보드, 마우스, 터치스크린, 스캐너, 마이크 등이 입력 장치에 해당합니다.

### 2. 출력 장치로 결과 전달하기

출력 장치는 컴퓨터가 처리한 결과를 사용자에게 보여 주거나 전달하는 장치입니다. 모니터, 프린터, 스피커, 프로젝터 등이 출력 장치에 해당합니다.

### 3. 사용자 인터페이스 제공하기

입출력 장치는 사용자가 컴퓨터와 상호작용할 수 있도록 하는 역할을 합니다. 예를 들어, 터치스크린은 입력과 출력을 동시에 수행하며, VR 장비는 사용자 동작을 입력받고 화면을 출력합니다.

### 4. 외부 장치와 데이터 교환하기

입출력 장치는 다른 장치(네트워크, USB 등)와 데이터를 주고받는 역할을 합니다. 네트워크 어댑터는 인터넷을 통해 데이터를 송수신하고, USB 포트는 외부 저장장치와 연결됩니다.

컴퓨터는 입출력 장치를 사용해 사용자 및 외부 장치와 데이터를 주고받습니다.

● **버스**

**버스**(bus)는 컴퓨터 내부 즉, CPU, 메모리, 입출력 장치 간 데이터, 주소, 제어 신호를 주고받을 수 있는 통로입니다. 쉽게 말해, 컴퓨터 내부에서 '데이터를 전달하는 도로' 역할을 합니다.

버스의 주요 역할은 다음과 같습니다.

1. **CPU와 다른 장치 간 데이터 전송하기**

CPU가 메모리 또는 입출력 장치에서 데이터를 읽거나 쓸 때 버스를 사용합니다. 예를 들어, CPU가 계산할 데이터를 버스를 통해 메모리에서 가져오고, 계산이 끝난 데이터를 다시 버스를 통해 메모리에 저장합니다.

2. **명령어 및 주소 전송하기**

CPU가 어떤 데이터를 어디에서 가져와야 하는지(주소)를 전달하는 역할을 합니다. 즉, 메모리 주소나 입출력 장치의 위치를 지정하는 데 사용합니다. 예를 들어, CPU가 "메모리의 0x100번지에서 데이터를 가져와라."라는 명령을 보낼 때 해당 주소 정보가 버스를 통해 전달됩니다.

3. **제어 신호 전달하기**

CPU가 컴퓨터 내부 장치들에 읽기(read), 쓰기(write), 데이터 전송 시작/중지 등 명령을 내릴 때 제어 신호를 전달해 CPU와 장치 간 동작을 조율합니다. 예를 들어, CPU가 "메모리에서 데이터를 읽어와라."라는 신호를 보내면 버스를 통해 메모리에 명령을 전달합니다.

버스는 컴퓨터 내부에서 데이터와 명령을 전달하는 필수 요소이며, 컴퓨터가 원활하게 작동할 수 있도록 돕는 핵심 장치입니다.

## 1분 퀴즈

정답 노트 p.390

**03.** 다음 중 폰 노이만 구조의 특징이 <u>아닌</u> 것은 무엇인가요?

　① 프로그램과 데이터를 같은 메모리에 저장한다.

　② 다수의 프로세서를 사용한 병렬 처리가 용이하다.

　③ 버스를 통해 CPU와 메모리 간 데이터를 주고받는다.

　④ CPU가 메모리에 저장된 명령어를 순차적으로 실행한다.

◐ 계속

**04.** 다음 중 보조기억장치의 역할이 <u>아닌</u> 것은 무엇인가요?

① 데이터를 영구적으로 저장한다.

② 가상 메모리 역할을 수행할 수 있다.

③ 전원이 꺼지면 데이터가 모두 삭제된다.

④ 프로그램을 실행하기 위해 데이터를 메모리로 로드한다.

**05.** 다음 중 버스의 주요 역할이 <u>아닌</u> 것은 무엇인가요?

① 명령어 및 주소 전달

② CPU와 메모리 간 데이터 전송

③ 컴퓨터 내부 장치 간 제어 신호 전달

④ 프로그램 실행 속도를 직접 증가시킴

### 1. 컴퓨터 구조와 운영체제를 배우는 이유

① 컴퓨터 구조는 컴퓨터가 어떻게 동작하는지, 데이터를 처리하고 명령을 실행하는 방식을 연구하고, CPU, 메모리, 저장 장치, 입출력 장치 간 관계를 학습합니다.

② 운영체제는 컴퓨터의 하드웨어 자원을 관리하고 프로그램 실행을 지원하는 소프트웨어로, 멀티태스킹, 메모리 관리, 파일 시스템, 보안 등의 기능 수행합니다.

③ 컴퓨터 구조와 운영체제를 배우면 다음과 같은 이점이 있습니다.

- 컴퓨터의 작동 원리 이해
- 더 빠르고 효율적인 프로그램 개발
- 문제 해결 능력 향상
- 하드웨어 및 소프트웨어 개발
- 시스템 성능 분석 및 개선

### 2. 하드웨어와 소프트웨어의 관계

① 하드웨어는 컴퓨터를 구성하는 물리적 요소입니다.

- **중앙 처리 장치(CPU)**: 명령어 실행 및 연산 수행
- **메모리(RAM)**: 실행 중인 프로그램과 데이터를 저장하는 공간
- **보조 기억 장치(HDD, SSD)**: 데이터를 영구적으로 저장
- **입출력 장치(키보드, 마우스, 모니터 등)**: 사용자와 컴퓨터 간 인터페이스 역할

② 소프트웨어는 컴퓨터에서 실행되는 프로그램과 명령어의 집합입니다.

- **시스템 소프트웨어**: 하드웨어와 응용 소프트웨어 사이의 인터페이스 제공, 컴퓨터 시스템 운영 관리
- **응용 소프트웨어**: 사용자가 특정 작업이나 목적을 달성하기 위해 사용하는 소프트웨어

③ 하드웨어와 소프트웨어는 상호 의존적이며 함께 작동해야만 기능을 수행할 수 있습니다.

3. **하드웨어 구성 요소**

① 폰 노이만 구조를 기반으로 한 현대 컴퓨터는 CPU, 메모리, 버스 등의 주요 요소로 구성됩니다. 하드웨어 구성 요소는 각기 다른 역할을 수행하며 성능 최적화를 위해 발전하고 있습니다.

② 주요 하드웨어 구성 요소

- **CPU**: 컴퓨터의 두뇌 역할, 산술 논리 장치, 제어 장치, 레지스터로 구성
- **메모리**: CPU가 빠르게 접근할 수 있는 데이터 저장 공간
- **보조 기억 장치**: 데이터를 영구적으로 저장하는 장치
- **입출력 장치**: 사용자와 컴퓨터 간 상호작용을 가능하게 하는 장치
- **버스**: 컴퓨터 내부에서 데이터를 주고받는 통로

# 2장

# 데이터와 명령어

이 장에서는 데이터란 무엇인지 알아보고 명령어가 어떻게 동작하는지 살펴보겠습니다.

## 2.1

# 데이터란

**데이터**(data)란 컴퓨터가 처리할 수 있는 모든 종류의 정보를 의미합니다. 컴퓨터는 문자, 숫자, 소리, 그림 등 다양한 형태의 데이터를 처리할 수 있습니다. 이러한 데이터는 기본적으로 0과 1로 이루어진 이진수로 표현합니다.

### 2.1.1 데이터의 단위

컴퓨터에서 데이터를 표현하는 가장 작은 단위는 **비트**(bit)입니다. 비트는 'binary digit'의 약어로, 이진수를 사용해 표현합니다. 비트는 0과 1의 두 상태만 가질 수 있습니다. 예를 들어, 0은 전자 기기에서 전원이 꺼진 상태를, 1은 켜진 상태를 나타낼 수 있습니다. 또한, 비트는 참(1), 거짓(0)과 같은 불(boolean) 값을 나타내는 데도 사용합니다.

그림 2-1 비트로 나타낼 수 있는 상태

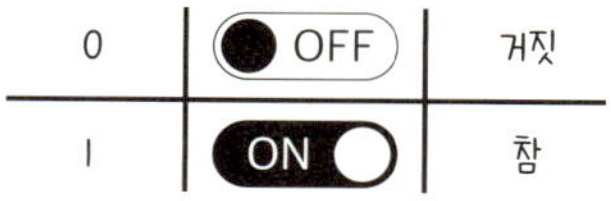

| 0 | OFF | 거짓 |
| 1 | ON | 참 |

비트 4개가 모이면 **니블**(nibble)이라고 합니다. 니블은 $2^4$, 즉 16개의 다른 상태를 표현할 수 있습니다. 이는 십육진수 한 자리와 직접적으로 대응됩니다. 예를 들어 4비트 이진수 1111은 십육진수 F에 해당합니다.

니블 2개, 즉 8비트가 모이면 하나의 **바이트**(byte)를 구성합니다. 바이트는 $2^8$, 즉 256개의 다양한 상태를 나타낼 수 있으며, 데이터 처리와 저장의 기본 단위로 사용합니다. 또한, 파일 크기, 메모리 용량, 전송 속도 등 데이터 양을 나타내는 중요한 단위입니다.

### 2.1.2 데이터의 종류

데이터는 여러 형태로 존재하며, 다양한 기준에 따라 분류할 수 있습니다. 여기서는 숫자로 표현할 수 있는지 없는지에 따라 수치 데이터와 비수치 데이터로 나눕니다. 각 데이터의 표현 방식은 데이터의 종류에 따라 다릅니다.

그림 2-2 데이터의 종류

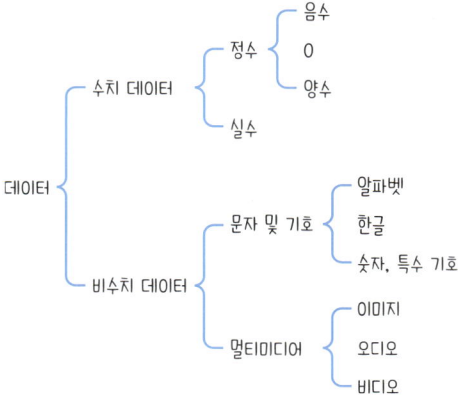

● **수치 데이터**

**수치 데이터**는 숫자로 표현되는 데이터를 의미하며, 산술 연산이 가능합니다. 수치 데이터는 크게 정수와 실수로 나눌 수 있습니다.

- **정수**: 소수점이 없는 수로, 연속적이지 않고 구분되는 값을 가지는 이산형 데이터입니다. 정수는 음의 정수(음수), 0, 양의 정수(양수)를 포함합니다. 컴퓨터에서는 정수를 8비트, 16비트, 32비트 등 고정된 비트 수로 나타내며, 이를 통해 정확한 값을 표현할 수 있습니다. 예를 들어 8비트 정수는 –128부터 127까지의 값을 표현할 수 있습니다.

- **실수**: 소수점이 있는 수로, 연속형 데이터입니다. 실수는 부동 소수점 방식으로 표현되며, 매우 큰 수부터 매우 작은 수까지 다룰 수 있습니다. 그러나 컴퓨터에서는 정밀도의 한계로 실수를 근사치로 표현하기 때문에 정확도가 떨어질 수 있습니다. 예를 들어, 0.1과 같은 수는 이진수로 정확하게 표현할 수 없어서 근사값으로 저장합니다.

각 데이터의 표현 방식은 뒤에서 더 자세히 다루겠습니다.

● **비수치 데이터**

**비수치 데이터**는 숫자로 표현되지 않는 데이터를 의미하며, 산술 연산이 불가능합니다. 비수치 데이터에는 다음과 같은 데이터를 포함합니다.

- **문자 및 기호**: 알파벳, 한글, 숫자, 특수 기호 등으로 구성된 텍스트 데이터입니다. 예를 들어, "안녕하세요!"와 같은 문장은 비수치 데이터입니다.
- **멀티미디어**: 이미지, 오디오, 비디오 등 다양한 형태의 미디어 데이터입니다. 이러한 데이터는 특정 코드나 형식을 사용해 표현합니다. 예를 들어, JPEG 형식은 이미지를 압축해 저장하는 방식이며, MP3 형식은 오디오 파일을 압축해 저장하는 방식입니다.

비수치 데이터는 주로 텍스트 파일, 이미지 파일, 비디오 파일 등으로 저장되며, 각 데이터의 표현 방식은 특정한 규칙이나 표준에 따라 다릅니다.

이처럼 데이터는 수치와 비수치로 나뉘며, 각 종류에 따라 다양한 표현 방식이 존재합니다.

## 1분 퀴즈

정답 노트 p.390

**01.** 컴퓨터에서 데이터를 표현하는 가장 작은 단위는 무엇인가요?

① 비트   ② 바이트   ③ 킬로바이트   ④ 니블

**02.** 다음 중 수치 데이터가 아닌 것은 무엇인가요?

① 42   ② -3.14   ③ 256   ④ "Hello, World!"

**03.** 8비트로 표현할 수 있는 서로 다른 상태(값)의 개수는 몇 개인가요?

① 16개   ② 128개   ③ 256개   ④ 512개

## 2.2

# 데이터를 표현하는 방법

사람은 문자나 숫자 등으로 데이터를 표현하지만 컴퓨터는 오직 이진수만 사용합니다. 그래서 사람이 이해하는 문자, 숫자, 기호 등을 컴퓨터 내부에서는 0과 1로 구성된 **이진 코드**(binary code)로 변환해 사용합니다. 이 절에서는 이 과정이 어떻게 이루어지는지 즉, 컴퓨터에서 데이터를 어떻게 표현하는지 살펴보겠습니다.

### 2.2.1 이진수와 십육진수

**이진수**는 이진법으로 나타낸 수를 의미하며, **이진법**은 0과 1만 사용해 숫자를 표기하는 방법입니다. 컴퓨터는 데이터를 처리할 때 이진법을 사용하고, 사람은 일상에서 십진법을 사용합니다. 각 진법은 숫자를 표현하는 데 사용하는 기본 수, 즉 기수에 기반합니다. **기수**는 각 자릿수가 나타내는 값의 기준으로, 진법에 사용되는 숫자의 개수를 나타냅니다. 이진수는 0, 1로 이루어져 기수가 2이고, 십진수는 0부터 9까지 10개의 숫자를 사용하므로 기수가 10입니다.

각 진법의 수는 서로 변환할 수 있습니다. 컴퓨터에서 데이터를 해석하고 처리하려면 변환 방법을 알아야 합니다.

십진수를 n진수로 변환하는 방법은 다음과 같습니다.

- **정수 부분**: 몫이 0이 될 때까지 기수(n)로 나눈 나머지를 거꾸로 적습니다.
- **소수 부분**: 0이 될 때까지 각 진법의 기수를 곱해 나온 정수를 순서대로 적습니다.

반대로, n진수를 십진수로 변환할 때는 각 자릿수에 해당하는 기수(n)의 거듭제곱 값을 곱한 후 모두 더합니다.

예를 들어, 십진수와 이진수의 변환은 다음과 같습니다.

표 2-1 십진수와 이진수의 변환

| 십진수 | 십진수 → 이진수 변환 | 이진수 | 이진수 → 십진수 변환 |
| --- | --- | --- | --- |
| 2 | 2 / 2 = 1  나머지 0<br>1 / 2 = 0  나머지 1 | 10 | $1 * 2^1 + 0 * 2^0 = 2 + 0 = 2$ |
| 3 | 3 / 2 = 1  나머지 1<br>1 / 2 = 0  나머지 1 | 11 | $1 * 2^1 + 1 * 2^0 = 2 + 1 = 3$ |
| 4 | 4 / 2 = 2  나머지 0<br>2 / 2 = 1  나머지 0<br>1 / 2 = 0  나머지 1 | 100 | $1 * 2^2 + 0 * 2^1 + 0 * 2^0 = 4 + 0 + 0 = 4$ |
| 5 | 5 / 2 = 2  나머지 1<br>2 / 2 = 1  나머지 0<br>1 / 2 = 0  나머지 1 | 101 | $1 * 2^2 + 0 * 2^1 + 1 * 2^0 = 4 + 0 + 1 = 5$ |
| 6 | 6 / 2 = 3  나머지 0<br>3 / 2 = 1  나머지 1<br>1 / 2 = 0  나머지 1 | 110 | $1 * 2^2 + 1 * 2^1 + 0 * 2^0 = 4 + 2 + 0 = 6$ |
| 7 | 7 / 2 = 3  나머지 1<br>3 / 2 = 1  나머지 1<br>1 / 2 = 0  나머지 1 | 111 | $1 * 2^2 + 1 * 2^1 + 1 * 2^0 = 4 + 2 + 1 = 7$ |
| 8 | 8 / 2 = 4  나머지 0<br>4 / 2 = 2  나머지 0<br>2 / 2 = 1  나머지 0<br>1 / 2 = 0  나머지 1 | 1000 | $1 * 2^3 + 0 * 2^2 + 0 * 2^1 + 0 * 2^0 = 8 + 0 + 0 + 0 = 8$ |
| 9 | 9 / 2 = 4  나머지 1<br>4 / 2 = 2  나머지 0<br>2 / 2 = 1  나머지 0<br>1 / 2 = 0  나머지 1 | 1001 | $1 * 2^3 + 0 * 2^2 + 0 * 2^1 + 1 * 2^0 = 8 + 0 + 0 + 1 = 9$ |
| 10 | 10 / 2 = 5  나머지 0<br>5 / 2 = 2  나머지 1<br>2 / 2 = 1  나머지 0<br>1 / 2 = 0  나머지 1 | 1010 | $1 * 2^3 + 0 * 2^2 + 1 * 2^1 + 0 * 2^0 = 8 + 0 + 2 + 0 = 10$ |

컴퓨터에서는 십육진수도 자주 사용합니다. **십육진수**는 십육진법으로 나타낸 수이며, **십육진법**(Hex, Hexadecimal)은 숫자 0부터 9까지와 알파벳 A(10), B(11), C(12), D(13), E(14), F(15)를 사용해 숫자를 표기하는 방법입니다. 십육진수는 한 자릿수가 $2^4$을 나타내므로 이진수나 십진수보다 더 많은 데이터를 표현할 수 있습니다.

십육진수는 이진수를 4비트씩 묶어 표현합니다. 이진수를 십육진수를 변환할 때는 뒤에서부터 4자리씩 끊어 주면 됩니다. 4자릿수가 안 될 때는 앞에 0을 추가합니다. 각 자릿수는 2의 거듭제곱을 뜻합니다. 첫 번째 자릿수는 $2^3$, 두 번째 자릿수는 $2^2$, 세 번째 자릿수는 $2^1$, 네 번째 자릿수는 $2^0$입니다. 만약 첫 번째 자릿수에 1이 있으면 8, 두 번째 자릿수에 1이 있으면 4라는 뜻입니다. 같은 방법으로 마지막 자릿수까지 확인해 각 숫자를 더합니다. 그리고 더한 숫자를 십육진수로 변환합니다. 마지막으로 이진수 4자릿수를 변환한 각 값을 더하면 십육진수가 됩니다.

표 2-2 십진수의 이진수 변환

| 이진수 | 이진수 → 십육진수 변환 | 십육진수 |
| --- | --- | --- |
| 10101011 | (1010) → 8 + 0 + 2 + 0 = 10 → A<br>(1011) → 8 + 0 + 2 + 1 = 11 → B | AB |
| 1110110010 | (0011) → 0 + 0 + 2 + 1 = 3<br>(1011) → 8 + 0 + 2 + 1 = 11 → B<br>(0010) → 0 + 0 + 2 + 0 = 2 | 3B2 |

컴퓨터에서 직접 연산하거나 데이터를 저장할 때는 이진수를 사용합니다. 반면, 코드를 작성하거나 메모리 주소, 색상 코드를 나타낼 때는 십육진수를 사용합니다.

> **Note 이진수 표시법**
>
> 십진수 1과 이진수 1, 십진수 10과 이진수 10은 표현만 봐서는 구분하기 어렵습니다. 그래서 이진수를 나타내는 몇 가지 방법이 있습니다.
>
> - **아래첨자**: 이진수 뒤에 아래첨자로 (2)를 붙이는 방법입니다. $10_{(2)}$로 표시하면 10이 이진수임을 나타냅니다.
> - **접두사**: 이진수 앞에 0b나 0B를 붙이는 방법입니다. 이진수 10은 0b10으로 표시합니다. 보통 코드를 작성할 때 이 방법을 사용합니다.

## 2.2.2 정수를 표현하는 방법

컴퓨터에서 정수를 표현하는 방법은 여러 가지가 있습니다. 그중에서 대표적인 3가지 방법을 살펴보겠습니다.

## 1. 부호와 절댓값

**부호와 절댓값**(sign - magnitude) 방식은 **최상위 비트**(MSB, Most Significant Bit)를 부호 비트로 사용하고, 나머지 비트에 절댓값의 이진수를 넣는 방법입니다. 부호 비트가 0이면 양수를, 1이면 음수를 나타냅니다. 예를 들어, −25와 25를 8비트 이진수로 표현하면 다음과 같습니다.

그림 2-3 부호와 절댓값으로 정수 표현

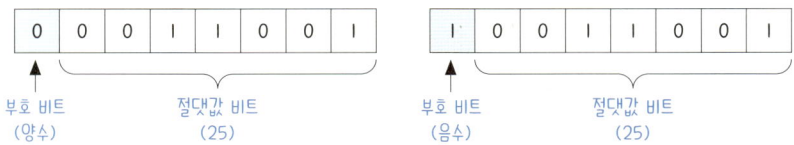

이 방식은 직관적이지만, 0을 두 가지로 표현한다는 단점이 있습니다. 즉, +0과 −0이 존재합니다.

## 2. 1의 보수

**1의 보수**(one's complement)는 양수의 모든 비트를 반전시켜 음수를 표현하는 방법입니다. 0은 1로, 1은 0으로 바뀝니다. 이 방법에서도 최상위 비트를 부호 비트로 사용합니다. 예를 들어, −25는 다음과 같이 표현합니다.

그림 2-4 1의 보수로 음수 표현

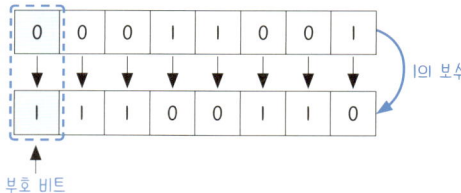

1의 보수 방식도 +0과 −0이 존재하며, 연산 과정이 복잡하다는 단점이 있습니다.

그림 2-5 +0과 −0이 동시에 존재하는 문제

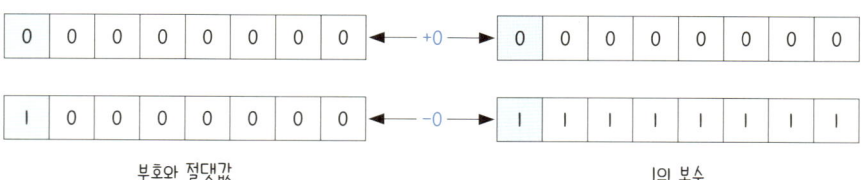

### 3. 2의 보수

**2의 보수**(two's complement)는 이진수의 모든 비트를 반전시킨 후(1의 보수) 1을 더해 음수를 표현하는 방법입니다. 2의 보수에서도 첫 번째 비트를 부호 비트로 사용합니다. 예를 들어, -25는 다음과 같이 표현합니다.

그림 2-6 2의 보수로 음수 표현

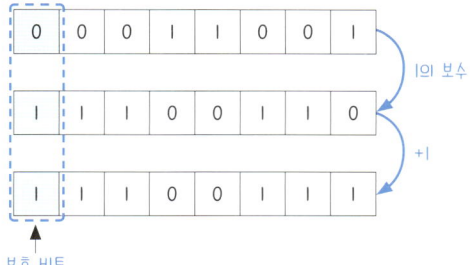

2의 보수 방식은 +0과 -0이 존재하는 문제가 없고, 연산이 간단해 가장 많이 사용합니다.

> **Note** 보수법
>
> 이진수로 음수를 표현할 때 1의 보수와 2의 보수라는 방법을 사용합니다. **보수**(complement)는 숫자의 합이 특정 수가 되게 하는 수를 의미합니다. 예를 들어, 십진수 7에 대한 10의 보수는 3입니다. 주판을 배웠다면 보수 개념을 더 쉽게 이해할 겁니다.
>
> 일반적으로 r진법에는 r의 보수와 r-1의 보수가 존재합니다. 따라서 이진수는 1의 보수와 2의 보수가 있고, 십진수에는 9의 보수와 10의 보수가 있습니다.
>
> r진법의 n 자릿수인 x가 있을 때 보수는 다음과 같이 구합니다.
>
> - r의 보수 = $r^n - x$
> - r-1의 보수 = $r^n - 1 - x$
>
> 예를 들어, 십진수 567이 있을 때 10의 보수는 $10^3 - 567 = 433$, 9의 보수는 $10^3 - 1 - 567 = 432$입니다.

## 2.2.3 실수를 표현하는 방법

실수는 소수점을 기준으로 정수 부분과 소수 부분으로 나눕니다. 컴퓨터에서 실수를 이진수로 변환할 때는 두 부분을 각각 변환해 결합합니다.

- **정수 부분**: 몫이 0이 될 때까지 2로 나눈 나머지를 거꾸로 적습니다.
- **소수 부분**: 소수가 0이 될 때까지 2를 곱해 나온 정수를 순서대로 적습니다.

예를 들어, 실수 13.75를 이진수로 변환하면 다음과 같습니다.

표 2-3 실수 13.75를 이진수로 변환하는 과정

| 정수 | 소수 |
|---|---|
| 13 / 2 = 6  나머지 1 | 0.75 * 2 = 1.50  정수 1 |
| 6 / 2 = 3  나머지 0 | 0.50 * 2 = 1.00  정수 1 |
| 3 / 2 = 1  나머지 1 | |
| 1 / 2 = 0  나머지 1 | |
| 1101 | 11 |

결과적으로 13.75는 이진수로 1101.11로 표현합니다.

실수 10.45를 이진수로 변환해 봅시다.

표 2-4 실수 10.45를 이진수로 변환하는 과정

| 정수 | 소수 |
|---|---|
| 10 / 2 = 5  나머지 0 | 0.45 * 2 = 0.90  정수 0 |
| 5 / 2 = 2  나머지 1 | 0.90 * 2 = 1.80  정수 1 |
| 2 / 2 = 1  나머지 0 | 0.80 * 2 = 1.60  정수 1 |
| 1 / 2 = 0  나머지 1 | 0.60 * 2 = 1.20  정수 1 |
| | 0.20 * 2 = 0.40  정수 0 |
| | 0.40 * 2 = 0.80  정수 0 |
| | 0.80 * 2 = 1.60  정수 1 |
| | 0.60 * 2 = 1.20  정수 1 |
| | 0.20 * 2 = 0.40  정수 0 |
| | ... |
| 1010 | 011100110... |

13.75와 달리 10.45의 소수 부분은 이진수로 변환하면 무한히 반복됩니다. 이를 보통 8자리에서 끊어 결과적으로 10.45는 이진수로 1010.01110011로 표현됩니다.

컴퓨터 자원은 유한하기 때문에 무한히 반복하는 값을 컴퓨터에 저장하거나 연산에 사용할 수 없습니다. 그래서 실수는 고정된 비트를 사용해 정확한 값이 아닌 근사치로 저장할 수밖에 없습니다. 컴퓨터에서 실수를 저장할 때는 고정 소수점과 부동 소수점 방식을 사용합니다.

● **고정 소수점**

**고정 소수점**(fixed point)은 소수점 위치가 고정된 방식입니다. 이 방식은 부호 비트, 정수부, 소수부로 구성됩니다. 최상위 비트는 부호 비트로 사용하며, 0이면 양수, 1이면 음수를 나타냅니다. 정수부와 소수부는 비트 수가 정해져 있습니다. 그래서 표현할 수 있는 값의 범위가 제한적이고 값의 정밀도(계산 결과가 실제 값과 얼마나 가까운지를 나타내는 기준)가 떨어집니다.

예를 들어, 실수 10.45를 16비트 고정 소수점으로 표현하는 과정은 다음과 같습니다.

1. 최상위 비트는 부호 비트로 사용하고 정수부에는 7비트, 소수부에는 8비트를 할당합니다.

   그림 2-7 고정 소수점의 구성

   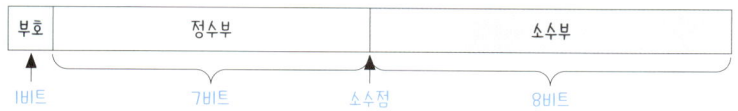

2. 정수부에 들어갈 10을 **표 2-1**에 나온 방법을 사용해 이진수로 변환합니다. 10을 이진수로 변환하면 1010입니다.

   10 / 2 = 5    나머지 0
   5 / 2 = 2     나머지 1
   2 / 2 = 1     나머지 0
   1 / 2 = 0     나머지 1

3. 소수부에 들어갈 45는 2를 곱해 이진수로 변환합니다. 0.45의 이진수 표현은 무한 반복되므로 8자리에서 끊으면 01110011이 됩니다.

   0.45 * 2 = 0.90    정수부 0
   0.90 * 2 = 1.80    정수부 1
   0.80 * 2 = 1.60    정수부 1
   0.60 * 2 = 1.20    정수부 1
   0.20 * 2 = 0.40    정수부 0
   0.40 * 2 = 0.80    정수부 0
   0.80 * 2 = 1.60    정수부 1
   0.60 * 2 = 1.20    정수부 1

4 정수부와 소수부를 합칩니다. 결국 10.45를 고정 소수점 방식으로 표현하면 00001010 01110011이 됩니다.

그림 2-8 실수 10.45를 16비트 고정 소수점으로 표현했을 때

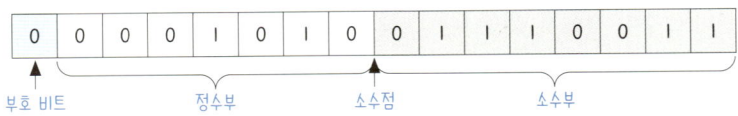

● 부동 소수점

**부동 소수점**(floating point)은 소수점의 위치가 수의 크기에 따라 움직이는 방식입니다. 이 방식은 부호 비트, 수의 크기를 나타내는 지수(exponent), 실제 숫자를 나타내는 가수(mantissa)로 구성됩니다. 부동 소수점은 고정 소수점보다 더 큰 범위의 숫자를 표현할 수 있으며 정밀도가 높습니다.

가장 널리 사용하는 부동 소수점 표현은 **IEEE 754 표준**입니다. 이 표준에는 몇 가지 형태가 있는데 단정밀도와 배정밀도를 주로 사용합니다.

1. 단정밀도

**단정밀도**(single-precision) 방식은 32비트를 사용하며, 부호 1비트, 지수 8비트, 가수 23비트로 구성됩니다. 부동 소수점에는 바이어스라는 값이 있습니다. **바이어스**(bias)는 음의 지수(0과 1 사이의 소수)를 표현하기 위해 지수에 더해지는 값입니다. 단정밀도에서 바이어스는 127입니다. 지수에 들어갈 값은 실제 지수에 바이어스 127을 더해 계산합니다. 계산한 지수가 0~127이면 음의 지수를, 128~255이면 양의 지수를 나타냅니다.

그림 2-9 단정밀도 방식의 비트 구성

실수 10.45를 단정밀도 방식으로 표현하는 과정은 다음과 같습니다.

1 10.45를 이진수로 변환하면 **1010.01110011001100110011**입니다. 무한 반복되지만 23비트에 맞춰 근사치로 끊습니다.

2 변환한 이진수를 정규화합니다. **정규화**는 이진수의 소수점을 이동해 항상 1.xxx... 형태

가 되도록 조정하는 과정입니다. 10.45의 이진수 표현을 정규화하면 다음과 같습니다.

$$10.45 = 1010.01110011001100110011$$
$$= 1.0100111001100110011 * 2^3$$

3 정규화한 이진수에서 1.을 제외한 0100111001100110011이 가수 부분에 들어갑니다.

4 실제 지수가 3이므로 바이어스를 더하면 3 + 127 = 130입니다. 130을 이진수로 변환하면 10000010입니다. 이 값이 지수 부분에 들어갑니다.

5 10.45는 양수이므로 부호 비트는 0입니다.

6 부호와 지수, 가수를 합치면 결국 0 10000010 0100111001100110011이 됩니다.

그림 2-10 실수 10.45를 단정밀도 방식으로 표현했을 때

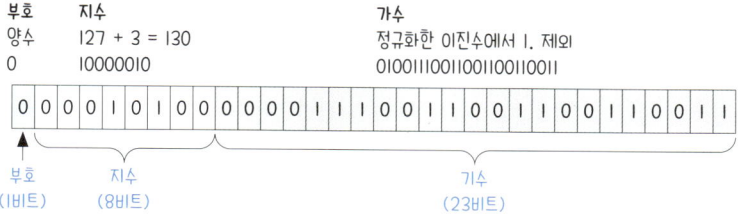

## 2. 배정밀도

**배정밀도**(double precision) 방식은 64비트를 사용하며, 부호 1비트, 지수 11비트, 가수 52비트로 구성됩니다. 배정밀도에서 바이어스는 1023을 사용합니다. 이름처럼 더 높은 정밀도와 큰 범위를 가집니다.

그림 2-11 배정밀도 방식의 비트 구성

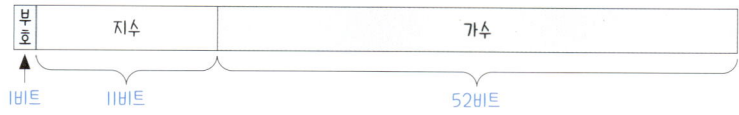

실수 10.45를 배정밀도 방식으로 표현하는 과정은 다음과 같습니다.

1 10.45를 이진수로 변환해 정규화하는 단계는 비트 수만 늘어나고 거의 동일합니다.

$$10.45 = 1010.01110011001100110011...$$
$$= 1.0100111001100110011... * 2^3$$

2 지수 3에 바이어스를 더하면 3 + 1023 = 1026입니다. 1026을 이진수로 변환하면 10000000010입니다. 이 값이 지수 부분에 들어갑니다.

3 부호 비트는 0이고, 지수와 가수를 합치면 0 10000000010 0100111001100110011 0011001100110011001100110011이 됩니다.

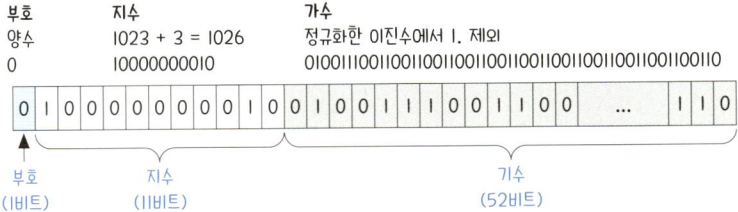

그림 2-12 실수 10.45를 배정밀도 방식으로 표현했을 때

## 2.2.4 문자를 표현하는 방법

문자나 기호는 컴퓨터가 이해할 수 있게 바이너리 형식으로 변환해야 합니다. 바이너리 형식은 데이터가 0과 1로 이루어진 비트의 조합으로 표현합니다. 이 과정을 **인코딩**(encoding)이라고 합니다. 문자를 인코딩할 때는 문자 집합을 사용합니다. **문자 집합**(character set)은 데이터를 표현하기 위해 규칙을 정해 정의한 글자 모음입니다. 대표적인 문자 집합으로 ASCII(아스키)와 유니코드가 있습니다.

### ● ASCII

**ASCII**는 미국 정보 교환 표준 부호(American Standard Code for Information Interchange)의 약어로, 128개 문자로 구성된 문자 집합입니다. ASCII는 텍스트 파일과 데이터 전송 및 저장에 널리 사용합니다.

ASCII에는 다음과 같은 문자가 포함됩니다.

- 대문자(A-Z, 26개)
- 소문자(a-z, 26개)
- 숫자(0-9, 10개)
- 공백(스페이스, 1개)
- 특수 문자(32개)
- 제어 문자(33개)

ASCII에 포함된 각 문자는 ASCII 코드와 대응됩니다. **ASCII 코드**는 ASCII에 포함된 문자와 대응되는 고유한 숫자입니다. 이처럼 문자 집합에서 각 문자를 식별하는 숫자를 **코드 포인트**(code point)라고 합니다. 즉, ASCII 코드는 ASCII에서 사용하는 코드 포인트입니다.

ASCII 코드는 이진수, 십진수, 십육진수로 표현할 수 있습니다. 예를 들어, 소문자 a의 ASCII 코드는 이진수로 01100001, 십진수로 97, 십육진수로 61입니다.

ASCII는 문자 하나를 표현하는 데 1바이트(8비트)를 사용하지만, 표준 ASCII는 7비트를 사용해 128개($2^7$) 문자를 인코딩합니다. 나머지 1비트는 오류 검사나 확장에 사용합니다. 마지막 8비트까지 사용하는 확장된 ASCII는 256개($2^8$) 문자를 표현할 수 있습니다. 여기에는 그래픽 문자, 추가 기호 등이 포함됩니다.

TIP — ASCII 코드 표는 링크(https://ko.wikipedia.org/wiki/ASCII)에서 확인할 수 있습니다.

● 유니코드

한글은 초성, 중성, 종성 조합으로 11,172개 글자를 표현합니다. 1바이트로는 이 많은 글자를 표현할 수 없기 때문에 최소 2바이트가 필요합니다. 그래서 ASCII 코드 대신 유니코드를 사용해 인코딩합니다. **유니코드**(unicode)는 한글을 포함해 전 세계 문자를 표현하기 위해 만든 문자 집합입니다. 유니코드의 코드 포인트는 십육진수 앞에 U를 붙여 사용합니다. 예를 들어, '가'의 코드 포인트는 U+AC00입니다. 전체 코드 포인트는 U+0000부터 U+10FFFF까지입니다.

유니코드는 4바이트를 사용해 세상의 모든 문자를 표현할 수 있습니다. 하지만 그대로 인코딩하면 1바이트를 사용하는 ASCII보다 효율이 떨어집니다. 그래서 이를 보완하기 위해 **가변 길이 문자 인코딩** 방식을 사용합니다. 가장 일반적인 방식은 **UTF-8**입니다. 일반적으로 웹 문서에서 자주 사용하는 UTF-8은 바로 이 인코딩 방식을 의미합니다. UTF-8은 문자에 따라 1바이트부터 4바이트까지 가변 길이로 인코딩됩니다. 영어 등 기본적인 ASCII 문자는 1바이트로 인코딩되며, 유니코드 문자 중 한글, 한자, 특수 문자 등은 2바이트에서 최대 4바이트까지 사용합니다. UTF-8은 저장 공간을 효율적으로 사용하면서도 유니코드의 모든 문자를 표현할 수 있기 때문에 웹을 비롯한 다양한 환경에서 가장 널리 사용하는 문자 인코딩 방식입니다. UTF-8 외에도 UTF-16(가변 길이), UTF-32(고정 길이) 등 여러 인코딩 방식이 있습니다.

TIP — 유니코드 표는 링크(https://ko.wikipedia.org/wiki/유니코드_영역)에서 확인할 수 있습니다.

## 2.2.5 BCD 코드

사람은 일반적으로 십진수(0에서 9까지의 숫자)를 사용하지만 컴퓨터는 이진수(0과 1의 조합)를 사용합니다. 이진수는 사람이 보고 바로 이해하기 어려운 형식입니다. 이때 BCD 코드를 사용하면 숫자를 쉽게 해석할 수 있습니다. **BCD**(Binary Coded Decimal) 코드는 십진수 각 자리 숫자를 4비트 이진수로 변환해 십진수를 표현하는 방법입니다.

BCD 코드는 십진수 0에서 9까지의 숫자를 4비트 이진수로 매핑합니다. 여기서 4비트는 왼쪽부터 차례로 가중치 8, 4, 2, 1을 가집니다. 각 비트의 가중치를 합하면 십진수 각 자리 숫자가 됩니다. 그래서 BCD 코드를 **8421 코드**라고도 합니다.

표 2-5 BCD 코드 표

| 십진수 | BCD 코드 | 십진수 | BCD 코드 |
|---|---|---|---|
| 0 | 0000 | 5 | 0101 |
| 1 | 0001 | 6 | 0110 |
| 2 | 0010 | 7 | 0111 |
| 3 | 0011 | 8 | 1000 |
| 4 | 0100 | 9 | 1001 |

예를 들어, 십진수 195를 이진수로 표현하면 11000011이지만, BCD 코드로 변환하면 0001 1001 0101이 됩니다.

$$195 = 11000011_{(2)} = 0001\ 1001\ 0101_{(BCD)}$$

BCD 코드의 각 비트에 가중치 8, 4, 2, 1을 곱한 후 모두 더하면 십진수의 각 자리 값을 구할 수 있습니다.

그림 2-13 BCD 코드 변환

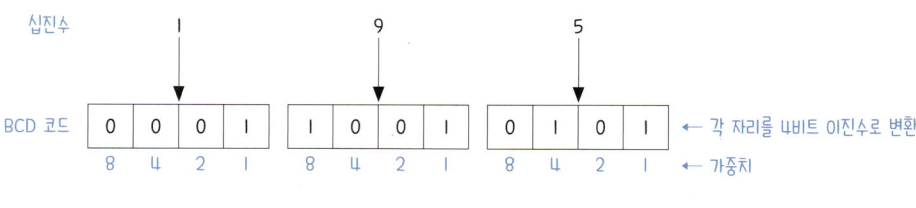

BCD 코드는 문자보다는 숫자를 이진수로 변환하는 데 주로 사용합니다. 십진수의 각 자리를 그대로 이진수로 표현하기 때문에 숫자 변환이 직관적이고 계산 처리가 쉽습니다. 그래서 금융이나 상업 분야에서 십진수 데이터를 처리할 때 주로 사용합니다.

하지만 BCD 코드에는 단점도 있습니다. 데이터를 저장하거나 처리할 때 이진수보다 더 많은 공간이 필요합니다. 예를 들어, 십진수 195를 BCD 코드로 변환하면 12비트를 사용하지만, 이진수로 변환하면 8비트만 사용합니다.

> **Note** 다양한 디지털 코드
>
> 이 절에서 소개한 ASCII, 유니코드, BCD 외에도 다양한 디지털 코드가 존재합니다.
> - **3초과 코드(excess-3 code)**: 각 십진수에 3을 더한 값을 이진수로 표현합니다.
> - **EBCDIC(Extended Binary Coded Decimal Interchange Code)**: IBM에서 개발한 문자 인코딩 방식입니다.
> - **언팩 10진법(unpacked decimal)**: 각 숫자를 별도의 바이트로 저장하는 방식입니다.
> - **팩 10진법(packed decimal)**: 2개의 십진수를 하나의 바이트에 저장하는 방식입니다.
> - **그레이 코드(gray code)**: 두 인접한 값이 하나의 비트만 다른 이진수 표현 방식입니다.
>
> 이러한 다양한 디지털 코드는 컴퓨터 시스템에서 문자나 숫자 등의 데이터를 이진수 형태로 변환하는 데 사용합니다.

## 1분 퀴즈

정답 노트 p.390

**04.** 컴퓨터에서 데이터를 표현하는 기본 단위는 무엇인가요?

① 십진수　　② 이진수　　③ 십육진수　　④ BCD 코드

**05.** 다음 중 십진수 10을 이진수로 변환하는 올바른 방법은 무엇인가요?

① 10을 2로 나눈 나머지를 거꾸로 적는다.

② 10을 8로 나눈 나머지를 순서대로 적는다.

③ 10을 2로 나누고 나온 몫을 그대로 적는다.

④ 10을 16으로 나눈 후 나머지를 순서대로 적는다.

◐ 계속

**06.** 이진수를 십육진수로 변환할 때 사용하는 방법으로 알맞은 것은 무엇인가요?

① 이진수를 3비트 단위로 나눈다.

② 이진수를 5비트 단위로 나눈다.

③ 이진수를 4비트 단위로 묶어 변환한다.

④ 이진수를 그대로 십진수로 변환한 후 십육진수로 바꾼다.

**07.** 다음 중 BCD 코드에 대한 설명으로 옳은 것은 무엇인가요?

① 모든 숫자를 8비트로 저장한다.

② 문자 데이터를 저장하는 방식이다.

③ ASCII 코드와 동일한 방식으로 사용한다.

④ 각 자리 숫자를 4비트 이진수로 표현한다.

**08.** 다음 내용이 맞으면 O, 틀리면 X를 표시하세요.

① (　　　) 십육진법은 0부터 9까지의 숫자와 A~F까지의 문자를 사용한다.

② (　　　) 부동 소수점 방식에서는 실수를 저장할 때 고정된 정밀도로 저장한다.

③ (　　　) 2의 보수 표현 방식은 음수를 표현할 때 가장 널리 사용한다.

④ (　　　) ASCII 코드는 유니코드보다 더 많은 문자를 표현할 수 있다.

⑤ (　　　) BCD 코드에서는 십진수 195를 8비트 이진수로 변환해 저장한다.

## 2.3

# 데이터 연산

**데이터 연산**은 데이터를 처리하고 조작하는 모든 활동을 의미합니다. 이는 데이터를 입력받아 처리하고 결과를 출력하는 과정을 포함합니다. 데이터 연산의 기본 과정은 다음과 같습니다.

1. **입력**: 키보드, 마우스 등 입력 장치를 통해 데이터를 입력받습니다. 입력된 데이터는 컴퓨터의 메모리에 저장합니다.
2. **처리**: 입력된 데이터는 CPU의 ALU에서 처리합니다. ALU는 다양한 연산을 수행해 데이터를 처리합니다.
3. **저장**: 처리한 데이터는 나중에 사용할 수 있도록 메모리나 보조 기억 장치에 저장합니다.
4. **출력**: 연산 결과는 모니터와 같은 출력 장치를 통해 사용자에게 표시합니다.

데이터 연산은 컴퓨터가 문제를 해결하고 명령을 실행하는 다양한 방법을 제공합니다.

### 2.3.1 데이터 연산의 종류

데이터 연산은 크게 산술 연산, 논리 연산, 비트 연산으로 나눌 수 있습니다.

- **산술 연산**

산술 연산은 숫자 데이터를 대상으로 수행하는 연산으로, 사칙연산과 나머지 연산을 포함합니다. 이는 수학적 계산에 사용하며, 다양한 프로그래밍 언어에서 지원합니다.

- **덧셈(+)**: 두 숫자를 더합니다. 예 5 + 2 = 7
- **뺄셈(-)**: 한 숫자에서 다른 숫자를 뺍니다. 예 7 − 4 = 3

- **곱셈(*)**: 두 숫자를 곱합니다. 예 3 * 8 = 24
- **나눗셈(/)**: 한 숫자를 다른 숫자로 나눈 몫을 구합니다. 예 8 / 4 = 2
- **나머지(%)**: 한 숫자를 다른 숫자로 나눈 나머지를 구합니다. 예 10 % 3 = 1

● **논리 연산**

논리 연산은 불 값을 대상으로 수행하는 연산입니다. **불**(boolean) 값은 참(true)과 거짓(false) 두 가지 값을 표현하는 데이터 타입입니다. 논리 연산은 주어진 조건이나 데이터의 참 또는 거짓을 평가합니다. 주로 프로그래밍 언어의 조건문에서 사용하며, 다음과 같은 연산을 포함합니다.

- **AND 연산(&&)**: 두 값이 모두 참일 때만 참입니다. 예 (true && true) = true
- **OR 연산(||)**: 두 값 중 하나라도 참이면 참입니다. 예 (true || false) = true
- **NOT 연산(!)**: 값을 부정합니다. 예 !true = false

● **비트 연산**

비트 연산은 데이터를 이진수로 변환해 각 비트 단위로 수행하는 연산입니다. 주요 비트 연산은 다음과 같습니다.

- **비트 AND 연산(&)**: 두 비트가 모두 1일 때만 1이 됩니다.
  예 십진수: 12 & 10 = 8        이진수: 1100 & 1010 = 1000

- **비트 OR 연산(|)**: 두 비트 중 하나라도 1이면 1이 됩니다.
  예 십진수: 12 | 10 = 14       이진수: 1100 | 1010 = 1110

- **비트 XOR 연산(^)**: 두 비트가 서로 다를 때만 1이 됩니다.
  예 십진수: 12 ^ 10 = 6        이진수: 1100 ^ 1010 = 0110

- **비트 NOT 연산(~)**: 모든 비트를 반전시킵니다.(0 → 1, 1 → 0)
  예 십진수: ~12 = -13(2의 보수로 해석)  이진수: ~0000 1100 = 1111 0011(반전)

- **비트 이동 연산(<<, >>)**: 시프트 연산이라고도 하며, 비트를 왼쪽(<<) 또는 오른쪽(>>)으로 이동시킵니다. 이동할 때 빈칸은 0으로 채웁니다.
  예 십진수: 8 << 2 = 32        이진수: 1000 << 2 = 100000

> **Note** 12의 비트 NOT 연산
>
> 비트 NOT 연산은 모든 비트를 반전시킵니다. 수학 공식으로는 다음과 같습니다.
>
> $\sim x = -x - 1$
>
> 따라서 주어진 예에서 $\sim 12 = -12 - 1 = -13$입니다.
>
> 8비트의 이진수 표현으로는 다음과 같이 계산합니다.
>
> - 12의 이진수 표현: 0000 1100
> - 모든 비트 반전: 1111 0011
>
> 1111 0011은 2의 보수 체계에서 –13을 나타냅니다.

## 2.3.2 정수 연산 방법

컴퓨터에서 정수를 연산하는 방법을 간단히 알아보겠습니다. 49와 58로 덧셈과 뺄셈 연산을 해 봅시다. 연산하려면 정수를 이진수로 바꿔야 합니다. 49와 58을 이진수로 바꾸면 각각 110001과 111010입니다.

### 1. 덧셈

덧셈에서는 두 정수의 각 비트를 더합니다. 두 비트의 합이 2가 되면 해당 비트는 0으로 하고 다음 비트로 1을 **자리 올림**(carry)합니다. 49와 58의 덧셈을 8비트 이진수로 진행하면 다음과 같습니다.

그림 2-14 정수의 덧셈

```
                 0110000    ← 자리 올림
     49           00110001
  +  58        +  00111010
   ─────         ──────────
    107           01101011
   십진수           이진수
```

**TIP** ── 덧셈 연산에서 이진수를 더할 때 합이 2(이진수로 10) 이상이 되면 다음 자리로 넘겨야 할 값이 생기는데, 이 값을 **자리 올림**이라고 합니다. 예를 들어, 1 + 1 = 10(이진수)에서 결과의 첫 번째 비트는 자리 올림 값이 되어 다음 자리로 전달됩니다.

## 2. 뺄셈

뺄셈할 때는 빼는 수 즉, 58의 2의 보수를 구한 후 49와 더합니다. 그리고 결과로 나온 값의 2의 보수를 구한 후 – 부호를 붙이면 됩니다.

그림 2-15 정수의 뺄셈

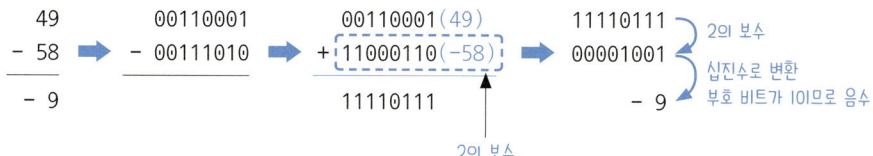

## 1분 퀴즈

정답 노트 p.390

**09.** 다음 중 산술 연산에 해당하지 <u>않는</u> 것은 무엇인가요?

① 덧셈(+)     ② 나눗셈(/)     ③ 비트 AND(&)     ④ 나머지(%)

**10.** 논리 연산 중 두 값이 모두 참일 때만 참이 되는 연산은 무엇인가요?

① AND 연산(&&)     ② OR 연산(||)     ③ NOT 연산(!)     ④ XOR 연산(^)

**11.** 비트 연산에서 12 | 10 (비트 OR 연산)의 결과는 얼마인가요?

① 8     ② 10     ③ 12     ④ 14

**12.** 다음 중 비트 이동 연산과 관련이 있는 것은 무엇인가요?

① a & b     ② a << 2     ③ a | b     ④ a ^ b

**13.** 다음 내용이 맞으면 O, 틀리면 X를 표시하세요.

① (　　) 논리 연산에서 OR 연산은 두 값 중 하나라도 참이면 참이다.

② (　　) 비트 NOT 연산은 모든 비트를 1에서 0으로, 0에서 1로 반전한다.

③ (　　) 산술 연산은 논리 연산보다 메모리를 더 많이 차지한다.

④ (　　) 비트 이동 연산은 숫자의 크기를 변경하는 데 사용한다.

# 2.4 명령어

컴퓨터에 일을 시키려면 컴퓨터가 이해할 수 있는 말로 명령을 내려야 합니다. 이때 사용하는 것이 명령어입니다. **명령어**(instruction)는 컴퓨터가 특정 동작을 수행하는 데 사용하는 가장 작은 단위입니다. 컴퓨터가 작업을 수행하게 하는 최소 단위 지시문이라고 할 수 있습니다.

이 절에서는 명령어가 어떻게 구성되어 있으며 컴퓨터가 명령어를 어떻게 처리하는지 살펴보겠습니다.

### 2.4.1 기계어와 어셈블리어

사람은 프로그래밍 언어를 사용해 코드를 작성하고 프로그램을 만듭니다. 이때 사용하는 언어는 C, 자바(Java), 파이썬(Python)과 같은 **고급 언어**(high-level language)입니다. 고급 언어는 사람이 일상에서 사용하는 언어와 비슷한 문법 구조라서 이해하기 쉽습니다. 하지만 컴퓨터는 이러한 고급 언어를 이해할 수 없습니다. 컴퓨터는 오직 0과 1로 이루어진 기계어만 이해할 수 있습니다.

**기계어**(machine code)는 순수하게 이진 코드로 구성되어 있으며, CPU 아키텍처에 따라 다릅니다. 즉, 인텔 CPU와 ARM CPU는 서로 다른 기계어를 사용합니다.

**TIP** ― **CPU 아키텍처**(CPU Architecture)란 CPU가 어떻게 동작하고, 어떤 명령어를 지원하며, 데이터를 어떻게 처리하는지 정의하는 시스템 설계의 기본 틀입니다.

기계어는 컴퓨터가 이해하고 실행할 수 있지만, 0과 1로 이루어져서 사람이 이해하고 작성하기 어렵습니다. 그래서 명령어를 사람이 이해하기 쉽게 기호나 단어로 표현한 **어셈블리어**(assembly language)가 등장했습니다. 어셈블리어를 사용하면 프로그래머가 기계어 대신, 더 읽기 쉬운 코드로 프로그래밍할 수 있습니다. 어셈블리어도 CPU 아키텍처에 특화된 언어입니다. 그래서 하드웨어를 더 세밀하게 제어할 수 있고 CPU 아키텍처에 최적화된 프로그램을 작성할 수 있습니다.

어셈블리어는 **어셈블러**(assembler)라는 특수 프로그램을 통해 기계어로 변환되어 실행됩니다. 예를 들어, MOV AL, 61h는 '레지스터에 소문자 a를 로드해'라는 명령의 어셈블리어 코드입니다. 여기서 MOV는 '이동'을 의미하고, AL은 문자 a를 로드할 목적지인 AL 레지스터입니다. 그리고 61h는 소문자 a를 십육진수의 ASCII 코드로 나타낸 것입니다. 이를 기계어로 변환하면 10110000 01100001이 됩니다. 컴퓨터는 이렇게 기계어로 변환한 명령어를 이해하고 실행합니다.

그림 2-16 어셈블리어로 작성한 명령어를 기계어로 변환해 컴퓨터에서 실행

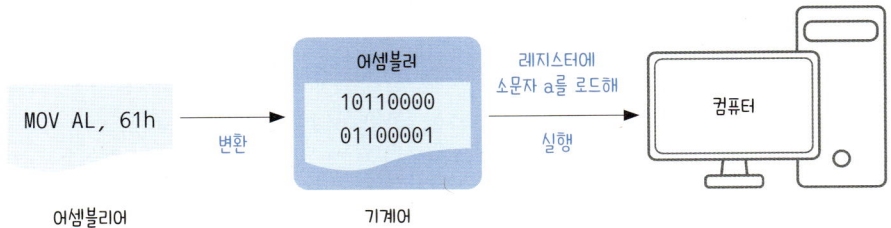

기계어와 어셈블리어는 컴퓨터 하드웨어와 직접 상호작용하며 프로그래밍할 수 있습니다. 이러한 두 언어를 **저급 언어**(low-level language)라고 합니다.

## 2.4.2 컴파일 방식과 인터프리터 방식

사람이 이해하기 쉬운 고급 언어로 작성한 소스 코드는 컴퓨터가 이해하고 실행할 수 있는 기계어 수준의 명령어로 변환돼 실행됩니다. 물론 이 과정에서 어셈블리어를 생성해 기계어로 변환하는 경우도 있습니다. 이 부분은 언어별 설계에 따라 다릅니다.

소스 코드를 기계어로 변환하는 방법에는 크게 컴파일 방식과 인터프리터 방식이 있습니다.

- **컴파일 방식**: **컴파일러**(compiler)라는 프로그램을 사용해 고급 언어로 작성한 소스 코드를 한 번에 기계어(또는 중간 코드)로 변환해 실행합니다. C, C++ 등에서 이 방식을 사용합니다. 컴파일 방식은 변환한 코드를 한 번에 실행하므로 실행 속도가 빠르며, 모든 코드를 컴파일하기 때문에 오류를 미리 발견할 수 있습니다. 그러나 컴파일 과정이 오래 걸리며, 코드가 변경되면 전체를 다시 컴파일해야 합니다. 또한, 특정 운영체제나 아키텍처에 따라 컴파일한 파일이 다를 수 있습니다.

- **인터프리터 방식**: **인터프리터**(interpreter)라는 프로그램을 사용해 소스 코드를 한 줄씩 기계어로 변환해 실행합니다. 파이썬과 같은 언어가 이 방식을 사용합니다. 인터프리터 방식은 코드 수정과 디버깅이 쉽고, 실시간으로 테스트와 피드백이 가능해 개발 속도가 빠릅니다. 하지만 실행할 때마다 코드를 한 줄씩 해석하므로 실행 속도가 느리고 메모리 효율이 떨어질 수 있습니다. 또한, 코드를 실행해야 오류를 발견할 수 있어 디버깅이 어려울 수 있습니다. 따라서 성능이 중요한 프로그램에는 적합하지 않을 수 있습니다.

그림 2-17 컴파일 방식과 인터프리터 방식 비교

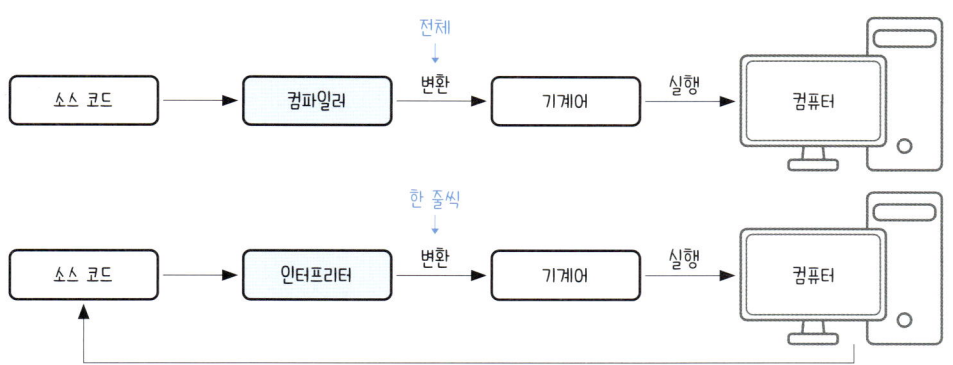

## 2.4.3 명령어 구조

명령어는 연산 코드와 오퍼랜드의 조합으로 구성되어 있습니다. **연산 코드**(opcode, operation code)는 수행할 동작의 종류를 나타냅니다. 예를 들어 산술 연산, 데이터 저장, 입출력 등 다양한 작업을 지시하는 역할을 합니다. **오퍼랜드**(operand, 또는 피연산자)는 연산의 대상이 되는 데이터나 데이터가 저장된 주소를 지정합니다.

명령어에 따라 오퍼랜드의 수와 종류는 다를 수 있습니다. 예를 들어, 두 수를 덧셈 연산할 때 더하는 두 수가 오퍼랜드가 됩니다.

명령어 구조는 연산 코드와 오퍼랜드를 어떻게 조합할지, 주소 지정 방식을 무엇으로 할지 정의합니다. 이는 CPU가 명령어를 해석하고 실행하는 데 중요한 역할을 합니다. 명령어 구조를 이해하면 컴퓨터에서 데이터를 어떻게 처리하는지를 알 수 있습니다.

그림 2-18 명령어 구조

● **명령어의 종류**

연산 코드는 수행하는 동작에 따라 다음과 같이 나뉩니다.

1. **산술 연산**: 덧셈, 뺄셈, 곱셈, 나눗셈 등 산술 연산을 수행합니다. 예 ADD, SUB, MUL, DIV

2. **논리 연산**: 참(1)과 거짓(0), 두 가지 상태를 사용하는 논리 연산을 수행합니다. 예 AND, OR, XOR, NOT

3. **비트 연산**: 특정 비트에 있는 데이터를 조작하는 연산을 수행합니다. 예 SHL(Shift Left), SHR(Shift Right), ROL(Rotate Left), ROR(Rotate Right)

4. **데이터 전송**: 데이터를 메모리에서 가져오거나 메모리로 전송하는 등 위치를 옮기는 작업을 수행합니다. 예 MOV, LOAD, STORE

5. **프로그램 제어**: 프로그램의 흐름을 제어합니다. 예 JMP, CALL, RET, BRANCH

6. **입출력**: 입출력 장치와 데이터를 교환하는 입출력 명령을 수행합니다. 예 IN, OUT

예를 들어, 산술 연산에서 연산 코드와 오퍼랜드는 다음과 같습니다.

표 2-6 산술 연산 명령어의 구조

| 구분 | 연산 코드 | 오퍼랜드 |
|---|---|---|
| A + B | ADD(덧셈) | A, B |
| (A + B) * C | ADD(덧셈), MUL(곱셈) | A, B, C |

● **주소 지정 방식**

오퍼랜드에는 데이터를 직접 넣기보다 데이터가 저장된 주소를 지정하는 경우가 많습니다. 주소를 지정할 때는 정해진 주소 지정 방식을 따릅니다. **주소 지정 방식**(addressing mode)은 데이터가 저장된 주소에 어떻게 접근해 데이터를 참조할지 결정하는 방법입니다. 주소 지정 방식에 따라 데이터를 어디서 어떻게 가져올지, 어디에 저장할지를 결정합니다. 대표적인 주소 지정 방식은 다음과 같습니다.

1. **즉시 주소 지정**

오퍼랜드에 실제 데이터 값을 직접 지정하는 방식입니다. 즉, 명령어에 데이터가 포함되어 있습니다. 상수 값을 레지스터에 로드할 때 주로 사용합니다. 예를 들어, MOV R1, #5는 5라는 값을 레지스터 R1에 직접 저장하는 명령어입니다. 이 방식은 메모리에 접근할 필요가 없어서 빠르게 실행됩니다. 하지만 데이터 크기가 명령어에 포함되므로 큰 데이터에서는 사용하기 어렵습니다.

그림 2-19 즉시 주소 지정

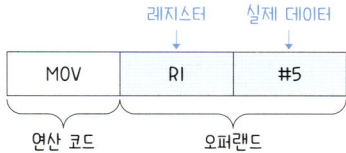

## 2. 레지스터 주소 지정

오퍼랜드에 레지스터를 지정해 레지스터에 저장된 데이터를 사용하는 방식입니다. 레지스터 간 데이터 이동이나 연산 등 CPU 내부 작업에서 자주 사용합니다. 예를 들어, ADD R1, R2는 레지스터 R1과 R2의 값을 더하는 명령어입니다. 이 방식은 CPU 내부에 있는 레지스터에 접근하므로 속도가 매우 빠르며, 명령어가 간결하고 효율적입니다. 하지만 레지스터 수가 제한적이어서 많은 데이터를 처리하기는 어렵습니다.

그림 2-20 레지스터 주소 지정

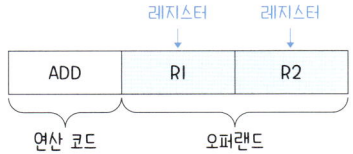

## 3. 직접 주소 지정

오퍼랜드에 메모리 주소를 명시해 해당 주소에서 데이터를 가져오거나 해당 주소로 데이터를 저장하는 방식입니다. 변수나 상수 값이 메모리에 저장되어 있는 경우 이 데이터를 레지스터로 이동하거나 연산할 때 사용합니다. 예를 들어, MOV R1, 1000은 메모리의 1000번지에 저장된 값을 레지스터 R1에 로드하는 명령어입니다. 이 방식은 명령어가 직관적이며, 특정된 주소의 데이터에 쉽게 접근할 수 있습니다. 그러나 메모리에 접근해야 하므로 레지스터에 접근할 때보다 느립니다.

그림 2-21 직접 주소 지정

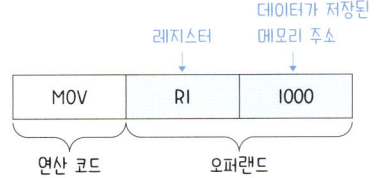

### 4. 레지스터 간접 주소 지정

오퍼랜드에 레지스터 주소를 명시하고 해당 레지스터에는 데이터가 저장된 메모리 주소를 저장하는 방식입니다. 레지스터에 저장된 주소에서 실제 데이터를 가져오거나 해당 주소에 데이터를 저장합니다. 포인터 연산, 동적 메모리 접근 등에 사용합니다. 예를 들어, MOV R1, [R2]는 레지스터 R2에 저장된 주소에서 데이터를 가져와 R1에 로드하는 명령어입니다. 이 방식은 배열이나 포인터를 활용하는 연산에서 유용합니다. 하지만 메모리에 접근해야 하므로 레지스터 접근보다 느리고, 코드가 복잡해질 수 있습니다.

그림 2-22 레지스터 간접 주소 지정

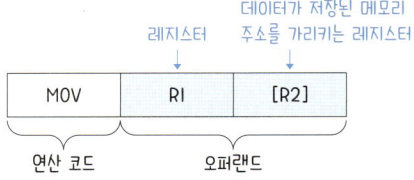

### 5. 인덱스 주소 지정

오퍼랜드에 기본 주소와 더할 인덱스용 레지스터 주소를 지정하는 방식입니다. 기본 주소에 지정된 레지스터에 저장된 값을 더해 메모리 주소를 계산합니다. 계산된 메모리 주소에서 데이터를 가져오거나 해당 주소에 데이터를 저장합니다. 주로 배열이나 테이블의 특정 요소에 접근할 때 사용합니다. 예를 들어, MOV R1, 1000[R2]는 1000이라는 기본 주소에 R2에 저장된 값을 더해 계산된 메모리 주소에서 데이터를 가져옵니다. 이 방식은 주소를 계산해야 하므로 레지스터 주소 지정보다 느릴 수 있습니다.

그림 2-23 인덱스 주소 지정

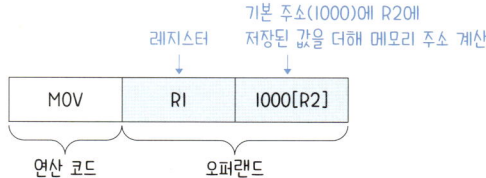

## 1분 퀴즈

정답 노트 p.390

**14.** 컴퓨터에서 실행할 수 있는 가장 작은 단위의 지시문을 무엇이라고 하나요?

① 프로그램   ② 명령어   ③ 연산 코드   ④ 기계어

**15.** 사람이 이해하기 쉽게 기계어를 기호나 단어로 표현한 언어는 무엇인가요?

① 어셈블리어   ② 고급 언어   ③ 인터프리터   ④ 컴파일러

**16.** 컴파일 방식과 인터프리터 방식의 차이점으로 옳지 않은 것은 무엇인가요?

① 컴파일 방식은 소스 코드를 한 번에 기계어로 변환한다.

② 인터프리터 방식은 실행할 때마다 한 줄씩 해석한다.

③ 컴파일 방식은 실행 속도가 느리지만 수정이 쉬운 편이다.

④ 인터프리터 방식은 실행할 때마다 코드 해석이 필요하다.

**17.** 명령어에서 오퍼랜드의 역할로 올바른 것은 무엇인가요?

① 수행할 연산을 정의한다.

② 명령어의 실행 속도를 결정한다.

③ 연산의 대상이 되는 데이터를 지정한다.

④ 명령어를 해석하는 프로그램을 의미한다.

**18.** 다음 내용이 맞으면 O, 틀리면 X를 표시하세요.

① (   ) 기계어는 사람이 쉽게 읽고 이해할 수 있도록 설계된 언어다.

② (   ) 어셈블리어는 CPU 아키텍처마다 다를 수 있다.

③ (   ) 인터프리터 방식은 한 줄씩 실행하기 때문에 실행 속도가 빠르다.

## 마무리

1. **데이터**

    ① 데이터는 컴퓨터가 처리할 수 있는 모든 종류의 정보를 의미하며, 문자, 숫자, 소리, 그림 등 다양한 형태로 존재합니다. 모든 데이터는 이진수(0과 1)로 표현합니다.

    ② 데이터의 단위는 다음과 같습니다.
    - **비트(bit)**: 데이터의 가장 작은 단위, 0과 1이라는 두 상태만 가짐
    - **니블(nibble)**: 4비트로 구성, 16가지 상태($2^4$) 표현
    - **바이트(byte)**: 데이터 저장과 전송의 기본 단위, 8비트로 구성, 256가지 상태($2^8$) 표현

    ③ 데이터는 숫자로 표현할 수 있는지 여부에 따라 수치 데이터와 비수치 데이터로 구분합니다.
    - **수치 데이터**: 숫자로 표현, 산술 연산 가능, 정수와 실수로 나뉨
    - **비수치 데이터**: 숫자로 표현되지 않음, 산술 연산이 불가능

2. **데이터의 표현 방법**

    ① 컴퓨터는 사람이 이해하는 문자, 숫자, 기호 등을 이진 코드로 변환해 처리합니다.

    ② 컴퓨터는 이진수(0과 1)를 사용하고, 사람은 주로 십진수(0~9)를 사용합니다. 십육진수(0~9 + A~F)도 데이터를 표현하거나 메모리 주소를 표시하는 데 자주 사용합니다.

    ③ 십진수 → n진수 변환
    - **정수 부분**: 몫이 0이 될 때까지 n으로 나누고, 나머지를 거꾸로 작성
    - **소수 부분**: 0이 될 때까지 n을 곱하고 정수 부분을 순서대로 작성

    ④ n진수 → 십진수 변환: 각 자리의 숫자에 기수(n)의 거듭제곱을 곱한 후 모두 더합니다.

    ⑤ 십육진수 변환: 이진수를 4비트씩 묶어 십육진수로 변환합니다.

    ⑥ 이진수는 아래첨자(예 $10_{(2)}$) 또는 접두사(예 0b10)를 사용해 표기할 수 있습니다.

⑦ 컴퓨터에서 정수를 표현하는 주요 방법은 다음과 같습니다.

- **부호와 절댓값**: 최상위 비트를 부호 비트로 사용, +0과 −0이 존재하는 문제
- **1의 보수**: 양수의 모든 비트를 반전해 음수 표현, +0과 −0이 존재하는 문제
- **2의 보수**: 1의 보수를 구한 후 1을 더함, +0과 −0이 존재하는 문제를 해결, 연산이 간단해 컴퓨터에서 가장 많이 사용함

⑧ 실수는 고정 소수점과 부동 소수점 방식으로 표현합니다.

- **고정 소수점**: 소수점 위치가 고정된 방식, 부호 비트, 정수부, 소수부로 구성
- **부동 소수점**: 소수점 위치가 유동적으로 변하는 방식, 부호 비트(1비트), 지수(8비트/11비트), 가수(23비트/52비트)로 구성, 단정밀도(32비트)와 배정밀도(64비트)가 존재

⑨ 문자는 바이너리 형식(0과 1의 조합)으로 인코딩해 저장합니다.

- **ASCII**: 128개 문자(영문 대/소문자, 숫자, 특수 문자 포함)를 7비트로 표현
- **유니코드**: 전 세계 모든 문자 표현, 가변 길이 인코딩(UTF-8, UTF-16, UTF-32) 사용

⑩ BCD 코드는 십진수 각 자리 숫자(0~9)를 4비트 이진수로 변환하는 방식입니다. 사람이 이해하기 쉬우나 일반 이진수보다 많은 저장 공간이 필요합니다.

## 3. 데이터 연산

① 데이터 연산은 컴퓨터에서 데이터를 처리하고 조작하는 모든 연산 활동으로, 입력, 처리, 저장, 출력 과정으로 이루어집니다.

② 데이터 연산은 크게 산술 연산, 논리 연산, 비트 연산이 있습니다.

- **산술 연산**: 숫자 데이터를 대상으로 수행하는 연산
- **논리 연산**: 불 값을 대상으로 수행하는 연산
- **비트 연산**: 데이터를 이진수로 변환해 각 비트 단위로 수행하는 연산

③ 컴퓨터에서 정수 연산을 수행하려면 숫자를 이진수로 변환해야 합니다.

- **덧셈**: 각 비트를 더하고 2가 되면 올림 발생
- **뺄셈**: 2의 보수를 구한 후 덧셈 수행

## 4. 명령어

① 명령어는 컴퓨터가 수행할 작업을 지정하는 가장 작은 단위의 지시문입니다.

② 기계어와 어셈블리어는 하드웨어와 직접 소통하는 저급 언어입니다.

- **기계어**: 0과 1로 구성된 이진 코드로, CPU의 아키텍처에 따라 다르게 설계함
- **어셈블리어**: 기계어를 사람이 이해하기 쉽게 만든 저급 언어로, 어셈블러를 사용해 기계어로 변환함

③ 고급 언어는 컴파일러 또는 인터프리터를 통해 기계어로 변환합니다.

- **컴파일 방식**: 컴파일러가 소스 코드를 한 번에 기계어로 변환 후 실행
- **인터프리터 방식**: 인터프리터가 소스 코드를 한 줄씩 해석해 실행

④ 명령어는 연산 코드와 오퍼랜드로 구성됩니다.

- **연산 코드**: 수행할 연산을 지정 예 ADD, SUB, MOV
- **오퍼랜드**: 연산 대상(메모리 주소, 레지스터, 직접 값 등)

⑤ 오퍼랜드를 어디서 가져올지는 주소 지정 방식으로 결정합니다.

- **즉시 주소 지정**: 명령어에 직접 값 포함 예 MOV R1, #5(R1에 5 저장)
- **레지스터 주소 지정**: 레지스터의 값 사용 예 ADD R1, R2(R1 + R2)
- **직접 주소 지정**: 메모리 주소에 저장된 값 사용 예 MOV R1, 1000(메모리의 1000번지에 저장한 값을 R1에 저장)
- **레지스터 간접 주소 지정**: 레지스터가 가리키는 주소의 값 사용 예 MOV R1, [R2](R2가 가리키는 주소의 값을 R1에 저장)
- **인덱스 주소 지정**: 기본 주소 + 오프셋 값 사용 예 MOV R1, 1000[R2](주소 1000 + R2의 값에서 데이터 로드)

# Part 2
# 컴퓨터 구조

# Part 2

# 컴퓨터 구조

**3장** CPU

**4장** 메모리

**5장** 보조 기억 장치

**6장** 입출력 시스템

# 3장
# CPU

이 장에서는 컴퓨터의 주요 구성 요소 중에서 CPU에 관해 알아봅니다.

## 3.1

# CPU의 역할

우리말로 중앙 처리 장치라고 하는 **CPU**(Central Processing Unit)는 컴퓨터의 핵심 구성 요소로, 모든 연산과 처리를 담당합니다. 흔히 CPU를 '컴퓨터의 두뇌'라고 하는데, 이는 컴퓨터가 실행하는 모든 명령을 해석하고 처리하기 때문입니다. CPU는 사용자 명령과 소프트웨어의 요청을 바탕으로 데이터를 실시간으로 처리하고 결과를 산출합니다. 이러한 특성 덕분에 CPU의 성능은 컴퓨터 시스템의 전반적인 속도와 효율성에 큰 영향을 미칩니다.

CPU가 수행하는 주요 역할은 다음과 같습니다.

### 1. 명령어 실행

컴퓨터에서 실행하는 모든 소프트웨어는 CPU가 처리해야 할 명령어로 이루어져 있습니다. 이 명령어들은 CPU 아키텍처에 맞춰 설계된 **명령어 집합**(instruction set)을 기반으로 합니다. CPU는 메모리에서 명령어를 가져와 해석하고 실행하는 과정을 반복합니다. CPU의 연산 속도가 높을수록 이러한 명령어 처리 과정이 더 빠르게 이루어지므로 프로그램의 실행 속도도 빨라집니다.

**TIP** — **명령어 집합**이란 CPU가 이해하고 실행할 수 있는 명령어들의 모음으로, CPU 아키텍처마다 고유한 명령어 집합이 존재합니다. 자세한 내용은 **3.3.3 명령어 처리 방식**에서 다룹니다.

### 2. 연산 처리

CPU는 다양한 종류의 연산을 수행할 수 있습니다. 산술 연산(덧셈, 뺄셈, 곱셈, 나눗셈)뿐만 아니라 논리 연산(AND, OR, NOT 등)과 비교 연산(두 값을 비교해 크거나 같은지 판단)도 처리합니다. 이러한 연산 기능은 단순한 계산뿐만 아니라 데이터 처리, 알고리즘 실행, 인공지능 모델 학습 등 다양한 분야에서 활용됩니다. 특히 고성능 CPU는 복잡한 연산을 빠르게 처리할 수 있어, 과학 연구, 게임 그래픽, 빅데이터 분석 등에서도 중요한 역할을 합니다.

3. 제어 신호 처리

CPU는 컴퓨터 내 여러 장치와 통신하며 시스템을 제어하는 역할도 수행합니다. CPU는 메모리, 입출력 장치, 저장 장치 등과 데이터를 주고받기 위해 **제어 신호**(control signal)를 생성합니다. 예를 들어, 사용자가 키보드로 데이터를 입력하면 CPU가 이를 감지하고 적절한 처리를 수행합니다. 또한, CPU는 각 장치가 언제 데이터를 읽고 쓸지를 결정해 시스템 전체의 효율적인 운영을 가능하게 합니다. 이러한 제어 기능이 없다면 컴퓨터 시스템의 여러 부품이 혼란을 일으키고 충돌이 발생할 가능성이 높아집니다.

4. 데이터 이동 및 저장

CPU는 데이터를 가져오고 저장하는 역할도 합니다. 프로그램을 실행하는 데 필요한 데이터를 메모리에서 가져오고 연산 결과를 메모리 또는 저장 장치에 기록합니다. 예를 들어, 사용자가 문서를 열면 CPU는 해당 파일을 저장 장치에서 메모리로 불러오고, 사용자가 편집한 내용을 다시 저장할 수 있도록 처리합니다.

5. 프로세스 관리 및 멀티태스킹

컴퓨터는 동시에 여러 프로그램을 실행하는 **멀티태스킹**(multitasking) 기능을 제공합니다. CPU는 이러한 작업을 효율적으로 관리하는 역할을 합니다. 운영체제는 실행해야 할 여러 프로세스(process)를 CPU에 전달합니다. CPU는 프로세스의 우선순위를 조정하고, 어떤 작업을 먼저 실행할지 결정합니다. 이 과정에서 스케줄링(scheduling) 기법을 활용해 CPU의 사용률을 최적화합니다. 이러한 기능 덕분에 사용자는 여러 프로그램을 동시에 실행할 수 있으며, 백그라운드에서 다양한 작업이 원활하게 수행됩니다.

CPU는 **명령어 실행, 연산 처리, 제어 신호 생성, 데이터 이동, 프로세스 관리** 등 여러 역할을 수행하며, 컴퓨터 시스템 전체의 동작을 조정합니다. CPU가 없다면 컴퓨터는 기본 연산조차 수행할 수 없으며, 모든 프로그램 실행이 불가능합니다.

## 3.2 CPU의 구조

CPU는 여러 요소로 이루어져 있으며, 이들은 서로 협력해 명령어를 처리하고 데이터를 연산합니다. 주요 구성 요소로는 산술 논리 장치, 제어 장치, 레지스터가 있습니다. 이 외에도 캐시 메모리와 버스 같은 부가적인 요소도 포함됩니다. 각 요소는 독립적인 기능을 수행하지만, 서로 긴밀하게 협력해 CPU가 정상적으로 동작할 수 있도록 합니다.

그림 3-1 CPU 구성 요소

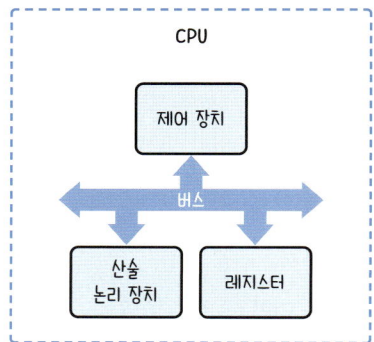

CPU의 구성 요소를 하나씩 살펴봅시다.

### 3.2.1 산술 논리 장치

**산술 논리 장치**(ALU, Arithmetic Logic Unit)는 CPU의 핵심 구성 요소로, 연산을 수행하는 역할을 합니다. ALU는 명령어와 데이터를 받아 연산을 수행한 후 결과를 출력하는 구조로 이루어져 있습니다.

## ● ALU의 구성 요소

ALU는 각각의 기능을 수행하는 다음과 같은 요소로 구성되어 있습니다.

### 1. 연산 선택기

**연산 선택기**(operation selector)는 ALU에서 어떤 연산을 수행할지 결정하는 역할을 합니다. 제어 장치에서 명령을 전달받으면 연산 선택기는 해당 명령을 해석해 올바른 연산 회로를 활성화합니다.

### 2. 산술 연산 회로

**산술 연산 회로**(arithmetic circuit)는 덧셈, 뺄셈, 곱셈, 나눗셈 등의 연산을 처리하는 전자 회로입니다. 일부 고급 CPU에서는 제곱, 제곱근과 같은 복잡한 연산도 수행할 수 있습니다. 산술 연산 회로에는 다음 요소가 포함됩니다.

- **가산기**(adder): 덧셈 수행
- **감산기**(subtractor): 뺄셈 수행
- **승산기**(multiplier): 곱셈 수행
- **제산기**(divider): 나눗셈 수행

### 3. 논리 연산 회로

**논리 연산 회로**(logic circuit)는 AND, OR, NOT, XOR과 같은 논리 연산을 처리하는 역할을 합니다. 컴퓨터가 데이터를 비교하거나 조건문을 실행할 때 중요한 역할을 합니다.

### 4. 비교 회로

**비교 회로**(comparison circuit)는 두 데이터를 비교해 '크다', '작다' 또는 '같다'를 판단하는 기능을 수행합니다. 이는 프로그램에서 조건문을 실행할 때 사용합니다.

### 5. 시프트 회로

**시프트 회로**(shifter)는 입력된 데이터를 왼쪽 또는 오른쪽으로 이동시키는 역할을 합니다.

- **왼쪽 이동**(left shift): 데이터를 2배로 곱하는 효과를 냅니다.
- **오른쪽 이동**(right shift): 데이터를 2로 나누는 효과를 냅니다.

이러한 시프트 연산은 데이터를 변환하거나 비트를 조작하는 데 사용합니다. 데이터 압축이나 암호화 같은 고급 기능에서도 활용합니다.

시프트 회로는 다음 두 방식으로 작동합니다.

- **논리적 시프트(logical shift)**: 빈 자리를 0으로 채웁니다.
- **산술적 시프트(arithmetic shift)**: 부호 비트를 유지하면서 이동합니다.

### 6. 상태 플래그

**상태 플래그**(status flag)는 연산 결과에 대한 추가 정보를 제공하는 비트입니다. ALU는 연산 결과를 처리할 때 추가 정보를 제공하기 위해 상태 플래그를 생성합니다. 주요 상태 플래그는 다음과 같습니다.

- **제로 플래그(zero flag)**: 연산 결과가 0일 때 설정합니다.
- **부호 플래그(sign flag)**: 연산 결과가 음수일 때 설정합니다.
- **캐리 플래그(carry flag)**: 덧셈 연산에서 자리 올림이 발생했을 때 설정합니다.
- **오버플로 플래그(overflow flag)**: 부호 있는 연산에서 오버플로가 발생했을 때 설정합니다.

---

**Note** 부호 있는 연산과 오버플로

- **부호 있는 연산**

컴퓨터에서 정수 데이터를 표현할 때 부호 비트(sign bit)를 사용해 양수와 음수를 구분합니다. **부호 있는 연산**(signed operation)은 이 부호 비트를 고려해 수행하는 연산입니다. 예를 들어, 2의 보수 표현을 사용한 연산에서는 가장 왼쪽 비트가 부호를 나타내며, 이 비트를 기반으로 연산을 진행합니다. 부호 있는 연산은 양수와 음수가 혼재된 데이터 처리를 가능하게 합니다.

- **오버플로**

산술 연산의 결과가 표현할 수 있는 범위를 초과했을 때 이를 **오버플로**(overflow)라고 합니다. 부호 있는 연산에서는 다음과 같은 경우에 오버플로가 발생할 수 있습니다.

- 두 양수를 더한 결과가 표현할 수 있는 최대 양수보다 클 때
- 두 음수를 더한 결과가 표현할 수 있는 최소 음수보다 작을 때

오버플로는 잘못된 계산 결과를 초래할 수 있으므로 컴퓨터 시스템에서는 이를 감지하고 적절히 처리할 수 있는 메커니즘(플래그 설정 등)을 제공합니다.

ALU 내부에 포함되지 않지만, ALU에서 연산을 수행하는 데 필요한 요소가 있습니다. 이러한 요소는 ALU의 연산 과정에서 데이터를 제공하거나 연산 결과를 처리하는 데 중요한 역할을 합니다.

1. 입력 레지스터

**입력 레지스터**(input register)는 ALU에서 연산을 수행하기 위해 메모리나 레지스터에서 가져온 데이터를 임시로 저장합니다. 일반적으로 A 레지스터와 B 레지스터라는 2개의 입력 레지스터가 있으며, 각각 오퍼랜드를 저장합니다.

2. 출력 레지스터

**출력 레지스터**(output register)는 ALU가 수행한 연산 결과를 임시로 저장합니다. 연산 결과는 출력 레지스터를 거쳐 메모리 또는 CPU의 다른 구성 요소로 전달됩니다.

3. 상태 레지스터

**상태 레지스터**(status register)는 연산 결과에 대한 추가 정보를 저장합니다. ALU에서 명령어를 실행한 후 생성되는 상태 플래그를 저장해 **플래그 레지스터**(flag register)라고도 합니다. CPU가 이후 명령을 실행하는 데 중요한 역할을 합니다.

● **ALU의 연산 수행 과정**

5(0101) + 3(0011)을 연산(4비트 기준)하는 간단한 예로 ALU에서 연산을 수행하는 과정을 살펴봅시다.

1. **입력 수신**: ALU는 산술 연산을 수행하기 위해 메모리에서 0101과 0011 데이터를 받아 입력 레지스터에 저장합니다.
2. **연산 선택**: 연산 선택기가 제어 장치에서 전달한 제어 신호를 해석해 덧셈 연산을 수행하도록 가산기를 활성화합니다.
3. **연산 수행**: 가산기에서 0101 + 0011을 계산해 1000을 생성합니다.
4. **결과 저장**: 연산 결과는 출력 레지스터에 저장하고, 필요하면 메모리로 전송합니다.
5. **상태 플래그 설정**: 결과에 따라 발생한 상태 플래그가 상태 레지스터에 기록됩니다.

그림 3-2 ALU의 산술 연산 수행 과정

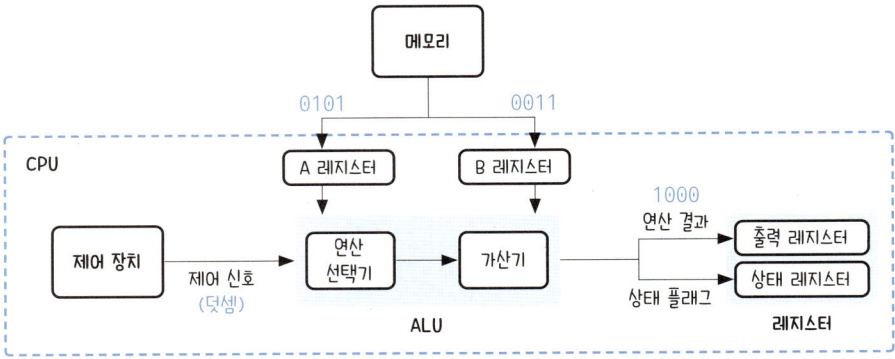

## 3.2.2 제어 장치

**제어 장치**(control unit)는 CPU가 명령어를 해석하고 컴퓨터의 여러 구성 요소가 올바르게 작동하도록 조정하는 역할을 합니다. CPU는 프로그램을 실행하기 위해 메모리에서 명령어를 가져와 해석한 후, 필요한 연산을 수행합니다. 제어 장치는 이 과정에서 메모리, ALU, 입출력 장치 등과 협력해 명령을 실행할 수 있도록 지시합니다.

제어 장치는 다음과 같은 요소로 구성됩니다.

1. 명령어 레지스터

**명령어 레지스터**(IR, Instruction Register)는 메모리에서 가져온 명령어를 임시로 저장하는 레지스터입니다. 제어 장치는 명령어를 해석하고 실행하기 위해 명령어 레지스터를 가장 먼저 확인합니다.

2. 명령어 해독기

**명령어 해독기**(instruction decoder)는 IR에 저장된 명령어를 해석해 어떤 작업을 수행할지 결정하는 장치입니다. 명령어의 연산 코드를 해석해 산술 연산, 논리 연산, 데이터 이동 등 동작을 결정합니다. 해독한 명령어 정보는 제어 신호 생성기로 전달합니다.

3. 제어 신호 생성기

**제어 신호 생성기**(control signal generator)는 명령어 해독기의 결과를 바탕으로 CPU 내부 구성 요소(ALU, 레지스터)와 메모리, 입출력 장치로 보낼 제어 신호를 생성합니다. 생성한 제어 신호를 확인해 CPU는 데이터를 읽고, 연산을 수행하며, 결과를 저장하는 등의 작업을 순차적으로 진행합니다. 예를 들어, 덧셈 명령어가 실행되면 제어 신호 생성기는 ALU의 가산기 회로를 활성화하도록 지시합니다.

4. 명령어 사이클 제어기

**명령어 사이클 제어기**(instruction cycle control)는 CPU가 명령어를 올바른 순서로 처리할 수 있도록 조정하는 역할을 합니다. 이 제어기는 명령어의 실행 단계를 순차적으로 진행하도록 제어 신호를 보내며, 각 단계가 정상적으로 완료되었는지를 한 뒤, 다음 단계로 원활히 넘어갈 수 있도록 합니다.

5. 프로그램 카운터

**프로그램 카운터**(PC, Program Counter)는 다음에 실행할 명령어의 메모리 주소를 저장하는 레지스터입니다. CPU는 프로그램을 실행할 때 명령어를 순차적으로 처리하기 위해 프로그램 카운터가 가리키는 메모리 주소에서 다음 명령어를 가져옵니다. 명령어를 가져온 후에는 프로그램 카운터의 값이 자동으로 증가해 다음 명령어의 주소를 가리키도록 업데이트됩니다. 프로그램 카운터는 일반적으로 메모리에서 순차적으로 증가하는 주소를 따라가지만, 분기(branch) 또는 점프(jump) 명령이 실행되면 새로운 주소를 가리키게 됩니다.

## 3.2.3 레지스터

**레지스터**(register)는 CPU 내부에 있는 작은 크기의 초고속 기억 장치입니다. 컴퓨터의 메모리 계층 구조 중 최상위에 위치하며, 모든 메모리 중 가장 빠른 속도로 데이터를 저장하고 읽을 수 있습니다.

● 레지스터의 역할과 구조

레지스터는 CPU가 작업을 처리하는 동안 명령어의 주소, 명령어 코드, 연산에 필요한 데이터, 연산 결과 등을 임시로 저장하는 데 사용합니다. 일반적인 저장 장치(HDD, SSD)나 메모리(RAM)보다 훨씬 빠른 속도로 데이터에 접근할 수 있습니다. 또한, CPU가 실행 중인 프로그램을 빠르게 처리하는 데 필요한 데이터를 즉시 읽고 쓸 수 있도록 지원합니다. CPU는 연산을 빠르게 수행하기 위해 레지스터를 사용하고, 더 큰 용량이 필요할 때는 메모리를 활용하는 방식으로 동작합니다.

레지스터의 크기(비트 수)는 CPU 아키텍처에 따라 다릅니다. 일반적으로 CPU에 따라 8비트, 16비트, 32비트, 64비트 등 다양한 크기의 데이터를 저장할 수 있는데, 이는 한 번에 처리할 수 있는 데이터의 양을 의미합니다. 데이터는 0과 1로 구성된 비트 단위로 저장되며, 매우 짧은 시간 동안 유지됩니다.

레지스터는 특정 기능을 수행하는 전자 회로로 구성되어 있습니다. CPU가 프로그램을 실행할 때 이 회로들이 협력해 데이터를 신속하게 처리할 수 있도록 합니다. 주요 회로는 다음과 같습니다.

- **입력 회로(input circuit)**: 데이터를 레지스터에 저장하는 역할
- **출력 회로(output circuit)**: 레지스터에 저장된 데이터를 읽어 CPU의 다른 구성 요소로 전달
- **제어 회로(control circuit)**: 레지스터의 데이터 읽기/쓰기 동작을 조정

● **레지스터의 종류**

레지스터는 용도에 따라 일반 목적(범용) 레지스터와 특수 목적 레지스터로 구분됩니다.

1. **일반 목적 레지스터**

**일반 목적 레지스터**(general purpose register)는 CPU가 연산을 수행할 때 필요한 데이터를 임시로 저장하는 레지스터입니다. CPU가 명령어를 실행할 때 데이터를 빠르게 저장하고 불러오기 위해 사용합니다. 보통 A, B, C, D 등의 이름이 붙으며, 연산을 수행하는 동안 임시 변수처럼 활용합니다.

2. **특수 목적 레지스터**

**특수 목적 레지스터**(dedicated purpose register)는 CPU 제어나 시스템 운영 등 특정한 기능을 수행하는 데 사용하는 레지스터입니다. 특수 목적 레지스터는 종류가 다양하며, 일부는 CPU 주요 구성 요소를 설명할 때 언급했습니다. 주요 특수 목적 레지스터는 다음과 같습니다.

- **명령어 레지스터(IR, Instruction Register)**: 현재 실행 중인 명령어 저장
- **프로그램 카운터(PC, Program Counter)**: 다음에 실행할 명령어의 메모리 주소 저장
- **누산기(AC, Accumulator)**: 산술 연산 및 논리 연산의 결과를 임시로 저장
- **메모리 주소 레지스터(MAR, Memory Address Register)**: 메모리에서 데이터를 읽거나 쓸 때 사용할 메모리 주소 저장

- **메모리 데이터 레지스터(MDR, Memory Data Register)**: 메모리에서 읽어온 데이터 또는 저장할 데이터를 임시 저장

- **스택 포인터(SP, Stack Pointer)**: 스택의 최상단 위치를 가리키며, 함수 호출 및 반환 시 사용

- **상태 레지스터(status register)** 또는 **플래그 레지스터(flag register)**: ALU에서 수행한 연산 결과에 따른 상태 정보 저장

### 3.2.4 캐시 메모리

**캐시 메모리**(cache memory)는 CPU 내부 또는 가까운 위치에 있는 매우 빠른 속도의 기억 장치입니다. CPU와 메인 메모리(RAM) 사이에서 중간 역할을 하며, CPU가 자주 사용하는 데이터를 임시로 저장해 처리 속도를 높이는 역할을 합니다. 일반적으로 RAM은 CPU보다 속도가 느리기 때문에 CPU가 연산할 때마다 RAM에서 데이터를 가져오면 처리 속도가 크게 저하될 수 있습니다. 이를 해결하기 위해 CPU는 자주 사용하는 데이터와 명령어를 캐시 메모리에 저장해 더 빠르게 접근할 수 있도록 합니다.

CPU가 캐시 메모리에서 데이터를 가져오면 RAM에서 직접 읽는 것보다 훨씬 빠르게 처리할 수 있습니다. RAM의 속도가 상대적으로 느리기 때문에 캐시 메모리는 CPU가 원활하게 작업할 수 있도록 도와줍니다. 또한, 캐시 메모리는 CPU가 자동으로 데이터를 저장하고 관리하므로 사용자가 직접 설정할 필요가 없습니다. 프로그램이 반복해서 사용하는 데이터와 명령어를 보관해 처리 시간도 단축합니다.

캐시 메모리는 일반적으로 여러 계층(level)으로 구성됩니다. 각 계층은 속도와 용량이 다르며, CPU에 가까울수록 더 빠르지만 크기가 작습니다.

1. **L1 캐시**: CPU 코어 내부에 위치하며 가장 빠른 캐시입니다. 그러나 용량이 작아(수십 KB 정도) 소량의 데이터만 저장할 수 있습니다.

2. **L2 캐시**: L1 캐시보다 속도는 느리지만, 용량이 더 큽니다(수백 KB~몇 MB 정도). 일부 CPU에서는 코어마다 L2 캐시가 따로 존재하기도 합니다.

3. **L3 캐시**: L1, L2 캐시보다 상대적으로 속도가 느리지만, CPU의 모든 코어가 공유할 수 있습니다. 용량이 가장 크며(몇 MB~십여 MB), CPU 외부에 위치하는 경우가 많습니다. 최신 CPU에서는 L3 캐시가 코어 내부에 포함되기도 합니다.

그런데 왜 여러 캐시 계층이 필요할까요? L1 캐시는 빠르지만 매우 작아서 모든 데이터를 저장할 수 없기 때문입니다. L2, L3 캐시는 속도는 상대적으로 느리지만, 더 많은 데이터를 저장할 수 있어 CPU의 성능을 최적화하는 데 도움을 줍니다.

캐시 메모리에 관한 더 자세한 내용은 **4.3 캐시 메모리**에서 다룹니다.

## 1분 퀴즈

정답 노트 p.390

**01.** 빈칸에 알맞은 단어를 넣으세요.

① CPU에서 산술 연산(덧셈, 뺄셈)과 논리 연산(AND, OR)을 처리하는 구성 요소는 _____ 입니다.

② _____ 은/는 명령어를 해석하고, CPU와 다른 장치가 올바르게 작동하도록 제어하는 역할을 합니다.

③ CPU 내부에서 데이터를 임시로 저장하며, 연산 결과나 명령어를 보관하는 빠른 기억 장치는 _____ 입니다.

**02.** CPU 내부의 산술 논리 장치(ALU)에서 수행하는 작업이 아닌 것은 무엇인가요?

① 덧셈 연산　　② 데이터 이동　　③ 비교 연산　　④ 논리 연산

**03.** 명령어 해독기의 주된 역할은 무엇인가요?

① 연산 결과를 저장하는 것　　② 명령어 실행 순서를 관리하는 것

③ 메모리에서 명령어를 가져오는 것　　④ 명령어를 해석하고 수행할 작업을 결정하는 것

**04.** CPU가 데이터를 저장하거나 불러오기 위해 사용하는 고속 메모리는 무엇인가요?

① 캐시 메모리　　② 명령어 레지스터　　③ 출력 레지스터　　④ 제어 신호 생성기

**05.** 프로그램 카운터의 역할은 무엇인가요?

① 명령어를 해석한다.　　② 연산 결과를 저장한다.

③ 데이터를 CPU로 전달한다.　　④ 다음에 실행할 명령어의 메모리 주소를 저장한다.

## 3.3

# CPU의 명령어 처리

### 3.3.1 클럭 속도와 명령어 처리

CPU의 성능은 다양한 요소로 평가하지만, 클럭 속도와 명령어 처리 속도가 가장 중요한 기준으로 꼽힙니다.

- **클럭 속도**

**클럭 속도**(clock speed)는 CPU가 초당 수행할 수 있는 클럭 사이클 수를 나타내며, 보통 **기가헤르츠**(GHz) 단위로 표현합니다. 예를 들어 클럭 속도가 4GHz라면 CPU가 초당 40억 개(= 4 × $10^9$)의 클럭 사이클을 수행할 수 있다는 의미입니다.

여기서 **클럭 사이클**(clock cycle)은 클럭 신호의 한 주기로, CPU가 명령어를 처리하는 데 걸리는 최소 시간 단위입니다. 클럭 사이클은 클럭 속도의 역수로 계산합니다. 즉, 클럭 속도가 높을수록 CPU는 더 짧은 시간에 더 많은 연산을 수행할 수 있습니다.

$$클럭\ 사이클 = 1\ /\ 클럭\ 속도(GHz)$$

**TIP** — **클럭 신호**(clock signal)는 CPU와 시스템의 동작을 동기화하는 전기적 신호입니다. 메인보드에 위치한 클럭 발생기에서 생성되며, CPU의 연산 속도를 조절합니다. **클럭 발생기**(clock generator)는 일정한 주파수로 클럭 신호를 보내 CPU의 작업 타이밍을 결정합니다.

- **CPU 처리 속도**

CPU의 실제 연산 속도는 클럭 속도만으로 결정되지 않으며, CPU의 처리 속도로도 측정됩니다. **CPU 처리 속도**는 CPU가 초당 얼마나 많은 명령어를 처리할 수 있는지를 측정하며, 다음과 같이 계산합니다.

$$\text{CPU 처리 속도} = \text{클럭 속도} \times \text{명령어 처리량}$$

여기서 **명령어 처리량**이란 CPU가 단위 시간(1초) 동안 처리할 수 있는 명령어의 개수를 의미합니다. 이는 CPU의 아키텍처, 명령어 최적화 방식 등에 따라 달라집니다.

명령어 처리량은 다음과 같이 측정합니다.

$$\text{명령어 처리량} = \text{클럭 속도} \times \text{IPC}$$

**IPC**(Instructions Per Cycle)는 CPU가 클럭 사이클당 처리 가능한 명령어의 개수를 나타냅니다. IPC가 높을수록 같은 클럭 속도에서도 더 많은 명령어를 동시에 처리할 수 있어 CPU 성능이 향상됩니다.

예를 들어, CPU가 클럭 사이클당 2개의 명령어를 처리하고 3GHz로 작동하면, 초당 60억 개(3GHz × 2 IPC)의 명령어를 처리할 수 있습니다. 반면, CPU가 클럭 사이클당 1개의 명령어를 처리하고 클럭 속도가 동일하다면 초당 30억 개(3GHz × 1 IPC)의 명령어만 처리할 수 있습니다.

과거에는 CPU의 성능을 단순히 클럭 속도로만 평가했지만, 현대 CPU는 IPC 향상을 통해 같은 클럭 속도에서도 더 많은 명령어를 처리할 수 있도록 설계되었습니다. 즉, CPU 성능은 클럭 속도뿐만 아니라 IPC도 함께 고려해야 정확하게 평가할 수 있습니다.

### 3.3.2 명령어 사이클

CPU는 프로그램을 실행하기 위해 명령어를 가져오고, 해석하고, 실행하는 과정을 반복합니다. 이러한 일련의 과정을 **명령어 사이클**(instruction cycle)이라고 합니다. 명령어 사이클은 보통 여러 클럭 사이클에 걸쳐 수행됩니다.

CPU가 한 개의 명령어를 실행하는 데는 여러 단계가 필요하며, 이를 다음과 같이 5단계로 나눌 수 있습니다.

그림 3-3 명령어 사이클

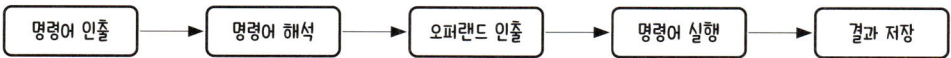

### 1. 명령어 인출

**명령어 인출**(fetch)은 CPU가 메모리에서 다음에 수행할 명령어를 가져오는 단계입니다. 보통 1~2 클럭 사이클이 소요됩니다.

❶ 프로그램 카운터(PC)가 다음에 실행할 명령어의 메모리 주소를 가리킵니다.

❷ PC의 값을 메모리 주소 레지스터(MAR)에 저장합니다.

❸ MAR이 가리키는 메모리 주소에서 명령어를 메모리 데이터 레지스터(MDR)로 읽어옵니다.

❹ MDR에 저장된 명령어를 명령어 레지스터(IR)로 전달해 저장합니다.

❺ PC의 값을 증가시켜 다음 명령어의 주소를 가리키도록 합니다.

### 2. 명령어 해석

**명령어 해석**(decode)은 가져온 명령어를 분석해 CPU가 수행할 작업을 결정하는 단계입니다.

❻ 제어 장치의 명령어 해독기가 IR에 저장된 명령어를 해석합니다. 명령어의 연산 코드와 오퍼랜드를 분석하고 연산에 필요한 데이터를 메모리 또는 레지스터에서 가져올 준비를 합니다.

### 3. 오퍼랜드 인출

**오퍼랜드 인출**(fetch operand)은 명령어가 실행되는 데 필요한 데이터를 메모리 또는 레지스터에서 가져오는 단계입니다.

❼ 명령어 해석 단계에서 확인된 오퍼랜드를 메모리 또는 레지스터에서 읽어옵니다. 예를 들어, A와 B를 더하는 명령어라면 A와 B 값을 메모리 또는 레지스터에서 불러옵니다.

### 4. 명령어 실행

**명령어 실행**(execute)은 명령어를 실제로 실행하는 단계입니다. 산술 및 논리 연산, 데이터 이동, 입출력 처리 등 다양한 작업을 이 단계에서 수행합니다. 이 과정에서 CPU의 ALU나 기타 하드웨어를 사용합니다.

❽ 제어 장치의 제어 신호 생성기가 연산 코드에 맞는 제어 신호를 생성합니다.

❾ 제어 신호가 ALU, 레지스터, 메모리 등 필요한 구성 요소로 전달되어 작업이 수행됩니다.

### 5. 결과 저장

**결과 저장**(store)은 연산 결과를 저장하고 다음 명령어 처리를 준비하는 단계입니다.

⑩ 연산 결과를 레지스터 또는 메모리에 저장합니다.

⑪ 결과에 따라 상태 레지스터의 값을 변경합니다. 예를 들어, 연산 결과가 0이면 제로 플래그를 설정합니다. 필요할 경우 결과를 입출력 장치와 통신해 출력합니다.

명령어 사이클의 세부 과정을 그림으로 표현하면 다음과 같습니다.

그림 3-4 명령어 사이클의 세부 과정

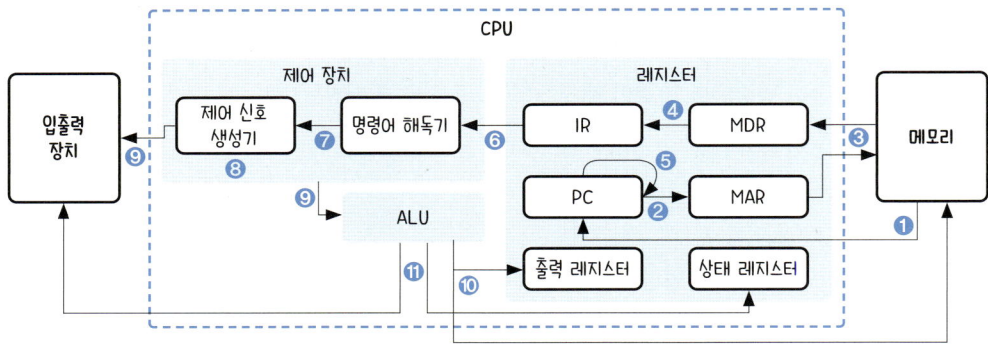

### 3.3.3 명령어 처리 방식

컴퓨터 시스템은 CPU 아키텍처에 따라 명령어를 처리하는 방식이 다릅니다. **CPU 아키텍처**(CPU architecture)는 컴퓨터 시스템이 명령어를 처리하고 실행하는 방식을 정의하는 설계 개념으로, 명령어 집합 구조와 이를 구현하는 방식(마이크로아키텍처)을 포함하는 일종의 설계도라고 볼 수 있습니다.

TIP — **마이크로아키텍처**(microarchitecture)는 특정 명령어 집합 구조를 실제 하드웨어로 구현하는 방식을 의미합니다. 즉, CPU가 어떻게 명령어를 처리하고, 데이터를 전송하며, 연산을 수행할지 구체적으로 설계하고 구성하는 방법입니다.

CPU 아키텍처는 명령어 집합 구조를 기반으로 설계합니다. **명령어 집합 구조**(ISA, Instruction Set Architecture)는 CPU와 소프트웨어(특히 컴파일러와 운영체제) 간 소통 규칙을 규정하고, 프로그램이 CPU에서 어떻게 수행될지를 정의하는 모델이자 사양입니다. 즉, ISA는 CPU가 명령어를 해석하고 실행하는 방식과 관련한 모든 규칙을 정의합니다.

ISA는 다음과 같은 요소로 구성됩니다.

- **명령어 집합**(instruction set): CPU가 이해하고 실행할 수 있는 모든 명령어의 모음
- **주소 지정 방식**(addressing mode): 명령어가 데이터를 참조하거나 메모리에 접근하는 방식

- **데이터 타입(data type)**: CPU가 처리할 수 있는 데이터의 형식
- **레지스터 구조(register architecture)**: CPU가 제공하는 레지스터의 개수와 종류, 크기 등을 정의
- **명령어 형식(instruction format)**: 명령어가 인코딩되는 방식과 명령어 길이를 정의
- **메모리 모델(memory model)**: CPU가 메모리에 접근하는 방식과 메모리 주소의 크기
- **입출력 구조(I/O structure)**: CPU가 입출력 장치와 상호작용하는 방식

ISA는 CPU 아키텍처마다 다를 수 있으며, 동일한 ISA를 사용하더라도 마이크로아키텍처에 따라 구현 방식이 달라질 수 있습니다. ISA가 다르면 명령어의 종류, 데이터 타입, 주소 지정 방식, 메모리 관리 방식 등 CPU의 전반적인 처리 규칙이 달라지게 됩니다. 이는 CPU의 설계 방식에도 영향을 미칩니다.

ISA 설계 방식은 크게 CISC와 RISC 두 가지로 나뉘며, 각각 고유한 명령어 처리 방식을 가지고 있습니다.

● **CISC**

**CISC**(Complex Instruction Set Computer)는 다양한 기능의 명령어를 포함한 복합 명령어 집합을 지원하는 아키텍처입니다. 이 아키텍처는 매우 강력하고 많은 명령어를 포함합니다. CISC의 주요 특징은 다음과 같습니다.

1. **복합 명령어**

CISC는 복잡한 작업을 적은 수의 명령어로 수행할 수 있게 설계되었습니다. 예를 들어, 데이터를 메모리에서 읽어오고 연산한 후 결과를 다시 메모리에 저장하는 작업을 단일 명령어로 처리할 수 있습니다. 이러한 복합 명령어 덕분에 코드 크기를 줄일 수 있습니다.

2. **가변 길이 명령어**

CISC는 주로 가변 길이 명령어로 구성되어 있습니다. **가변 길이 명령어**란 명령어마다 서로 다른 길이를 가지는 구조를 의미합니다. 간단한 작업일 때는 짧은 명령어를, 복잡한 작업일 때는 긴 명령어를 사용할 수 있습니다. 이러한 방식은 메모리 효율을 높여 주지만, 처리 방식은 더 복잡해집니다.

CISC 방식의 대표적인 아키텍처는 인텔(Intel)과 AMD CPU에서 주로 사용하는 x86입니다.

x86 명령어는 길이가 1바이트에서 최대 15바이트까지 다양합니다. 주로 윈도우 기반 PC에서 사용하며, 리눅스와 맥OS도 지원합니다. 개인용 컴퓨터, 서버, 워크스테이션 등 다양한 분야에서 사용합니다.

● **RISC**

**RISC**(Reduced Instruction Set Computer)는 단순 명령어 집합을 지원하는 아키텍처입니다. 이 아키텍처의 주요 특징은 다음과 같습니다.

1. **단순 명령어**

명령어 수는 적지만, 각 명령어는 단일 작업을 수행하도록 설계되었습니다. 주로 하나의 명령어가 하나의 작업을 수행합니다. 예를 들어, 메모리에서 데이터를 읽어오는 LOAD, 데이터를 저장하는 STORE, 연산을 수행하는 ADD 명령어가 있습니다.

2. **고정 길이 명령어**

RISC는 주로 고정 길이 명령어를 사용합니다. **고정 길이 명령어**란 모든 명령어가 동일한 크기로 구성된 구조를 의미합니다. 모든 명령어가 16비트, 32비트 또는 64비트 길이를 갖습니다. 고정 길이 명령어는 명령어 처리가 빠르고 효율적이지만, 상대적으로 메모리 사용 효율은 떨어질 수 있습니다.

대표적인 RISC 방식의 아키텍처는 모바일 기기와 임베디드 시스템에서 널리 사용하는 ARM입니다. ARM CPU는 32비트와 64비트 두 가지가 있으며, 리눅스, 맥OS, 안드로이드, iOS와 같은 운영체제에서 사용합니다.

● **CISC와 RISC 방식 비교**

CISC와 RISC의 명령어 처리 방식은 각각 고유한 특성과 그에 따른 장단점이 있습니다.

CISC 방식은 다양한 명령어를 지원해 적은 수의 간단한 명령어로 프로그램을 구성하고 실행할 수 있습니다. 따라서 소프트웨어에 부담이 적고 생산성이 높습니다. 또한, 컴파일 과정이 쉽고 호환성이 좋습니다. 하지만 명령어가 많아서 설계가 어렵고 속도가 느리다는 단점이 있습니다.

반면, RISC 방식은 명령어 길이가 같아서 같은 시간에 수행되고 파이프라이닝(명령어를 여러 단계로 나누어 각 단계를 동시에 처리하는 방식) 처리가 쉽습니다. 또한, 처리 속도가 빠르고 하드웨어 구조가 간단하며 전력 소모가 적습니다. 그러나 명령어 수가 적어서 소프트웨어의 부담이 커지고(프로그램 크기가 커짐) 호환성이 낮습니다.

표 3-1 CISC와 RISC 방식 비교

| 구분 | CISC | RISC |
| --- | --- | --- |
| 명령어 구조 | 복합 명령어: 단일 명령어로 복잡한 작업 수행 | 단순 명령어: 단일 명령어가 하나의 작업 수행 |
| 명령어 길이 | 가변 길이: 명령어에 따라 길이가 다름 | 고정 길이: 모든 명령어가 동일한 길이 |
| 처리 속도 | 명령어 해석과 실행이 복잡해 속도가 상대적으로 느림 | 단순 명령어와 파이프라이닝 처리가 가능해 속도가 빠름 |
| 하드웨어 설계 | 복잡한 구조: 복합 명령어 실행을 위해 복잡한 제어 로직과 하드웨어 사용 | 간단한 구조: 단순 명령어 실행을 위한 하드웨어 구현이 단순 |
| 명령어 사이클 | 복합 명령어는 여러 사이클이 필요할 수 있음 | 대부분의 명령어가 한 사이클 내에서 처리됨 |
| 적용 분야 | 고성능 PC, 서버 등 복잡한 작업이 요구되는 환경 | 모바일, 임베디드 시스템, IoT 등 저전력 고효율 환경 |

● **CISC와 RISC의 명령어 사이클 비교**

간단한 어셈블리어 코드(MULT 5:7, 4:3)로 CISC와 RISC 방식의 명령어 사이클을 비교해 보겠습니다.

### 1. CISC 방식

MULT 5:7, 4:3은 두 비트의 값을 곱하고 결과를 저장하는 작업을 한 번에 수행하는 복합 명령어입니다. 이 명령어는 메모리에서 데이터를 불러와 곱셈 연산 후 결과를 저장하는 작업을 한 번에 수행합니다. 작업이 하나의 명령어로 압축되어 적은 클럭 사이클(총 4~6 클럭 사이클)을 소요합니다.

### 2. RISC 방식

복합 명령어는 단순 명령어 조합으로 나누어 표현할 수도 있습니다. 복합 명령어 MULT는 단순 명령어 LOAD, PROD, STORE로 분리해 처리합니다. 각 명령어는 개별적으로 실행하며, 각 작업에 대해 추가적인 클럭 사이클(총 7~11 클럭 사이클)을 소요합니다.

```
LOAD A, 5:7    ←---- 메모리 주소 5:7에서 데이터를 읽어 레지스터 A에 저장(2~3 클럭 사이클 필요)
LOAD B, 4:3    ←---- 메모리 주소 4:3에서 데이터를 읽어 레지스터 B에 저장(2~3 클럭 사이클 필요)
PROD A, B      ←------ 레지스터 A와 B의 값을 곱한 결과를 A에 저장(1~2 클럭 사이클 필요)
STORE 5:7, A   ←--- 레지스터 A의 값을 메모리 주소 5:7에 저장(2~3 클럭 사이클 필요)
```

복합 명령어는 적은 수의 명령어로 복잡한 작업을 수행하므로 적은 클럭 사이클로 실행할 수 있습니다. 이는 복잡한 작업을 수행할 때 CISC 아키텍처가 RISC 아키텍처보다 효율적인 이유입니다. 반면, RISC는 각 명령어를 독립적으로 실행하지만, 파이프라이닝을 사용해 빠르게 실행할 수 있습니다. 따라서 작업의 성격과 CPU 아키텍처에 따라 CISC와 RISC 방식의 효율성은 다를 수 있습니다.

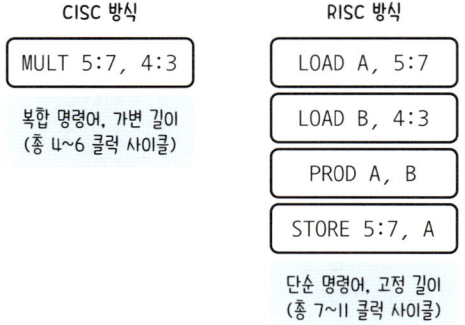

그림 3-5 CISC와 RISC 방식의 차이

## 3.3.4 인터럽트

컴퓨터 시스템에서 CPU는 하드웨어 장치의 중요한 이벤트나 프로그램의 요청에 즉시 반응해야 합니다. 이러한 반응이 없다면 시스템은 사용자 입력을 무시하거나 중요한 작업을 놓칠 수 있습니다. 이를 위해 CPU는 현재 수행 중인 작업을 잠시 멈추고 중요한 이벤트를 먼저 처리하는 메커니즘을 사용합니다. 이것이 바로 인터럽트입니다.

**인터럽트**(interrupt)는 CPU가 현재 작업을 중단하고, 더 중요한 작업을 우선 처리하도록 하는 시스템 메커니즘입니다. 인터럽트는 CPU가 특정 이벤트를 처리할 수 있도록 작업 흐름을 조정하는 역할을 합니다. 인터럽트가 발생하면 CPU는 현재 실행 중인 명령어를 잠시 멈추고 인터럽트를 처리한 후 다시 원래 작업을 재개합니다.

● **인터럽트의 종류**

인터럽트는 발생 원인에 따라 크게 소프트웨어 인터럽트와 하드웨어 인터럽트로 나눕니다.

**소프트웨어 인터럽트**는 소프트웨어 또는 CPU 내부에서 발생하는 인터럽트입니다. 보통 운영체제의 기능 호출(시스템 호출)이나 에러를 처리하는 데 사용합니다. 예를 들어, 파일 열기, 네트워크 전송 요청 등 운영체제의 서비스를 프로그램이 요청하면 인터럽트를 발생시켜 시스템 호출을 처리합니다. 또는 0으로 나누기와 같은 잘못된 명령어를 실행하면 CPU가 오류를 감지하고 인터럽트를 발생시킵니다.

**하드웨어 인터럽트**는 키보드, 마우스, 네트워크 등 외부 하드웨어 장치에서 발생하는 신호에 의해 CPU가 즉시 반응해야 할 때 발생합니다. CPU가 실행 중인 명령어와 무관하게 발생하는 비동기적 이벤트입니다. 예를 들어, 사용자가 키보드를 눌렀을 때, 마우스를 움직였을 때, 네트워크에서 데이터가 도착했을 때 인터럽트가 발생합니다. CPU는 하드웨어 인터럽트를 통해 외부 장치와 효율적으로 상호작용할 수 있습니다.

● **인터럽트 처리 과정**

인터럽트가 발생하면 CPU는 현재 작업을 일시 중단하고 인터럽트를 처리한 후, 다시 원래 작업을 재개합니다. 이를 단계별로 살펴보면 다음과 같습니다.

그림 3-6 인터럽트 처리 과정

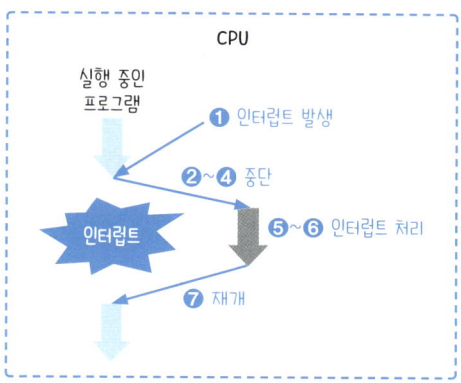

❶ **인터럽트 발생**: 하드웨어 또는 소프트웨어가 CPU에 인터럽트를 요청합니다. 예를 들어, 사용자가 키를 누르면 키보드가 CPU에 인터럽트 요청 신호를 보냅니다.

❷ **인터럽트 요청 확인**: CPU는 인터럽트 플래그(interrupt flag)를 주기적으로 확인합니다. 요청이 활성화되면 현재 실행 중인 명령어를 완료한 후 인터럽트 처리를 시작합니다.

❸ **컨텍스트 저장**: CPU는 컨텍스트를 저장합니다. 저장한 정보는 인터럽트 처리가 끝난 후 원래 작업을 다시 실행하는 데 필요합니다.

> **TIP** — **컨텍스트**(context)는 프로그램이 실행 중인 상태를 의미합니다. CPU가 인터럽트를 처리한 후 원래 작업을 정확히 복원하기 위해 사용합니다. 여기에는 프로그램 카운터, 스택 포인터, 레지스터 값 등이 포함됩니다.

❹ **인터럽트 우선순위 확인**: 여러 인터럽트가 동시에 발생할 수 있으므로 CPU는 우선순위를 확인합니다. 긴급 시스템 오류와 같은 중요한 인터럽트를 우선 처리하며, 덜 중요한 인터럽트는 대기합니다.

❺ **인터럽트 서비스 루틴 실행**: CPU는 인터럽트 벡터 테이블을 참조해 적절한 인터럽트 서비스 루틴을 실행합니다. **인터럽트 서비스 루틴**(ISR, Interrupt Service Routine)은 인터럽트가 발생했을 때 실행되는 특수한 프로그램 코드입니다. 예를 들어, 키보드 입력 인터럽트가 발생하면 입력된 키 데이터를 버퍼에 저장하고, 네트워크 패킷 수신 인터럽트가 발생하면 도착한 데이터를 메모리에 저장합니다.

TIP — 인터럽트 벡터 테이블(interrupt vector table)은 각 인터럽트 요청 번호에 대한 인터럽트 서비스 루틴의 시작 주소를 저장한 테이블입니다. CPU는 인터럽트 발생 시 이 테이블을 참조해 ISR이 어디에 있는지 찾아 실행합니다.

❻ **인터럽트 처리 완료**: ISR 실행이 끝나면 CPU는 인터럽트 플래그를 초기화해 새로운 인터럽트 요청을 받을 준비를 합니다.

❼ **컨텍스트 복원 및 작업 재개**: CPU는 인터럽트 발생 전에 저장했던 컨텍스트를 복원합니다. 원래 실행 중이던 프로그램으로 돌아가 작업을 계속 수행합니다.

## 1분 퀴즈

정답 노트 p.390

**06. 빈칸에 알맞은 단어를 넣으세요.**

① CPU의 성능 지표 중 하나인 클럭 속도는 CPU가 초당 수행할 수 있는 _____의 수를 나타낸다.

② _____은/는 클럭 사이클 동안 CPU가 처리할 수 있는 명령어의 수를 나타낸다.

③ RISC는 _____ 집합을 지원하며, 고정된 명령어 길이를 가진다.

**07. 다음 중 CPU의 명령어 사이클 단계가 아닌 것은 무엇인가요?**

① 명령어 인출(fetch)  ② 명령어 해석(decode)

③ 데이터 처리(process)  ④ 결과 저장(store)

**08.** CISC 아키텍처의 주요 특징은 무엇인가요?

① 단순 명령어와 고정 길이 명령어 사용

② 복합 명령어와 가변 길이 명령어 사용

③ 낮은 전력 소모와 단순한 하드웨어 구조

④ 단일 작업을 여러 단계로 나누지 않음

**09.** 인터럽트가 발생했을 때 CPU가 가장 먼저 수행하는 작업은 무엇인가요?

① 명령어 실행　　　　　② 컨텍스트 저장

③ 인터럽트 우선순위 확인　　④ 인터럽트 플래그 초기화

**10.** 인터럽트 벡터 테이블의 역할은 무엇인가요?

① CPU의 클럭 속도를 조정

② 인터럽트 처리 후 CPU 상태를 복원

③ 인터럽트 요청을 처리하는 순서를 결정

④ 각 인터럽트 요청과 서비스 루틴의 주소를 매핑

**11.** 명령어 사이클에서 명령어 해석 단계를 담당하는 구성 요소는 무엇인가요?

① 산술 논리 장치　　　② 명령어 해독기

③ 레지스터　　　　　　④ 프로그램 카운터

## 3.4 CPU의 병렬 처리 기법

현대 CPU는 성능 향상을 위해 명령어를 하나씩 직렬(순차)로 실행하는 대신 병렬 처리 기법을 사용합니다. **병렬 처리**(parallel processing)는 여러 명령어를 동시에 실행해 CPU의 처리 속도를 높이는 기술입니다. 이 절에서는 병렬 처리로 어떻게 성능을 향상하는지 살펴보겠습니다.

### 3.4.1 파이프라이닝

가장 기본적인 병렬 처리 기법은 파이프라이닝입니다. **파이프라이닝**(pipelining)은 CPU가 명령어를 처리하는 과정을 여러 단계로 나누고, 각 단계를 병렬로 수행하는 방식입니다. 각 단계가 동시에 동작하기 때문에 명령어 처리 속도가 증가합니다. 즉, 파이프라이닝을 사용하면 CPU가 클럭 사이클마다 새로운 명령어를 처리할 수 있습니다.

CPU는 보통 명령어를 실행하기 위해 다음과 같은 5단계를 거칩니다.

1. **명령어 인출(fetch)**: 메모리에서 명령어 가져오기
2. **명령어 해석(decode)**: 명령어 해석하기
3. **오퍼랜드 인출(memory access)**: 메모리에서 데이터 가져오기
4. **실행(execute)**: 연산이나 작업 수행하기
5. **저장(store)**: 연산 결과를 레지스터에 저장하기

5단계를 기준으로 직렬 처리와 파이프라이닝에서 어떻게 동작하는지 비교해 보겠습니다.

직렬 처리 방식에서는 하나의 명령어를 처음부터 끝까지 실행한 후, 다음 명령어를 실행합니다. 예를 들어, 5개의 명령어를 처리할 경우 다음과 같이 진행됩니다.

표 3-2 직렬 처리 예

| 클럭 사이클 | 명령어 인출 | 명령어 해석 | 오퍼랜드 인출 | 실행 | 저장 |
| --- | --- | --- | --- | --- | --- |
| 1 | 명령어 1 | | | | |
| 2 | | 명령어 1 | | | |
| 3 | | | 명령어 1 | | |
| 4 | | | | 명령어 1 | |
| 5 | | | | | 명령어 1 |
| 6 | 명령어 2 | | | | |
| ... | | | | | |

총 클럭 사이클 수는 '명령어 수 × 단계 수'이므로 25 클럭 사이클(5 × 5)을 소요합니다. 이 경우 각 명령어를 완전히 실행할 때까지 다음 명령어를 실행하지 못하므로 비효율적입니다.

파이프라이닝에서는 각 단계에서 서로 다른 명령어를 동시에 처리할 수 있습니다.

표 3-3 파이프라이닝 예

| 클럭 사이클 | 명령어 인출 | 명령어 해석 | 오퍼랜드 인출 | 실행 | 저장 |
| --- | --- | --- | --- | --- | --- |
| 1 | 명령어 1 | | | | |
| 2 | 명령어 2 | 명령어 1 | | | |
| 3 | 명령어 3 | 명령어 2 | 명령어 1 | | |
| 4 | 명령어 4 | 명령어 3 | 명령어 2 | 명령어 1 | |
| 5 | 명령어 5 | 명령어 4 | 명령어 3 | 명령어 2 | 명령어 1 |
| 6 | | 명령어 5 | 명령어 4 | 명령어 3 | 명령어 2 |
| 7 | | | 명령어 5 | 명령어 4 | 명령어 3 |
| 8 | | | | 명령어 5 | 명령어 4 |
| 9 | | | | | 명령어 5 |

총 클럭 사이클 수는 '명령어 수 + (단계 수 - 1)'로, 9 클럭 사이클(5 + (5 -1))을 소요합니다.

5개의 명령어를 처리할 경우 초기에는 파이프라인을 채울 때까지 시간이 걸리지만, 이후 클럭 사이클마다 하나의 명령어가 완료되어 처리 속도가 증가합니다. 또한, CPU가 모든 단계를 동시에 수행할 수 있어 자원을 효율적으로 활용할 수 있습니다.

## 3.4.2 슈퍼스칼라

**슈퍼스칼라**(superscalar)는 CPU가 한 번에 여러 명령어를 병렬로 처리할 수 있도록 설계된 구조입니다. 일반적인 스칼라 CPU는 한 번에 하나의 명령어만 처리하지만, 슈퍼스칼라 CPU는 내부에 여러 **실행 유닛**(execution unit)을 배치해 여러 명령어를 동시에 실행할 수 있습니다.

TIP — 스칼라(scalar)는 컴퓨터에서 하나의 데이터 항목 또는 단위를 의미합니다.

슈퍼스칼라 CPU의 실행 유닛은 다음과 같습니다.

- **산술 논리 연산 유닛(ALU, Arithmetic Logic Unit)**: 덧셈, 뺄셈 등 기본 연산 수행
- **부동 소수점 연산 유닛(FPU, Floating Point Unit)**: 실수 연산 수행
- **로드/스토어 유닛(load/store Unit)**: 메모리에서 데이터 읽기 및 저장

슈퍼스칼라 구조에서는 기본 명령어 처리 과정에 명령어 발행 단계가 추가됩니다. **명령어 발행**(issue)은 해석한 명령어를 적합한 실행 유닛으로 전달하는 단계로, 다음과 같은 작업을 수행합니다.

- 명령어 간 데이터 의존성(명령어 1이 명령어 2의 결과를 필요한 경우), 제어 의존성(분기 명령어로 인해 실행 경로가 불확실한 경우)을 확인해 병렬로 실행 가능한 명령어를 식별합니다.
- 명령어를 순차적으로 처리하지 않고, 병렬로 실행 가능한 명령어를 실행 유닛에 우선 배정합니다.
- 병렬로 실행 가능한 명령어를 적절한 실행 유닛에 할당합니다. 예를 들어, 산술 명령어는 ALU에, 부동 소수점 연산은 FPU에, 메모리 작업은 로드/스토어 유닛에 할당합니다.

명령어 발행 단계는 명령어 해석 단계에 통합해 처리하기도 하고, 독립 단계로 존재하기도 합니다. 슈퍼스칼라는 다수의 실행 유닛을 사용하기 때문에 각 실행 유닛에 명령어를 적절히 분배하는 것이 중요합니다. 명령어 발행 단계가 얼마나 잘 설계되고 실행 유닛을 적절히 활용하는지에 따라 병렬 처리의 효율성이 달라집니다. 그래서 현대 CPU는 병렬 처리를 극대화하기 위해 이 단계를 독립적으로 구현하는 경우가 많습니다.

예를 들어, 실행 유닛이 2개일 때 한 번에 2개 명령어를 병렬로 처리할 수 있습니다. 명령어 발행이 독립 단계로 존재할 경우 6개 명령어를 처리하는 데 드는 총 클럭 사이클 수는 8입니다.

총 클럭 사이클 수 = (명령어 수/유닛 수) + (단계 수 − 1) = (6 / 2) + (6 − 1) = 3 + 5 = 8

표 3-4 슈퍼스칼라 예

| 클럭 사이클 | 명령어 인출 | 명령어 해석 | 명령어 발행 | 오퍼랜드 인출 | 실행 | 저장 |
|---|---|---|---|---|---|---|
| 1 | 명령어 1<br>명령어 2 | | | | | |
| 2 | 명령어 3<br>명령어 4 | 명령어 1<br>명령어 2 | | | | |
| 3 | 명령어 5<br>명령어 6 | 명령어 3<br>명령어 4 | 명령어 1<br>명령어 2 | | | |
| 4 | | 명령어 5<br>명령어 6 | 명령어 3<br>명령어 4 | 명령어 1<br>명령어 2 | | |
| 5 | | | 명령어 5<br>명령어 6 | 명령어 3<br>명령어 4 | 명령어 1<br>명령어 2 | |
| 6 | | | | 명령어 5<br>명령어 6 | 명령어 3<br>명령어 4 | 명령어 1<br>명령어 2 |
| 7 | | | | | 명령어 5<br>명령어 6 | 명령어 3<br>명령어 2 |
| 8 | | | | | | 명령어 5<br>명령어 6 |

이처럼 슈퍼스칼라를 활용하면 CPU의 처리 속도를 효과적으로 증가시킬 수 있습니다.

### 3.4.3 슈퍼 파이프라이닝

**슈퍼 파이프라이닝**(super pipelining)은 기존 파이프라이닝의 각 단계를 더 세분해 동시에 실행할 수 있는 명령어 수를 증가시키는 방식입니다. 일반 파이프라이닝은 보통 5~10단계로 구성되는데, 슈퍼 파이프라이닝은 15~20단계 이상으로 세분합니다. 최신 고성능 CPU에서는 30단계 이상 사용하기도 합니다. 예를 들어, 슈퍼 파이프라인을 20단계로 나누면 최대 20개의 명령어를 동시에 실행할 수 있습니다.

단계를 세분할수록 한 단계에서 처리해야 할 작업량이 줄어들어 단계별 작업 시간이 짧아지므로 CPU 클럭 속도를 더 높일 수 있습니다. 클럭 속도가 증가하면 전체 처리량이 향상됩니다.

하지만 단계가 많아질수록 명령어 간 데이터 의존성 문제를 해결해야 해서 부담이 커집니다. 또한, 너무 많은 단계로 세분하면 제어 로직이 복잡해지고, 오히려 성능이 저하될 수 있습니다.

고성능 데스크톱 CPU는 더 많은 단계로 세분한 슈퍼 파이프라이닝을 사용하지만, 저전력 모바일 CPU는 상대적으로 단순한 파이프라이닝을 유지해 전력 소비를 줄입니다.

### 3.4.4 VLIW

**VLIW**(Very Long Instruction Word)는 명령어 레벨 병렬성을 극대화하는 병렬 처리 방식입니다. VLIW는 여러 개의 독립적인 명령어(의존성이 없는 명령어)를 하나의 긴 명령어 워드에 포함해 동시에 실행합니다.

TIP — • **명령어 레벨 병렬성**(ILP, Instruction-Level Parallelism): CPU가 동시에 여러 명령어를 실행할 수 있는 능력
• **긴 명령어 워드**(LIW, Long Instruction Word): 여러 명령어를 하나의 긴 명령어로 결합해 동시에 실행할 수 있도록 하는 아키텍처 설계 개념

VLIW에서 각 명령어는 여러 개의 실행 유닛에 할당되어 병렬로 처리합니다. 예를 들어, 산술 연산은 ALU에, 부동 소수점 연산은 FPU에 분배됩니다.

병렬 처리를 가능하게 하는 명령어 스케줄링은 컴파일러가 수행합니다. 즉, 슈퍼스칼라에서 사용하는 동적 스케줄링(하드웨어가 실행 시점에서 의존성 해결) 대신 컴파일 단계에서 명령어를 병렬로 정리합니다. 컴파일러는 명령어 간 데이터 의존성을 분석해 병렬로 실행 가능한 명령어를 한 명령어 워드로 묶습니다. 하드웨어는 명령어 워드를 그대로 실행만 하므로 스케줄링 로직이 필요 없습니다.

예를 들어, VLIW CPU가 4개의 실행 유닛(ALU1, ALU2, FPU1, FPU2)이 있다고 합시다. 1개의 명령어 워드에는 다음과 같은 4개의 독립적인 명령어가 포함됩니다. 이 명령어 워드는 VLIW CPU가 한 클럭 사이클 동안 병렬로 실행할 명령어들의 집합입니다. 명령어 워드는 병렬 실행이 가능하도록 컴파일러가 미리 생성합니다.

- **ALU1**: ADD R1, R2, R(R1 레지스터에 R2 + R3의 결과를 저장)
- **ALU2**: SUB R4, R5, R6(R4 레지스터에 R5 − R6의 결과를 저장)
- **FPU1**: MUL F1, F2, F3(F1 레지스터에 F2 × F3의 결과를 저장)
- **FPU2**: DIV F4, F5, F6(F4 레지스터에 F5 / F6의 결과를 저장)

ALU1, ALU2, FPU1, FPU2 4개의 실행 유닛은 동시에 각자 할당된 명령어를 실행합니다. 따

라서 한 클럭 사이클에서 4개 연산을 병렬로 처리합니다.

클럭 사이클 1에서 CPU는 명령어 워드를 가져오고, ALU1, ALU2, FPU1, FPU2는 각각에서 명령어를 병렬로 실행합니다.

- **ALU1**: R1 = R2 + R3
- **ALU2**: R4 = R5 − R6
- **FPU1**: F1 = F2 × F3
- **FPU2**: F4 = F5 / F6

클럭 사이클 2에서 다음 명령어 워드가 실행되며, 동일한 방식으로 병렬 처리가 이루어집니다.

VLIW는 한 클럭 사이클에서 여러 명령어가 동시에 실행되므로 병렬 처리 효율이 극대화됩니다. 명령어가 독립적이면 CPU 자원이 낭비되지 않습니다. CPU 내부의 복잡한 스케줄링 로직이 필요하지 않아서 하드웨어 부담이 감소됩니다.

그러나 명령어 워드가 길어져 코드 크기가 커질 수 있습니다. 또한, 명령어 간 의존성 문제가 발생하면 병렬 실행이 불가능해질 수 있습니다. 예를 들어, 특정 워드에 실행 가능한 명령어가 2개뿐이면 나머지 2개의 실행 유닛은 유휴 상태가 됩니다.

## 1분 퀴즈

정답 노트 p.390

**12.** 빈칸에 알맞은 단어를 넣으세요.

① 직렬 처리에서는 명령어 수가 많을수록 처리에 필요한 ＿＿＿＿＿＿ 수가 증가합니다.

② 슈퍼스칼라는 CPU 내부에 여러 개의 ＿＿＿＿＿＿을/를 배치해 명령어를 병렬로 처리하는 기술입니다.

③ VLIW에서는 명령어 간 병렬 처리를 가능하게 하는 스케줄링 작업을 ＿＿＿＿＿＿이/가 수행합니다.

**13.** 다음 중 병렬 처리 기술이 <u>아닌</u> 것은 무엇인가요?

① VLIW  ② 슈퍼스칼라  ③ 인터럽트  ④ 파이프라이닝

14. 파이프라이닝의 주요 목표는 무엇인가요?

    ① 데이터 의존성을 제거하는 것

    ② CPU 내부 클럭 속도를 낮추는 것

    ③ 명령어를 직렬로 실행해 정확성을 높이는 것

    ④ 명령어 처리 단계를 병렬로 처리해 처리 속도를 높이는 것

15. 슈퍼스칼라의 특징으로 올바른 것은 무엇인가요?

    ① 단계를 세분해 명령어를 처리한다.

    ② 실행 유닛을 추가해 명령어를 병렬로 처리한다.

    ③ 단일 실행 유닛으로 명령어를 순서대로 실행한다.

    ④ 프로그램 내 명령어 스케줄링을 CPU가 동적으로 수행한다.

16. 슈퍼 파이프라이닝과 일반 파이프라이닝의 차이점은 무엇인가요?

    ① 슈퍼 파이프라이닝은 명령어를 직렬로 처리한다.

    ② 일반 파이프라이닝은 실행 유닛을 추가로 사용한다.

    ③ 일반 파이프라이닝은 명령어 발행 단계를 포함한다.

    ④ 슈퍼 파이프라이닝은 단계를 더 세분해 처리 속도를 높인다.

17. VLIW 방식에서 컴파일러의 주요 역할은 무엇인가요?

    ① 명령어를 실행 유닛에 동적으로 할당한다.

    ② 명령어의 데이터 의존성을 CPU에서 해결하도록 설계한다.

    ③ 명령어 집합을 순서대로 실행하도록 프로그램을 단순화한다.

    ④ 독립적인 명령어를 분석해 병렬로 실행 가능한 명령어 워드를 생성한다.

1. **CPU의 역할**

   CPU는 명령어 실행, 연산 처리, 제어 신호 처리, 데이터 이동, 프로세스 관리 등을 수행합니다.

2. **산술 논리 장치(ALU)**

   ① 산술 연산(덧셈, 곱셈 등), 논리 연산(AND, OR), 비교 연산, 시프트 연산을 수행합니다.

   ② 구성 요소
   - **연산 선택기**: 실행할 연산을 결정
   - **산술/논리 연산 회로**: 덧셈, 비교, 논리 연산 수행
   - **비교 회로**: 데이터 크기 비교
   - **시프트 회로**: 데이터 이동(왼쪽/오른쪽)

3. **제어 장치**

   ① 명령어를 해석하고 각 구성 요소가 올바르게 동작하도록 조정합니다.

   ② 구성 요소
   - **명령어 레지스터**: 메모리에서 가져온 명령어를 임시로 저장
   - **명령어 해독기**: IR에 저장된 명령어를 해석해 어떤 작업을 수행할지 결정
   - **제어 신호 생성기**: CPU 내부 구성 요소와 메모리, 입출력 장치로 보낼 제어 신호 생성
   - **명령어 사이클 제어기**: 명령어를 올바른 순서로 처리할 수 있도록 조정
   - **프로그램 카운터**: 다음에 실행할 명령어의 메모리 주소 저장

4. **레지스터**

   ① CPU 내부에 있는 작은 크기의 초고속 기억 장치입니다.

   ② 레지스터 구조
   - **입력 회로**: 데이터를 레지스터에 저장하는 역할

- **출력 회로**: 레지스터에 저장된 데이터를 읽어 CPU의 다른 구성 요소로 전달
- **제어 회로**: 레지스터의 데이터 읽기/쓰기 동작 조정

③ 특수 목적 레지스터

- **명령어 레지스터**: 현재 실행 중인 명령어 저장
- **프로그램 카운터**: 다음에 실행할 명령어의 메모리 주소 저장
- **누산기**: 산술 연산 및 논리 연산의 결과를 임시로 저장
- **메모리 주소 레지스터**: 메모리에서 데이터를 읽거나 쓸 때 사용할 메모리 주소 저장
- **메모리 데이터 레지스터**: 메모리에서 읽어온 데이터 또는 저장할 데이터를 임시 저장
- **스택 포인터**: 스택의 최상단 위치를 가리키며, 함수 호출 및 반환 시 사용
- **상태 레지스터/플래그 레지스터**: ALU에서 수행한 연산 결과에 따른 상태 정보 저장

5. **캐시 메모리**

    ① CPU 내부 또는 가까운 위치에 있는 매우 빠른 속도의 기억 장치로, CPU가 자주 사용하는 데이터와 명령어를 저장해 처리 속도를 높이는 역할을 합니다.

    ② 계층 구조(L1, L2, L3)로 구성되어 속도와 용량이 조화를 이룹니다.

6. **클럭 속도와 CPU 처리 속도**

    ① 클럭 속도: CPU가 초당 수행할 수 있는 클럭 사이클의 수를 나타내며, 보통 기가헤르츠 단위로 표현합니다. 클럭 속도가 높을수록 더 많은 작업을 처리할 수 있습니다.

    ② CPU 처리 속도: CPU가 초당 얼마나 많은 명령어를 처리할 수 있는지 측정하며, 클럭 속도 × 명령어 처리량으로 계산합니다.

    ③ 명령어 처리량: CPU가 단위 시간 동안 처리할 수 있는 명령어의 개수로, 클럭 속도 × IPC로 측정합니다.

    ④ IPC: CPU가 한 클럭 사이클당 처리 가능한 명령어의 개수로 IPC가 높을수록 같은 클럭 속도에서도 더 많은 명령어를 동시에 처리할 수 있습니다.

7. **명령어 사이클**

    ① 명령어 인출: 메모리에서 명령어를 가져옵니다.

    ② 명령어 해석: 연산 코드와 오퍼랜드를 분석해 실행할 작업을 결정합니다.

    ③ 오퍼랜드 인출: 작업에 필요한 데이터를 메모리나 레지스터에서 가져옵니다.

    ④ 명령어 실행: ALU 등 하드웨어를 사용해 작업을 수행합니다.

    ⑤ 결과 저장: 연산 결과를 메모리 또는 레지스터에 저장합니다.

8. **명령어 처리 방식**

    ① CPU 아키텍처: 컴퓨터 시스템이 명령어를 처리하고 실행하는 방식을 정의하는 설계 개념으로, 명령어 집합 구조와 구현 방식을 포함합니다.

    ② ISA: 명령어 집합과 그에 속한 명령어들을 CPU에서 어떻게 처리할지 정의한 것으로, 명령어 집합, 주소 지정 방식, 데이터 타입, 레지스터 구조 등을 포함합니다.

    ③ CISC: 복합 명령어를 사용해 복잡한 작업을 적은 수의 명령어로 처리합니다.

    - 가변 길이 명령어를 사용합니다.
    - 코드 크기가 감소하고, 소프트웨어 설계가 용이합니다.
    - 명령어 해석과 실행이 복잡하고, 전력 소모가 많습니다.

    ④ RISC: 단순 명령어 집합과 고정 길이 명령어를 사용합니다.

    - 명령어를 여러 단계로 나누어 처리하고, 파이프라이닝에 최적화되어 있습니다.
    - 처리 속도가 빠르며, 전력 소모가 적습니다.
    - 코드 크기가 증가하고, 소프트웨어 설계가 복잡합니다.

9. **인터럽트**

    ① CPU가 현재 작업을 중단하고 하드웨어 또는 소프트웨어 요청을 우선 처리하도록 하는 메커니즘입니다.

② 인터럽트 유형

- **소프트웨어 인터럽트**: 프로그램 코드나 시스템 요청에서 발생
- **하드웨어 인터럽트**: 키보드, 마우스 등 외부 장치에서 발생

③ 인터럽트 처리 과정: 인터럽트 발생 → 컨텍스트 저장(프로그램 카운터, 레지스터 값 등) → 인터럽트 우선순위 확인 → 인터럽트 벡터 테이블에서 ISR 주소 참조 → ISR 실행 → 컨텍스트 복원 후 작업 재개

## 10. 병렬 처리 기법

① 여러 명령어를 동시에 또는 겹쳐 실행해 처리 속도를 높이는 기술입니다.

② 파이프라이닝: 명령어를 처리하는 과정을 여러 단계로 나누고 각 단계를 병렬로 처리해 CPU 처리량을 증가시키는 기술입니다.

③ 슈퍼스칼라: CPU에 여러 실행 유닛을 추가해 명령어를 병렬로 처리하는 기술입니다.

④ 슈퍼 파이프라이닝: 기존 파이프라이닝 단계를 더 세분해 각 단계의 작업량을 줄이고 더 많은 명령어를 동시에 처리하는 기술입니다.

⑤ VLIW: 긴 명령어 워드에 여러 독립적인 명령어를 포함해 병렬 처리 효율을 극대화하는 기술입니다.

# 4장

## 메모리

이 장에서는 컴퓨터 구성 요소 중 메모리에 관해 살펴봅니다.

## 4.1 메모리 개요

**메모리**(memory)란 컴퓨터가 데이터를 저장하고 관리하는 모든 장치를 의미합니다. 흔히 메모리와 주 기억 장치(main memory)를 같은 의미로 사용하기도 하지만, 주 기억 장치뿐만 아니라 보조 기억 장치도 포함하는 더 넓은 개념입니다. 여기서는 주 기억 장치를 중심으로 메모리의 역할과 구조를 살펴봅니다.

### 4.1.1 메모리의 역할과 특징

메모리는 컴퓨터의 필수 구성 요소로, 다음과 같은 역할과 특징이 있습니다.

**1. CPU와 프로그램 실행 지원**

메모리는 CPU가 처리할 데이터를 빠르게 제공해 시스템 성능을 최적화합니다. 운영체제와 프로그램은 메모리에 로드되어 실행됩니다. CPU는 메모리에 저장된 데이터를 신속하게 읽고 쓰면서 프로그램을 실행합니다.

**2. 중간 저장소 역할**

메모리는 CPU가 연산하는 동안 발생하는 중간 데이터를 저장합니다. 예를 들어, 복잡한 계산 과정에서 연산 결과를 임시 저장해 연산을 최적화할 수 있습니다.

**3. 멀티태스킹 지원**

여러 프로그램이 동시에 실행될 수 있도록 독립적인 메모리 공간을 할당합니다. 운영체제는 각 프로그램이 서로 간섭하지 않도록 메모리를 효율적으로 관리합니다. 이 부분은 **11장 메모리 관리**에서 자세히 다룹니다.

### 4. 속도와 휘발성

메모리는 CPU와 직접 연결되어 매우 빠른 데이터 접근 속도를 가집니다. 하지만 대부분의 메모리는 휘발성(volatile)이므로 전원이 꺼지면 데이터가 사라집니다. 따라서 영구적인 저장을 위해서는 SSD나 HDD 같은 보조 기억 장치가 필요합니다.

이러한 역할과 특징 덕분에 메모리는 컴퓨터의 성능과 효율성에 중요한 영향을 미칩니다.

## 4.1.2 메모리의 계층 구조

메모리는 컴퓨터의 성능과 효율성을 극대화하기 위해 계층 구조를 이루도록 설계되었습니다. **메모리 계층 구조**는 데이터 접근 속도와 저장 비용 사이의 균형을 맞추기 위해 여러 유형의 메모리를 계층적으로 배열하는 것입니다. 메모리 계층 구조는 일반적으로 다음과 같이 구성됩니다.

그림 4-1 메모리 계층 구조

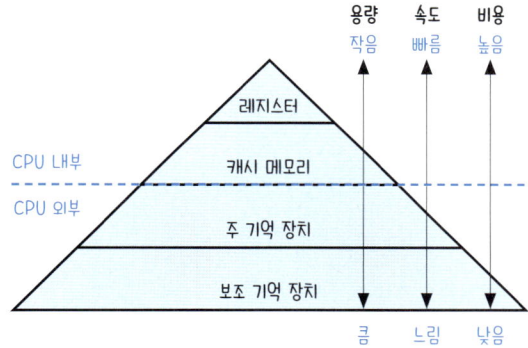

각 계층은 CPU에 가까울수록 속도가 빠르고 용량이 작으며 비용이 높습니다.

- **레지스터(register)**: CPU 내부에 위치한 초고속 메모리로, 용량은 매우 작지만 접근 속도가 가장 빠릅니다. CPU가 직접 연산에 사용하는 데이터와 명령어를 저장하는 데 사용합니다.

- **캐시 메모리(cache memory)**: CPU와 주 기억 장치 사이에 위치하며, 레지스터 다음으로 속도가 빠릅니다. CPU가 자주 사용하는 데이터와 명령어를 임시로 저장해 접근 시간을 줄이고 성능을 향상시키는 역할을 합니다. 캐시 메모리에 관해서는 **4.3 캐시 메모리**에서 자세히 다룹니다.

- **주 기억 장치(main memory)**: 캐시보다 느리지만, 용량이 크고(보통 GB 단위) 비용이 상대적으로 저렴해 시스템의 주요 작업 공간으로 사용합니다. 실행 중인 프로그램과 데이터를 저장하는 데 사용합니다.
- **보조 기억 장치(secondary storage)**: 주 기억 장치보다는 접근 속도가 느리지만, 용량이 커서 대용량 데이터를 저장할 수 있습니다. 데이터를 영구적으로 저장하는 데 사용합니다.

CPU는 필요한 데이터와 명령어를 가장 빠른 계층에서 먼저 찾으려 시도하고, 없을 경우 다음 계층의 메모리에서 찾습니다. 메모리 계층 구조 덕분에 시스템은 성능을 유지하면서도 비용을 절감할 수 있습니다.

- **빠른 계층(레지스터, 캐시)**: CPU가 즉시 데이터에 접근해 처리 속도를 높입니다.
- **느린 계층(주 기억 장치, 보조 기억 장치)**: 더 많은 데이터를 저장하고 필요한 데이터를 상위 계층으로 전달합니다.

### 4.1.3 메모리의 구성 요소

메모리 내부는 여러 요소로 이루어져 있습니다.

그림 4-2 메모리의 구조

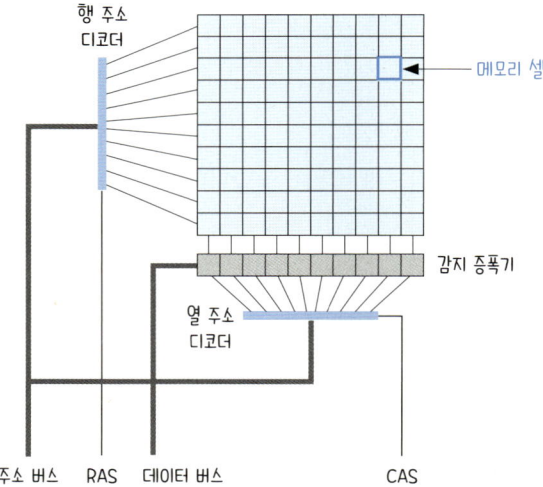

## ● 메모리 셀

**메모리 셀**(memory cell)은 메모리에서 데이터를 저장하는 기본 단위입니다. 각 메모리 셀은 1비트의 데이터를 저장할 수 있으며, 0 또는 1 중 하나의 상태를 가집니다.

메모리 셀은 일반적으로 트랜지스터와 커패시터로 구성됩니다. 트랜지스터는 전류의 흐름을 제어하는 스위치 역할을 하며, 커패시터는 전하를 저장해 데이터를 유지합니다. 메모리 유형 중 하나인 DRAM의 경우, 하나의 트랜지스터와 하나의 커패시터로 구성된 메모리 셀을 사용합니다. 또 다른 메모리 유형인 SRAM의 경우 여러 개의 트랜지스터를 조합해 플립플롭을 형성합니다.

**트랜지스터**(transistor)는 메모리 셀의 기본 구성 요소로, 전류의 흐름을 제어해 메모리 셀의 상태를 0 또는 1로 설정할 수 있습니다. 메모리 셀에서 데이터를 읽거나 쓸 때 특정한 전압으로 셀의 상태를 변경하거나 읽어올 수 있습니다. 쓰기 동작에서는 전류를 흐르게 해 셀의 상태를 변경하고, 읽기 동작에서는 셀의 상태를 감지해 출력합니다. 트랜지스터는 전류의 흐름을 차단할 수 있는 기능도 있어서 메모리 셀의 상태를 유지하게 합니다. 예를 들어, DRAM에서는 셀의 전하를 유지하기 위해 주기적으로 리프레시(refresh)해야 하는데, 이 과정에서 트랜지스터가 전류의 흐름을 제어합니다.

**커패시터**(capacitor)는 전하를 저장하는 소자로, 데이터 비트를 저장하는 데 사용합니다. 커패시터는 전하의 유무에 따라 0 또는 1의 값을 나타냅니다. DRAM에서는 커패시터의 전하가 시간이 지남에 따라 방전되기 때문에 주기적으로 리프레시해야 합니다.

**플립플롭**(flip-flop)은 SRAM 메모리 셀에서 데이터 비트를 저장하는 데 사용합니다. 플립플롭은 전원이 공급되는 한 데이터를 안정적인 상태로 유지합니다.

> **Note** 트랜지스터의 작동 방식
>
> 트랜지스터에서 메모리 셀을 0 또는 1로 설정하는 과정은 주로 전압의 인가와 전류의 흐름을 통해 이루어집니다.
>
> **1. 쓰기 동작**
>
> 메모리 셀에 데이터를 쓰기 위해 트랜지스터에 특정 전압을 가합니다. 이 전압은 트랜지스터의 종류에 따라 다릅니다. 게이트에 전압이 가해지면 트랜지스터가 활성화되어 소스(source, 소자에 전류가 들어오는 단자)와 드레인(drain, 소자에서 전류가 나가는 단자) 사이에 전류가 흐릅니다. 이 전류는 커패시터에 전하를 저장합니다. 커패시터에 저장한 전하의 양에 따라 메모리 셀의 상태를 결정합니다. 예를 들어, 특정 전하량을 저장하면 1로 간주하고, 전하가 없거나 매우 적으면 0으로 간주합니다.

○ 계속

### 2. 읽기 동작

메모리 셀의 상태를 읽기 위해 트랜지스터를 활성화해 커패시터에 저장된 전하를 감지합니다. 이 과정에서 전압의 변화가 감지되면 메모리 셀의 상태를 0 또는 1로 판별할 수 있습니다.

### 3. 리프레시

DRAM 메모리 셀에서는 시간이 지나면서 커패시터의 전하가 서서히 방전되기 때문에 데이터를 유지하려면 주기적으로 재충전해야 합니다. 이러한 재충전 과정을 **리프레시**(refresh)라고 합니다. 이 과정에서 트랜지스터가 중요한 역할을 합니다. 리프레시는 주기 설정이 매우 중요합니다. **리프레시 주기**는 메모리 셀에서 읽기 또는 쓰기 작업을 중지하고 전하를 재충전하는 시간을 나타냅니다. 리프레시가 너무 자주 발생하면 접근 시간이 늘어나고, 전체 시스템의 성능이 저하될 수 있습니다. 반대로, 리프레시 주기가 너무 길어지면 데이터 손실이 발생할 수 있습니다. 따라서 적절한 리프레시 주기를 설정하는 것이 중요합니다.

## ● 주소 디코더

**주소 디코더**(address decoder)는 메모리 셀에 접근하는 데 필요한 주소를 해석하는 회로입니다. CPU가 특정 메모리에 접근하면 주소 디코더는 주어진 주소에 해당하는 메모리 셀을 활성화해 데이터를 읽거나 쓸 수 있게 합니다.

메모리는 바둑판처럼 배열된 행(row)과 열(column)의 구조로 배열되어 있습니다. 메모리에 접근하려면 특정 행과 열의 주소를 지정해야 합니다. 이 과정에서 행 주소 스트로브와 열 주소 스트로브라는 신호를 사용합니다.

**행 주소 스트로브**(RAS, Row Address Strobe)는 메모리의 특정 행을 선택하는 신호로, 메모리 셀의 행을 활성화해 해당 행에 있는 데이터에 접근할 수 있도록 합니다. RAS가 활성화되면 지정된 행의 모든 셀을 읽거나 쓸 수 있는 상태로 만듭니다.

**열 주소 스트로브**(CAS, Column Address Strobe)는 선택된 행 내에서 특정 열을 선택하는 신호입니다. CAS가 활성화되면 지정된 열의 데이터에 접근해 읽거나 쓸 수 있게 됩니다.

메모리를 행과 열로 구분해 특정 위치에 접근하는 방식은 메모리 접근의 정확성과 효율성을 극대화합니다. 이 덕분에 메모리는 많은 양의 데이터를 효율적으로 관리할 수 있고 데이터에 빠르게 접근할 수 있습니다. 특히 DRAM에서는 리프레시 주기와 RAS가 활성화된 후 CAS가 활성화되기까지 필요한 시간(tRCD, RAS to CAS Delay)이 메모리의 성능에 큰 영향을 미칩니다.

● **데이터 버스**

**데이터 버스**(data bus)는 CPU와 메모리 간에 데이터를 전송하는 통로입니다. 메모리에서 데이터를 읽거나 쓸 때 데이터 버스를 통해 데이터를 전달합니다. 데이터 버스는 양방향으로 데이터를 주고받을 수 있습니다.

데이터 버스는 여러 선으로 구성되어 있으며, 각 선은 데이터를 비트 단위로 전송합니다. 데이터 버스의 폭은 한 번에 전송할 수 있는 데이터의 양을 결정합니다. 폭이 넓을수록 데이터 전송 속도가 빠릅니다.

● **제어 회로**

**제어 회로**(control circuit)는 메모리의 작동을 관리하고 조정하는 역할을 합니다. 이 회로는 메모리 읽기 및 쓰기 작업을 제어하고, 주소 디코더와 데이터 버스의 동작을 조정합니다.

메모리 셀에서 읽기와 쓰기는 제어 회로가 보내는 제어 신호에 따라 결정됩니다. 데이터를 읽을 때는 메모리 셀의 현재 상태를 감지해 저장된 값을 판별합니다. 데이터를 쓸 때는 메모리 셀에 전하를 저장하거나 방출해 셀을 0 또는 1로 설정합니다. 이 과정에서 제어 회로의 제어 단자, 선택 단자, 감지 단자, 입력 단자는 각각의 기능을 수행합니다.

그림 4-3 메모리 셀의 읽기와 쓰기 과정

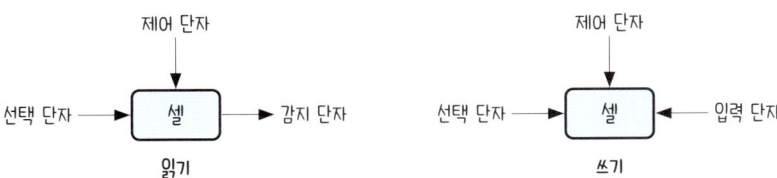

**제어 단자**(control line)는 메모리 셀이 읽기 작업을 수행할지, 쓰기 작업을 수행할지 지정하는 역할을 합니다. 제어 단자는 읽기 또는 쓰기 신호를 전송해 메모리 셀의 동작을 결정합니다. 예를 들어, 쓰기 신호가 활성화되면 입력 단자에서 데이터를 받아 메모리 셀에 저장하고, 읽기 신호가 활성화되면 메모리 셀에 저장한 데이터를 읽어옵니다.

**선택 단자**(select line)는 읽기 또는 쓰기 작업을 실행할 메모리 셀을 선택하는 역할을 합니다. 메모리 컨트롤러가 CPU에서 받은 메모리 주소를 바탕으로 선택 단자를 활성화합니다. 선택 단자는 메모리 컨트롤러의 신호에 따라 읽기 또는 쓰기 작업을 수행할 특정 셀을 지정합니다. 이후 CPU나 I/O 장치는 해당 셀에 접근할 수 있게 됩니다.

**감지 단자**(sense line)는 메모리 셀에서 데이터를 읽어올 때 사용합니다. 감지 단자는 메모리 셀의 현재 상태(전하가 있는지 없는지)를 판별하고, 그 상태를 이진수(0 또는 1)로 변환합니다.

**입력 단자**(input line)는 데이터를 입력받아 메모리 셀에 저장하는 역할을 합니다. 제어 단자의 지시에 따라 입력 단자에 전달된 데이터가 메모리 셀에 기록됩니다.

● **감지 증폭기**

**감지 증폭기**(sense amplifier)는 메모리 셀의 데이터를 읽을 때 신호를 증폭하는 역할을 합니다. 감지 증폭기는 메모리 셀의 감지 단자에서 발생하는 미세한 전압 변화를 감지하고 이를 증폭해 더 강한 신호로 변환합니다. 특히 DRAM은 커패시터에 저장된 전하의 양이 매우 작기 때문에 이를 증폭해서 확실하게 읽을 수 있도록 합니다.

● **클럭 회로**

**클럭 회로**(clock circuit)는 메모리의 모든 동작을 동기화하는 역할을 합니다. 클럭 회로는 주기적으로 클럭 신호(clock signal)를 발생해 메모리에서의 읽기, 쓰기, 리프레시와 같은 작업의 타이밍을 제어합니다. 메모리 컨트롤러는 클럭 신호를 기반으로 언제 데이터를 읽거나 쓸지를 결정하며, 메모리의 상태(읽기, 쓰기 등)는 클럭 신호에 따라 변합니다.

> **Note** 클럭 주파수와 클럭 사이클
>
> 클럭 회로는 주기적인 클럭 신호를 생성해 CPU와 메모리의 동작을 동기화하는 역할을 합니다. 클럭 신호는 모든 연산과 데이터 처리가 일정한 속도로 실행되도록 조절합니다. CPU, 메모리, 입출력 장치 등 모든 하드웨어는 클럭 신호를 기준으로 동작합니다.
>
> **클럭 주파수**(clock frequency)는 1초 동안 발생하는 클럭 신호의 수를 말합니다. 보통 메가헤르츠(MHz) 또는 기가헤르츠(GHz) 단위로 표시합니다.
>
> - 1MHz = 100만($10^6$) 번의 클럭 신호
> - 1GHz = 10억($10^9$) 번의 클럭 신호
>
> 클럭 신호가 한 번의 주기를 완료하는 시간이 클럭 사이클입니다. 클럭 사이클은 클럭 주파수의 역수로 구합니다. 따라서 클럭 주파수가 높을수록 클럭 사이클의 길이는 짧아집니다.
>
> - 클럭 사이클 = 1 / 클럭 주파수
>
> 예를 들어, 1GHz($10^9$Hz) 클럭 주파수를 가진 시스템의 클럭 사이클은 1나노초(= $1/10^9$)입니다. 즉, 1GHz CPU는 1초에 10억 번의 연산을 수행할 수 있습니다. 이처럼 클럭 주파수가 높을수록 CPU와 메모리는 더 빠르게 데이터를 처리할 수 있습니다. 하지만 클럭 속도가 증가하면 전력 소비와 발열이 증가할 수 있으므로 시스템 설계에서 균형을 유지해야 합니다.

## 4.1.4 메모리 접근

**메모리 접근**(memory access)이란 컴퓨터가 데이터를 읽거나 쓰는 과정을 의미합니다. 메모리는 특정한 절차를 따라 데이터에 접근합니다.

메모리 접근 과정은 다음과 같은 단계로 이루어집니다.

- **명령 전송**: CPU는 메모리 컨트롤러에 데이터 요청을 보냅니다. 해당 요청은 어떤 주소에 접근할지, 데이터를 읽을지 또는 쓸지에 대한 정보를 포함합니다.
- **주소 지정**: 메모리 컨트롤러가 요청된 데이터의 주소를 기반으로 특정 메모리 셀을 선택합니다. 이때 RAS와 CAS가 사용됩니다. RAS가 특정 행을 선택하고 이후 CAS가 열을 선택해 정확한 메모리 셀을 지정합니다.
- **데이터 전송**: 선택된 메모리 셀에서 데이터를 읽거나 씁니다. 읽기 작업이면 메모리에서 데이터를 가져와 CPU로 전송하고, 쓰기 작업이면 CPU에서 데이터를 받아 메모리에 저장합니다.

메모리 접근 과정에 걸리는 시간은 **접근 시간**(access time)이라고 합니다. 즉, CPU가 데이터를 요청한 후 실제로 데이터를 읽을 때까지 걸리는 시간을 의미합니다. 메모리 유형에 따라 접근 시간이 다릅니다. SRAM은 매우 빠르지만 비싸고 용량이 적어서 주로 캐시 메모리로 사용합니다. DRAM은 상대적으로 느리지만 저렴하고 대용량 저장이 가능해서 주 기억 장치로 사용합니다.

참고로, 메모리가 데이터를 읽거나 쓴 후, 다음 작업을 수행할 수 있을 때까지 걸리는 시간을 **사이클 시간**(cycle time)이라고 합니다. 사이클 시간은 접근 시간과 리프레시 시간을 합쳐 결정됩니다. 사이클 시간이 짧을수록 더 빠른 데이터 처리가 가능해 시스템 반응 속도가 향상됩니다.

### 1분 퀴즈

정답 노트 p.390

**01.** 빈칸에 알맞은 단어를 넣으세요.

① 메모리 계층 구조에서 가장 빠르고 용량이 작은 메모리는 _____ 입니다.

② DRAM 메모리 셀은 _____ 와/과 _____ (으)로 구성됩니다.

③ 메모리의 데이터를 정확히 읽기 위해 _____ 이/가 전하량을 증폭합니다.

④ CPU는 메모리에서 데이터를 읽거나 쓸 때, 특정 행을 선택하기 위해 _____ 신호를 사용합니다.

○ 계속

**02.** 다음 중 메모리 계층 구조에서 CPU와 가장 가까이 위치한 구성 요소는 무엇인가요?

① 주 기억 장치    ② 보조 기억 장치    ③ 레지스터    ④ 캐시 메모리

**03.** 메모리 셀의 데이터를 유지하기 위해 주기적으로 전하를 재충전해야 하는 이유는 무엇인가요?

① 메모리의 접근 시간을 줄이기 위해

② CPU의 요청에 따라 데이터를 갱신하기 위해

③ 메모리 주소 디코더가 데이터를 새로 요청하기 때문에

④ 커패시터의 전하가 시간이 지남에 따라 방전되기 때문에

**04.** 메모리와 CPU 간 데이터를 전달하는 통로는 무엇인가요?

① 감지 증폭기    ② 데이터 버스    ③ 주소 디코더    ④ 제어 회로

**05.** 다음 중 설명이 옳은 것을 <u>모두</u> 고르세요.

① 캐시 메모리는 주로 HDD와 SSD에 사용하는 저장소다.

② DRAM은 리프레시 없이도 데이터를 장기간 유지할 수 있다.

③ 데이터 버스의 폭이 좁을수록 데이터 전송 속도가 빨라진다.

④ 메모리 계층 구조에서 속도가 빠를수록 비용이 높아지고 용량이 작아진다.

⑤ 메모리의 접근 시간은 데이터 요청부터 읽기 시작까지 걸리는 시간을 의미한다.

# 메모리 유형

컴퓨터에서 메모리는 데이터 저장 방식과 사용 목적에 따라 다양한 유형으로 나뉩니다. 저장 방식에 따라 전원이 꺼지면 데이터가 사라지는 휘발성 메모리와, 전원이 꺼져도 데이터를 유지하는 비휘발성 메모리로 구분할 수 있습니다. 또한, 사용 목적에 따라 프로그램 실행 중 데이터를 임시로 저장하는 주 기억 장치와, 데이터를 영구적으로 보관하는 보조 기억 장치로 나뉘며, 각각의 특성에 따라 성능과 용도가 달라집니다.

## 4.2.1 저장 방식에 따른 분류

● **휘발성 메모리**

**휘발성 메모리**는 전원이 공급되는 동안만 데이터를 유지하고 전원이 꺼지면 저장된 데이터가 사라지는 메모리로, 데이터를 임시로 저장하는 데 주로 사용합니다. **RAM**(Random Access Memory)이 이 유형에 해당합니다. RAM은 데이터를 일시적으로 저장해 CPU가 데이터를 빠르게 처리할 수 있도록 지원합니다.

RAM은 크게 DRAM과 SRAM으로 나뉩니다.

- **DRAM(Dynamic RAM)**: 컴퓨터 시스템에서 가장 널리 사용하는 메모리입니다. 동적 메모리 방식으로 작동하고, 커패시터를 사용해 데이터를 저장합니다. 여기서 **동적**(dynamic)이라는 것은 데이터를 유지하려면 지속적인 관리가 필요하다는 의미입니다. 그래서 주기적으로 데이터를 리프레시해야 합니다. DRAM은 대용량 데이터를 비교적 저렴한 비용에 저장할 수 있고 소비 전력이 적지만, SRAM에 비해 속도가 느립니다. 그래서 주로 주 기억 장치에 사용합니다.

- **SRAM(Static RAM)**: 정적 메모리 방식으로 작동하며, 플립플롭을 사용해 데이터를 저장합니다. 정적 메모리 방식은 전원이 공급되는 동안에는 데이터를 유지할 수 있어 데이터를 리프레시하지 않아도 됩니다. SRAM은 DRAM보다 빠르고 안정적이지만, 비용이 더 비싸고 용량이 제한적이며, 소비 전력이 큽니다. 그래서 캐시 메모리에 주로 사용합니다.

● **비휘발성 메모리**

**비휘발성 메모리**는 전원이 꺼져도 데이터를 유지할 수 있는 메모리로, ROM이 이에 해당합니다. **ROM**(Read-Only Memory)은 주로 시스템 부팅에 필요한 프로그램이나 펌웨어를 저장하는 데 사용하는 읽기 전용 메모리입니다. 저장된 데이터는 일반적으로 변경할 수 없지만, 특정 유형의 ROM은 제한된 방식으로 데이터를 수정할 수 있습니다.

ROM은 기록 방식과 데이터 수정 여부에 따라 다음과 같이 나뉩니다.

- **PROM(Programmable ROM)**: 사용자가 데이터를 한 번 기록할 수 있는 ROM입니다. 데이터를 기록한 후에는 데이터를 수정하거나 삭제할 수 없고 영구히 저장합니다. 하드웨어 개발 단계에서 요구에 맞게 데이터를 영구적으로 저장해야 할 때 사용합니다.

- **EPROM(Erasable Programmable ROM)**: 자외선(UV)을 사용해 기록된 데이터를 지우고 다시 기록할 수 있는 ROM입니다. EPROM은 데이터를 반복해서 쓰고 지울 수 있으나 특별한 장비가 필요합니다. EPROM은 주로 개발 및 테스트 과정에서 하드웨어와 소프트웨어를 실험적으로 검증할 때 유용합니다.

- **EEPROM(Electrically Erasable Programmable ROM)**: 전기 신호를 사용해 데이터를 기록하고 수정할 수 있는 ROM입니다. EEPROM은 EPROM보다 사용이 편리하며, 데이터 삭제와 쓰기를 개별 바이트 단위로 할 수 있어서 더 정밀한 제어가 가능합니다. 소규모 데이터 저장에 적합하며, 하드웨어 설정 정보를 저장하는 용도로 사용합니다. 예를 들어, 마더보드의 BIOS 설정이나 임베디드 시스템의 설정 값을 저장하는 데 사용합니다.

- **플래시 메모리(flash memory)**: EEPROM의 한 종류로, 블록 단위로 데이터를 삭제하고 기록할 수 있습니다. 플래시 메모리는 NAND와 NOR 두 가지 형태가 있습니다. **NAND 플래시 메모리**는 여러 개의 메모리 셀이 직렬로 연결되어 데이터 저장 밀도가 높고 대량의 데이터를 효율적으로 저장할 수 있습니다. 제조 단가가 낮고, 빠른 데이터 처리 속도를 제공합니다. 주로 SSD, USB 플래시 드라이브, SD 카드에 사용합니다. **NOR 플래시 메모리**는 메모리 셀이 병렬로 연결되어 각 셀에 개별적으로 접근할 수 있는 구조입니다. 특정

데이터 주소에 직접 접근할 수 있으므로 읽기 속도가 NAND 플래시 메모리보다 **빠릅니다**. 하지만 용량이 작아서 펌웨어나 임베디드 시스템의 프로그램 코드를 저장하는 데 주로 사용합니다.

TIP
- **펌웨어**(firmware)는 하드웨어 장치의 동작을 제어하고 관리하는 프로그램입니다. 일반적으로 하드웨어와 소프트웨어의 중간 단계에 위치하며, 특정 하드웨어에 맞춰 설계됩니다.
- **BIOS**(Basic Input/Output System)는 컴퓨터의 하드웨어 초기화와 운영체제 로드를 담당하는 펌웨어입니다. BIOS는 컴퓨터가 부팅될 때 가장 먼저 실행하며, 하드웨어와 운영체제 사이에 인터페이스 역할을 합니다.

## 4.2.2 사용 목적에 따른 유형

메모리는 사용 목적에 따라 다음과 같이 나뉩니다.

- **시스템 메모리**: 운영체제와 프로그램을 실행하는 데 필요한 메모리로, 주로 RAM을 사용합니다. CPU가 실행 중인 프로그램의 데이터를 저장해 빠르게 접근할 수 있도록 합니다. 시스템 메모리는 프로그램의 실행 속도와 성능에 큰 영향을 미칩니다.

- **캐시 메모리**(cache memory): CPU에서 자주 사용하는 데이터를 임시로 저장하는 메모리로, CPU와 RAM 사이에 위치합니다. SRAM을 주로 사용하며, 속도가 매우 빠릅니다.

- **비디오 메모리**(VRAM, Video Memory): 그래픽 카드(GPU)에서 사용하는 메모리로, 화면에 출력할 그래픽 데이터를 저장하고 처리합니다. 고해상도 이미지, 게임, 영상 편집 등 그래픽 연산에 최적화되어 있습니다. GDDR6, GDDR6X 등 최신 그래픽 카드에서 사용하는 GDDR(Graphics Double Data Rate) 메모리가 대표적인 예입니다. 비디오 메모리는 그래픽 연산 성능을 높여 고품질 화면을 제공합니다.

- **버퍼 메모리**(buffer memory): 장치 간 데이터 전송 속도 차이를 조정하는 임시 저장소 역할을 하는 메모리입니다. 주로 CPU와 보조 기억 장치 사이에서 데이터를 효율적으로 전송하는 데 사용합니다. 예를 들어, 파일을 복사할 때 일시적으로 데이터를 저장해 전송 속도를 최적화합니다. 버퍼 메모리는 데이터 손실이나 전송 지연을 방지하고, 전송 효율을 높이는 역할을 합니다.

- **가상 메모리**(virtual memory): 물리 메모리(RAM)가 부족할 때 보조 기억 장치의 일부를 메모리처럼 사용하는 기술입니다. 운영체제에서 관리하며, 실제 물리 메모리보다 더 큰 공간을 제공합니다. 가상 메모리는 멀티태스킹 환경에서 매우 중요합니다. 가상 메모리에

관한 자세한 내용은 **11장 메모리 관리**에서 다룹니다.

- **영구 저장소(Non-Volatile Storage)**: 전원이 꺼져도 데이터를 영구적으로 저장하는 장치입니다. 대표적으로 HDD, SSD, USB, CD/DVD 등이 해당합니다. HDD는 대용량 데이터를 저렴하게 저장할 수 있고, SSD는 빠른 데이터 접근 속도를 제공합니다.

## 1분 퀴즈

정답 노트 p.390

**06.** 빈칸에 알맞은 단어를 넣으세요.

① _____ 메모리는 전원이 공급되는 동안에만 데이터를 유지한다.

② _____은/는 데이터를 동적 방식으로 저장하며, 주기적으로 데이터를 리프레시해야 한다.

③ _____은/는 데이터를 정적 방식으로 저장하며, 리프레시 없이 데이터를 유지할 수 있다.

④ 자외선을 사용해 데이터를 삭제하고 다시 기록할 수 있는 ROM은 _____이다.

⑤ 사용처에 따라 메모리를 분류했을 때 운영체제와 응용 프로그램을 실행하는 데 필요한 메모리를 _____ 메모리라고 한다.

**07.** 다음 중 휘발성 메모리에 해당하는 것은 무엇인가요?

① Mask ROM   ② EPROM   ③ RAM   ④ 플래시 메모리

**08.** 다음 중 CPU와 RAM 사이의 속도 차이를 보완하기 위해 사용하는 메모리는 무엇인가요?

① 버퍼 메모리   ② 캐시 메모리   ③ 가상 메모리   ④ 비디오 메모리

**09.** 다음 중 데이터를 한 번만 기록할 수 있으며 이후 수정이 불가능한 ROM은 무엇인가요?

① PROM   ② EPROM   ③ EEPROM   ④ 플래시 메모리

**10.** 다음 중 설명이 올바른 것은 무엇인가요?

① SRAM은 주기적으로 데이터를 리프레시해야 한다.

② EPROM은 전기 신호로 데이터를 삭제하고 다시 기록할 수 있다.

③ 비휘발성 메모리는 전원이 꺼져도 데이터를 유지할 수 있다.

④ 버퍼 메모리는 CPU와 캐시 메모리 간 속도 차이를 보완한다.

# 캐시 메모리

캐시 메모리(이하 캐시)는 CPU와 RAM 사이에서 데이터 접근 속도를 향상시키는 역할을 합니다. CPU의 처리 속도는 매우 빠르지만, RAM의 속도는 상대적으로 느리기 때문에 캐시가 이를 보완해 시스템 성능을 최적화합니다.

이 장에서는 캐시의 구조, 작동 방식, 성능 관리 방법을 자세히 살펴보겠습니다.

## 4.3.1 캐시의 구조

캐시는 자주 사용하는 데이터와 명령어를 임시 저장해 CPU가 더 빠르게 접근할 수 있도록 설계된 고속 메모리입니다. 캐시는 CPU와 RAM 간 속도 차이를 극복하기 위해 사용합니다.

캐시는 CPU 내부에 있을 수도 있고, 외부에 별도로 존재할 수도 있습니다. 캐시는 계층적 구조를 가지며, 속도와 용량에 따라 L1, L2, L3로 구분합니다.

- **L1 캐시(Level 1)**: CPU 내부에 위치합니다. 용량이 작지만(수십 KB 수준) 속도가 매우 빠릅니다. CPU가 가장 먼저 데이터를 찾는 공간으로, 명령어 캐시와 데이터 캐시로 나눌 수 있습니다. 이 경우 각각 명령어와 데이터를 독립적으로 저장하고 처리합니다.

- **L2 캐시(Level 2)**: CPU 내부 또는 외부에 위치합니다. L1 캐시보다 용량은 크지만(수백 KB~수 MB), 속도는 상대적으로 느립니다. L1 캐시에 없는 데이터를 저장합니다.

- **L3 캐시(Level 3)**: 여러 CPU 코어가 공유하는 캐시로, CPU 외부에 위치합니다. CPU 코어 간에 데이터를 원활하게 공유하도록 설계되었습니다. L2 캐시보다 용량이 더 크지만(수 MB~수십 MB), 상대적으로 데이터 접근 속도가 느립니다. L1과 L2 캐시에서 처리하지 못한 데이터를 저장합니다.

그림 4-4 캐시의 계층 구조

캐시는 CPU가 필요한 데이터를 미리 가져와 저장하는 방식으로 데이터 접근 속도를 높입니다. 하지만 제조 비용이 높기 때문에 RAM보다 용량이 작을 수밖에 없습니다.

### 4.3.2 캐시의 작동 방식

CPU에서 필요한 데이터가 캐시 내에 존재하는지 여부는 캐시의 성능을 결정짓는 중요한 요소입니다. CPU가 찾고 있는 데이터가 캐시 안에 있을 때 이를 **캐시 히트**(cache hit)라고 합니다. 이 경우 데이터에 바로 접근할 수 있습니다. 반면, 필요한 데이터가 캐시에 없어 다른 메모리 영역에서 찾아야 하는 경우 이를 **캐시 미스**(cache miss)라고 합니다. 캐시 미스가 발생하면 CPU는 다른 계층의 캐시나 RAM으로부터 데이터를 가져와야 하므로 성능 저하가 발생하게 됩니다.

캐시의 작동 과정은 다음과 같습니다.

1 CPU가 특정 데이터를 요청합니다.

2 캐시 메모리를 관리하고 제어하는 캐시 컨트롤러가 캐시에 해당 데이터가 있는지 확인합니다.

3 데이터가 캐시에 있으면 캐시 히트가 되어 CPU에 데이터를 즉시 제공합니다.

4 데이터가 캐시에 없으면 캐시 미스가 발생합니다. 캐시 컨트롤러는 다른 계층 캐시 또는 RAM에서 데이터를 가져옵니다.

5 캐시 컨트롤러는 가져온 데이터를 CPU에 제공한 후 캐시 미스가 발생한 캐시에 저장합니다.

요청한 데이터가 캐시에 있으면 히트율이 올라갑니다. **히트율**(hit ratio)은 전체 데이터 요청 중 캐시에서 데이터를 성공적으로 찾은 비율을 나타냅니다. 캐시 히트율은 다음과 같이 계산합니다.

히트율 = (캐시 히트 횟수 / 전체 데이터 요청 횟수) × 100

히트율이 높을수록 CPU가 더 적은 시간에 데이터를 찾을 수 있습니다. 히트율이 낮으면 캐시 미스가 증가해 시스템 성능이 저하될 수 있습니다. 캐시 크기가 클수록 더 많은 데이터를 저장할 수 있어 히트율이 높아집니다. 하지만 캐시가 너무 크면 속도가 느려질 수 있습니다.

### 4.3.3 캐시의 데이터 전송 단위

CPU가 캐시에 데이터를 요청할 때 보통 워드 단위로 이루어집니다. **워드**(word)는 CPU에서 한 번에 처리할 수 있는 데이터의 크기입니다. 워드 크기는 CPU 아키텍처에 따라 다릅니다. 예를 들어, 32비트 CPU의 워드 크기는 32비트(4바이트)이고, 64비트 CPU의 워드 크기는 64비트(8바이트)입니다. 워드 크기는 CPU가 처리할 데이터의 기본 단위를 결정합니다. 워드 크기가 클수록 한 번에 많은 데이터를 처리할 수 있어서 시스템의 전반적인 처리 능력이 향상될 수 있습니다. CPU에서 캐시에 데이터를 저장하거나 전달할 때도 워드 단위를 기본으로 사용합니다.

캐시와 RAM 간 데이터 전송 단위는 **블록**(block)입니다. 한 블록은 여러 워드로 구성하며, 블록 크기는 CPU 아키텍처에 따라 다릅니다(32바이트, 64바이트 등). 블록 크기가 64바이트이고 CPU 워드 크기가 4바이트라면 하나의 블록에는 16개의 워드가 포함됩니다.

그림 4-5 CPU, 캐시, RAM 간 데이터 전송 단위

블록 크기는 캐시가 RAM에서 데이터를 가져올 때 얼마나 많은 양의 데이터를 한 번에 가져오는지를 결정합니다. 블록 크기가 크면 한 번에 많은 데이터를 가져올 수 있어 히트율을 높이고 캐시 미스를 줄일 수 있습니다. 하지만 전송 시간이 길어지고 제한된 공간에 불필요하게 많은 데이터가 저장되어 공간 낭비가 발생할 수 있습니다. 반대로 블록 크기가 작으면 전송 시간이 짧아지지만, 히트율이 떨어져 캐시 미스가 자주 발생하고 메모리 접근 횟수가 늘어나 성능이 저하될 수 있습니다.

캐시의 성능은 CPU가 요구하는 데이터 워드의 크기와 RAM으로부터 가져온 데이터 블록의 크기에 영향을 받습니다. 워드 크기와 블록 크기가 적절하게 설정되면 CPU가 필요한 데이터를 캐시에서 더 효율적으로 찾을 수 있습니다.

### 4.3.4 캐시의 성능 관리

지역성을 활용한 계층적 설계, 교체 정책, 주소 매핑 등 다양한 방법을 통해 캐시의 효율성과 성능을 높일 수 있습니다.

- **지역성**

캐시의 성능은 CPU가 작업하는 동안 캐시에서 데이터를 얼마나 효율적으로 가져오는지에 따라 달라집니다. 이는 지역성에 크게 영향을 받습니다. **지역성**(locality)은 CPU가 메모리의 특정 부분을 집중적으로 사용하는 경향성을 나타냅니다. 지역성은 공간 지역성과 시간 지역성으로 나눌 수 있습니다.

- **공간 지역성(spatial locality)**: 특정 데이터에 접근하면 그와 인접한 데이터도 접근할 가능성이 높습니다. 예를 들어, 배열은 연속된 데이터에 순차적으로 접근하므로 공간 지역성이 높아집니다.
- **시간 지역성(temporal locality)**: 한 번 사용한 데이터는 짧은 시간 안에 다시 사용할 가능성이 높습니다. 예를 들어, 반복문에서 같은 변수를 여러 번 참조할 때 시간 지역성이 발생합니다.

캐시를 설계할 때 지역성을 활용하면 데이터를 효율적으로 저장하고, 성능을 크게 향상시킬 수 있습니다. 지역성을 활용한 캐시 성능 관리 방법은 다음과 같습니다.

- **캐시 계층 설계**: 캐시를 L1, L2, L3로 계층화해 속도와 용량 간 균형을 맞출 수 있습니다. 가장 자주 사용하는 데이터를 L1 캐시에, 덜 사용하는 데이터를 L2나 L3 캐시에 저장하는 방법입니다. 예를 들어, 최근 사용한 데이터를 L1 캐시에 유지(시간 지역성)합니다.
- **블록 단위 데이터 저장**: RAM에서 데이터를 블록 단위로 캐시에 가져옵니다. 예를 들어, CPU가 한 워드(4바이트)를 요청하더라도 인접한 데이터를 포함하는 64바이트 블록을 캐시에 저장합니다. 공간 지역성을 활용해 근접 데이터를 함께 저장하면 이후 요청에서 히트율을 높일 수 있습니다.

- **교체 정책**

캐시는 크기가 제한적이므로 캐시가 가득 찼을 때 새로운 데이터를 저장하려면 기존 데이터를 삭제해야 합니다. 이를 결정하는 방법을 **캐시 교체 정책**이라고 합니다.

주요 교체 정책은 다음과 같습니다.

- **LRU(Least Recently Used)**: 가장 오랫동안 사용하지 않은 데이터를 삭제합니다. 최근에 사용한 데이터는 앞으로도 사용할 가능성이 높다는 시간 지역성을 기반으로 한 교체 정책입니다. 대부분의 프로그램에서 효율적으로 동작합니다. 다만 최근 사용 순서를 추적

해야 해서 구현이 복잡할 수 있습니다.

- **FIFO(First-In, First-Out)**: 캐시에 가장 먼저 들어온 데이터를 삭제합니다. 구현이 간단하고 비용이 낮으며, 데이터 순서를 추적하는 데 효율적입니다. 오래된 데이터를 여전히 자주 사용하는 경우 비효율적이며 시간 지역성을 반영하지 못할 수 있습니다.
- **LFU(Least Frequently Used)**: 가장 적게 사용한 데이터를 삭제합니다. 각 데이터의 접근 빈도를 추적해 교체 대상을 선정합니다. 자주 사용하지 않는 데이터를 제거할 수 있지만 최근 데이터를 낮은 빈도로 사용한 경우 삭제될 수 있습니다.
- **ARC(Adaptive Replacement Cache)**: LRU와 LFU를 결합한 정책으로, 자주 사용하는 데이터(LFU)와 최근에 사용한 데이터(LRU)를 동적으로 관리합니다. 다양한 데이터 접근 패턴에 적용 가능하고 캐시 히트율이 높습니다.
- **Random**: 캐시에서 무작위로 데이터를 삭제합니다. 데이터 접근 패턴을 고려하지 않아서 구현이 매우 간단하고 비용이 낮지만, 데이터 사용 패턴에 최적화되지 않아 효율성이 낮을 수 있습니다.

각 정책은 특정 데이터 접근 패턴에서 효율적으로 작동합니다. 예를 들어, 시간 지역성이 강한 경우에는 LRU가 적합하고, 특정 데이터를 자주 사용하지 않는 경우에는 LFU나 Random이 적합합니다. 필요에 따라 정책을 결합하거나 개선된 알고리즘(ARC 등)을 사용할 수도 있습니다.

## ● 쓰기 정책

**쓰기 정책**은 CPU에서 데이터를 캐시에 저장할 때 이를 RAM과 동기화하는 방법입니다. 쓰기는 읽기보다 복잡하고 느릴 수 있으므로 적절한 쓰기 정책을 사용하면 캐시 성능을 크게 향상할 수 있습니다.

주요 쓰기 정책은 다음과 같습니다.

- **Write-Back**: 쓰기 요청이 발생할 때 데이터를 캐시에만 저장하고, RAM에는 나중에 저장하는 방식입니다. 데이터가 캐시에서 제거되거나 교체될 때 메모리에 저장하므로 쓰기 작업이 빠르고, 메모리 대역폭 사용량이 감소합니다. 또한, 여러 번 업데이트한 데이터를 한 번에 RAM에 저장해서 효율적입니다. 하지만 시스템 충돌이 발생하면 캐시에 있는 데이터가 손실될 가능성이 있고, RAM과 캐시 간 데이터가 일치하지 않아서 동기화 문제가 발생할 수 있습니다.

- **Write-Through**: 데이터를 캐시와 RAM에 동시에 저장하는 방식입니다. 캐시와 RAM이 항상 동기화 상태를 유지해서 데이터 일관성이 보장되고 시스템 충돌 시 데이터 손실이 적습니다. 하지만 RAM에도 항상 데이터를 저장하므로 쓰기 속도가 느리고 메모리 대역폭 사용량이 증가합니다.
- **Write-Around**: 데이터를 RAM에만 저장하는 방식입니다. 캐시에 쓰기 작업을 건너뛰므로 캐시 오염을 방지합니다. 자주 사용하지 않는 데이터를 캐시에 저장하지 않으므로 캐시의 공간 효율성이 증가합니다. 하지만 데이터를 읽으려면 RAM에서 다시 가져와야 하므로 읽기 성능이 저하될 수 있습니다.

그림 4-6 캐시 쓰기 정책

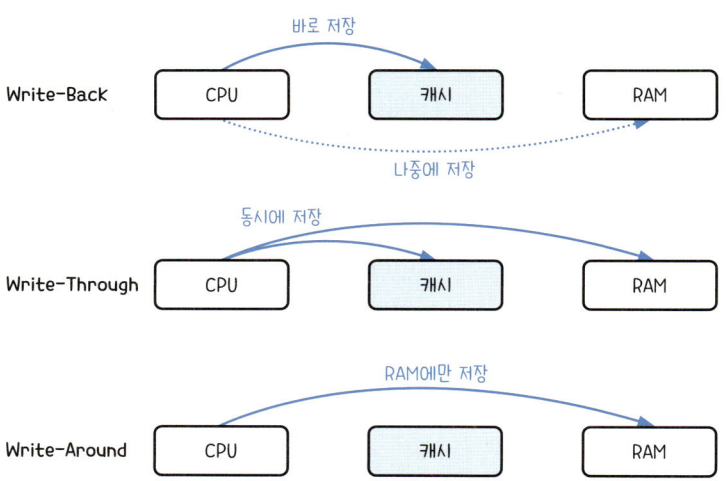

TIP — **캐시 오염**(cache pollution)은 자주 사용하지 않거나 앞으로 사용할 가능성이 낮은 데이터가 저장되어 중요한 데이터나 자주 사용하는 데이터가 캐시에서 밀려나게 되는 상황을 의미합니다. 이로 인해 캐시 히트율이 감소하고, 시스템 성능이 저하될 수 있습니다.

● **캐시 주소 매핑**

캐시는 RAM보다 상대적으로 작기 때문에 RAM과 1:1로 완벽하게 매핑할 수 없습니다. 그래서 어떤 데이터를 캐시에 저장할지 결정하는 매핑 방식이 필요합니다.

주요 매핑 방식은 다음과 같습니다.

- **직접 매핑(direct mapping)**: RAM을 일정 크기 블록으로 나누고, 이를 캐시의 특정 위치에 할당하는 방식입니다. 예를 들어, 16MB의 RAM과 64KB의 캐시가 있을 때 RAM을 64KB 크기 블록으로 분할합니다. 각 블록은 고유한 식별자인 태그(tag)로 식별합니다. 가령 RAM 주소 0x01FFFF는 태그 값 02에 해당하는 캐시 위치에 매핑됩니다. 이 방식은 구현이 간단하며 직관적입니다. 그러나 여러 블록이 같은 캐시 위치를 공유하는 충돌 문제가 발생할 수 있습니다.

- **완전 연관 매핑(fully associative mapping)**: RAM의 블록이 캐시 어디든 저장될 수 있는 방식입니다. RAM 블록이 캐시에 저장될 때 해당 블록의 태그도 함께 저장됩니다. CPU가 특정 블록을 요청하면 캐시 내 모든 태그와 요청된 태그를 비교해 데이터를 찾습니다. 블록이 캐시 어디에나 저장될 수 있어서 충돌 문제가 발생하지 않으며 히트율이 높습니다. 하지만 구현이 복잡하고 캐시 전체를 검색해야 해서 검색 시간이 길어질 수 있습니다.

- **집합 연관 매핑(set associative mapping)**: 직접 매핑과 완전 연관 매핑을 절충한 방식입니다. 캐시를 여러 집합(set)으로 나누고, 각 집합에서 완전 연관 매핑을 사용합니다. 데이터는 특정 집합에만 저장되며, 집합 내에서는 자유롭게 사용할 수 있습니다. 직접 매핑보다 충돌 문제가 줄어들고 히트율도 높지만, 여전히 충돌 가능성이 있고 직접 매핑보다 구현이 복잡합니다.

그림 4-7 캐시 주소 매핑 방식

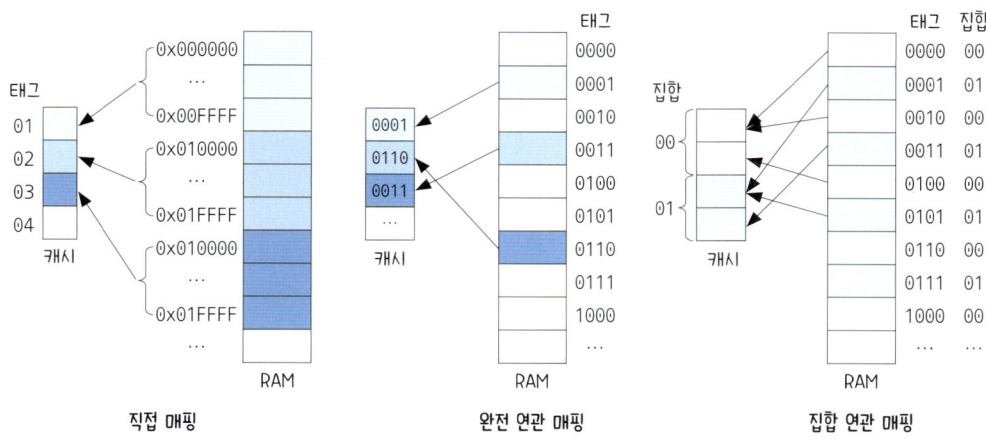

## 1분 퀴즈

**11.** 빈칸에 알맞은 단어를 넣으세요.

① 캐시는 _____ 와/과 _____ 사이에서 데이터 전송 속도를 개선하기 위해 사용됩니다.

② _____ 은/는 CPU 코어에 가장 가까이 위치하며, 속도가 가장 빠릅니다.

③ _____ 은/는 CPU가 요청한 데이터가 캐시 내에 존재해 데이터를 즉시 제공할 수 있는 상태를 의미합니다.

④ CPU에서 데이터를 처리할 때 기본 단위는 _____ 입니다.

⑤ 캐시 교체 정책 중 _____ 은/는 가장 최근에 사용된 데이터를 유지하고, 가장 오랫동안 사용되지 않은 데이터를 제거합니다.

**12.** 다음 중 캐시 메모리의 계층 구조에서 여러 CPU 코어가 공유하는 캐시는 무엇인가요?

① L1 캐시     ② L2 캐시     ③ L3 캐시     ④ RAM

**13.** CPU가 RAM으로부터 데이터를 블록 단위로 가져올 때, 블록 크기가 작으면 발생하는 일은 무엇인가요?

① 캐시 미스가 줄어든다.
② 캐시 히트율이 상승한다.
③ 데이터 전송 시간이 길어진다.
④ 메모리 접근 횟수가 증가한다.

**14.** 다음 중 데이터를 캐시에만 기록하고, 메모리에는 나중에 기록하는 캐시 쓰기 정책은 무엇인가요?

① Write-Around
② Write-Back
③ Write-First
④ Write-Through

**15.** 다음 중 설명이 옳은 것을 <u>모두</u> 고르세요.

① L1 캐시는 속도가 가장 빠르고, L3 캐시는 용량이 가장 크다.
② 집합 연관 매핑 방식은 직접 매핑과 완전 연관 매핑의 절충안이다.
③ Write-Through 정책은 데이터 일관성을 보장하지만 쓰기 속도가 느리다.
④ 시간 지역성은 가까운 메모리 주소에 접근할 가능성이 높은 성질을 의미한다.
⑤ 캐시 미스가 발생하면 CPU는 데이터를 캐시에 저장하지 않고 바로 사용한다.

### 1. 메모리의 역할과 특징

① 메모리는 컴퓨터가 작동하는 데 필요한 데이터를 저장하고 처리 과정을 지원하는 필수 구성 요소입니다.

② CPU에 필요한 데이터를 빠르게 제공해 프로그램 실행 속도를 최적화합니다.

③ 연산 과정에서 중간 결과를 저장해 처리 속도를 향상합니다.

④ 프로그램마다 독립적인 메모리 공간을 할당해 동시에 여러 작업이 가능합니다.

### 2. 메모리 계층 구조

① 메모리는 성능과 비용의 균형을 맞추기 위해 계층적으로 설계되었습니다. CPU에 가까울수록 속도가 빠르고 용량은 작아집니다.

② 레지스터: CPU 내부에 위치하며, 가장 빠른 속도를 가집니다.

③ 캐시 메모리: CPU와 주 기억 장치 사이에 위치하며, 자주 사용하는 데이터를 저장합니다.

④ 주 기억 장치: 실행 중인 프로그램의 데이터를 저장하며, 속도와 용량의 균형을 제공합니다.

⑤ 보조 기억 장치: 영구 저장을 위한 장치로, 속도는 느리지만 대용량 데이터를 보관할 수 있습니다.

### 3. 메모리 구성 요소

① 메모리 셀: 데이터를 저장하는 기본 단위로, 1비트 데이터를 저장합니다.

② 주소 디코더: 특정 메모리 셀에 접근할 행과 열을 결정합니다.

③ 데이터 버스: CPU와 메모리 간 데이터를 전달하는 통로입니다.

④ 제어 회로: 메모리의 읽기/쓰기 작업을 제어하며 리프레시 주기를 관리합니다.

⑤ 감지 증폭기: 메모리 셀의 데이터를 읽을 때 신호를 감지하고 증폭합니다.

⑥ 클럭 회로: 클럭 신호를 발생시켜 메모리와 전체 시스템의 동작을 동기화합니다.

4. 메모리 유형

① 메모리는 데이터 저장 방식과 사용 목적에 따라 유형이 나뉩니다.

② 데이터 저장 방식에 따라 전원이 공급되어야만 데이터가 유지되는 휘발성 메모리와 전원이 없어도 데이터를 유지할 수 있는 비휘발성 메모리로 나뉩니다.

③ 사용처에 따라 시스템 메모리, 캐시 메모리, 비디오 메모리, 버퍼 메모리, 가상 메모리, 영구 저장소로 나뉩니다.

5. 캐시 메모리

① 캐시는 CPU와 RAM 사이에서 데이터 전송 속도를 개선해 시스템 전체 성능을 향상시키는 역할을 합니다.

② 캐시는 주로 사용하는 데이터와 명령어를 임시 저장해 CPU 접근 속도를 향상하며, 계층적으로 구성됩니다.

- **L1 캐시**: CPU 코어에 가장 가깝고, 속도가 가장 빠르며 용량이 작음
- **L2 캐시**: CPU 내부 또는 외부에 위치하며, 용량이 더 크고 속도는 더 느림. L1 캐시에 없는 데이터를 저장
- **L3 캐시**: 여러 CPU 코어가 공유하며, 용량은 가장 크고 속도는 가장 느림

6. 캐시의 작동 방식

① 캐시 히트: 요청된 데이터가 캐시에 존재하면 이를 캐시 히트라고 하며, CPU에 데이터를 즉시 제공합니다.

② 캐시 미스: 요청된 데이터가 캐시에 없으면 이를 캐시 미스라고 하며, 메인 메모리 또는 상위 캐시에서 데이터를 가져옵니다.

③ 히트율: 전체 데이터 요청 중 캐시에서 데이터를 성공적으로 찾은 비율을 나타냅니다. 히트율이 높을수록 CPU 대기 시간이 감소하고 시스템 성능은 향상됩니다.

7. 캐시의 데이터 전송 단위

① 워드: CPU가 한 번에 처리하는 데이터 크기(32비트, 64비트 등)입니다.

② 블록: 캐시와 RAM 간 데이터 전송 단위입니다. 블록 크기가 크면 히트율은 상승하지만 공간이 낭비될 수 있고, 블록 크기가 작으면 공간 사용은 효율적이지만 캐시 미스가 증가합니다.

8. **캐시 성능 관리**

　① 지역성: CPU가 메모리의 특정 부분을 집중적으로 사용하는 경향성을 나타냅니다.

- **공간 지역성**: 특정 메모리 위치에 접근하면 인접 위치에 접근할 가능성이 높음
- **시간 지역성**: 최근 접근한 데이터에 다시 접근할 가능성이 높음

　② 교체 정책: 캐시가 가득 찼을 때 새로운 데이터를 저장하기 위해 기존 데이터를 삭제하는 방법을 결정하는 규칙입니다. LRU, FIFO, LFU, ARC, Random 등이 있습니다.

　③ 쓰기 정책: CPU에서 데이터를 캐시에 저장할 때 이를 RAM과 동기화하는 방법입니다. Write-Back, Write-Through, Write-Around 등이 있습니다.

　④ 주소 매핑: 어떤 데이터를 캐시에 저장할지 결정하는 방식입니다. 직접 매핑, 완전 연관 매핑, 집합 연관 매핑 등이 있습니다.

# MEMO

# 5장

# 보조 기억 장치

보조 기억 장치는 데이터를 영구적으로 저장하기 위한 장치로, 주 기억 장치(RAM)보다 속도는 느리지만, 용량이 크고 데이터를 오래 보관할 수 있습니다. 이 장에서는 보조 기억 장치의 특징과 구조를 살펴봅니다.

## 5.1

# HDD와 SSD

대표적인 보조 기억 장치로는 하드 디스크 드라이브(HDD)와 솔리드 스테이트 드라이브(SSD)가 있습니다. 이들은 비휘발성으로, 전원이 꺼져도 데이터가 유지되는 특징이 있습니다.

### 5.1.1 HDD

**하드 디스크 드라이브**(HDD, Hard Disk Drive)는 자기 디스크에 데이터를 저장하고, 기계식 헤드로 디스크를 읽고 쓰는 저장 장치입니다.

HDD는 같은 용량의 SSD보다 속도는 느리지만, 가격이 저렴해 대용량 데이터(테라바이트 단위)를 저장하는 데 적합합니다.

TIP — **자기 디스크**(magnetic disk)는 자기적 성질을 이용해 데이터를 기록하는 매체로, HDD와 같은 저장 장치의 핵심 기술입니다. 레이저를 사용해 데이터를 기록하는 **광학 디스크**(optical disk)도 있습니다. 광학 디스크는 주로 CD, DVD, 블루레이와 같은 장치에 사용합니다.

● **HDD의 구성 요소**

HDD는 여러 개의 플래터와 읽기/쓰기 헤드 등으로 구성됩니다.

**플래터**(platter)는 데이터를 저장하는 원형의 자기 디스크로, **스핀들**(spindle)을 중심축으로 고속 회전합니다. 회전 속도는 보통 5,400RPM, 7,200RPM, 10,000RPM 등으로 측정하며, 디스크의 성능을 결정하는 중요한 요소입니다.

HDD는 플래터 여러 개가 쌓여 있는 구조로, 양면에 각각 데이터를 저장할 수 있습니다.

TIP — RPM(Revolutions Per Minute)은 분당 회전 수를 의미합니다.

각 플래터 표면에는 **읽기/쓰기 헤드**(read/write head)가 하나씩 있습니다. 헤드는 플래터와 접촉하지 않고, 플래터 표면 위를 미세하게 떠 있는 상태로 이동합니다. 데이터를 자기적 신호(0과 1)로 저장하면 헤드가 이를 감지해 데이터를 읽거나 씁니다. 헤드는 액추에이터 암에 연결되어 있습니다.

**액추에이터 암**(actuator arm, **디스크 암**이라고도 함)은 액추에이터라는 구동 장치에 달린 긴팔 모양의 구조물로, 헤드를 이동시키는 역할을 합니다. 엑추에이터 암은 **피벗**(pivot)을 축으로 움직이며, 정확한 데이터 위치에 헤드가 도달하게 합니다.

그림 5-1 HDD의 구성 요소

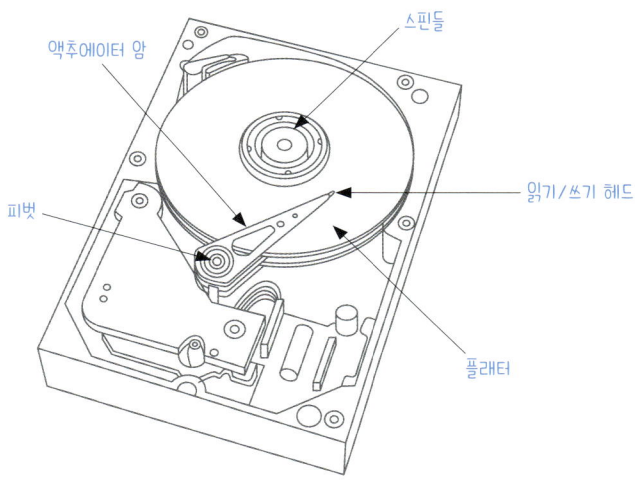

● **HDD의 저장 구조**

HDD는 데이터를 효과적으로 관리하기 위해 트랙, 섹터, 실린더로 구성되어 있습니다.

**트랙**(track)은 데이터를 저장하는 경로로, 플래터에 동심원 형태로 배열됩니다. 각 플래터는 여러 트랙으로 구성하며, 플래터의 중심에서 바깥쪽으로 갈수록 트랙 번호가 증가합니다.

**섹터**(sector)는 트랙을 더 작게 나눈 것으로, 데이터를 저장하는 최소 단위입니다. 보통 한 섹터는 512바이트부터 4KB까지의 데이터를 저장합니다.

여러 플래터에서 동일한 트랙 번호를 수직으로 정렬한 데이터 단위를 **실린더**(cylinder)라고 합니다. 실린더는 여러 플래터에서 데이터를 동시에 접근하거나 읽을 때 사용합니다.

**클러스터**(cluster)는 파일 시스템에서 데이터를 저장하는 기본 단위로, 여러 섹터로 구성됩니다. 하나의 클러스터는 1개 이상의 섹터로 구성되며, 시스템에 따라 1KB, 2KB, 4KB, 8KB 등으로 크기가 설정됩니다.

그림 5-2 HDD의 저장 구조

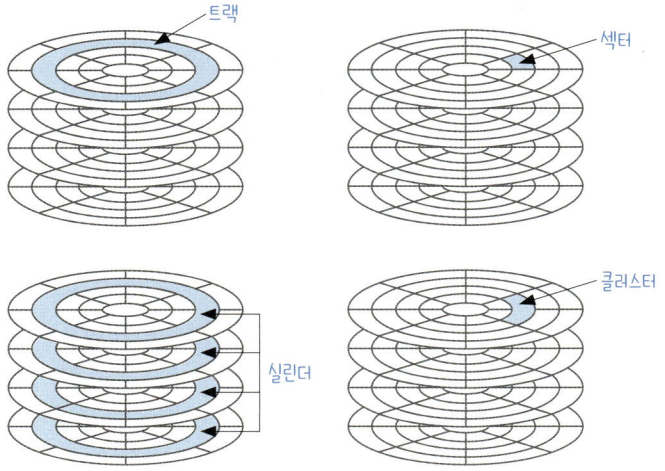

HDD에 데이터가 저장되는 방식은 다음과 같습니다.

1 사용자가 파일을 저장하면 논리적 주소가 할당됩니다.

2 운영체제는 논리적 주소를 물리적 주소로 변환합니다. 물리적 주소는 트랙, 섹터로 구성됩니다. 예를 들어, 데이터를 '트랙 25, 섹터 10'에 저장한다고 계산합니다.

3 액추에이터 암이 읽기/쓰기 헤드를 해당 트랙 위로 이동시킵니다. 이 과정에서 발생하는 시간을 **탐색 시간**이라고 합니다.

4 스핀들이 플래터를 회전시켜 해당 섹터가 헤드 아래로 오도록 합니다. 이 과정에서 발생하는 시간을 **회전 지연 시간**이라고 합니다.

5 헤드가 저장할 데이터를 디지털 신호로 변환합니다. 데이터 읽기의 경우 헤드는 플래터 표면의 자기적 상태(N극/S극)를 감지해 데이터를 읽고 이를 디지털 신호(0과 1)로 변환합니다. 데이터 쓰기의 경우 헤드는 플래터 표면에 자기적 신호를 생성해 데이터를 씁니다. 쓰기 과정에서 기존 데이터는 새로운 데이터로 덮어 씁니다.

6 작업이 끝나면 운영체제는 데이터가 성공적으로 저장되었음을 확인하고 사용자에게 알립니다.

## ● HDD 성능을 결정하는 주요 요소

HDD의 성능은 데이터 접근 속도에 영향을 미치는 다양한 요소에 의해 결정됩니다. 성능에 영향을 미치는 요소는 다음과 같습니다.

### 1. 탐색 시간

**탐색 시간**(seek time)은 읽기/쓰기 헤드가 원하는 트랙으로 이동하는 데 걸리는 시간입니다. HDD의 성능에 가장 큰 영향을 미치는 요소 중 하나로, 탐색 시간이 짧을수록 성능이 향상됩니다. 일반 HDD의 탐색 시간은 보통 5~15ms이며, 고성능 HDD는 더 짧을 수 있습니다. 단편화된 파일(여러 트랙에 분산 저장된 파일)은 탐색 시간을 증가시켜 성능 저하를 유발합니다.

### 2. 회전 지연 시간

**회전 지연 시간**(rotational latency)은 플래터가 회전해 원하는 섹터가 헤드 아래에 도달할 때까지 걸리는 시간입니다. 회전 지연 시간은 플래터의 회전 속도에 따라 결정되며, 다음과 같이 계산할 수 있습니다.

$$평균\ 회전\ 지연\ 시간 = (60초\ /\ RPM)\ /\ 2$$

예를 들어, 7,200RPM의 HDD는 약 4.17ms의 평균 회전 지연 시간이 발생합니다.

### 3. 데이터 전송 속도

**데이터 전송 속도**(transfer rate)는 HDD/SSD가 데이터를 읽거나 쓰는 속도입니다. 데이터 전송 속도는 인터페이스(SATA, SAS, NVMe 등)와 캐시의 성능에 의해 영향을 받습니다. 일반 HDD의 전송 속도는 100~200MB/s 수준이며, SSD는 수천 MB/s에 이릅니다.

### 4. 디스크 단편화

**디스크 단편화**(fragmentation)는 파일이 여러 트랙과 섹터에 분산되어 저장된 상태를 뜻합니다. 단편화는 탐색 시간과 회전 지연 시간을 늘려 성능 저하를 초래합니다. **디스크 조각 모음**(defragmentation)으로 단편화를 줄이면 성능을 회복할 수 있습니다.

HDD 성능을 최적화하는 방법은 다음과 같습니다.

- RPM이 높은 HDD를 사용합니다. 회전 속도가 빠를수록 데이터 접근 속도가 향상됩니다.
- 디스크 조각 모음을 수행합니다. 단편화된 파일을 정리하면 탐색 시간이 감소됩니다.
- 버퍼가 큰 HDD를 선택합니다. 버퍼가 클수록 데이터 처리 속도가 향상됩니다.

## 5.1.2 SSD

**솔리드 스테이트 드라이브**(SSD, Solid State Drive)는 플래시 메모리(NAND 플래시)를 사용해 데이터를 저장하는 고속 저장 장치입니다.

SSD는 HDD와 같은 기계적 부품(플래터, 헤드 등)이 없어 내구성이 뛰어나고 작동 중 소음이 없습니다. 데이터를 읽고 쓰는 속도도 HDD보다 5~10배 빠릅니다. 발열과 전력 소비가 HDD보다 적고 충격과 진동에 강합니다. 크기도 작고 가벼워 모바일 기기와 노트북에 적합합니다. 하지만 같은 용량의 HDD보다 가격이 비쌉니다.

● **SSD의 구성 요소**

SSD는 기계식 부품이 없으며, 다음과 같은 반도체 기반의 요소로 구성됩니다.

SSD는 비휘발성 메모리인 **NAND 플래시 메모리**를 사용해 데이터를 저장합니다. 데이터 읽기, 쓰기, 삭제 작업 모두 NAND 플래시 메모리에서 이루어집니다.

데이터 관리는 **SSD 컨트롤러**가 담당합니다. SSD 컨트롤러는 데이터의 읽기, 쓰기 및 삭제 작업을 관리해 SSD의 성능과 효율성을 최적화하고, NAND 플래시 메모리와의 인터페이스를 관리해 데이터 전송을 수행합니다.

**인터페이스**는 데이터 전송을 담당하는 연결 장치입니다. SSD는 주로 SATA(Serial ATA)와 NVMe(Non-Volatile Memory Express)를 사용합니다. SATA SSD는 일반적으로 최대 600MB/s의 전송 속도를 지원합니다. NVMe SSD는 SATA SSD보다 훨씬 빠르며, 최대 7,000MB/s의 전송 속도를 지원합니다. SATA는 일반적인 데이터 저장 및 백업에 적합하고 NVMe는 데이터 전송 속도가 중요한 고성능 작업에 적합합니다.

SSD는 데이터 전송 속도를 높이기 위해 **DRAM 캐시**를 임시 저장소로 사용합니다. SSD에 데이터를 쓸 때 먼저 DRAM 캐시에 저장한 후, 나중에 NAND 플래시 메모리에 저장합니다. 이 과정에서 외부 장치와 SSD 간 처리 속도 차이를 줄여 SSD의 성능을 크게 향상합니다.

그러나 모든 SSD가 DRAM 캐시를 사용하는 것은 아니며, **DRAM이 없는 SSD**(DRAM-less SSD)도 있습니다. 이러한 SSD는 일반적으로 가격이 저렴하지만, DRAM 캐시가 있는 SSD보다 성능이 떨어질 수 있습니다.

그림 5-3 SSD의 구성 요소

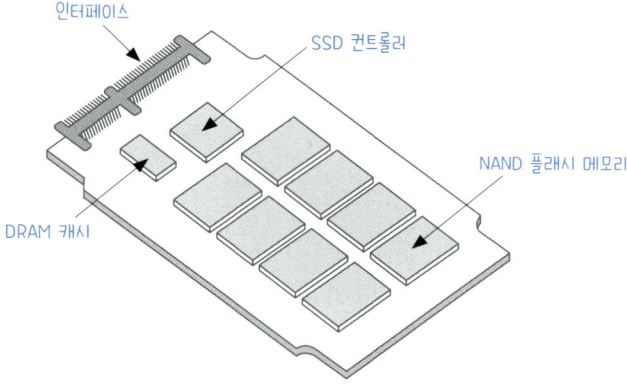

● **SSD의 저장 구조**

SSD는 데이터를 셀 → 페이지 → 블록 → 플레인 단위로 저장합니다.

**셀**(cell)은 데이터를 저장하는 최소 단위입니다. 셀은 전자를 저장하며, 전자의 유무로 디지털 신호를 표현합니다. 셀에 전자가 있으면 0, 없으면 1입니다.

NAND 플래시 메모리는 셀에 저장할 수 있는 비트 수에 따라 다음과 같이 나뉩니다. SSD의 속도와 내구성은 NAND 플래시의 종류에 따라 달라집니다.

그림 5-4 NAND 플래시 메모리의 종류

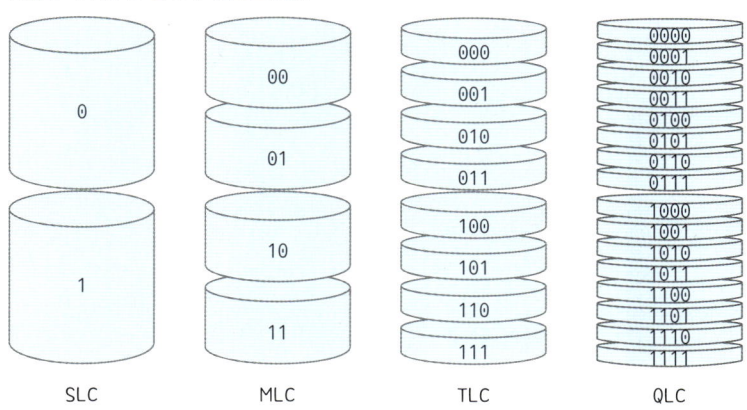

- **SLC(Single-Level Cell)**: 셀당 1비트 데이터를 저장합니다. 속도가 빠르고 내구성이 가장 우수하지만, 가격이 비쌉니다.

135

- **MLC(Multi-Level Cell)**: 셀당 2비트 데이터를 저장해 같은 크기의 메모리에서 SLC보다 2배의 저장 밀도를 제공합니다. 가격이 더 저렴하며, 성능과 저장 용량 사이의 균형을 적절히 유지합니다.
- **TLC(Triple-Level Cell)**: 셀당 3비트 데이터를 저장합니다. 가격이 저렴해서 대용량 데이터를 저장하는 데 적합합니다. 내구성과 속도는 MLC보다 낮습니다.
- **QLC(Quad-Level Cell)**: 셀당 4비트 데이터를 저장합니다. 가장 높은 저장 밀도를 제공하고 가격이 가장 저렴합니다. 하지만 속도와 내구성이 가장 낮습니다.

셀들이 모여 페이지가 됩니다. **페이지**(page)는 데이터를 읽고 쓰는 최소 단위입니다. NAND 플래시 메모리에서는 데이터를 읽거나 쓸 때 한 번에 한 페이지 단위로 이루어집니다. 페이지 크기는 보통 4KB, 8KB, 16KB입니다.

여러 페이지가 모이면 하나의 블록을 이룹니다. **블록**(block)은 데이터를 삭제하는 최소 단위입니다. 블록 크기는 페이지 크기와 블록당 페이지 수에 따라 결정됩니다. 예를 들어, 페이지 크기가 4KB이고 블록당 128페이지라면 블록 크기는 4KB × 128 = 512KB입니다.

블록이 모이면 하나의 독립적인 데이터 저장 공간을 형성하는데, 이를 **플레인**(plane)이라고 합니다. 독립적이라는 것은 각 플레인 자체적으로 데이터를 읽고, 쓰고, 삭제하는 작업을 수행할 수 있다는 뜻입니다. NAND 플래시는 여러 플레인으로 구성하며, 각 플레인은 독립적으로 작동할 수 있으므로 동시에 여러 작업을 수행할 수 있습니다.

그림 5-5 SSD 저장 구조

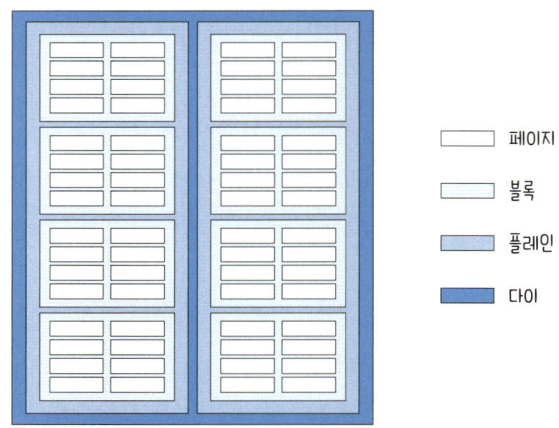

여러 플레인이 모이면 하나의 **다이**(die)가 되고, 여러 다이가 모이면 하나의 **패키지**(package)가 됩니다. 패키지는 하나의 NAND 플래시 메모리 칩을 구성합니다. 각 다이는 독립적으로 작동할 수 있고, 여러 다이를 하나의 패키지에 통합해 더 높은 저장 용량과 성능을 제공할 수도 있습니다. 패키지에는 외부와 연결하는 핀이 있어 메모리 칩이 시스템과 통신할 수 있습니다.

● **데이터 상태 관리**

SSD는 HDD와 데이터를 저장하는 방식이 다릅니다.

HDD는 자기 디스크(플래터)에 데이터를 저장하고, 기존 데이터를 덮어쓰는 방식으로 새로운 데이터를 기록할 수 있습니다. 반면, SSD는 플래시 메모리를 사용해 데이터를 저장합니다. NAND 플래시 메모리는 데이터를 블록 단위로만 삭제할 수 있고, 기존 데이터를 덮어쓸 수 없습니다. 따라서 새로운 데이터를 기록하려면 기존 데이터가 저장된 블록을 먼저 삭제해야 합니다. 이러한 특징 때문에 SSD에서는 데이터를 관리하는 새로운 개념이 도입되었습니다.

SSD는 데이터를 유효, 무효, 비어 있는 상태로 구분해 관리합니다.

1. **유효**

**유효**(valid)는 데이터가 사용 가능한 상태입니다. 즉, 삭제되지 않았거나 변경되지 않은 데이터입니다. 사용자가 요청한 데이터를 읽거나 복사할 때 유효 상태 데이터를 사용합니다.

2. **무효**

**무효**(invalid)는 삭제되었거나 새로운 데이터로 덮어쓴 상태입니다. 물리적으로는 SSD의 셀에 남아 있지만, SSD의 메타데이터에서 삭제된 것으로 표시됩니다. 무효 데이터는 가비지 컬렉션 과정에서 제거됩니다.

**TIP** — **가비지 컬렉션**(garbage collection)은 SSD에서 저장 공간을 효율적으로 관리하고 성능을 유지하기 위해 유효하지 않은 데이터를 삭제하고 새로운 데이터를 저장할 공간을 확보하는 과정입니다.

3. **비어 있는**

**비어 있는**(free) 상태는 데이터가 완전히 삭제되어 새로운 데이터를 저장할 수 있는 상태입니다. 가비지 컬렉션을 수행한 후 생성됩니다.

- **데이터 접근 과정**

SSD에서 데이터를 처리하는 과정은 읽기(read), 쓰기(write), 삭제(erase) 3단계로 나뉩니다.

데이터 읽기 단계부터 살펴봅시다. 읽기 작업은 페이지 단위로 이루어지며 비교적 빠르게 수행됩니다.

1 운영체제가 특정 파일이나 데이터를 요청하면 SSD의 논리적 주소로 데이터를 찾습니다.

2 컨트롤러는 요청한 논리적 주소를 물리적 주소로 변환합니다. 변환은 FTL을 통해 이루어집니다.

   TIP ── FTL(Flash Translation Layer)은 운영체제가 사용하는 주소를 NAND 플래시 메모리의 물리적 주소와 연결하는 시스템입니다.

3 컨트롤러가 유효 상태의 페이지를 찾아 데이터를 읽어옵니다.

4 읽어온 데이터를 DRAM 캐시를 거쳐 RAM으로 전송합니다.

다음으로 쓰기 단계를 살펴봅시다. 쓰기 성능을 최적화하기 위해 SSD는 내장 캐시를 활용하며, 일부 고급 SSD는 DRAM 캐시를 사용해 더 빠른 속도를 제공합니다.

1 사용자가 파일을 저장하거나 수정하면 운영체제가 SSD에 데이터 쓰기를 요청합니다.

2 컨트롤러가 논리적 주소를 물리적 주소로 변환합니다.

3 새로운 데이터를 기록할 비어 있는 상태의 페이지를 확인합니다.

4 SSD는 데이터를 페이지 단위로 기록합니다. 기존 데이터를 덮어쓸 경우 기존 페이지는 무효 상태로 표시합니다. 새로운 데이터는 비어 있는 상태의 페이지에 기록합니다.

5 NAND 플래시 메모리는 덮어쓸 수 없기 때문에 기존 데이터를 포함한 블록을 삭제해야 새로운 데이터를 기록할 수 있습니다. 기존 데이터를 포함한 블록 전체를 삭제해 비어 있는 상태로 변환합니다.

6 데이터는 DRAM 캐시에 임시 저장한 후 NAND 플래시 메모리에 기록합니다.

마지막으로 삭제 과정을 살펴봅시다. 데이터는 즉시 삭제하지 않고, 가비지 컬렉션 과정에서 제거하므로 SSD의 성능을 일정 수준으로 유지할 수 있습니다.

1 사용자가 파일을 삭제하면 해당 파일의 논리적 주소가 삭제되었다고 표시됩니다. 실제 데이터는 물리적으로 삭제되지 않고 해당 페이지는 무효 상태로 표시됩니다. SSD는 무

효 상태 데이터를 무시하고 가비지 컬렉션을 할 때까지 그대로 둡니다.

2 SSD는 가비지 컬렉션 과정에서 무효 상태 데이터를 포함한 블록을 정리합니다. 블록 내 유효 상태 데이터만 새로운 블록으로 복사하고, 기존 블록은 삭제되어 모든 페이지가 비어 있는 상태로 전환됩니다.

3 삭제 작업이 끝나면 블록 내 모든 페이지가 비어 있는 상태가 되어 새로운 데이터를 기록할 수 있습니다.

SSD의 데이터 관리 방식은 HDD보다 복잡하지만, 성능과 전력 효율성이 뛰어납니다.

## 1분 퀴즈

정답 노트 p.391

**01.** 빈칸에 알맞은 단어를 넣으세요.

① HDD의 플래터는 _____을/를 중심으로 회전하며, 이 회전 속도는 _____(으)로 측정합니다.

② 동일한 플래터 번호의 트랙이 수직으로 정렬된 것을 _____(이)라고 하며, 여러 플래터에서 데이터를 동시에 접근할 때 사용합니다.

③ HDD에서 데이터를 읽을 때 _____은/는 읽기/쓰기 헤드가 트랙 위로 이동하는 데 걸리는 시간입니다.

④ SSD는 데이터를 _____ 메모리를 이용해 저장하며, 기계적 부품이 없어 내구성이 뛰어나고 소음이 없습니다.

⑤ SSD에서 데이터 삭제는 _____ 단위로 작업이 이루어집니다.

⑥ SSD에서 삭제된 데이터는 _____ 상태로 표시되며, 가비지 컬렉션을 통해 공간을 확보한 후 _____ 상태로 전환됩니다.

**02.** 보조 기억 장치의 특징으로 올바른 것은 무엇인가요?

① 속도가 빠르고 용량이 작다.

② 데이터를 휘발성으로 저장한다.

③ 데이터 저장 후 전원이 꺼지면 내용이 삭제된다.

④ 데이터를 영구적으로 저장하며, 주 기억 장치보다 용량이 크다.

계속

**03.** 다음 중 HDD에 데이터를 저장하는 방식은 무엇인가요?

① 자기 디스크에 기록　　　　② 광학 디스크 기반 저장

③ RAM을 이용한 임시 저장　　④ 전자적 신호를 이용한 NAND 플래시 저장

**04.** HDD의 헤드에 대한 설명으로 올바른 것은 무엇인가요?

① 플래터와 접촉해 데이터를 읽고 쓴다.

② 플래터의 한쪽 면만 데이터를 읽을 수 있다.

③ 플래터의 표면 위를 떠 있는 상태로 작동한다.

④ 플래터의 특정 위치에 고정되어 데이터를 읽는다.

**05.** 다음 중 트랙과 섹터의 역할은 무엇인가요?

① 트랙과 섹터는 모두 데이터를 기록하는 유일한 단위다.

② 트랙은 데이터를 삭제하는 단위이고, 섹터는 데이터를 쓰는 단위다.

③ 트랙은 데이터를 읽는 단위이고, 섹터는 데이터를 분산 저장하는 방식이다.

④ 트랙은 데이터를 저장하는 경로이고, 섹터는 트랙을 나눈 데이터 저장 단위다.

**06.** SSD에서 데이터를 저장하는 가장 기본적인 단위는 무엇인가요?

① 블록　　　② 셀　　　③ 페이지　　　④ 플레인

**07.** SSD에서 가비지 컬렉션의 역할은 무엇인가요?

① 유효 상태의 데이터를 다시 저장하는 작업

② 데이터를 읽는 속도를 높이기 위해 캐시를 정리하는 작업

③ 무효 상태의 데이터를 제거하고 비어 있는 공간을 확보하는 작업

④ 데이터를 삭제하지 않고, 덮어쓰기 가능한 상태로 만드는 작업

## 5.2

# 디스크 스케줄링 알고리즘

**디스크 스케줄링 알고리즘**(disk scheduling algorithm)은 운영체제가 주로 HDD와 같은 물리적 디스크 장치에서 입출력 요청을 효율적으로 관리해 접근 시간을 최소화하고 성능을 최적화하는 데 사용합니다. HDD는 읽기/쓰기 헤드와 같은 기계 부품을 가지므로 데이터 접근 시간을 최소화하기 위해 요청된 작업의 순서를 효율적으로 관리하는 것이 중요합니다.

이 절에서는 대표적인 디스크 스케줄링 알고리즘인 FCFS, SSTF, SCAN, C-SCAN의 작동 원리와 특성을 살펴보겠습니다.

### 5.2.1 FCFS

**FCFS**(First-Come, First-Served)는 요청이 들어온 순서대로 처리하는 가장 기본적인 방식입니다. 높은 우선순위의 요청이 나중에 도착하더라도 순서가 변경되지 않아 공평한 처리가 가능합니다. 이 방식은 디스크의 탐색 패턴(헤드 이동 경로)을 최적화하지 않으므로 헤드 이동 거리가 비효율적이고 탐색 시간이 길어질 수 있습니다.

예를 들어, 디스크에 4개 트랙이 있고, 트랙 번호는 안쪽에서 바깥쪽으로 1부터 4까지입니다. 현재 헤드는 트랙 3에 위치하고, 작업 요청이 4 → 1 → 3 → 2 순으로 들어왔습니다. FCFS 방식에서는 요청된 순서를 그대로 처리하므로 디스크 헤드는 다음과 같이 이동합니다.

1 현재 헤드 위치(트랙 3)에서 트랙 4로 이동합니다.
2 헤드가 트랙 1로 이동합니다.

3  헤드가 트랙 3으로 이동합니다.

4  마지막으로 헤드가 트랙 2로 이동합니다.

최종 탐색 패턴은 3 → 4 → 1 → 3 → 2입니다.

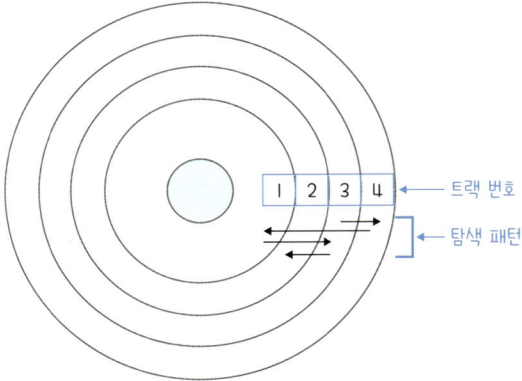

그림 5-6 FCFS에서 탐색 패턴

## 5.2.2 SSTF

**SSTF**(Shortest Seek Time First)는 현재 헤드 위치에서 가장 가까운 요청을 먼저 처리하는 방식입니다. 탐색 시간을 최소화할 수 있지만, 헤드 위치가 멀 경우 해당 요청은 계속 대기하는 **기아**(starvation) 문제가 발생할 수 있습니다. 요청 대기 시간을 기준으로 우선순위를 조정해 기아 문제를 완화할 수 있습니다. 예를 들어, 대기 시간이 길어진 요청의 우선순위를 높여 주거나 일정 시간 이상 대기한 요청을 강제로 처리하는 방식입니다.

예를 들어, 현재 헤드가 트랙 3에 위치하고, 작업 요청이 트랙 4 → 1 → 3 → 2 순으로 들어왔을 때 SSTF 방식에서 디스크 헤드는 다음과 같이 이동합니다.

1  현재 트랙(3)에서 가장 가까운 요청인 트랙 3을 즉시 처리합니다.

2  현재 트랙(3)에서 가장 가까운 요청인 트랙 2와 트랙 4 중에서 트랙 2로 헤드가 이동합니다 (작은 트랙 번호 우선).

3  현재 트랙(2)에서 가장 가까운 요청인 트랙 1로 헤드가 이동합니다.

4  마지막으로 헤드가 트랙 4로 이동합니다.

최종 탐색 패턴은 3 → 2 → 1 → 4입니다.

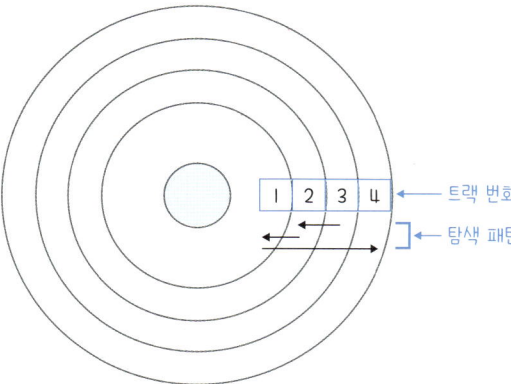

그림 5-7 SSTF의 탐색 패턴

## 5.2.3 SCAN

**SCAN**은 헤드가 한 방향으로 이동하면서 요청을 처리한 후 끝에 도달하면 반대 방향으로 이동하는 방식입니다. 헤드의 이동 방식이 엘리베이터의 작동 방식과 같아서 **엘리베이터 알고리즘**이라고도 합니다.

SCAN은 현재 위치에서 가장 가까운 요청을 우선 처리하므로 디스크 헤드의 이동 거리를 최소화하고, 디스크 요청이 양방향으로 공평하게 처리됩니다. SCAN은 공정성과 성능을 균형 있게 고려해 디스크 스케줄링 알고리즘으로 널리 채택되고 있습니다.

예를 들어, 현재 헤드가 트랙 3에 위치하고, 작업 요청이 트랙 4 → 1 → 3 → 2 순으로 들어왔을 때 SCAN 방식에서 디스크 헤드는 다음과 같이 이동합니다.

1. 헤드는 트랙 번호가 증가하는 오른쪽 방향으로 이동합니다. 현재 트랙(3)보다 오른쪽에 있는 요청인 트랙 4로 헤드가 이동합니다.
2. 헤드가 오른쪽 끝에 도달해 이동 방향을 왼쪽으로 바꿉니다. 현재 트랙(4)에서 가장 가까운 요청인 트랙 3으로 헤드가 이동합니다.
3. 현재 트랙(3)에서 가장 가까운 요청인 트랙 2로 헤드가 이동합니다.
4. 현재 트랙(2)에서 가장 가까운 요청인 트랙 1로 이동합니다.

최종 탐색 패턴은 3 → 4 → 3 → 2 → 1입니다.

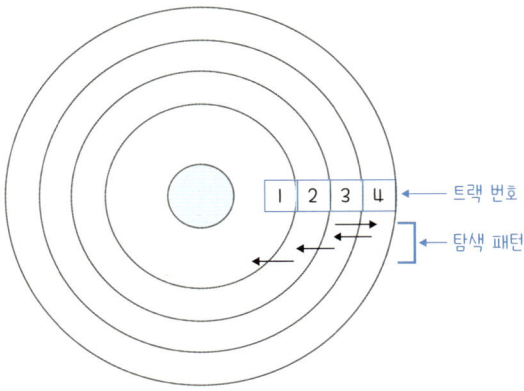

그림 5-8 SCAN의 탐색 패턴

## 5.2.4 C-SCAN

**C-SCAN**(Circular SCAN)은 SCAN 알고리즘의 변형으로, 헤드가 한쪽 끝에서 반대쪽 끝으로 돌아갈 때 요청을 처리하지 않는 방식입니다. 즉, 한 방향으로만 요청을 처리하고, 끝에 도달하면 다시 처음으로 돌아가서 같은 방향으로 이동합니다.

요청이 처리되는 순서가 한쪽 방향으로만 진행되므로 요청의 처리 순서가 일정하고 예측 가능하며 모든 요청이 고르게 처리됩니다. 하지만 헤드가 반대쪽 끝으로 돌아가는 동안 요청을 처리하지 않으므로 불필요한 이동이 발생할 수 있습니다.

SCAN 알고리즘과 같은 요청이 들어왔을 때 C-SCAN 알고리즘에서는 헤드가 다음과 같이 이동합니다.

1. 헤드는 트랙 번호가 증가하는 오른쪽 방향으로 이동합니다. 요청된 작업 중 현재 트랙(3)보다 큰 요청은 트랙 4로 헤드가 이동합니다.
2. 헤드가 오른쪽 끝에 도착했으므로 헤드가 트랙 1로 이동해 요청을 처리합니다.
3. 현재 트랙(1)과 가장 가까운 트랙 2로 헤드가 이동합니다.
4. 현재 트랙(2)과 가장 가까운 트랙 3으로 헤드가 이동합니다.

최종 탐색 패턴은 3 → 4 → 1 → 2 → 3입니다.

그림 5-9 C-SCAN 탐색 패턴

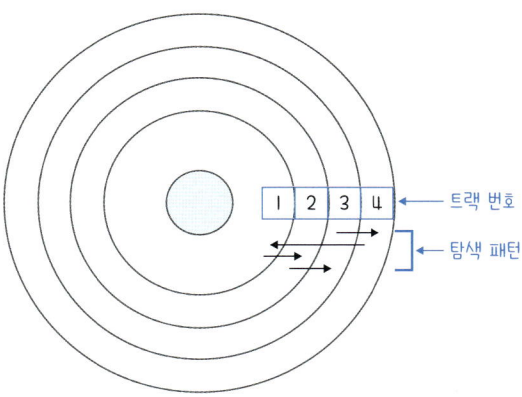

## 1분 퀴즈

정답 노트 p.391

**08.** 빈칸에 알맞은 단어를 넣으세요.

① 디스크 스케줄링 알고리즘 중 _____ 방식은 헤드 이동 거리를 최소화하지만, 특정 요청이 무한 대기 상태에 빠질 수 있습니다.

② 디스크 스케줄링 알고리즘 중 _____ 방식은 요청이 들어온 순서대로 처리하며, 공평하지만 디스크 부하가 커질 수 있습니다.

**09.** 디스크 스케줄링 알고리즘 중 '엘리베이터 알고리즘'이라고도 불리며 헤드 이동 거리를 최소화하는 방식은 무엇인가요?

① FCFS      ② SSTF      ③ SCAN      ④ C-SCAN

## 5.3

# RAID

RAID는 여러 개의 물리적 디스크를 하나의 논리적 장치처럼 구성해 성능 향상과 데이터 신뢰성을 동시에 제공하는 디스크 확장 기술입니다. RAID는 다양한 방식으로 데이터를 저장하고 보호할 수 있으며, 시스템의 요구 사항에 따라 효율적으로 적용할 수 있습니다.

이 절에서는 RAID의 역할과 다양한 레벨의 구현 방식을 살펴보고, RAID를 적용할 때 고려해야 할 사항에 대해 알아봅니다.

### 5.3.1 디스크 확장 기술

컴퓨터 기술이 발전하면서 데이터의 양이 폭발적으로 증가했습니다. 단일 디스크로는 이를 감당하기 어려워졌고, 디스크의 읽기/쓰기 속도의 한계 때문에 시스템 성능을 향상해야 했습니다. 또한, 디스크가 고장 났을 때도 데이터를 보호하고 지속적인 서비스를 제공하는 안정성과 가용성에 대한 요구가 커졌습니다.

이러한 문제를 해결하는 동시에 경제성을 확보하기 위해 여러 디스크를 결합해 용량과 성능을 유연하게 확장하는 디스크 확장 기술이 등장했습니다.

대표적인 디스크 확장 기술은 다음과 같습니다.

- JBOD(Just a Bunch of Disks): 여러 디스크를 독립적으로 연결해 각 디스크를 개별적으로 사용하는 방식입니다. 디스크 추가가 간단하지만, 성능 향상이나 데이터 보호 기능이 없습니다.

- **RAID(Redundant Array of Independent Disks)**: 여러 디스크를 논리적으로 결합해 성능을 향상하고, 데이터 보호 기능을 제공하는 대표적인 기술입니다.
- **LVM(Logical Volume Manager)**: 물리적 디스크를 논리적 볼륨으로 묶어 유연하게 용량을 확장하고 디스크를 관리하는 방식입니다.
- **NAS(Network Attached Storage)**: 네트워크에 연결된 저장 장치를 사용해 여러 디스크를 하나의 저장 장치처럼 사용하는 방식입니다.
- **클라우드 기반 디스크 확장**: Amazon S3, Google Cloud Storage와 같은 클라우드 서비스에서 저장 용량을 필요에 따라 자동으로 확장하는 방식입니다.

이러한 기술들은 단순히 저장 공간을 늘리는 것뿐만 아니라 데이터 안정성, 성능, 확장성을 향상하는 도구로 사용합니다. 특히, 기업 환경에서는 데이터 보호와 성능 최적화를 위해 RAID, LVM, 클라우드 스토리지 등을 활용하고 있습니다.

이 절에서는 RAID의 개념과 동작 방식에 대해 자세히 살펴보겠습니다.

## 5.3.2 RAID 개요

RAID는 1987년에 UC 버클리 연구진이 발표한 논문 〈A Case for Redundant Arrays of Inexpensive Disks(저비용 디스크의 중복 배열에 대한 사례)〉에서 처음 소개되었습니다. 당시 대용량 디스크는 매우 고가였고, 안정성과 성능을 동시에 보장하기 어려웠습니다. 그래서 저장 장치의 성능과 안정성을 개선하기 위해 다수의 저비용 디스크를 조합해 RAID 기술이 개발되었습니다.

초기에는 RAID가 성능이 낮은 HDD의 단점만을 보완했으나 최근에는 SSD, NVMe SSD 등 다양한 저장 장치에서 구현이 가능합니다. SSD 자체가 빠르고 신뢰성이 높기 때문에 HDD보다 RAID의 필요성이 낮습니다. 그래서 빠른 접근 속도가 필요한 데이터는 SSD에 저장하고, 대용량 데이터는 HDD에 저장하는 방식으로 혼합해 구성하기도 합니다.

RAID를 사용하면 다음과 같은 장점이 있습니다.

- **데이터 보호와 시스템 가용성 향상**: RAID는 디스크 장애가 발생해도 데이터를 복구할 수 있도록 중복 저장과 패리티 기능을 제공합니다.

- **확장성**: 여러 물리적 디스크를 하나의 논리적 디스크로 통합해 대용량 저장소를 구축할 수 있습니다.
- **비용 효율성**: 저비용 디스크를 결합해 고성능의 저장 장치를 구축할 수 있습니다.
- **성능 향상**: 데이터를 여러 디스크에 분산 저장하고 병렬 처리함으로써 읽기/쓰기 속도가 증가합니다.
- **유연성**: RAID 컨트롤러를 사용해 자동 장애 복구와 다양한 RAID 구성을 선택할 수 있습니다.

TIC — **패리티**(parity)는 데이터를 복구하기 위해 저장된 추가 정보입니다. 예를 들어, 데이터의 합과 같은 정보를 저장해 디스크 손상 시 이를 이용해 데이터를 복구합니다.

물론 다음과 같은 단점도 있습니다.

- **평균 고장 간격 감소**: 디스크 수가 증가함에 따라 시스템 전체의 고장 가능성이 높아질 수 있습니다.
- **장애 대응 비용 증가**: 일부 방식은 예비 디스크를 추가하므로 비용이 발생합니다.
- **오버헤드 증가**: 데이터 분산 처리 및 패리티 연산 때문에 쓰기 성능이 낮아질 수 있습니다.

RAID 기술이 등장하면서 데이터 저장 장치의 효율성과 안정성을 크게 개선했습니다. 단점도 있지만 여러 장점 덕분에 여전히 서버와 스토리지 시스템에서 핵심 기술로 사용되고 있습니다. 특히 데이터 보호와 성능 요구가 중요한 대규모 데이터 센터, 기업 서버, 개인용 NAS(Network Attached Storage) 등 다양한 환경에서 널리 활용합니다.

최근에는 RAID와 함께 클라우드 스토리지, 분산 스토리지, SSD 기반 스토리지 등 새로운 기술을 함께 사용하며, RAID의 개념도 진화하고 있습니다.

### 5.3.3 RAID의 주요 기술

RAID는 데이터 저장의 안정성과 성능을 높이기 위해 데이터 스트라이핑과 중복성이라는 두 가지 핵심 기술을 사용합니다.

- **데이터 스트라이핑**

**데이터 스트라이핑**(data striping)은 데이터를 여러 디스크에 블록 단위로 나누어 저장하는 방식입니다. 이 방식은 데이터를 여러 디스크에 나누어 병렬로 읽고 쓰므로 입출력 성능이 향상됩니다. 특히, 대용량 데이터 처리와 빠른 읽기/쓰기가 필요한 환경에 적합합니다.

데이터 스트라이핑의 작동 방식은 다음과 같습니다.

데이터를 블록 단위로 나눕니다. **블록**(block)은 데이터를 쪼갠 가장 작은 단위입니다. 예를 들어, 1MB 데이터를 256KB 블록으로 나누면 총 4개의 블록이 생성됩니다. 각 블록은 여러 디스크에 순차적으로 저장됩니다. **스트라이프**(stripe)는 이렇게 여러 디스크에 분산 저장된 블록 전체를 나타냅니다.

4개 디스크와 1MB 데이터를 예로 들어 보겠습니다. 데이터 블록의 크기가 256KB일 때 데이터는 다음과 같이 저장됩니다.

표 5-1 데이터 스트라이핑 예

| 구분 | 디스크 1 | 디스크 2 | 디스크 3 | 디스크 4 |
| --- | --- | --- | --- | --- |
| 스트라이프 1 | 블록 A(256KB) | 블록 B(256KB) | 블록 C(256KB) | 블록 D(256KB) |
| 스트라이프 2 | 블록 E(256KB) | 블록 F(256KB) | 블록 G(256KB) | 블록 H(256KB) |

스트라이프 크기는 하나의 스트라이프가 사용하는 전체 데이터 크기를 의미하므로 앞의 예에서 스트라이프 크기는 256KB(블록 크기) × 4(디스크 수) = 1MB입니다.

데이터 스트라이핑은 데이터 분산만 수행하며, 디스크 장애가 발생했을 때 데이터를 복구하는 기능이 없습니다. 따라서 안정성과 신뢰성을 확보하려면 중복 기술을 추가로 사용해야 합니다.

● **중복성**

**중복성**(redundancy)은 데이터를 하나 이상의 디스크에 중복 저장해 장애가 발생해도 데이터를 복구할 수 있게 하는 기술입니다. RAID에서는 미러링과 패리티를 활용해 데이터 손실을 방지하고 신뢰성을 높입니다.

1. **미러링**

**미러링**(mirroring)은 동일한 데이터를 2개 이상의 디스크에 복제해 저장하는 기술로, 디스크 하나에 장애가 발생하더라도 다른 디스크로 데이터를 즉시 복구할 수 있습니다. 또한, 여러 디스크에서 동시에 데이터를 읽을 수 있기 때문에 데이터 읽기 성능은 개선됩니다. 반면에 모든 디스크에 동일한 데이터를 동시에 써야 하므로 쓰기 성능은 저하될 수 있습니다.

미러링은 데이터 안정성이 높고 데이터 복구가 빠른 장점이 있습니다. 하지만 디스크 두 개 중 하나는 복제본으로 사용하므로 저장 공간의 효율성이 낮습니다. 또한, 디스크를 추가로 사용해야 하므로 전체 시스템 비용이 증가할 수 있습니다.

2. 패리티

**패리티**(parity)는 데이터를 수학적 연산으로 변환해 복구용 정보를 저장하는 기술입니다. 일반적으로 XOR 연산을 사용해 데이터 블록 간 연산 결과를 패리티 블록에 저장합니다. 예를 들어, 데이터 블록 A, B, C가 있을 때, 패리티 P는 다음과 같이 계산합니다.

$$P = A \oplus B \oplus C$$

만약 블록 중 하나가 손상되면 나머지 데이터 블록과 패리티를 이용해 원래 데이터를 복구할 수 있습니다.

$$B = A \oplus C \oplus P$$

이 방식은 데이터를 복제하지 않고도 복구를 위한 최소한의 정보를 저장하므로 저장 공간의 효율성을 높입니다. 디스크 하나가 손상되더라도 복구가 가능하지만, 복구 과정에서 시간이 더 소요될 수 있습니다. 또한, 패리티 연산 과정이 필요하기 때문에 쓰기 성능이 약간 저하될 수 있습니다.

## 5.3.4 RAID의 구현 방식

RAID는 하드웨어 방식과 소프트웨어 방식 두 가지로 구현할 수 있습니다.

● 하드웨어 방식

**하드웨어 RAID**는 전용 RAID 컨트롤러를 사용해 RAID를 구성해 관리하는 방식입니다. RAID 컨트롤러가 데이터 분산, 복구, 관리 등의 작업을 전담하며, 서버와 디스크 사이에서 독립적으로 작동합니다. 이 방식의 장점은 운영체제와 분리되어 작동하므로 시스템 성능에 영향을 주지 않는다는 점입니다. RAID 컨트롤러가 데이터 연산과 관리를 처리하므로 서버의 CPU와 메모리에 부하를 주지 않습니다. RAID 컨트롤러는 전용 CPU와 메모리를 사용해 데이터 읽기/쓰기 성능이 뛰어납니다. RAID 컨트롤러가 데이터 보호와 복구를 전담하므로 신뢰성이 높고, 디스크를 교체할 때 시스템 중단 없이 유지보수가 가능합니다. RAID 상태는 관리 인터페이스를 통해 쉽게 모니터링하고 제어할 수 있습니다.

하지만 전용 RAID 컨트롤러를 구매하고 유지하는 비용이 추가로 발생합니다. RAID 컨트롤러가 고장 날 경우 RAID 설정과 데이터 복구가 어려워질 수 있고, 복구 과정에서 비용이 들거나 시간이 소요될 수 있습니다.

이러한 이유로 하드웨어 RAID는 대규모 데이터 센터, 고성능 서버 또는 데이터의 안정성과 신뢰성이 중요한 환경에서 주로 사용합니다.

- **소프트웨어 방식**

**소프트웨어 RAID**는 운영체제에서 제공하는 기능이나 별도의 소프트웨어를 이용해 RAID를 구현하는 방식입니다. 이 방식은 RAID 컨트롤러가 필요하지 않으며, 운영체제 수준에서 RAID를 구성하고 관리합니다.

소프트웨어 RAID는 추가 하드웨어 없이 RAID를 구현할 수 있어 비용이 절감되고 다양한 운영체제와 소프트웨어 도구에서 쉽게 설정할 수 있습니다. 또한, 하드웨어 RAID와 달리 컨트롤러 고장으로 인한 데이터 손실 위험이 없습니다.

그러나 RAID 연산에 서버 CPU와 메모리를 사용하기 때문에 성능에 영향을 줄 수 있고, 운영체제가 손상되거나 오류가 발생하면 RAID 구성 정보가 손실될 가능성이 있습니다. 그리고 설정과 관리 면에서 하드웨어 RAID보다 많은 수동 작업이 필요할 수 있습니다.

소프트웨어 RAID는 소규모 서버, 개인 NAS 시스템 또는 예산이 제한된 환경 등에서 주로 사용합니다.

## 5.3.5 RAID의 레벨

RAID는 데이터 저장 방식에 따라 여러 레벨(level)로 구분합니다. 각 RAID 레벨은 성능, 데이터 안정성, 저장 효율성 등의 특성이 다릅니다. 이 절에서는 가장 많이 사용하는 RAID 0, RAID 1, RAID 5, RAID 6, RAID 10에 대해 살펴보겠습니다.

- **RAID 0**

RAID 0은 스트라이핑 기술을 사용해 데이터를 여러 디스크에 분산 저장하는 방식입니다. 예를 들어, 디스크 3개를 RAID 0으로 설정한다고 합시다. 데이터를 A, B, C, D, E, F로 나누어 저장한다면 디스크가 3개이므로 데이터는 디스크 1 → 디스크 2 → 디스크 3 순서로 분산 저장합니다.

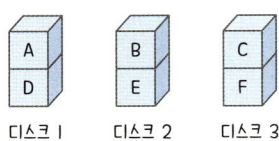

그림 5-10 RAID 0 레벨 구조

데이터를 분산 저장하므로 여러 디스크에서 동시에 데이터 읽기와 쓰기가 가능해 성능이 향상됩니다. 또한, 저장 공간을 100% 활용합니다. 그러나 데이터 복구 기능이 없기 때문에 디스크 중 하나라도 고장 나면 데이터가 손실될 위험이 있습니다.

- **RAID 1**

RAID 1은 미러링 기술을 사용해 동일한 데이터를 여러 디스크에 복사하는 방식입니다. RAID 1에서는 2개 이상의 디스크가 쌍을 이루어 작동합니다. 하나의 디스크에 데이터가 저장될 때 나머지 디스크(미러링 디스크)에 동일한 데이터가 복제됩니다. 디스크가 3개 이상일 경우, 첫 번째 디스크의 데이터가 나머지 모든 디스크에 복제됩니다. 즉, RAID 1 배열에 포함된 모든 디스크는 동일한 데이터를 저장합니다.

예를 들어, 디스크 2개를 RAID 1으로 설정했을 때 디스크 1과 디스크 2에는 완전히 동일한 데이터가 저장됩니다.

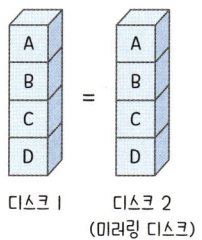

그림 5-11 RAID 1 레벨 구조

RAID 1은 디스크 하나가 고장 나더라도 정상인 디스크에서 데이터를 복구할 수 있습니다. 모든 디스크에 동일한 데이터를 저장하므로 읽기 작업 시 가장 빠르게 응답할 수 있는 디스크에서 데이터를 제공할 수 있습니다. 다수의 읽기 요청이 발생할 경우 각 요청을 다른 디스크로 분산 처리해 병렬 처리 성능을 향상할 수도 있습니다.

그러나 모든 복제본 디스크에 동일한 데이터를 동시에 기록해야 하므로 모든 디스크가 쓰기 작업을 완료할 때까지 대기해야 합니다. 결과적으로 쓰기 속도는 단일 디스크의 쓰기 성능을 넘지 못합니다. 또한, RAID 1에서는 디스크 용량의 절반만 실제 데이터 저장에 사용할 수 있어서 동일한 용량을 저장하려면 2배의 디스크가 필요하므로 초기 비용이 높아질 수 있습니다.

이러한 특징 때문에 RAID 1은 안정성이 최우선인 환경, 즉 중요한 데이터 저장이나 서버 환경에서 주로 사용합니다.

● **RAID 5**

RAID 5는 스트라이핑과 패리티 정보를 결합한 방식으로, 데이터를 여러 디스크에 분산 저장하면서 데이터 복구 기능도 제공합니다.

RAID 5의 스트라이핑은 RAID 0와 비슷합니다. 데이터를 블록 단위로 나누어 여러 디스크에 순차적으로 분산 저장하고, 데이터를 보호하기 위해 패리티 정보를 추가로 저장합니다. 패리티는 데이터 블록 간 XOR 연산으로 계산합니다. 패리티 블록은 특정 디스크에 치우치지 않고, 모든 디스크에 고르게 분산 저장합니다. 그래서 디스크 하나가 손상되더라도 남아 있는 데이터와 패리티 정보를 사용해 손실된 데이터를 복구할 수 있습니다.

예를 들어, 디스크 4개를 RAID 5로 설정하면 각 디스크에는 데이터와 함께 패리티 블록(P)을 저장합니다. 이때 디스크 3이 손상되면 손상된 데이터(C, H)를 복구하기 위해 다음과 같이 남은 데이터와 패리티 정보를 사용합니다.

데이터 C는 디스크 1의 A, 디스크 2의 B, 디스크 4의 P1을 XOR 연산해 복구합니다.

$$C = A \oplus B \oplus P1$$

데이터 H는 디스크 1의 G, 디스크 4의 I, 디스크 2의 P3를 XOR 연산해 복구합니다.

$$H = G \oplus I \oplus P3$$

그림 5-12 RAID 5 레벨 구조

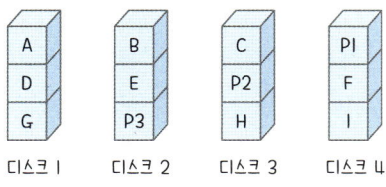

RAID 5는 패리티 정보를 포함하므로 전체 디스크 수에서 1개를 제외한 나머지 디스크의 용량만 실제 데이터 저장에 사용할 수 있습니다. 예를 들어, 4개의 디스크(4TB)를 사용할 경우 실제 데이터 저장에 사용할 수 있는 용량은 3TB입니다. 또한, 하나의 디스크가 손상되면 패리티와 나머지 데이터로 손실된 데이터를 즉시 복구할 수 있지만, 디스크가 2개 이상 손상되면 복구할 수 없습니다.

스트라이핑을 사용하므로 읽기 성능이 향상되지만, 패리티 계산 작업이 필요하므로 쓰기 성능이 상대적으로 낮습니다. 데이터를 복구할 때는 남은 데이터와 패리티를 사용해 손실된 데이터를 계산해야 하므로 복구하는 데 시간이 걸리는 단점도 있습니다.

- **RAID 6**

RAID 6는 RAID 5의 확장형으로, 독립적인 2개의 패리티 정보를 저장해 디스크 2개까지 고장나도 복구할 수 있는 방식입니다.

RAID 5와 마찬가지로 데이터는 블록 단위로 여러 디스크에 스트라이핑 방식으로 분산 저장하고, 패리티 블록은 특정 디스크에 집중되지 않고 순환적으로 분산 저장합니다. 이 덕분에 디스크 2개가 동시에 고장 나더라도 남은 데이터 블록과 2개의 패리티 블록을 조합해 모든 손실 데이터를 복구할 수 있습니다.

여기서 핵심은 2개의 서로 다른 방식의 패리티 연산입니다. 첫 번째 패리티는 일반적으로 RAID 5와 같은 XOR 연산을 사용합니다. 두 번째 패리티는 Reed-Solomon 코드나 갈루아 필드(GF, Galois Field)와 같은 고급 수학적 기법을 사용해 계산합니다.

예를 들어, 디스크 6개로 RAID 6를 구성하면 각 스트라이프에는 4개의 데이터 블록과 2개의 패리티 블록을 저장합니다.

만약 **그림 5-13**과 같은 구조에서 디스크 3이 손상되어 C, P, K가 손실되었다면 RAID 6는 남은 데이터 블록과 두 개의 패리티를 활용한 복구 알고리즘을 통해 C와 K를 정확하게 복구할 수 있습니다. 단, 디스크 2개가 고장난 경우에는 복구 연산을 단순한 XOR 연산 수준이 아니라 갈루아 필드 등 복잡한 수학적 계산을 사용해 수행합니다.

RAID 6는 2개의 패리티 정보를 계산하고 저장해야 하므로 RAID 5보다 쓰기 성능이 낮습니다. 패리티를 계산하느라 쓰기 작업이 더 복잡해지기 때문입니다. 또한, 디스크 2개가 손상되면 복구 과정에서 많은 계산이 필요하므로 시간이 더 오래 걸릴 수 있습니다.

그림 5-13 RAID 6 레벨 구조

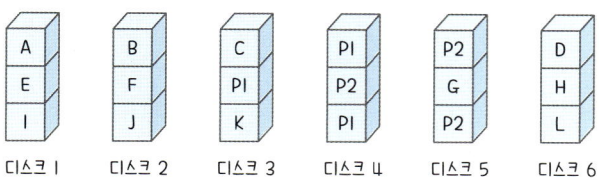

RAID 6를 구성하려면 최소 4개의 디스크가 필요합니다. 2개의 패리티 블록을 저장하기 위한 공간을 확보해야 하기 때문입니다. 따라서 패리티 블록으로 실제 데이터 저장 공간이 줄어드는 단점도 있습니다.

● **RAID 10**

RAID 10은 RAID 1(미러링)과 RAID 0(스트라이핑)를 결합한 방식으로, 고속 데이터 처리와 높은 데이터 안정성을 동시에 제공합니다. 이 방식은 데이터를 먼저 스트라이핑한 후 각 디스크를 미러링합니다.

예를 들어, 디스크 4개를 RAID 10으로 설정하고 데이터 A, B, C, D를 저장한다고 합시다. 먼저 데이터를 블록 단위로 나누어 스트라이핑으로 분산 저장합니다. 데이터 A, B는 첫 번째 디스크 그룹(디스크 1)에 저장하고, C, D는 두 번째 디스크 그룹(디스크 3)에 저장합니다. 첫 번째 디스크 그룹의 디스크 1에 저장된 A, B는 디스크 2에 복제하고, 두 번째 디스크 그룹의 디스크 3에 저장된 C, D는 디스크 4에 복제합니다.

그림 5-14 RAID 10 레벨 구조

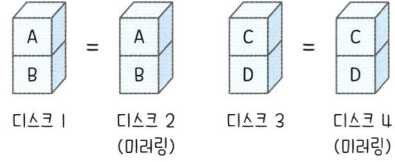

RAID 10은 미러링으로 데이터 복제본을 생성하므로 디스크 하나가 손상되더라도 데이터 복구가 가능합니다. 그러나 미러링된 디스크가 손상되면 복구가 불가능합니다. 또한, 스트라이핑으로 데이터를 병렬로 읽고 쓸 수 있어 RAID 0 수준의 성능을 제공합니다. 다수의 읽기 요청이 발생할 경우에는 요청을 여러 디스크로 분산해 처리 속도를 높일 수 있습니다.

RAID 10의 저장 공간 효율은 50%로, RAID 1과 동일합니다. 예를 들어 4TB 디스크 4개(총 16TB)를 RAID 10으로 구성하면 실제 사용 가능한 용량은 8TB입니다. 나머지 절반은 복제본을 저장하는 데 사용합니다.

## 5.3.6 RAID 적용 시 고려 사항

RAID를 적용하려면 시스템 요구사항, 성능, 안정성, 비용, 디스크 구성 등 여러 요소를 종합적으로 분석해야 합니다. RAID를 효과적으로 활용하기 위해 고려할 사항은 다음과 같습니다.

1. **데이터 안정성 요구사항**

데이터 보호가 얼마나 중요한가에 따라 적합한 레벨을 선택합니다.

- 데이터 안정성이 중요한 경우 RAID 1, RAID 5, RAID 6, RAID 10과 같이 데이터 복구 기능이 있는 레벨을 선택합니다.
- 빠른 복구가 중요한 경우 RAID 10이 적합합니다. RAID 10은 미러링으로 복구가 간단하고 빠르게 수행합니다.
- 디스크 손상 시에도 서비스 중단 없이 복구가 필요한 환경에서는 RAID 6 또는 RAID 10이 적합합니다.

2. **성능 요구사항**

읽기와 쓰기 작업 비율에 따라 적합한 레벨을 선택합니다.

- 읽기 성능이 중요한 경우 RAID 0, RAID 5, RAID 10이 적합합니다.
- 쓰기 성능이 중요한 경우 RAID 10이 더 적합합니다.
- RAID 0는 읽기/쓰기 성능이 가장 뛰어나서 성능이 최우선인 환경에 적합하지만 데이터 복구 기능이 없다는 점에 유의해야 합니다.

3. **저장 공간 효율성**

RAID 구성에 따라 사용할 수 있는 저장 공간의 비율이 달라집니다.

- RAID 0는 디스크 용량을 100% 활용합니다. 그러나 데이터 보호 기능이 없습니다.
- RAID 1과 RAID 10은 미러링 방식이므로 디스크 용량의 50%만 사용 가능합니다.
- RAID 5는 1개 디스크를 패리티 저장에 사용하므로 n − 1개의 디스크 용량을 실제 데이터 저장에 사용할 수 있습니다.

- RAID 6는 2개 디스크를 패리티 저장에 사용하므로 n − 2개의 디스크 용량을 실제 데이터 저장에 사용할 수 있습니다.

4. **예산**

RAID 구성을 선택할 때 하드웨어 비용과 운영 비용을 고려해야 합니다.

- RAID 1과 RAID 10은 미러링 방식 때문에 디스크 효율이 낮으므로 추가 디스크 비용이 발생합니다.
- RAID 5와 RAID 6는 패리티를 계산하기 위한 추가 연산 비용(CPU 부하 등)이 발생합니다. 특히 소프트웨어 RAID의 경우 시스템 성능이 저하될 수 있습니다.
- RAID 0는 디스크를 최대한 활용하므로 비용 면에서 가장 효율적이지만, 데이터 손실 위험이 큽니다.

5. **디스크 수와 용량**

RAID 설정에 필요한 최소 디스크 수는 레벨에 따라 다릅니다.

- RAID 0과 RAID 1은 최소 2개가 필요합니다.
- RAID 5는 최소 3개가 필요합니다.
- RAID 6과 RAID 10은 최소 4개가 필요한데 RAID 10의 경우 디스크 수가 짝수여야 합니다.

RAID 레벨마다 장단점이 있습니다. RAID를 선택할 때는 시스템 요구사항과 환경을 종합적으로 고려해야 최적의 RAID 구성을 결정할 수 있습니다.

- 안정성 우선: RAID 1, RAID 6, RAID 10
- 성능 우선: RAID 0, RAID 10
- 비용 효율성 우선: RAID 0, RAID 5

### 1분 퀴즈

정답 노트 p.391

**10.** 빈칸에 알맞은 단어를 넣으세요.

① RAID 0은 _____ 기술로 데이터를 분산 저장해 성능을 향상합니다.

② RAID 6은 RAID 5의 확장형으로, _____ 을/를 저장해 디스크 2개가 동시에 손상되어도 데이터를 복구할 수 있습니다.

③ RAID 10은 데이터를 _____ 방식으로 분산 저장한 뒤, 각 디스크 그룹의 데이터를 _____ 방식으로 복제합니다.

**11.** RAID 0의 주요 단점은 무엇인가요?

① 쓰기 성능이 낮다.  ② 패리티 계산이 필요하다.

③ 데이터 복구 기능이 없다.  ④ 디스크 용량의 절반만 사용된다.

**12.** RAID 5에서 패리티 정보는 어떻게 저장되나요?

① 특정 디스크에만 저장된다.

② 디스크의 첫 번째 섹터에만 저장된다.

③ RAID 컨트롤러의 메모리에 저장된다.

④ 데이터 블록과 함께 모든 디스크에 순환적으로 저장된다.

## 마무리

1. **보조 기억 장치**

   보조 기억 장치는 데이터를 영구적으로 저장하기 위한 장치입니다.

2. **HDD**

   ① 대표적인 보조 기억 장치로, 자기 디스크를 사용해 대용량 데이터를 저장할 수 있습니다. 가격이 저렴하지만 속도가 느립니다.

   ② 구성 요소
   - **플래터**: 원형의 자기 디스크로 데이터를 저장하며 스핀들을 중심축으로 회전
   - **읽기/쓰기 헤드**: 자기장의 변화로 데이터를 읽거나 씀
   - **액추에이터 암**: 헤드를 트랙 위로 이동시키는 장치

   ③ 저장 구조
   - **트랙**: 플래터의 표면에 있는 동심원 형태의 경로로, 실제 데이터를 저장하는 영역
   - **섹터**: 트랙을 더 작은 구간으로 나눈 데이터 저장의 기본 단위
   - **실린더**: 여러 플래터에서 동일한 트랙 번호가 정렬된 구조

   ④ 데이터 관리 과정
   - 논리적 주소를 물리적 주소(트랙, 섹터)로 변환
   - 헤드가 트랙으로 이동
   - 플래터 회전으로 데이터 위치 확인
   - 데이터를 읽거나 쓰기

   ⑤ 성능에 영향을 미치는 요소
   - **탐색 시간**: 헤드가 원하는 트랙 위치로 이동하는 시간
   - **회전 지연 시간**: 데이터가 헤드 아래로 올 때까지의 평균 대기 시간

- **데이터 전송 속도**: 데이터를 읽거나 쓰는 데 걸리는 시간
- **디스크 단편화**: 파일이 여러 트랙/섹터에 분산되면 성능 저하

3. SSD

① 구성 요소

- **NAND 플래시 메모리**: 데이터를 저장하는 비휘발성 메모리
- **컨트롤러**: SSD의 데이터 관리 및 입출력 담당
- **인터페이스**: SSD와 컴퓨터 간 데이터를 전송하는 통로
- **DRAM 캐시**: 데이터 전송 속도를 높이는 임시 저장소

② 저장 구조: 셀 → 페이지 → 블록 단위로 저장하는 계층적 구조를 가지고 있습니다.

- **셀**: 데이터를 저장하는 기본 단위
- **페이지**: 데이터를 읽고 쓰는 최소 단위
- **블록**: 데이터를 삭제하는 최소 단위

③ 데이터 상태 관리

- **유효(valid)**: 데이터가 사용 가능한 상태
- **무효(invalid)**: 삭제되었거나 새로운 데이터로 덮어쓴 상태
- **비어 있는(free)**: 데이터가 완전히 삭제되어 새로운 데이터를 저장할 수 있는 상태

4. 디스크 스케줄링 알고리즘

① HDD의 물리적 특성(헤드 이동, 탐색 시간 등)을 고려해 효율적으로 요청을 처리하는 방법입니다.

② 주요 알고리즘

- **FCFS**: 요청 순서대로 처리
- **SSTF**: 현재 헤드 위치에서 가장 가까운 요청부터 처리
- **SCAN**: 헤드가 한 방향으로 이동하며 요청을 처리하다가 디스크 끝에 도달하면 반대 방향으로 이동

- **C-SCAN**: SCAN 방식의 변형으로, 헤드가 한 방향으로 이동하며 요청을 처리하다가 끝에 도달하면 가장 낮은 번호 트랙으로 돌아와 동일 방향으로 요청을 처리

5. **RAID**

   ① 여러 물리적 디스크를 하나의 논리적 유닛으로 묶어 성능을 향상시키고, 데이터 안정성을 높이는 데이터 저장 기술입니다.

   ② 주요 기술
   - **데이터 스트라이핑**: 데이터를 분산 저장해 읽기와 쓰기 속도를 향상
   - **중복성**: 데이터를 복사(미러링)하거나 패리티 정보를 추가로 저장해 안정성을 확보

   ③ 구현 방식
   - **하드웨어 RAID**: 전용 컨트롤러를 사용하며, 성능이 뛰어나지만, 비용이 높음
   - **소프트웨어 RAID**: 운영체제 기반으로 작동하며, 비용은 낮지만, 성능에 영향을 줄 수 있음

   ④ 레벨
   - **RAID 0**: 스트라이핑 기술을 적용해 성능을 극대화하지만 데이터 복구가 불가능
   - **RAID 1**: 미러링 기술을 적용해 안정성은 높지만 저장 공간의 효율이 떨어짐
   - **RAID 5**: 스트라이핑 기술에 패리티를 적용해 디스크 1개가 고장 나도 복구 가능
   - **RAID 6**: RAID 5와 유사하지만 이중 패리티를 적용해 디스크 2개가 고장 나도 복구 가능
   - **RAID 10**: 스트라이핑과 미러링 기술을 적용해 RAID 0의 성능과 RAID 1의 안정성을 모두 제공

   ⑤ 선택 기준
   - **데이터 안정성**: RAID 1, RAID 6, RAID 10
   - **성능 요구**: RAID 0, RAID 10
   - **비용 효율**: RAID 0, RAID 5

MEMO

# 6장

# 입출력 시스템

이 장에서는 컴퓨터에 입출력 시스템이 어떻게 작동하는지 알아보겠습니다.

## 6.1 입출력 시스템의 개요

컴퓨터의 입출력 시스템은 외부와 데이터를 주고받는 데 필요한 하드웨어 및 소프트웨어 요소를 포함하는 시스템입니다. 사용자는 입출력 시스템을 통해 데이터를 입력하고, 처리한 결과를 출력해 확인할 수 있습니다. 또한, 입출력 시스템은 컴퓨터와 주변 장치 간 효율적인 데이터 전송을 담당합니다.

### 6.1.1 입출력 장치의 종류

입출력 시스템에서 가장 중요한 요소는 입출력 장치입니다. **입출력 장치**(I/O device)는 사용자와 컴퓨터 간, 또는 다른 시스템 간에 데이터를 교환하는 데 사용하는 하드웨어 장치를 의미합니다. 컴퓨터는 입출력 장치를 사용해 외부 환경과 상호작용하며 데이터를 주고받습니다.

**입력 장치**는 사용자가 컴퓨터에 데이터를 입력하거나 명령을 전달할 수 있도록 지원하는 장치입니다. 대표적인 입력 장치는 다음과 같습니다.

- **키보드**: 문자, 숫자 및 명령 입력
- **마우스**: 그래픽 사용자 인터페이스(GUI)에서 포인터 조작
- **스캐너**: 이미지를 디지털 데이터로 변환
- **카메라**: 비디오 및 사진 데이터를 컴퓨터로 입력

**출력 장치**는 컴퓨터가 처리한 데이터를 사용자나 외부 장치에 전달하는 역할을 합니다. 대표적인 출력 장치는 다음과 같습니다.

- **모니터**: 시각적 데이터 출력
- **프린터**: 문서와 이미지를 물리적으로 출력
- **스피커**: 소리 출력
- **프로젝터**: 대형 화면에 시각적 데이터 출력

일부 장치는 입력과 출력을 동시에 처리할 수 있으며, 데이터의 송수신을 모두 지원합니다. 대표적인 예는 다음과 같습니다.

- **터치스크린**: 입력과 출력 기능을 동시에 수행
- **USB 드라이브**: 데이터를 읽고 쓰는 기능 수행
- **네트워크 장치**: 데이터를 송수신하며, 컴퓨터와 다른 시스템 간 통신 지원
- **디스크**: 데이터를 저장하고 읽는 역할 수행

> **Note** 디스크가 입출력 장치인 이유
>
> 디스크를 입출력 장치로도 분류하는 이유는 디스크가 데이터를 읽고 쓰는 기능을 수행하기 때문입니다. 데이터를 읽을 때는 입력 장치처럼 데이터를 디스크에서 시스템으로 가져오고, 쓸 때는 출력 장치처럼 데이터를 디스크에 저장합니다. 운영체제는 이러한 디스크 기능을 제어하기 위해 디스크 드라이버와 디스크 컨트롤러를 사용합니다. 디스크 드라이버는 운영체제가 디스크와 소통할 수 있도록 해 주는 프로그램이고, 디스크 컨트롤러는 디스크 장비가 데이터를 처리할 수 있도록 돕는 하드웨어 장치입니다. 이처럼 디스크가 데이터를 시스템에 입력하거나 시스템에서 데이터를 출력하는 역할을 하므로 입출력 장치에도 해당합니다.

## 6.1.2 입출력 시스템의 주요 구성 요소

입출력 시스템은 입력 장치, 출력 장치, 입출력 인터페이스로 구성됩니다.

### ● 입력 장치의 구성 요소

입력 장치의 주요 구성 요소는 다음과 같습니다.

1. **센서**: 외부의 물리적 데이터를 감지하는 장치입니다. 예를 들어, 키보드의 키 입력 감지, 마이크의 음향 센서, 터치스크린의 터치 위치 감지 등이 해당합니다.

2. **신호 변환기**: 센서에서 감지된 아날로그 데이터를 디지털 데이터로 변환합니다. 주로 **ADC**(Analog-to-Digital Converter)가 이를 수행합니다. 예를 들어, 마이크에서 감지한 음향 신호를 디지털 데이터로 변환하거나 터치스크린에서 입력받은 위치 데이터를 디지털 좌표로 변환합니다.

   TIP — ADC는 아날로그 데이터를 디지털 데이터로 변환하는 장치입니다. 컴퓨터는 디지털 데이터를 처리하므로 ADC는 외부 환경의 연속적인 데이터를 컴퓨터가 이해할 수 있도록 변환합니다.

3. **인터페이스 회로**: 입력 장치에서 변환한 디지털 신호를 컴퓨터 내부로 전달합니다. 예를 들어, 키보드와 마우스의 USB 연결, 카메라의 HDMI 연결, 무선 입력 장치의 블루투스 연결 등이 해당합니다.

4. **제어 회로**: 입력 데이터를 감지하고 이를 변환해 컴퓨터로 전달하는 과정을 관리합니다. 예를 들어, 키보드에서 키의 입력을 감지하고 키 코드로 변환해 컴퓨터에 전달합니다.

● **출력 장치의 구성 요소**

출력 장치의 주요 구성 요소는 다음과 같습니다.

1. **구동 장치**: 디지털 데이터를 물리적 출력으로 변환하는 장치입니다. 예를 들어, 모니터에서 디지털 데이터를 픽셀로 변환하거나 프린터에서 레이저를 사용해 출력합니다.

2. **신호 변환기**: 디지털 데이터를 출력 장치가 이해할 수 있는 아날로그 데이터로 변환합니다. 이 과정은 **DAC**(Digital-to-Analog Converter)가 수행합니다. 예를 들어, 스피커에서 디지털 오디오 데이터를 아날로그 오디오 데이터로 변환하거나 모니터에서 그래픽 데이터(GPU 출력)를 영상 데이터로 변환합니다.

3. **인터페이스 회로**: 컴퓨터와 출력 장치 간 데이터 전송을 담당합니다. 예를 들어, HDMI를 사용해 모니터로 영상 데이터를 전송합니다. 또는 USB를 사용해 프린터로 출력 데이터를 전송합니다.

4. **제어 회로**: 출력 장치의 동작을 제어해 데이터를 정확히 출력하게 합니다. 예를 들어, 프린터의 용지 이동 속도를 조정하고 모니터에서 화면의 새로고침 빈도를 관리합니다.

● **입출력 인터페이스**

입출력 인터페이스는 컴퓨터와 입출력 장치 간에 데이터와 제어 신호를 주고받기 위한 연결 장치입니다. 주요 구성 요소들은 다음과 같습니다.

1. **포트**: 컴퓨터와 입출력 장치 간 데이터를 주고받기 위한 접점으로, 물리적 포트와 논리적 포트로 나뉩니다.

   - **물리적 포트**: 컴퓨터와 입출력 장치를 연결하는 하드웨어 인터페이스입니다. 여기에는 데이터가 한 비트씩 순차적으로 전송되는 **직렬 포트**(USB, COM 포트 등), 여러 비트가 동시에 전송되는 **병렬 포트**(초기 프린터 포트), 특정 장치의 **전용 포트**(HDMI, 이더넷, 오디오 잭 등)가 속합니다.

   - **논리적 포트**: CPU와 입출력 장치 간 데이터 송수신을 위한 논리적 주소 체계입니다. 여기에는 CPU가 특정 입출력 장치를 제어하거나 데이터를 송수신하기 위해 사용하는 주소인 **I/O 포트**, 인터넷 프로토콜 기반 통신에서 특정 프로세스를 식별하기 위한 **네트워크 포트**가 포함됩니다.

2. **버스**: 데이터와 제어 신호가 이동하는 통로입니다. 버스에 관해서는 **6.4절**에서 자세히 다룹니다.

3. **데이터 버퍼**: CPU와 입출력 장치 간 속도 차이를 완화하기 위해 데이터를 임시로 저장하는 공간입니다. 예를 들어, 프린터 버퍼는 대기 중인 데이터를 저장해 일정한 속도로 출력하게 합니다. 버퍼에 관해서는 **6.2.2절**에서 자세히 다룹니다.

4. **장치 컨트롤러**: 입출력 장치의 동작을 제어하고 데이터 흐름을 관리하는 하드웨어 인터페이스입니다. 예를 들어, 디스크 컨트롤러는 디스크와 CPU 간 데이터 전송을 관리합니다. 네트워크 컨트롤러는 네트워크 데이터 패킷을 컴퓨터가 이해할 수 있는 데이터 형식으로 변환하고, 네트워크 프로토콜 처리를 지원합니다. 장치 컨트롤러에 관해서는 **6.2.1절**에서 자세히 다룹니다.

5. **장치 드라이버**: 운영체제와 입출력 장치 간 통신을 지원하는 소프트웨어 인터페이스입니다. 장치 드라이버는 해당 장치의 복잡한 동작을 표준화해 운영체제가 장치를 쉽게 다룰 수 있게 합니다. 장치 드라이버는 **6.2.1절**에서 자세히 다룹니다.

## 1분 퀴즈

01. 아날로그 데이터를 디지털 데이터로 변환하는 장치는 무엇인가요?

   ① ADC　　　② DAC　　　③ CPU　　　④ GPU

02. 다음 중 출력 장치의 주요 구성 요소에 해당하지 <u>않는</u> 것은 무엇인가요?

   ① 구동 장치　　　　　　② 센서
   ③ 신호 변환기　　　　　④ 제어 회로

03. 다음 설명에 해당하는 것은 무엇인가요?

   > 컴퓨터와 입출력 장치 간 데이터를 주고받기 위해 사용되는 물리적 접점 또는 논리적 주소 체계입니다.

   ① 버스　　　　　　　　② 인터페이스 회로
   ③ 장치 컨트롤러　　　　④ 포트

04. 입출력 인터페이스에서 CPU와 입출력 장치 간 속도 차이를 완화하기 위해 사용하는 장치는 무엇인가요?

   ① 데이터 버퍼　　　　　② 버스
   ③ 장치 드라이버　　　　④ 장치 컨트롤러

# 입출력 장치의 성능 향상 기술

입출력 장치는 CPU와 메모리에 비해 상대적으로 속도가 느리기 때문에 시스템 전체 성능을 최적화하려면 입출력 처리 효율을 높이는 다양한 방법이 필요합니다. 이를 이해하기 위해 입출력 장치와 컴퓨터 시스템 간 연결을 담당하는 장치 컨트롤러와 장치 드라이버의 역할을 알아보고, 입출력 속도를 향상시키는 버퍼링과 캐싱 기법을 살펴보겠습니다.

## 6.2.1 장치 컨트롤러와 장치 드라이버

컴퓨터 시스템은 입출력 장치의 성능을 높이기 위해 장치 컨트롤러와 장치 드라이버를 활용합니다. 두 요소는 하드웨어와 소프트웨어 간 매개 역할을 하며, 입출력 작업의 효율성을 극대화합니다.

그림 6-1 장치 컨트롤러와 장치 드라이버

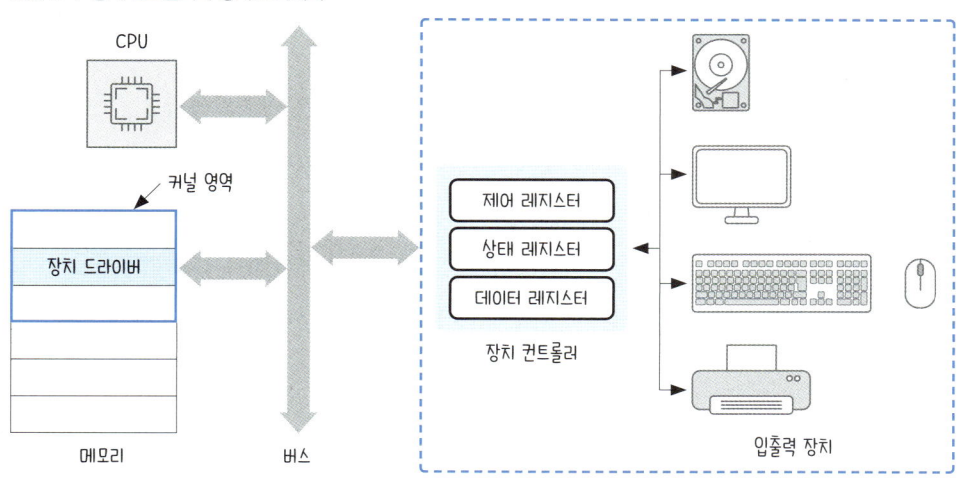

- **장치 컨트롤러**

**장치 컨트롤러**(device controller)는 입출력 장치를 제어하고, 컴퓨터 시스템(주로 CPU 및 메모리)과 데이터를 주고받는 하드웨어 모듈입니다. 장치 자체에 내장되거나 외부에 분리된 형태로 위치할 수 있습니다.

장치 컨트롤러의 주요 기능은 다음과 같습니다.

1. **데이터 전송 관리**

장치 컨트롤러는 DMA와 같은 기술을 사용해 CPU의 개입 없이 입출력 장치와 메모리 간 데이터를 직접 전송합니다. 일반적으로 데이터 전송이 이루어질 때 CPU가 중재해 데이터를 읽고 쓰는 과정을 관리하지만, DMA와 같은 기술을 사용하면 이 과정이 자동화되어 CPU가 다른 작업을 수행할 수 있습니다. 이 덕분에 CPU의 부하가 줄고 데이터 전송 효율이 높아집니다.

TIP — DMA(Direct Memory Access)는 입출력 장치와 메모리 간 데이터 전송을 CPU가 아닌 DMA 컨트롤러가 직접 처리하는 방식입니다. **6.3.3절**에서 자세히 다룹니다.

2. **다양한 입출력 장치 지원**

컴퓨터는 키보드, 디스크, 프린터, 네트워크 카드 등 다양한 입출력 장치와 연결됩니다. 각 장치는 고유한 방식으로 작동하므로 제어하려면 특정한 명령어 세트를 사용합니다. 이를 운영체제가 직접 제어하려면 설계가 복잡합니다. 장치 컨트롤러는 이러한 명령어를 통일된 형식으로 변환합니다. 예를 들어, 프린터의 인쇄 명령이나 HDD의 데이터 읽기/쓰기 명령을 표준 형식으로 변환해 운영체제가 이해할 수 있도록 합니다. 이 덕분에 운영체제는 다양한 장치를 동일한 방식으로 제어할 수 있습니다.

3. **CPU와 입출력 장치 간 속도 차이 조율**

CPU는 매우 빠른 속도로 데이터를 처리할 수 있는 반면, 입출력 장치는 상대적으로 느린 속도로 작동합니다. 예를 들어, CPU가 수백 GHz로 작동하는 것에 비해 HDD는 수십~수백 MB 속도로 데이터를 읽고 쓸 수 있습니다. 이로 인해 CPU가 입출력 장치의 데이터를 기다리는 시간이 발생할 수 있습니다. 장치 컨트롤러는 이러한 속도 차이를 완화하기 위해 버퍼링과 캐싱 기술을 활용합니다. 두 기술에 관해서는 **6.2.2 버퍼링과 캐싱**에서 다룹니다.

### 4. 작업 완료 시 인터럽트 발생

장치 컨트롤러는 입출력 장치에서 작업이 끝나면 인터럽트를 발생시킵니다. 그리고 인터럽트 신호를 CPU에 전달해 작업 완료를 알립니다. 신호를 받은 CPU는 현재 수행 중인 작업을 중단하고, 인터럽트가 발생한 장치에 대한 처리를 시작합니다. 예를 들어, 디스크에서 데이터를 읽는 작업이 완료되면 CPU는 해당 데이터를 메모리로 가져오는 작업을 수행할 수 있습니다. 인터럽트 덕분에 CPU는 입출력 작업이 완료될 때까지 기다리지 않고 다른 작업을 수행할 수 있습니다.

장치 컨트롤러는 컴퓨터와 입출력 장치 간 데이터를 효과적으로 주고받고 장치를 제어할 수 있도록 여러 요소로 이루어져 있습니다. 그중에서 핵심 요소는 다음과 같습니다.

### 1. 제어 레지스터

**제어 레지스터**(control register)는 CPU가 입출력 장치에 전송한 명령을 저장하는 레지스터입니다. 이 명령은 장치가 어떤 작업(데이터 읽기, 쓰기, 초기화 등)을 수행해야 하는지 나타냅니다. 제어 레지스터에 저장된 명령을 확인해 입출력 장치는 동작 모드를 설정합니다. 예를 들어, 장치가 데이터를 읽어야 하는 경우 '읽기 모드'로 설정하고, 데이터를 써야 하는 경우 '쓰기 모드'로 설정합니다. CPU는 장치가 준비 상태인지, 대기 상태인지 등을 제어 레지스터에서 확인할 수 있습니다.

### 2. 제어 회로

**제어 회로**(control circuit)는 입출력 장치의 동작을 제어하는 전자 회로입니다. 제어 회로는 장치의 동작을 조정하는 데 필요한 제어 신호를 생성합니다. 이 신호는 장치가 어떤 작업을 수행해야 하는지를 결정합니다. 예를 들어, 데이터 전송, 장치 초기화, 또는 특정 모드로의 전환 등을 위한 신호입니다. 그리고 제어 레지스터에 저장된 값을 읽어옵니다. 제어 회로는 이 정보를 바탕으로 장치의 동작을 조정합니다. 제어 회로는 장치의 상태와 제어 레지스터의 값을 기반으로 논리적인 결정을 내립니다. 예를 들어, 장치가 데이터를 읽을 준비가 되었는지 아니면 다른 작업을 수행해야 하는지 판단합니다.

### 3. 상태 레지스터

**상태 레지스터**(status register)는 입출력 장치의 다양한 상태 정보를 저장하는 레지스터입니다. 예를 들어, 장치가 현재 사용 가능한지, 작업이 완료되었는지, 오류가 발생했는지 나타내는 비트들을 저장합니다. 상태 레지스터는 이러한 장치의 상태를 CPU에 전달합니다. CPU는 상태 레지스터에 저장된 정보로 장치의 상태를 확인하고 필요한 경우 적절한 조치를 취할 수 있습니다. 예를 들어, CPU가 프린터의 작동을 조정하거나 사용자에게 경고 메시지를 표시합니다.

4. 데이터 레지스터

**데이터 레지스터**(data register)는 CPU에서 입출력 장치로 전송할 데이터나 입출력 장치에서 CPU로 전달할 데이터를 일시적으로 저장하는 레지스터입니다. 즉, 데이터가 이동하기 전에 잠시 보관되는 공간입니다. 예를 들어, 사용자가 키보드로 입력한 데이터를 데이터 레지스터에 저장한 후 CPU로 전달합니다. 디스크에서 읽은 데이터도 데이터 레지스터를 통해 CPU로 전송됩니다. 이 과정에서 데이터 레지스터는 데이터의 중간 저장소 역할을 합니다. CPU와 입출력 장치 간 데이터 전송은 데이터 버스를 통해 이루어집니다.

5. 인터럽트 처리 회로

인터럽트는 특정 이벤트가 발생했음을 CPU에 알리는 신호입니다. **인터럽트 처리 회로**(interrupt handling circuit)는 입출력 장치가 데이터를 전송을 완료했거나 특정 작업이 끝났을 때 인터럽트를 발생시킵니다. 그리고 이 신호를 CPU에 보내 CPU가 대기하지 않고 다른 작업을 수행할 수 있도록 지원합니다. CPU는 일반적으로 프로그램을 순차적으로 실행합니다. CPU가 입출력 작업이 완료되기를 기다린다면 그 시간 동안 다른 작업을 수행할 수 없습니다. 인터럽트가 발생하면 CPU는 현재 작업을 중단하고 인터럽트 처리 회로로 전환해 해당 이벤트를 처리할 수 있습니다. 즉, 인터럽트 처리 회로는 인터럽트를 발생시켜 CPU가 효율적으로 자원을 사용할 수 있도록 돕습니다.

● 장치 드라이버

**장치 드라이버**(device driver)는 운영체제와 입출력 장치 간 인터페이스 역할을 수행하는 소프트웨어로, 운영체제 안에 위치합니다.

장치 드라이버의 주요 기능은 다음과 같습니다.

1. 운영체제와 장치 간 인터페이스

장치 드라이버는 입출력 장치의 기능을 운영체제가 이해할 수 있는 형태로 변환해 운영체제가 해당 장치를 제어하고 사용할 수 있도록 합니다. 새로운 장치가 컴퓨터에 연결되면 운영체제는 기본적으로 해당 장치를 인식하고 사용할 수 있는 기능을 가지고 있지 않습니다. 이때 장치 드라이버가 필요합니다. 장치 드라이버는 운영체제가 새로운 하드웨어를 지원할 수 있도록 하며, 이를 통해 사용자는 새로운 장치를 문제없이 사용할 수 있습니다. 예를 들어, 프린터 드라이버는 운영체제가 다양한 프린터 모델을 제어할 수 있도록 돕는 소프트웨어입니다. 사용자가 특정 프린터에서 인쇄하려 할 때 운영체제는 해당 프린터의 장치 드라이버를 통해 프린터와 통신하고, 인쇄 명령을 전달합니다. 드라이버가 없다면 운영체제는 프린터의 기능을 이해하지 못하고, 인쇄 작업을 수행할 수 없습니다.

2. 오류 감지 및 복구

입출력 장치와 데이터 전송(입출력 작업) 중에 다양한 오류가 발생할 수 있습니다. 예를 들어, 디스크에서 데이터를 읽으려 할 때 디스크가 손상되었거나 연결이 불안정한 경우 읽기 실패와 같은 오류가 발생할 수 있습니다. 장치 드라이버는 이러한 오류를 감지하는 역할을 합니다. 장치 드라이버는 하드웨어와의 통신을 모니터링하고, 문제가 발생했을 때 이를 인식해 운영체제에 알립니다. 장치 드라이버는 오류가 발생했을 때 이를 복구하기 위한 표준화된 처리 방식을 제공합니다. 예를 들어, 드라이버는 재시도, 대체 경로 사용, 오류 메시지 표시 등과 같은 방법을 통해 문제를 해결하려고 시도합니다. 장치 드라이버가 오류를 감지하고 적절히 처리함으로써 운영체제는 안정적으로 작동할 수 있습니다. 만약 드라이버가 오류를 제대로 처리하지 못하면 시스템 전체가 불안정해지거나 심각한 경우 시스템 충돌이 발생할 수 있습니다.

3. 성능 최적화

장치 드라이버는 장치와 운영체제 간 데이터 전송을 관리합니다. 이 과정에서 데이터를 효율적으로 전송하기 위해 버퍼와 캐시를 활용합니다. 또한, 장치 드라이버는 여러 입출력 작업 요청을 수집하고, 이를 최적화 순서로 처리합니다. 예를 들어, 물리적으로 가까운 데이터 블록을 연속적으로 읽어오는 방식으로 요청을 정렬하면 디스크 헤드의 이동 거리를 줄여 대기 시간을 감소시킬 수 있습니다. 이러한 최적화 과정 덕분에 사용자가 입출력 작업을 수행할 때, 대기 시간은 줄어들고, 장치 성능은 극대화됩니다.

장치 드라이버는 입출력 장치를 효율적으로 작동시키기 위해 여러 구성 요소로 이루어져 있습니다. 주요 구성 요소는 다음과 같습니다.

1. 입출력 요청 큐

운영체제는 다양한 입출력 장치와의 데이터 전송을 위해 **입출력 요청**(I/O request)을 생성합니다.

이러한 요청은 장치 드라이버에서 관리합니다. 장치 드라이버에 전달된 요청은 큐에 저장됩니다. **큐**(queue)는 FIFO(First In, First Out) 방식으로 작동하는 자료구조로, 먼저 들어온 요청이 먼저 처리됩니다. 즉, 요청이 들어온 순서대로 처리되며, 가장 먼저 들어온 요청이 가장 먼저 나갑니다. 입출력 요청이 여러 개 동시에 들어올 수 있습니다. 장치 드라이버는 요청들을 큐에 저장하고, 순차적으로 처리합니다. 요청의 중요도나 긴급성에 따라 우선순위를 부여할 수도 있습니다. 이런 경우 장치 드라이버는 FIFO 방식 대신 우선순위 기반 스케줄링 방식을 사용해 더 높은 우선순위를 가진 요청을 먼저 처리합니다. 예를 들어, 중요한 데이터 전송 요청이 일반적인 요청보다 먼저 처리될 수 있습니다.

### 2. 인터럽트 핸들러

**인터럽트**(interrupt)는 하드웨어 장치가 어떤 일을 알리는 신호입니다. 예를 들어, 키보드에서 키를 누르거나 네트워크 카드에 새로운 데이터가 도착했을 때 인터럽트가 발생합니다. **인터럽트 핸들러**(interrupt handler)는 이러한 인터럽트 신호를 받으면 실행되는 코드입니다. 인터럽트 핸들러는 인터럽트의 원인을 파악하고, 필요한 작업을 수행합니다. 예를 들어, 네트워크 카드에 새로운 데이터 패킷이 도착하면 인터럽트 핸들러가 실행되어 데이터를 메모리의 버퍼에 복사합니다. 이 과정은 CPU가 다른 작업을 수행하는 동안에도 장치에서 데이터를 안전하게 저장할 수 있도록 합니다. 데이터 복사가 완료되면 인터럽트 핸들러는 장치 드라이버의 다른 부분(루틴)을 호출해 데이터를 응용 프로그램에 전달합니다. 즉, 인터럽트 핸들러는 데이터를 수집하고, 그 데이터를 실제로 사용할 수 있도록 다른 코드에 넘기는 역할을 합니다.

### ● 장치 컨트롤러와 장치 드라이버의 작동 과정

장치 컨트롤러와 장치 드라이버가 협력해 데이터를 전송하는 과정은 다음과 같습니다.

❶ **입출력 요청**: 사용자가 파일을 읽거나 쓰거나 네트워크 통신을 요청하면 요청이 운영체제로 전달됩니다. 운영체제는 요청 내용을 분석하고, 해당 작업을 수행할 수 있는 장치 드라이버에 요청을 위임합니다. 요청은 데이터의 크기, 어떤 파일을 읽을지, 읽기 또는 쓰기 작업인지 등 세부 정보를 포함합니다.

❷ **명령어 변환**: 장치 드라이버는 운영체제로부터 받은 요청을 해석해 입출력 장치가 이해할 수 있는 명령어로 변환합니다. 예를 들어, 파일을 읽는 요청이 들어오면 장치 드라이버는 특정 메모리 주소에서 데이터를 읽으라는 명령을 생성합니다. 이 명령은 데이터 전송 경로인 버스를 통해 장치 컨트롤러로 전달됩니다.

❸ **데이터 전송**: 장치 컨트롤러는 드라이버가 전달한 명령을 수행해 실제 입출력 장치와 데이터를 주고받습니다. 이 과정에서 장치 컨트롤러는 작업이 성공적으로 완료되었는지, 오류가 발생했는지를 확인합니다.

❹ **상태 정보 전달**: 작업이 완료되었거나 오류가 발생하면 장치 컨트롤러는 상태 정보를 장치 드라이버에 전달합니다. 예를 들어, 데이터 전송이 완료되었음을 알리거나 오류가 발생했음을 보고합니다. 이 과정에서 인터럽트가 발생할 수 있습니다.

❺ **작업 결과 반환**: 장치 드라이버는 작업 결과를 운영체제에 반환합니다. 운영체제는 이 정보를 응용 프로그램에 전달해 작업이 완료되었음을 알립니다.

그림 6-2 장치 컨트롤러와 장치 드라이버의 작동 과정

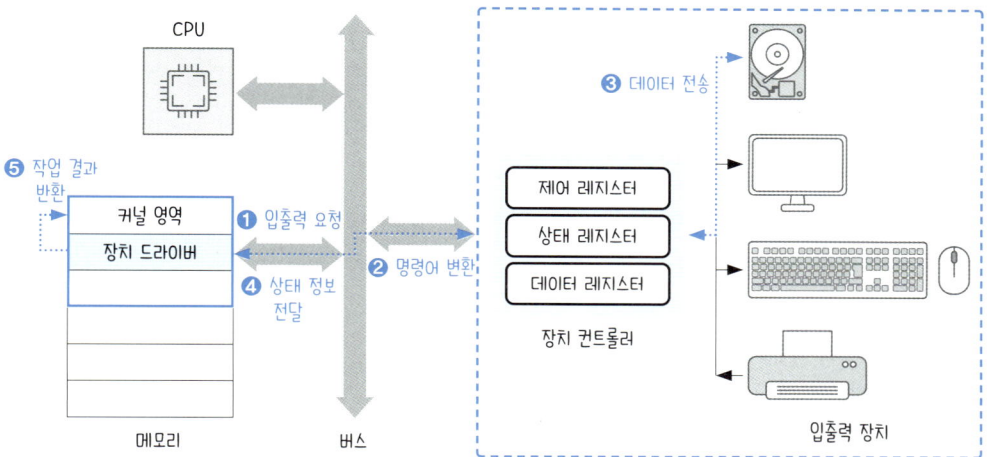

해당 과정을 이해하기 쉽도록 디스크에서 데이터 읽기를 예로 들어 보겠습니다.

❶ 응용 프로그램이 특정 파일의 데이터를 읽도록 요청합니다.

❷ 디스크 드라이버가 디스크 컨트롤러에 파일의 시작 위치와 데이터 크기를 담은 명령을 전달합니다.

❸ 디스크 컨트롤러가 디스크를 작동시켜 데이터를 읽습니다. 읽은 데이터를 메모리 버퍼로 전송합니다.

❹ 디스크 컨트롤러가 인터럽트를 발생시켜 작업 완료를 디스크 드라이버에 알립니다.

❺ 운영체제가 읽은 데이터를 응용 프로그램에 전달합니다.

장치 컨트롤러와 장치 드라이버는 서로 협력해 입출력 장치와 응용 프로그램 간 효율적인 데이터 전송을 보장합니다. 이 과정을 통해 사용자나 응용 프로그램은 입출력 장치의 복잡성을 신경 쓰지 않고도 작업을 수행할 수 있습니다.

### 6.2.2 버퍼링과 캐싱

장치 컨트롤러는 버퍼링과 캐싱 기술을 통해 CPU와 입출력 장치 간 데이터 전송을 최적화합니다. CPU와 입출력 장치의 속도 차이로 인한 지연을 최소화하고, 시스템의 전반적인 성능을 향상시킬 수 있습니다.

● 버퍼링

**버퍼링**(buffering)은 데이터 전송 과정에서 발생하는 지연을 줄이기 위해 버퍼를 사용해 데이터를 임시로 저장하는 기술입니다. **버퍼**(buffer)는 데이터를 임시로 저장하는 메모리 공간입니다. 입출력 장치와 CPU는 데이터 전송 속도가 다르기 때문에 버퍼는 데이터를 임시로 저장해 이 속도 차이를 완화합니다. 이렇게 하면 CPU는 다른 작업을 계속 수행할 수 있고, 입출력 장치가 데이터를 처리할 준비가 될 때까지 기다릴 필요가 없습니다.

입출력 장치에서 버퍼링은 다음과 같이 이루어집니다.

1. **데이터 저장**: CPU가 데이터를 입출력 장치로 전송할 때, 데이터를 바로 장치로 보내는 대신 먼저 버퍼에 저장합니다.

2. **점진적 전송**: 입출력 장치는 버퍼에 저장된 데이터를 자신의 처리 속도에 맞춰 점진적으로 가져갑니다. 즉, 입출력 장치가 데이터를 처리할 수 있는 속도에 따라 버퍼에서 데이터를 읽어 들입니다.

3. **작업 완료 후 비움**: 입출력 작업이 완료되면 버퍼에 저장된 데이터는 더 이상 필요하지 않으므로 비워집니다. 이후 버퍼는 새로운 데이터를 받을 준비를 합니다. 이렇게 해서 버퍼는 항상 최신 데이터를 저장할 수 있는 상태를 유지합니다.

그림 6-3 버퍼링

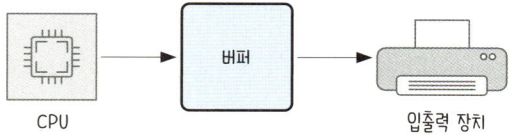

예를 들어, CPU가 대량의 데이터를 프린터 버퍼에 한 번에 저장하면 프린터는 데이터를 자신의 속도에 맞춰 출력합니다. 즉, CPU는 프린터가 데이터를 처리하는 속도와 관계없이 데이터를 버퍼에 저장할 수 있으며, 프린터는 버퍼에 저장된 데이터를 차례로 읽어 출력합니다. 이 과정에서 프린터가 느리게 작동하더라도 CPU는 다른 작업을 계속 수행할 수 있어 시스템의 효율성이 높아집니다.

또는 데이터 패킷을 수신하거나 전송하기 전에 네트워크 버퍼에 저장해서 네트워크의 전송 속도 차이를 완화합니다. 네트워크에서 데이터 전송 속도는 항상 일정하지 않으며, 때로는 빠르거나 느릴 수 있습니다. 이때 버퍼는 수신된 데이터 패킷을 임시로 저장해 네트워크의 전송 속도가 느릴 때도 데이터가 손실되지 않도록 합니다. 데이터 전송도 원활하게 이루어질 수 있도록 도와줍니다.

● **캐싱**

**캐싱**(caching)은 데이터나 정보를 임시로 저장해 이후에 동일한 데이터에 대한 접근 속도를 빠르게 하는 기술입니다. 입출력 장치에서는 자주 사용하는 데이터나 명령어를 캐시에 임시로 저장해 다음에 동일한 데이터에 접근할 때 더 빠르게 처리할 수 있도록 합니다. 예를 들어, 하드 드라이브에서 읽은 데이터 블록을 캐싱해 이후에 같은 블록을 요청할 때 디스크에 다시 접근하지 않고 캐시에서 직접 가져올 수 있습니다.

입출력 장치는 CPU보다 상대적으로 느리기 때문에 캐싱을 통해 데이터 전송 속도를 높일 수 있습니다. 예를 들어, SSD와 같은 빠른 저장 장치에서 데이터를 읽어와 메모리에 캐싱하면 CPU가 데이터를 더 빠르게 처리할 수 있습니다. 캐싱은 종종 버퍼링과 함께 사용되어 데이터 전송 중에 발생할 수 있는 지연을 줄입니다.

입출력 장치에서 캐싱을 사용할 때는 데이터의 일관성을 유지하는 것이 중요합니다. 원본 데이터가 변경되면 캐싱된 데이터도 적절히 업데이트해야 합니다.

입출력 장치에서 캐싱은 다음과 같이 이루어집니다.

1. **데이터 요청**: CPU나 입출력 장치에서 특정 데이터가 필요하면 해당 데이터를 요청합니다. 예를 들어, 프로그램이 파일 내용을 읽으려고 할 때 데이터 요청이 발생합니다.

2. **캐시 확인**: 요청한 데이터가 캐시에 저장되어 있는지 확인합니다. 데이터가 캐시에 있으면 (캐시 히트) 즉시 캐시에서 데이터를 가져와 CPU나 입출력 장치에 제공합니다. 데이터가

캐시에 없으면(캐시 미스) 메모리 또는 다른 장치(HDD, SSD 등)에서 데이터를 가져옵니다. 가져온 데이터를 캐시에 저장해 다음 번 요청 시 더 빠르게 접근할 수 있도록 합니다.

3. **캐시 갱신**: 데이터 요청이 반복될 경우 자주 사용하는 데이터를 캐시에 계속 유지합니다. 그러면 동일한 데이터에 대한 요청이 있을 때마다 메모리나 장치에서 다시 가져오는 대신 캐시에서 빠르게 제공할 수 있습니다.

예를 들어, 프로그램이 특정 파일을 자주 읽는 경우 해당 파일의 일부 또는 전체를 캐시에 저장해 두면 다음에 이 파일을 읽을 때 디스크에 접근하는 것보다 훨씬 빠르게 데이터를 가져올 수 있습니다.

또는 웹 브라우저에서 사용자가 방문한 웹페이지의 데이터를 캐시에 저장합니다. 사용자가 같은 웹페이지를 다시 방문할 때 웹 브라우저는 서버에 요청을 보내는 대신 캐시에 저장된 데이터를 사용해 페이지를 빠르게 로드합니다. 이렇게 하면 페이지 로딩 시간을 줄이고, 서버 부하를 줄일 수 있습니다.

## 1분 퀴즈

정답 노트 p.391

**05.** 빈칸에 알맞은 단어를 넣으세요.

① _____은/는 장치 드라이버에서 입출력 요청을 관리하는 구성 요소입니다.

② _____은/는 사용자가 파일을 읽거나 쓰기 요청을 생성하면 이를 운영체제가 처리하도록 요청을 전달하는 소프트웨어입니다.

③ _____은/는 장치 컨트롤러가 작업을 완료하면 CPU에 작업 완료 신호를 전달하는 메커니즘입니다.

**06.** 장치 컨트롤러의 주요 기능이 <u>아닌</u> 것은 무엇인가요?

① 데이터 전송 관리     ② 속도 차이 조율
③ 입출력 장치 지원     ④ 소프트웨어 드라이버 업데이트

**07.** 장치 드라이버의 주요 기능으로 <u>옳지 않은</u> 것은 무엇인가요?

① 하드웨어와 운영체제 간 인터페이스 제공   ② 성능 최적화를 위한 버퍼와 캐시 활용
③ 입출력 장치의 물리적 데이터 전송         ④ 오류 감지 및 복구

# 6.3

# 입출력 장치의 작동과 데이터 전송

입출력 장치는 사용자 또는 컴퓨터와 데이터를 주고받습니다. 이 과정이 어떻게 이루어지는지 살펴보겠습니다.

## 6.3.1 입출력 장치의 작동 과정

입력 장치의 작동 과정은 입력 장치가 데이터를 감지하고, 이를 디지털 데이터로 변환한 후, 컴퓨터로 전송하는 일련의 단계로 구성됩니다.

1. **데이터 감지**: 입력 장치의 센서가 외부 데이터를 감지합니다. 예를 들어, 키보드의 키 입력을 감지하거나 마우스의 움직임을 기록합니다.
2. **신호 변환**: 감지한 아날로그 데이터(소리, 빛 등)를, ADC를 사용해 컴퓨터가 처리할 수 있는 디지털 데이터로 변환합니다. 예를 들어, 마이크로 입력된 소리를 디지털 데이터로 변환합니다.
3. **데이터 저장**: 변환한 디지털 데이터를 버퍼에 일시 저장해 안정적으로 전송할 준비를 합니다.
4. **데이터 전송 및 제어**: 인터페이스 회로와 제어 회로가 데이터를 컴퓨터 내부로 전송합니다. 이 과정에서 데이터는 버스를 통해 이동합니다.

예를 들어, 사용자가 키보드의 키를 누르면 키보드는 해당 키의 입력을 감지하고 이를 키 코드로 변환해 CPU로 전달합니다. CPU는 이 데이터를 명령어로 처리해 적절한 작업을 수행합니다.

출력 장치의 작동은 CPU나 프로그램이 생성한 데이터를 출력 장치로 전송하고, 이를 사람이 인식할 수 있는 형태로 변환한 후, 최종적으로 물리적 또는 시각적으로 출력하는 일련의 단계로 구성됩니다.

1. **데이터 전송**: CPU나 프로그램이 생성한 데이터를, 버스를 통해 출력 장치로 전송합니다. 이 단계에서 CPU는 필요한 정보를 출력 장치에 전달합니다.

2. **데이터 변환**: 출력 장치가 받은 디지털 데이터를 장치 드라이버가 사람이 인식 가능한 형태로 변환합니다. 예를 들어, 디지털 이미지 데이터를 화면에 표시될 수 있는 형식으로 변환합니다.

3. **데이터 저장 및 출력 준비**: 변환한 데이터를 출력 장치의 버퍼에 저장하고 출력 장치를 준비 상태로 전환합니다. 이 단계에서는 출력 장치가 데이터를 처리할 준비를 합니다.

4. **출력 장치 동작**: 제어 회로가 데이터를 구동 장치로 전달해 물리적 또는 시각적으로 출력합니다. 이 단계에서 출력 장치는 실제로 데이터를 사용자에게 보여 주거나 전달합니다.

모니터 출력을 예로 들어 봅시다. 컴퓨터에서 이미지 데이터를 모니터로 전송합니다. 모니터 컨트롤러가 데이터를 픽셀 정보로 변환하고 각 픽셀을 조절해 지정된 색상과 밝기로 화면에 표시합니다. 이렇게 해서 사용자는 화면에서 이미지를 볼 수 있게 됩니다.

## 6.3.2 입출력 명령의 실행

입출력 작업은 CPU가 생성한 명령을 입출력 장치가 처리하며 이루어집니다. 이는 시스템 내부에서 데이터 흐름을 구체적으로 이해하는 데 중요한 역할을 합니다. 입출력 명령이 실행되는 과정은 다음과 같습니다.

1. **입출력 요청 생성**: 사용자가 소프트웨어를 통해 입출력을 요청합니다. 요청은 운영체제에 전달됩니다. 운영체제는 요청을 처리하기 위해 CPU에 입출력 명령을 생성하도록 지시합니다.

2. **CPU의 명령 생성**: CPU는 사용자의 요청에 따라 입출력 명령을 생성합니다. 예를 들어, 사용자가 파일을 읽고 싶다고 요청하면 CPU는 디스크에서 데이터를 가져오는 명령을 생성합니다.

3. **장치 컨트롤러와 통신**: CPU는 생성한 명령을 해당 장치 컨트롤러에 전달합니다. 장치 컨트롤러는 전달받은 명령을 해석하고 실제 장치의 동작을 제어합니다. 예를 들어, 디스크 컨트롤

러는 디스크 회전, 읽기/쓰기 헤드 위치를 조정해 데이터를 읽거나 씁니다.

4. **장치 상태 확인**: 장치 컨트롤러는 입출력 장치가 작업을 수행할 준비가 되었는지 확인합니다. 만약 장치가 준비되지 않았거나 오류가 발생하면 장치 컨트롤러는 CPU에 이를 알립니다.

5. **작업 수행 및 완료**: 입출력 장치는 요청한 작업을 수행하고, 완료된 데이터를 CPU 또는 메모리에 전달합니다. 작업이 완료되면 입출력 장치는 CPU에 신호(인터럽트)를 보내 작업이 끝났음을 알립니다.

파일 읽기 요청을 예로 들면, 사용자가 소프트웨어를 통해 파일 읽기를 요청합니다. 운영체제는 요청을 받아 디스크 컨트롤러에 읽기 명령을 전달합니다. 디스크 컨트롤러는 데이터를 읽어 메모리에 저장합니다. 작업이 완료되면 CPU에 인터럽트를 보내 작업이 끝났음을 알립니다.

### 6.3.3 입출력 장치의 데이터 전송 방식

컴퓨터에서 CPU, 메모리, 입출력 장치 간 데이터를 주고받는 방식을 **데이터 전송 방식**이라고 합니다. 데이터 전송 방식은 다음과 같은 목적을 위해 설계되었습니다.

1. **속도 차이 조율**: CPU는 매우 빠르게 작동하지만, 디스크나 프린터와 같은 입출력 장치는 상대적으로 느립니다. 데이터 전송 방식은 이 속도 차이를 조율해 시스템 성능을 최적화합니다.

2. **CPU 자원 절약**: CPU가 모든 데이터 전송 작업을 직접 처리하는 대신, 특정 기술을 사용해 CPU가 다른 작업에 집중할 수 있도록 돕습니다.

3. **데이터 손실 방지**: 데이터를 정확하게 전송하고 병목 현상을 최소화합니다.

입출력 장치에서 사용하는 데이터 전송 방식은 크게 프로그램 입출력, 인터럽트 기반 입출력, DMA가 있습니다.

● **프로그램 입출력**

**프로그램 입출력**(PIO, Programmed I/O)은 CPU가 입출력 장치와 직접 데이터를 주고받는 가장 기본적인 방식입니다. CPU는 입출력 장치의 상태를 확인하고 데이터를 송수신하며, 이 과정을 직접 제어합니다.

프로그램 입출력 방식의 작동 과정은 다음과 같습니다.

❶ **입출력 명령 실행**: CPU가 사용자나 프로그램의 요청에 따라 입출력 명령을 실행합니다.

❷ **장치 상태 확인**: CPU는 입출력 장치가 데이터를 송수신할 준비가 되었는지 상태를 지속적으로 확인합니다.

❸ **데이터 전송**: 장치가 준비 상태라면 CPU가 데이터를 한 번에 한 워드 또는 바이트 단위로 송신하거나 수신합니다.

❹ **작업 완료 확인**: CPU는 작업이 끝날 때까지 장치 상태를 지속해서 확인하고 데이터를 전송합니다. 작업이 끝나면 CPU는 다음 작업을 실행합니다.

그림 6-4 프로그램 입출력 작동 방식

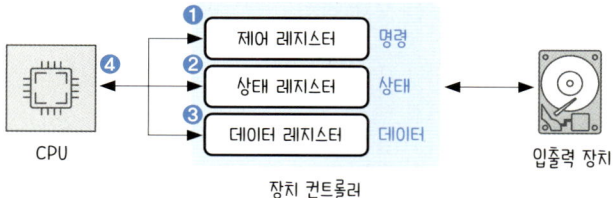

예를 들어, 사용자가 키보드에서 키를 누르면 CPU는 키보드 입력이 발생했는지 키보드 상태를 확인합니다. 입력이 감지되면 CPU는 키 코드를 읽어 메모리에 저장합니다.

CPU가 입출력 장치가 작업을 수행할 준비가 되었는지 상태를 지속적으로 확인하는 과정을 **폴링**(polling)이라고 합니다. 프로그램 입출력에서 폴링은 아주 중요합니다. 준비 상태가 아니면 CPU는 계속해서 상태를 확인하며 기다립니다. 예를 들어, 프린터의 출력이 완료되었는지, 디스크가 데이터를 읽을 준비가 되었는지 확인합니다. 장치가 준비되지 않은 경우 CPU가 대기해야 하므로 효율성이 떨어질 수 있습니다. 특히 입출력 장치가 느릴 경우 CPU 자원이 낭비됩니다.

프로그램 입출력 방식은 설계가 비교적 간단합니다. CPU가 입출력 과정을 직접 관리하기 때문에 장치를 유연하게 제어할 수 있지만, 작업 부하가 높습니다. 또한, 한 번에 한 워드 또는 바이트 단위로 데이터를 처리하므로 대량의 데이터를 전송하는 데는 비효율적입니다.

그래서 프로그램 입출력 방식은 키보드, 마우스와 같은 저속 장치에는 적합하지만, 고속 데이터 전송이나 다중 작업이 요구되는 환경에서는 비효율적입니다. 이를 개선하기 위해 인터럽트 기반 입출력과 DMA 같은 기술이 개발되었습니다.

● **인터럽트 기반 입출력**

**인터럽트 기반 입출력**(Interrupt-Driven I/O)은 입출력 장치의 상태가 변경되거나 작업이 완료되었음을 인터럽트 신호를 보내 CPU에 알리는 방식입니다. 이 방식은 CPU가 입출력 장치의 상태를 지속해서 확인하지 않아도 되므로 프로그램 입출력 방식보다 효율적입니다.

인터럽트 기반 입출력 방식의 작동 과정은 다음과 같습니다.

❶ **입출력 명령 전송**: CPU가 입출력 명령을 입출력 장치에 전달합니다. 예를 들어, CPU가 디스크에 데이터를 읽어오라는 명령을 보냅니다.

❷ **장치 작업 수행**: 입출력 장치는 CPU의 명령에 따라 데이터를 준비하거나 작업을 수행합니다.

❸ **인터럽트 발생 및 신호 전송**: 작업을 완료하거나 상태가 변경되면 입출력 장치가 CPU에 인터럽트 신호를 보냅니다. 예를 들어, 디스크에서 데이터가 준비되면 인터럽트 신호를 전송합니다.

❹ **인터럽트 핸들러 실행**: CPU는 현재 작업을 중단하고 인터럽트 핸들러(인터럽트가 발생했을 때 이를 처리하는 루틴 또는 프로그램)를 호출합니다. 인터럽트 핸들러는 데이터 전송, 상태 확인 등의 작업을 수행합니다.

❺ **작업 복귀**: 인터럽트 처리가 끝나면 CPU는 원래 작업으로 복귀합니다.

그림 6-5 인터럽트 기반 입출력 작동 방식

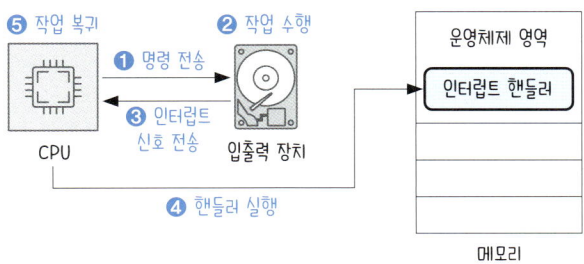

키보드 입력을 예로 들어 봅시다. 사용자가 키를 누르면 키보드 컨트롤러가 CPU에 인터럽트 신호를 보냅니다. CPU는 인터럽트 핸들러를 호출해 입력 데이터를 처리합니다. 처리가 끝나면 CPU는 원래 작업으로 복귀합니다.

인터럽트 기반 입출력 방식은 CPU가 장치 상태를 지속해서 확인하지 않아도 되므로 자원을 절약할 수 있습니다. 상태가 빠르게 변경되는 고속 장치에서도 적합합니다. 하지만 인터럽트 처리를 위한 하드웨어와 소프트웨어가 추가로 필요하고, 여러 장치에서 동시에 인터럽트가 발생하면 우선순위를 정하는 로직도 필요합니다.

현대 입출력 시스템에서는 여러 장치가 동시에 인터럽트를 발생시킬 수 있습니다. 이를 효율적으로 처리하기 위해 다양한 인터럽트 관리 메커니즘을 사용합니다.

- **우선순위 인터럽트**: 중요한 장치의 인터럽트를 먼저 처리합니다.
- **마스크 가능 인터럽트**: 특정 인터럽트를 일시적으로 무시합니다.
- **중첩 인터럽트**: 더 높은 우선순위의 인터럽트를 처리합니다.

● **DMA**

**DMA**(Direct Memory Access)는 입출력 장치와 메모리 간 데이터 전송을 CPU가 아닌 DMA 컨트롤러가 직접 처리하는 기술입니다. 이 방식은 CPU의 부담을 줄이고 데이터 전송 효율을 높이기 위해 사용합니다.

DMA에서 작업 흐름은 다음 단계로 이루어집니다.

❶ **DMA 요청 신호**: 입출력 장치가 데이터를 전송해야 할 때 해당 장치는 **DMA 요청 신호**(DRQ, DMA Request)를 DMA 컨트롤러에 보냅니다.

❷ **CPU 승인**: DMA 컨트롤러는 CPU에 DMA 요청을 전달하고, CPU는 해당 요청을 **승인**(DACK, DMA Acknowledge)합니다. 승인한 후 CPU는 메모리 버스 제어권을 DMA 컨트롤러에 넘깁니다.

❸ **DMA 데이터 전송**: DMA 컨트롤러는 CPU의 개입 없이 메모리와 입출력 장치 간 데이터를 직접 전송합니다. 이 과정에서 CPU는 다른 작업을 수행할 수 있습니다.

❹ **전송 완료 및 인터럽트 발생**: 데이터 전송이 완료되면 DMA 컨트롤러는 인터럽트를 발생시켜 CPU에 작업이 끝났음을 알립니다. CPU는 인터럽트를 처리하고 다음 작업을 이어 나갑니다.

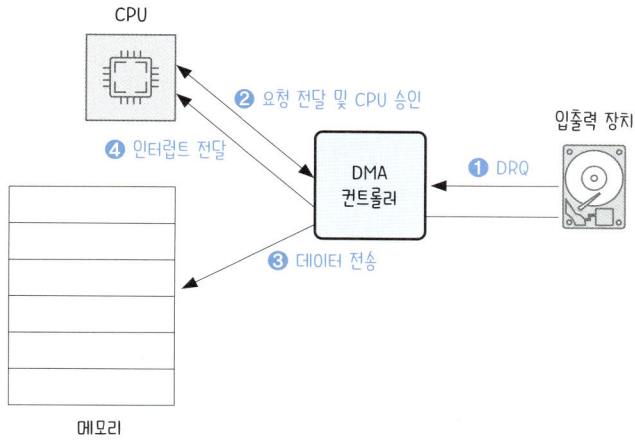

그림 6-6 DMA 작동 방식

디스크에서 데이터 읽기를 예로 들어 DMA의 작업 과정을 살펴봅시다. CPU가 디스크 컨트롤러에 읽기 명령을 전달합니다. 디스크 컨트롤러가 DMA 요청을 DMA 컨트롤러에 보냅니다(❶). DMA 컨트롤러는 CPU에 DMA 요청을 전달하고 CPU가 승인하면(❷) 데이터를 디스크에서 메모리로 직접 전송합니다(❸). 전송을 완료하면 DMA 컨트롤러가 CPU에 인터럽트 신호를 보내 작업 완료를 알립니다(❹).

DMA는 전송 방식에 따라 다음과 같이 구분됩니다.

1. **버스트 전송(burst transfer)**: 일정한 크기(버스트)로 데이터를 한꺼번에 전송하는 방식입니다. 전송 속도가 빠르지만, 전송이 완료될 때까지 CPU는 버스를 사용할 수 없습니다. 이 방식은 빠른 데이터 전송이 필요할 때 유용합니다.

2. **사이클 스틸링(cycle stealing)**: DMA가 버스를 아주 짧은 시간 동안 차지해 데이터를 전송하는 방식입니다. CPU는 해당 순간에 메모리 접근이 일시적으로 제한되지만, 짧은 주기로 나눠 버스를 사용하기 때문에 전체 시스템 성능에 미치는 영향은 최소화됩니다.

3. **블록 전송(block transfer)**: 전체 데이터를 한 번에 연속해서 전송하는 방식으로, 대용량 데이터 전송에 적합합니다. 하지만 전송이 진행되는 동안 DMA가 버스를 독점하므로 CPU는 해당 시간 동안 메모리에 접근하지 못할 수 있습니다.

DMA는 프로그램 입출력이나 인터럽트 기반 입출력과 달리 CPU가 직접 데이터를 전송하지 않아 부담이 줄어듭니다. 데이터 전송 작업을 DMA 컨트롤러가 대신 처리하므로 CPU는 다른 작업을 수행할 수 있습니다. 또한, CPU를 거치지 않고 입출력 장치와 메모리 간 데이터를 직접 전송하므로 전송 속도가 빠릅니다.

하지만 DMA 컨트롤러가 추가로 필요하고, 버스 사용을 조정하는 로직도 구현해야 합니다. DMA 전송 중에는 CPU의 메모리 접근이 제한될 수 있습니다. 또한, DMA 컨트롤러와 CPU가 메모리 버스를 동시에 사용하려 하면 충돌할 수 있습니다.

## 1분 퀴즈

정답 노트 p.391

**08.** 빈칸에 알맞은 단어를 넣으세요.

① _____은/는 출력 장치에서 데이터가 사람이 인식 가능한 형태로 변환된 후, 출력 준비 상태로 전환되기 전에 저장되는 공간입니다.

② _____은/는 CPU가 입출력 장치와 데이터를 주고받는 기본적인 방식입니다.

③ _____은/는 대량 데이터 전송에 가장 적합하며 CPU의 개입 없이 작동하는 방식입니다.

④ _____은/는 DMA 방식에서 입출력 장치가 데이터를 전송할 준비가 되었음을 CPU에 알리는 신호입니다.

⑤ DMA의 전송 방식 중 _____은/는 CPU와 DMA가 버스의 사용 시간을 나누어 효율적으로 데이터를 전송합니다.

**09.** 파일 읽기 요청이 있을 때, 디스크 컨트롤러가 관리하는 작업이 <u>아닌</u> 것은 무엇인가요?

① 디스크 회전  ② 읽기/쓰기 헤드 위치 제어
③ 메모리 데이터 저장  ④ 데이터 전송 준비

# 6.4 버스

버스(bus)는 컴퓨터 구성 요소 간에 데이터 전송을 위한 통로로, 내부 버스와 외부 버스로 나뉩니다. **내부 버스**(internal bus)는 CPU 내부의 구성 요소(ALU, 레지스터, 캐시 등)를 연결하는 통로입니다. CPU가 내부적으로 데이터를 처리하고 전송하는 데 사용합니다. **외부 버스**(external bus)는 시스템 버스라고도 하며 CPU와 메모리, 입출력 장치 간 데이터를 전송하는 통로입니다.

## 6.4.1 버스의 구조

버스는 역할에 따라 다음과 같이 나뉩니다.

그림 6-7 버스의 구조

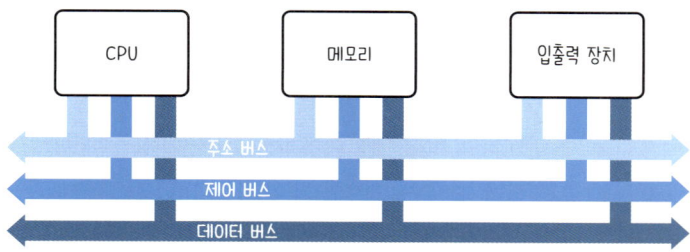

### 1. 주소 버스

**주소 버스**(address bus)는 CPU가 메모리나 입출력 장치의 특정 주소를 지정하는 데 사용합니다. CPU가 데이터를 읽거나 쓰려면 정확한 메모리 주소를 알아야 합니다. 주소 버스는 이 주소를 전달하는 역할을 합니다. 주소 버스의 폭(비트 수)은 시스템이 접근할 수 있는 주소 공간의 크기를 결정합니다. 예를 들어, 32비트 주소 버스는 $2^{32}$개의 서로 다른 메모리 주소를 지정할 수 있습니다. 이는 약 4GB의 메모리 공간을 의미합니다.

2. 제어 버스

**제어 버스**(control bus)는 CPU와 메모리 또는 입출력 장치 간 작업을 조정하고 동기화하는 데 필요한 제어 신호를 전달하는 통로입니다. 주요 제어 신호는 다음과 같습니다.

- **읽기/쓰기 신호**: 데이터의 읽기 작업과 쓰기 작업을 구분합니다.
- **인터럽트 신호**: 특정 장치가 CPU를 요구할 때 사용합니다. 예를 들어, 키보드 입력이나 마우스 클릭과 같은 이벤트가 발생했을 때 CPU에 알리는 신호입니다.
- **타이밍 신호**: 버스 작업을 동기화해 데이터 전송이 올바르게 이루어지도록 합니다.

3. 데이터 버스

**데이터 버스**(data bus)는 실제 데이터를 전송하는 통로입니다. CPU가 메모리에서 데이터를 읽거나 디스크에서 데이터를 가져올 때 데이터 버스를 통해 전달됩니다. 데이터 버스의 폭은 한 번에 전송할 수 있는 데이터의 양(비트 수)을 결정합니다. 예를 들어, 32비트 데이터 버스는 한 번에 32비트의 데이터를 전송할 수 있습니다.

## 6.4.2 버스와 입출력 장치의 관계

입출력 장치는 버스를 통해 컴퓨터의 주요 구성 요소와 통신합니다. 버스를 통한 CPU와 입출력 장치 간 데이터 흐름은 다음과 같습니다.

1. **CPU의 입출력 작업 요청**: CPU는 메모리에서 필요한 명령과 데이터를 준비해 입출력 작업을 요청합니다. 요청은 주소 버스를 통해 전달되어 어떤 메모리 주소나 장치에 접근할지를 지정합니다. 제어 버스를 통해 요청의 종류(읽기 또는 쓰기 작업)가 결정됩니다.
2. **장치 컨트롤러의 요청 수신**: CPU에서 전달한 명령을 장치 컨트롤러가 해석합니다. 장치 컨트롤러는 해당 입출력 장치가 작업을 수행할 준비가 되었는지 확인합니다. 준비되면 장치 컨트롤러는 요청된 작업을 시작합니다.
3. **입출력 장치의 데이터 처리**: 입출력 장치는 실제로 작업을 수행합니다. 예를 들어, 하드 드라이브에서 데이터를 읽거나 네트워크를 통해 패킷을 수신합니다.

4. **작업 결과 전송**: 작업을 완료하면 결과 데이터를 데이터 버스를 통해 CPU 또는 메모리로 전송합니다. 이와 동시에 장치 컨트롤러는 제어 버스를 통해 작업이 완료되었음을 CPU에 알립니다.

5. **CPU로 작업 상태 전달**: CPU는 작업 결과를 확인하고, 필요에 따라 해당 데이터를 응용 프로그램으로 전달하거나 추가 작업을 지시합니다. CPU는 입출력 작업의 결과를 바탕으로 다음 작업을 결정합니다.

### 6.4.3 버스 인터페이스 표준

입출력 장치는 컴퓨터와 연결할 때 특정한 버스 인터페이스 표준을 사용합니다. **버스 인터페이스 표준**은 컴퓨터 시스템 내에서 다양한 장치들이 서로 통신하고 데이터를 전송할 수 있도록 규정한 규칙이나 프로토콜을 의미합니다. 이러한 표준은 장치 간 호환성을 보장하고, 데이터 전송의 효율성과 안정성을 높입니다.

주요 버스 인터페이스 표준은 다음과 같습니다.

1. **USB**

**USB**(Universal Serial Bus)는 다양한 입출력 장치를 컴퓨터와 연결하기 위한 표준 인터페이스로, 다음과 같은 기능과 특징이 있습니다.

- 통일된 연결 방식을 제공해 키보드, 마우스, 프린터, 외장 하드 드라이브 등 다양한 입출력 장치를 연결하는 데 사용합니다.
- 사용자가 장치를 연결하면 자동으로 인식하고 설정할 수 있는 기능(플러그 앤 플레이)을 지원합니다. 즉, 사용자가 별도로 드라이버를 설치하거나 설정을 변경할 필요 없이 장치를 쉽게 사용할 수 있습니다.
- 컴퓨터가 작동 중일 때도 안전하게 연결하거나 분리할 수 있는 기능(핫스왑)을 제공합니다. 사용자는 장치를 끄지 않고도 장치를 추가하거나 제거할 수 있습니다.
- USB는 여러 버전이 있으며, 버전마다 데이터 전송 속도가 다릅니다. 전송 속도에 따라 USB 1.0(최대 12Mbps), USB 2.0(최대 480Mbps), USB 3.0(최대 5Gbps), USB 3.1/3.2(최대 10Gbps), USB 4(최대 40Gbps) 등이 있습니다.

## 2. PCIe

**PCIe**(Peripheral Component Interconnect express)는 CPU와 입출력 장치를 연결하는 직렬 데이터 전송 방식의 인터페이스로, 다음과 같은 기능과 특징이 있습니다.

- 데이터를 직렬 방식으로 전송합니다. **직렬 방식**은 데이터를 한 번에 하나씩 전송하는 방식으로, 병렬 방식보다 더 높은 속도와 효율성을 제공합니다.
- PCIe의 대역폭은 레인 수에 따라 증가합니다. **레인**(lane)은 데이터 전송을 위한 통로로, 여러 레인이 동시에 데이터를 전송할 수 있습니다. 예를 들어, PCIe 4.0은 한 레인당 최대 16GB/s의 대역폭(데이터 전송 속도)을 제공하므로 레인 수가 많을수록 총 대역폭이 증가합니다. 예를 들어, 4개 레인을 사용하는 경우 최대 64GB/s의 대역폭을 지원할 수 있습니다.
- PCIe는 고속 데이터 전송을 지원해 GPU, NVMe SSD 등 고성능 장치와 연결하는 데 주로 사용합니다. 이러한 장치들은 대량의 데이터를 빠르게 처리해야 하므로 PCIe의 높은 대역폭이 매우 중요합니다.

## 3. SATA

**SATA**(Serial ATA)는 디스크와 시스템 간 데이터 전송을 위한 현대적인 표준 인터페이스로, 다음과 같은 기능과 특징이 있습니다.

- 초기 저장 장치에서 사용하던 IDE(Integrated Drive Electronic) 인터페이스를 직렬 방식으로 개선한 버전입니다.
- 병렬 방식에 비해 케이블이 얇고 간소화되어 설치와 관리가 용이하다는 장점이 있습니다.
- 데이터 전송 속도에 따라 SATA I(최대 1.5Gbps), SATA II(최대 3Gbps), SATA III(최대 6Gbps) 버전으로 나뉩니다.

## 4. 썬더볼트

**썬더볼트**(thunderbolt)는 고속 데이터 전송과 영상 출력을 동시에 지원하는 인터페이스로, 다음과 같은 기능과 특징이 있습니다.

- Thunderbolt 3는 최대 40Gbps의 데이터 전송 속도를 제공합니다. 매우 빠른 속도로 대량의 데이터를 전송할 수 있습니다.

- PCIe, DisplayPort, USB를 통합해 지원합니다. 즉, 하나의 포트로 여러 기능을 사용할 수 있고, 다양한 장치를 연결할 수 있습니다.

- 주로 고성능 컴퓨터, 외장 하드 드라이브, 고해상도 모니터 등과 같은 장치에 사용합니다. 즉, 높은 대역폭과 빠른 데이터 전송 속도를 요구하는 응용 프로그램에 적합합니다.

## 1분 퀴즈

정답 노트 p.391

**10.** 빈칸에 알맞은 단어를 넣으세요.

① _____은/는 메모리 주소를 지정하거나 장치 주소를 지정하는 데 사용합니다.

② _____은/는 데이터 전송을 실제로 담당하며, 폭이 클수록 더 많은 데이터를 한 번에 전송할 수 있습니다.

③ _____은/는 CPU와 입출력 장치 간 작업을 동기화하거나 작업 상태를 알리기 위해 사용합니다.

④ _____은/는 디스크와 시스템 간 데이터 전송을 위해 설계된 인터페이스로, 얇고 간소화된 케이블을 사용합니다.

## 마무리

1. **입출력 시스템**

    ① 입출력 시스템은 컴퓨터가 외부와 데이터를 주고받는 데 필요한 모든 하드웨어 및 소프트웨어 요소로 구성된 시스템으로, 컴퓨터와 입출력 장치 간 효율적인 데이터 전송을 담당합니다.

    ② 주요 구성 요소
    - **입력 장치**: 센서, 신호 변환기(ADC), 인터페이스 회로, 제어 회로
    - **출력 장치**: 구동 장치, 신호 변환기(DAC), 인터페이스 회로, 제어 회로
    - **입출력 인터페이스**: 포트(물리적 포트와 논리적 포트), 버스, 데이터 버퍼, 장치 컨트롤러, 장치 드라이버

2. **입출력 장치의 작동 과정**

    ① 입력 장치: 데이터 감지 → 신호변환 → 데이터 저장 → 데이터 전송 및 제어

    ② 출력 장치: 데이터 전송 → 데이터 변환 → 데이터 저장 및 출력 준비 → 출력 장치 동작

    ③ 입출력 명령의 실행 과정: 입출력 요청 생성 → 장치 컨트롤러와 통신 → 장치 상태 확인 → 작업 수행 및 완료 → 작업 완료 시 CPU에 인터럽트 신호 발생

3. **입출력 장치의 데이터 전송 방식**

    ① 데이터 전송 방식은 CPU(고속)와 입출력 장치(저속)의 속도 차이를 보완합니다. CPU가 데이터 전송 작업에 과도하게 소모되지 않도록 설계하며, 데이터 손실 방지하고 병목 현상을 최소화합니다.

    ② 프로그램 입출력: CPU가 입출력 장치와 직접 데이터 주고받는 방식입니다. 설계가 간단하나 CPU 점유율이 높아 대량 데이터 전송에는 비효율적이며, 저속 장치에 적합합니다.

    ③ 인터럽트 기반 입출력: 장치가 작업 완료 시 인터럽트로 CPU에 알리는 방식입니다. CPU 자원을 절약할 수 있지만, 추가 하드웨어 및 소프트웨어가 필요하고, 인터럽트를

관리하는 로직을 작성해야 합니다. 고속 장치에 적합한 방식입니다.

④ DMA: DMA 컨트롤러가 CPU 개입 없이 데이터 전송을 처리하는 방식입니다. 버스트 전송, 사이클 스틸링, 블록 전송 방법이 있습니다. DMA는 CPU 부담이 감소해 대량 데이터를 전송할 때 효율적입니다. 하지만 별도의 DMA 컨트롤러가 필요하고, 버스 사용을 조정하는 로직을 작성해야 합니다.

4. **장치 컨트롤러와 장치 드라이버**

   ① 장치 컨트롤러: 입출력 장치를 제어하고, 컴퓨터 시스템과 데이터를 주고받는 하드웨어 모듈입니다.

   ② 장치 드라이버: 운영체제와 입출력 장치 간 인터페이스 역할을 수행하는 소프트웨어입니다.

5. **버퍼와 캐시**

   ① 버퍼: CPU와 입출력 장치 간 속도 차이를 완화하는 임시 저장소입니다.

   ② 캐시: 자주 사용하는 데이터를 임시로 저장하는 메모리입니다.

6. **버스**

   ① 버스는 데이터 전송을 위한 통로로, 내부 버스와 외부 버스(시스템 버스)가 있습니다.

   ② 버스의 구조

   - **주소 버스**: 메모리 또는 입출력 장치의 주소를 지정
   - **제어 버스**: CPU와 메모리, 입출력 장치 간 작업 동기화 및 조정
   - **데이터 버스**: 실제 데이터 전송

   ③ 입출력 작업 흐름

   - **CPU의 요청 생성**: 명령과 데이터를 준비 후 주소 버스와 제어 버스를 통해 전달
   - **장치 컨트롤러 요청 수신**: 명령 해석 및 장치 준비 상태 확인
   - **입출력 장치 데이터 처리**: 작업 수행
   - **작업 결과 전송**: 데이터 버스를 통해 데이터 전송 및 제어 버스를 통한 상태 보고
   - **CPU로 상태 전달**: 결과 확인 후 응용 프로그램 전달 또는 추가 작업 수행

④ 주요 버스 인터페이스

- **USB**: 범용 입출력 장치 연결(키보드, 마우스, 프린터 등)
- **PCIe**: 직렬 데이터 전송 방식으로, 고속 데이터 전송 지원
- **SATA**: 디스크 데이터 전송 표준 인터페이스
- **썬더볼트**: 데이터 전송(40Gbps) 및 영상 출력 통합

# Part 3

# 운영체제

# Part 3

# 운영체제

**7장** 운영체제

**8장** 프로세스 관리

**9장** 동기화

**10장** 스케줄링

**11장** 메모리 관리

**12장** 파일 시스템

# 7장

# 운영체제

운영체제는 하드웨어와 소프트웨어를 연결하는 역할을 합니다. 일상에서 사용하는 컴퓨터, 스마트폰, 서버 등 모든 컴퓨팅 장치는 운영체제 위에서 작동합니다. Part3에서는 운영체제가 어떻게 시스템 자원을 관리하고, 프로그램 실행을 제어하며, 다중 사용자 환경에서 안정성을 보장하는지 살펴봅니다. 운영체제의 원리를 이해하면 단순히 소프트웨어를 사용하는 것에서 벗어나 효율적인 프로그래밍과 시스템 설계 능력을 갖출 수 있습니다. 또한, 성능 최적화, 보안 강화를 위한 전략을 수립하는 데도 도움이 됩니다. 이 장에서는 운영체제가 무엇인지 살펴보고 운영체제의 주요 구성 요소와 기능을 이해해 봅니다.

## 7.1 운영체제 개요

컴퓨터, 스마트폰, 태블릿, 서버, 임베디드 시스템 등 다양한 장치에는 모두 운영체제가 탑재되어 있습니다. **운영체제**(OS, Operating System)는 하드웨어와 소프트웨어를 연결하는 핵심 역할을 담당하며, 사용자가 장치의 기능을 편리하게 활용할 수 있도록 돕습니다.

컴퓨터 시스템은 기본적으로 하드웨어와 소프트웨어로 구성됩니다. 운영체제는 하드웨어를 직접 제어하고 컴퓨터 자원을 효율적으로 관리하며, 사용자와 응용 프로그램이 하드웨어를 쉽게 사용할 수 있도록 지원합니다. 이 덕분에 사용자는 하드웨어의 복잡한 동작 원리를 몰라도 다양한 프로그램을 원활하게 실행할 수 있습니다.

컴퓨터에서 운영체제의 위치를 나타내면 다음과 같습니다.

그림 7-1 운영체제의 위치

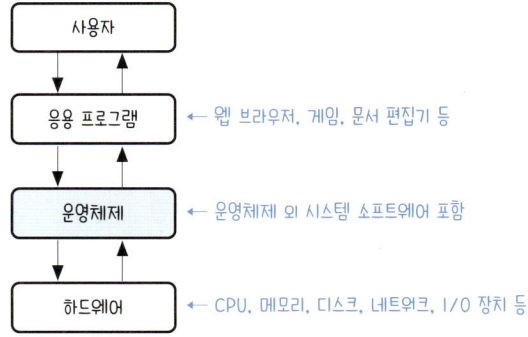

- **사용자**(user): 운영체제를 통해 응용 프로그램을 사용합니다.
- **응용 프로그램**(application): 사용자가 실행하는 소프트웨어입니다. 운영체제를 통해 하드웨어를 제어합니다.

- **운영체제(OS)**: 응용 프로그램과 하드웨어 사이에서 자원 관리, 프로세스 스케줄링, 메모리 관리 등의 역할을 수행합니다.
- **하드웨어(hardware)**: CPU, 메모리, 보조 기억 장치, 입출력 장치 등 물리적인 컴퓨터 구성 요소입니다.

## 7.1.1 운영체제의 역할

운영체제는 하드웨어와 소프트웨어가 효율적으로 작동할 수 있도록 다양한 기능을 수행합니다. 운영체제의 주요 역할은 다음과 같습니다.

1. **하드웨어 관리**

운영체제는 CPU, 메모리, 보조 기억 장치, 입출력 장치 같은 하드웨어를 관리합니다. 장치 드라이버를 사용해 하드웨어와 통신하며, 사용자와 응용 프로그램이 하드웨어를 쉽게 사용할 수 있도록 합니다.

2. **프로세스 관리**

프로그램을 실행하면 운영체제는 이를 **프로세스**(process)로 생성해 관리합니다. 운영체제는 프로세스의 생성, 종료, 상태 전환 등을 담당합니다. 여러 프로그램을 동시에 실행하면 각 프로세스에 CPU와 메모리를 적절히 분배해 원활하게 실행될 수 있도록 합니다. 또한, 프로그램 간 충돌을 방지하고, 프로세스 간 통신을 지원합니다.

TIP — 프로세스의 개념은 **8장**에서 살펴봅니다.

3. **메모리 관리**

운영체제는 한정된 메모리를 프로그램들이 효율적으로 사용할 수 있도록 할당하고, 사용이 끝난 메모리는 다시 회수합니다. 이 과정에서 **메모리 단편화**(fragmentation)를 최소화하고, 최대한 많은 프로그램을 동시에 실행할 수 있도록 합니다. 또한, **가상 메모리**(virtual memory) 기법을 사용해 실제 메모리보다 더 많은 프로그램을 실행할 수 있도록 합니다.

TIP — 메모리 관리 기법은 **11장**에서 다룹니다.

### 4. 파일 시스템 관리

운영체제는 데이터를 저장하고 관리하는 **파일 시스템**(file system)을 제공합니다. 파일 시스템을 사용해 파일을 생성, 수정, 삭제, 검색할 수 있으며, 디렉터리(폴더)로 파일을 체계적으로 정리할 수 있습니다. 또한, 파일 접근 권한을 관리해 여러 사용자가 시스템을 안전하게 사용할 수 있도록 합니다.

TIP —  파일 시스템은 12장에서 배웁니다.

### 5. 사용자 인터페이스 제공

운영체제는 사용자와 컴퓨터가 상호작용할 수 있도록 사용자 인터페이스를 제공합니다.

### 6. 보안과 접근 제어

운영체제는 다음과 같은 기능을 제공해 시스템의 보안을 유지하고, 자원에 대한 접근을 제어합니다.

- **사용자 인증(user authentication)**: 비밀번호, 생체 인증 등으로 사용자 신원을 확인합니다.
- **파일 및 프로그램 권한 관리**: 사용자의 권한에 따라 특정 파일이나 프로그램에 대한 읽기/쓰기/실행 권한을 부여합니다.
- **암호화 및 보안 기법**: 데이터를 보호하고, 악성 코드나 허용되지 않은 접근으로부터 시스템을 안전하게 유지합니다.

운영체제는 이와 같은 여러 역할을 수행하며, 하드웨어와 소프트웨어가 원활하게 동작할 수 있는 환경을 제공합니다. 사용자는 복잡한 하드웨어를 제어할 필요 없이 운영체제를 통해 응용 프로그램을 실행하고, 다양한 기능을 활용할 수 있습니다.

## 7.1.2 운영체제의 구성 요소

운영체제에는 여러 구성 요소가 있습니다. 이들이 서로 협력해 운영체제가 정상적으로 작동하도록 지원합니다.

운영체제의 주요 구성 요소는 다음과 같습니다.

## 1. 커널

**커널**(kernel)은 운영체제의 핵심 요소로, 하드웨어를 직접 제어하며 시스템 자원을 효율적으로 관리합니다. 주로 프로세스, 메모리, 파일 시스템, 장치 드라이버 등을 관리하는 역할을 담당합니다.

**TIP** — 커널에 관해서는 7.2절에서 살펴봅니다.

## 2. 사용자 인터페이스

운영체제는 사용자와 소통할 수 있는 인터페이스를 제공합니다. 사용자는 인터페이스를 통해 컴퓨터를 제어하고, 응용 프로그램을 실행하며, 파일을 관리하는 등의 작업을 수행할 수 있습니다.

**사용자 인터페이스**(UI, User Interface)에는 다음과 같은 유형이 있습니다.

- **그래픽 사용자 인터페이스(GUI, Graphical User Interface)**: 마우스, 아이콘, 창(window) 등 그래픽 요소를 사용해 직관적인 조작이 가능하게 합니다. 윈도우, 맥OS에서 주로 사용합니다.

- **명령줄 인터페이스(CLI, Command Line Interface)**: 키보드로 명령어를 입력해 시스템을 조작하는 방식으로, 더욱 정밀한 제어가 가능합니다. 리눅스의 Shell, 윈도우의 PowerShell 등에서 사용합니다.

## 3. 시스템 라이브러리

**시스템 라이브러리**(system library)는 운영체제에서 자주 사용하는 기능을 모아 놓은 소프트웨어 집합(라이브러리)입니다. 파일 입출력, 문자열 처리, 메모리 할당 등과 같은 기본 기능을 제공해 응용 프로그램이나 시스템 프로그램이 커널과 쉽게 상호작용할 수 있도록 합니다. 응용 프로그램은 운영체제의 기능을 직접 호출하지 않고, 라이브러리를 통해 기능을 사용할 수 있습니다. 대표적인 예로는 C 표준 라이브러리(stdio.h, stdlib.h), POSIX API 등이 있습니다.

## 4. 유틸리티

**유틸리티**(utility)는 운영체제의 기능을 보조하고, 시스템 유지 보수와 관리 작업을 지원하는 시스템 프로그램입니다. 파일 관리(복사, 이동, 삭제), 디스크 관리(디스크 포맷, 조각 모음), 네트워크 설정, 보안 및 바이러스 검사 등의 기능을 제공합니다. 유틸리티 프로그램은 운영체제에 내장되거나 별도로 제공될 수 있습니다.

> **Note** 응용 프로그램과 시스템 프로그램
>
> **응용 프로그램**(application)은 특정 작업을 수행하는 소프트웨어로, 사용자가 직접 실행합니다. 예를 들어, 웹 브라우저, 게임, 문서 편집기 등이 응용 프로그램에 해당합니다.
>
> **시스템 프로그램**(system program)은 운영체제 및 하드웨어의 기능을 지원하는 소프트웨어입니다. 운영체제와 응용 프로그램이 원활하게 실행되도록 관리합니다. 운영체제도 시스템 프로그램의 일종이며, 그 밖에 장치 드라이버, 파일 관리 도구, 디버거 등이 해당합니다.
>
> 즉, 응용 프로그램은 사용자가 직접 사용하고, 시스템 프로그램은 컴퓨터 시스템을 관리하며 다른 프로그램들이 정상적으로 실행될 수 있게 지원합니다.

## 7.1.3 운영체제의 실행 과정

컴퓨터 전원을 켜고 운영체제가 실행되어 시스템이 사용할 준비를 마치는 전체 과정을 **부팅**(booting)이라고 합니다. 부팅 과정은 운영체제가 저장 장치에서 메모리로 로드되어 실행되고, 시스템이 사용 가능한 상태가 되기까지 여러 단계를 거칩니다. 그럼 운영체제가 어떻게 실행되는지 단계별로 살펴보겠습니다.

1. **부팅 시작**: 컴퓨터 전원을 켜면 전력이 모든 하드웨어에 공급되고, CPU는 가장 먼저 펌웨어를 실행합니다.

2. **펌웨어 초기화 및 POST 수행**: 펌웨어는 CPU, 메모리, 그래픽 카드, 디스크 등 주요 하드웨어 장치를 초기화하고, 하드웨어가 정상적으로 작동하는지 확인합니다. 이 과정을 **POST**(Power-On Self Test)라고 합니다. 하드웨어에 이상이 없으면 부트 장치(운영체제가 설치된 저장 장치)를 찾는 과정으로 넘어갑니다.

3. **부트 로더 실행**: 펌웨어는 부트 순서에 따라 운영체제가 설치된 디스크(SSD, HDD, USB 등)를 찾습니다. 운영체제가 있는 저장 장치를 찾으면 부트 로더를 실행합니다. **부트 로더**(bootloader)는 운영체제를 메모리로 불러오는 작은 프로그램입니다. 부트 로더는 운영체제의 핵심 파일(커널)을 메모리에 로드하고, 시스템 제어를 운영체제로 넘깁니다. 윈도우는 Windows Boot Manager, 맥OS는 boot.efi, 리눅스는 GRUB(그럽)과 같은 부트 로더를 사용합니다.

4. **커널 로드 및 초기화**: 커널이 메모리에 로드되면 운영체제가 정상적으로 실행될 수 있도록 시

스템 자원을 초기화하고 기본 환경을 설정합니다. 커널은 메모리 관리 시스템, 프로세스 관리 시스템, 입출력 시스템을 초기화하고 파일 시스템을 설정합니다.

5. **장치 드라이버 로드 및 하드웨어 초기화**: 커널은 컴퓨터에 연결된 모든 하드웨어 장치를 제어하기 위해 장치 드라이버를 로드합니다. 장치 드라이버는 운영체제와 하드웨어 간 통신을 담당하고, 프린터, 키보드, 마우스, 네트워크 카드, 그래픽 카드 등의 장치를 사용할 수 있도록 설정합니다.

6. **시스템 서비스 및 데몬 실행**: 커널 초기화가 끝나면 운영체제는 시스템 서비스와 백그라운드 프로세스인 **데몬**(daemon)을 실행합니다. 이는 네트워크 설정, 로그인 관리, 파일 시스템 서비스, 백그라운드 작업 실행 등을 수행합니다. 윈도우는 Service Control Manager, 맥 OS는 launchd, 리눅스는 init 또는 systemd가 이러한 기능을 관리합니다.

7. **사용자 인터페이스 로드**: 모든 시스템 서비스가 정상적으로 실행되면 운영체제는 사용자와 상호작용할 수 있는 사용자 인터페이스를 로드합니다. 윈도우나 맥OS 같은 GUI 환경에서는 로그인 화면이 나타납니다. 사용자가 로그인하면 데스크톱을 표시합니다.

8. **응용 프로그램 실행 준비**: 이제 운영체제는 사용자가 요청하는 응용 프로그램을 실행할 준비가 되었습니다. 사용자가 프로그램을 실행하면 운영체제는 이를 프로세스로 관리하고, CPU와 메모리를 할당해 프로그램이 정상적으로 실행되게 합니다.

운영체제의 실행 과정(부팅 과정)은 하드웨어 초기화부터 응용 프로그램 실행까지의 단계로 구성됩니다. 이러한 과정을 거쳐 운영체제가 실행되면 하드웨어와 소프트웨어가 원활하게 작동할 수 있는 환경을 제공하고, 사용자는 자유롭게 프로그램을 실행할 수 있습니다.

## 1분 퀴즈

정답 노트 p.391

**01.** 빈칸에 알맞은 단어를 넣으세요.

① 운영체제는 사용자에게 _____ 을/를 제공해 컴퓨터와의 소통을 가능하게 합니다.

② _____ 은/는 하드웨어와 직접 상호작용하며 시스템 자원을 관리하는 운영체제의 핵심 부분입니다.

③ 부팅 과정에서 운영체제를 메모리에 로드하고 실행하는 작은 프로그램을 _____ (이)라고 합니다.

○ 계속

**02.** 다음 중 운영체제의 역할이 아닌 것은 무엇인가요?

① 프로세스 관리   ② 메모리 관리   ③ 그래픽 디자인   ④ 파일 시스템 관리

**03.** 운영체제가 제공하는 인터페이스로 옳은 것은 무엇인가요?

① API와 HTTP   ② GUI와 CLI   ③ TCP와 IP   ④ SSH와 FTP

**04.** 컴퓨터 전원을 켠 후 운영체제가 메모리에 로드되어 실행되는 과정은 무엇인가요?

① POST   ② 포맷   ③ 캐시   ④ 부팅

**05.** 운영체제의 구성 요소 중 하드웨어와 직접 상호작용하며 시스템 자원을 관리하는 것은 무엇인가요?

① 시스템 라이브러리   ② 유틸리티   ③ 커널   ④ 사용자 인터페이스

**06.** 운영체제에서 장치 드라이버의 역할은 무엇인가요?

① 응용 프로그램의 실행을 지원한다.   ② 파일 시스템을 관리하고 조직화한다.

③ 사용자와 소통할 수 있는 창구를 제공한다.   ④ 하드웨어와 통신하고 제어할 수 있게 한다.

**07.** 다음 중 설명이 옳은 것을 모두 고르세요.

① 커널은 하드웨어와 상호작용하며 파일 시스템, 메모리 관리, 프로세스 관리 등을 수행한다.

② 시스템 프로그램은 사용자가 직접 사용하는 프로그램으로, 워드 프로세서나 웹 브라우저 등이 이에 해당한다.

③ 사용자 인터페이스는 시스템 라이브러리와 같이, 개발자와 운영체제 간 소통을 위한 기능을 제공한다.

④ 유틸리티는 시스템 유지 보수와 관리 작업을 지원하는 시스템 프로그램이다.

⑤ 부팅 과정 중 커널이 로드되기 전에 사용자 인터페이스를 먼저 실행한다.

## 7.2 커널

운영체제를 이해하는 데 커널은 매우 중요한 요소입니다. 커널은 알맹이, 핵심을 뜻합니다. 단어의 의미처럼 **커널**(kernel)은 하드웨어와 소프트웨어 사이에서 자원 관리 및 시스템 운영을 담당하는 운영체제의 핵심 프로그램입니다.

커널은 프로그램이 하드웨어 자원을 사용할 수 있도록 CPU, 메모리, 디스크, 입출력 장치 등을 관리합니다. 또한, 시스템의 안정성과 보안성을 유지하며, 여러 프로그램이 동시에 실행될 수 있도록 지원합니다.

커널이 없다면 사용자가 직접 하드웨어를 제어해야 하므로 시스템이 매우 복잡해지고 프로그래밍은 더 어려워집니다. 커널은 이 과정을 간소화해 응용 프로그램이 하드웨어를 쉽게 사용할 수 있게 합니다. 즉, 운영체제가 수행하는 기능 중 핵심 역할(자원 관리, 프로세스 제어, 보안 등)은 대부분 커널이 담당한다고 보면 됩니다.

### 7.2.1 커널의 종류

커널은 시스템의 요구사항에 따라 다양한 방식으로 설계됩니다. 운영체제에서 커널의 구조는 크게 네 가지 형태로 구분할 수 있습니다.

- **모놀리식 커널**

**모놀리식 커널**(monolithic kernel)은 전통적인 형태의 커널로, 운영체제의 모든 핵심 기능을 **커널 영역**(kernel space)에서 실행하는 방식입니다. 커널 영역은 파일 시스템, 장치 드라이버, 메모리 관리, 프로세스 관리, 네트워크 관리 등 운영체제의 주요 기능을 모두 포함합니다.

모놀리식 커널은 한 개의 커다란 실행 단위로 동작합니다. 동일한 메모리 공간에서 모든 기능을 실행하므로 성능이 뛰어납니다. 응용 프로그램이 운영체제의 커널을 거치지 않고, 직접 하드웨어를 제어하거나 시스템 자원을 관리하므로 처리 속도가 빠릅니다.

하지만 한 기능에서 오류가 발생하면 전체 시스템이 다운될 위험이 있습니다. 즉, 성능은 뛰어나지만 안정성 면에서 단점이 있습니다. 또한, 커널 크기가 커지면 유지 보수와 디버깅하기가 어렵습니다.

모놀리식 커널은 Windows NT, 유닉스(FreeBSD, OpenBSD 등), 리눅스(모든 배포판)에서 사용합니다.

TIP — 운영체제는 운영체제를 위한 영역과 프로그램을 실행하는 영역으로 메모리를 분리해서 관리합니다. 운영체제를 위한 영역은 **커널 영역**이라고 하고, 프로그램을 실행하는 데 필요한 영역은 **사용자 영역**(user space)이라고 합니다.

● **마이크로 커널**

**마이크로 커널**(micro kernel)은 운영체제의 기능을 최대한 작고 간단하게 유지하려는 방식입니다. 커널 크기를 최소화하기 위해 필수 기능(프로세스 관리, 메모리 관리, 프로세스 간 통신)만 커널 영역에서 실행하고 나머지 기능(파일 시스템, 장치 드라이버 등)은 사용자 영역에서 실행합니다. 모든 기능이 독립적으로 실행되며 커널 크기가 매우 작아지는 특징이 있습니다.

마이크로 커널은 시스템에 장애가 발생하더라도 전체 커널이 다운되지 않아서 안정성이 높습니다. 또한, 기능을 쉽게 추가하거나 삭제할 수 있어서 유연성이 뛰어납니다.

그림 7-2 모놀리식 커널과 마이크로 커널 비교

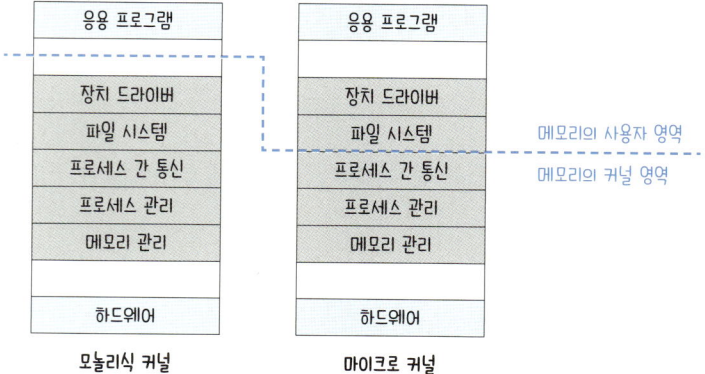

하지만 기능 간 통신이 많아지고, 사용자 영역과 커널 영역 간 전환이 자주 발생하므로 성능이 떨어질 수 있습니다. 설계가 복잡하고 유지 보수하기도 어렵습니다.

QNX(임베디드 시스템), MINIX(리눅스 개발할 때 참고하는 교육용 운영체제), 맥OS의 일부 커널 요소에서 마이크로 커널을 사용합니다.

● **하이브리드 커널**

**하이브리드 커널**(hybrid kernel)은 모놀리식 커널과 마이크로 커널의 장점을 결합한 형태입니다. 모놀리식 커널처럼 대부분의 기능(파일 시스템, 프로세스 관리 등)은 커널 영역에서 실행하지만, 특정 기능(일부 장치 드라이버, 네트워크 서비스 등)은 사용자 영역에서 실행하는 방식입니다. 예를 들어, 성능이 중요한 장치 드라이버는 커널 영역에서, 안정성이 중요한 장치 드라이버는 사용자 영역에서 실행합니다. 이렇게 함으로써 성능과 안정성을 동시에 확보할 수 있습니다.

하이브리드 커널은 주요 기능을 커널 영역에서 실행하므로 성능이 뛰어나고 속도가 빠릅니다. 또한, 일부 기능을 사용자 영역에서 실행하므로 시스템 장애가 발생했을 때 전체 시스템이 다운되는 것을 방지할 수 있습니다.

하지만 두 가지 커널 구조를 혼합해야 하므로 설계가 복잡하고 유지 보수하기가 어렵습니다. 일부 기능은 사용자 영역에서 실행하므로 메모리 사용량이 증가합니다.

하이브리드 커널은 Windows NT 계열(Windows XP 이후 모든 윈도우)과 맥OS(Darwin 커널, XNU 커널 기반)에서 사용합니다.

● **엑소커널**

**엑소커널**(exokernel)은 기존 커널 구조와 다르게 하드웨어 자원 관리를 최소화하는 방식으로, 성능을 극대화하기 위한 구조입니다.

응용 프로그램이 직접 하드웨어를 관리해서 최대 성능을 제공하며, 커널에 의존하지 않고 자체적으로 최적화가 가능해서 매우 유연합니다. 하지만 개발 복잡도가 높고 구현하기가 매우 어렵습니다. 또한 모든 응용 프로그램이 하드웨어를 제어하면 충돌할 가능성이 높아서 보안이나 안정성에서 문제가 발생할 수 있습니다.

그래서 주로 연구 목적이나 실험용 운영체제에서 사용하고 상용 운영체제에서는 거의 사용하지 않습니다. MIT의 ExOS가 엑소커널 기반 연구 프로젝트입니다.

### 7.2.2 시스템 호출

운영체제는 시스템을 운영하는 중요한 기능을 수행합니다. 만약 잘못 접근하면 시스템 전체가 불안정해지거나 손상될 수 있습니다. 그래서 운영체제는 커널의 중요한 기능을 보호하기 위해 시스템 호출을 사용합니다.

● **시스템 호출이란**

**시스템 호출**(system call)은 응용 프로그램이 운영체제의 기능을 요청할 때 사용하는 인터페이스입니다. 운영체제는 응용 프로그램이 커널 기능(파일 시스템, 네트워크, 메모리 할당 등)에 직접 접근할 수 없도록 제한하고 시스템 호출을 통해서만 접근하도록 합니다. 운영체제는 사용자의 요청을 확인하고, 허용된 작업만 수행하도록 합니다. 사용자가 하드웨어와 직접 소통하는 것은 매우 복잡하고 어렵습니다. 이런 복잡한 하드웨어 제어 역시 운영체제가 대신 수행하도록 시스템 호출을 제공합니다. 따라서 응용 프로그램이 하드웨어 자원에 접근하려면 반드시 시스템 호출을 사용해야 합니다.

예를 들어, 파일을 열 때 디스크의 특정 섹터를 읽기 위해 직접 명령을 입력할 필요 없이 open() 시스템 호출을 사용합니다. 또한, 메모리를 할당할 때 메모리에 직접 접근하지 않고 malloc()을 사용해 메모리를 요청합니다.

그림 7-3 시스템 호출의 작동 방식

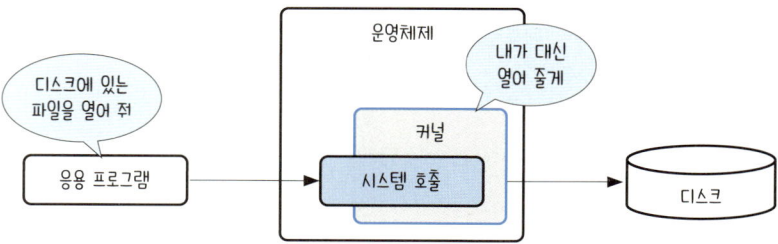

운영체제는 응용 프로그램이 하드웨어(메모리, 디스크 등)에 직접 접근하는 것을 제한해 시스템을 보호하고 보안을 유지합니다.

● **커널 영역과 사용자 영역**

운영체제는 메모리를 커널 영역과 사용자 영역으로 분리해 관리합니다. **커널 영역**은 운영체제와 커널 코드가 실행되는 공간이고, **사용자 영역**은 응용 프로그램, 사용자 프로세스 등이 실행되는 공간입니다.

웹 브라우저, 게임, 문서 편집기 등 모든 응용 프로그램은 사용자 영역에서 실행되고, 커널 영역에는 접근할 수 없습니다. 응용 프로그램에서 파일 시스템, 네트워크, 메모리 할당 같은 커널 영역의 기능이 필요하면 반드시 시스템 호출을 사용해야 합니다.

그림 7-4 메모리의 커널 영역과 사용자 영역

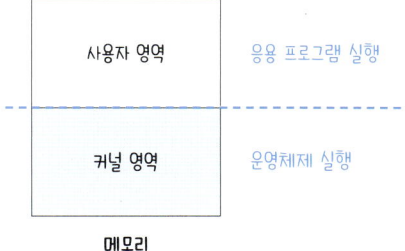

● **시스템 호출의 종류**

시스템 호출은 일반적으로 5가지 범주로 나눌 수 있습니다.

1. **프로세스 관리**

프로세스의 생성, 실행, 종료, 대기 등 프로세스 관련 작업을 수행하는 시스템 호출입니다. 대표적인 프로세스 관리 시스템 호출은 다음과 같습니다.

표 7-1 프로세스 관리 시스템 호출

| 종류 | 설명 |
| --- | --- |
| fork() | 현재 프로세스를 복제해 새로운 자식 프로세스 생성 |
| exec() | 새로운 프로그램 실행(현재 프로세스를 새로운 프로그램으로 교체) |
| exit() | 현재 프로세스 종료 |
| wait() | 부모 프로세스가 자식 프로세스의 종료를 기다림 |
| kill() | 특정 프로세스에 신호를 보내 강제 종료 |

## 2. 파일 관리

파일을 열고, 읽고, 쓰고, 닫는 등 파일 시스템 관련 작업을 수행하는 시스템 호출입니다. 대표적인 파일 관리 시스템 호출은 다음과 같습니다.

표 7-2 파일 관리 시스템 호출

| 종류 | 설명 |
| --- | --- |
| open() | 파일 열기 |
| read() | 파일에서 데이터 읽기 |
| write() | 파일에 데이터 쓰기 |
| close() | 파일 닫기 |
| unlink() | 파일 삭제 |

## 3. 입출력 관리

입출력 장치(디스크, 프린터, 키보드, 마우스 등)와 상호작용하는 시스템 호출입니다. 대표적인 입출력 관리 시스템 호출은 다음과 같습니다.

표 7-3 입출력 관리 시스템 호출

| 종류 | 설명 |
| --- | --- |
| ioctl() | 장치 제어(터미널 속성 변경 등) |
| read() | 입력 장치(키보드, 파일)에서 데이터 읽기 |
| write() | 출력 장치(화면, 파일)로 데이터 쓰기 |
| lseek() | 파일의 특정 위치로 이동 |

## 4. 메모리 관리

프로세스의 메모리를 할당, 해제하는 기능을 수행하는 시스템 호출입니다. 대표적인 메모리 관리 시스템 호출은 다음과 같습니다.

표 7-4 메모리 관리 시스템 호출

| 종류 | 설명 |
| --- | --- |
| brk() | 프로세스의 힙(heap) 영역 크기 조절 |
| mmap() | 파일을 메모리에 매핑(메모리 매핑 파일) |
| shmget() | 공유 메모리 할당 |
| shmat() | 공유 메모리 연결 |

5. 네트워크 통신

네트워크 통신을 처리하는 시스템 호출입니다. 대표적인 네트워크 통신 시스템 호출은 다음과 같습니다.

표 7-5 네트워크 통신 시스템 호출

| 종류 | 설명 |
| --- | --- |
| socket() | 소켓(서로 다른 컴퓨터 또는 프로세스 간에 데이터를 주고받을 수 있는 통신 인터페이스) 생성 |
| bind() | 소켓을 특정 포트에 할당 |
| listen() | 클라이언트(서버에 요청을 보내고 응답을 받아 처리하는 컴퓨터 또는 프로그램) 연결 요청 대기 |
| accept() | 클라이언트 연결 수락 |
| send() | 데이터 전송 |
| recv() | 데이터 수신 |

● **시스템 호출 과정**

응용 프로그램이 운영체제의 기능을 사용할 때 시스템 호출이 이루어지는 과정은 다음과 같습니다.

1. **응용 프로그램의 시스템 호출 요청**: 응용 프로그램이 시스템 자원을 사용하려고 운영체제에 시스템 호출을 요청하는 단계입니다. 이 요청은 사용자 모드에서 실행합니다.

2. **CPU 커널 모드 전환**: CPU가 사용자 모드에서 커널 모드로 전환되는 단계입니다. 시스템 호출이 발생하면 CPU의 제어권이 커널에 넘어가고, 실행 흐름이 응용 프로그램에서 운영체제로 변경됩니다. 운영체제는 시스템 호출을 직접 실행하는 것이 아니라 내부적으로 syscall 명령을 사용해 CPU에 커널 모드 전환을 요청합니다. syscall 명령이 실행되면 트랩 또는 소프트웨어 인터럽트가 발생하고 CPU가 커널 모드로 전환됩니다.

   TIP —— **트랩**(trap)은 시스템 호출이 발생할 때 실행 흐름을 변경하는 이벤트고, **소프트웨어 인터럽트**(software interrupt)는 소프트웨어가 CPU에 특정 요청을 전달하는 인터럽트입니다.

3. **시스템 호출 처리**: 운영체제의 커널이 요청한 시스템 호출의 종류를 분석하고, 해당 요청을 처리할 시스템 기능을 실행하는 단계입니다. 커널이 요청을 처리할 때는 파일 시스템, 프로세스 관리, 메모리 관리 등 여러 기능과 상호작용할 수 있습니다.

4. **결과 반환 및 사용자 모드 복귀**: 커널이 모든 요청을 처리하고 사용자 프로그램으로 다시 제어권을 넘기는 단계입니다. 이 단계에서는 요청한 작업이 정상적으로 완료되었는지 확인하고, 반환값(파일 디스크립터, 성공 여부, 오류 코드 등)을 응용 프로그램으로 전달합니다. 그리고 CPU를 커널 모드에서 사용자 모드로 전환해 응용 프로그램이 실행을 계속할 수 있도록 합니다.

   > **TIP** — **파일 디스크립터**(file descriptor)는 운영체제가 파일이나 입출력 장치와 같은 자원을 관리하기 위해 사용하는 정수 형태의 식별자입니다. 응용 프로그램이 파일을 열거나 장치에 접근할 때 커널이 해당 자원을 식별할 수 있게 합니다.

5. **응용 프로그램에서 반환 결과 사용**: 응용 프로그램은 커널이 반환한 값을 사용해 이후 작업을 수행합니다.

응용 프로그램에서 test.txt 파일을 여는 과정을 예로 들어 보겠습니다.

그림 7-5 시스템 호출로 파일을 여는 과정

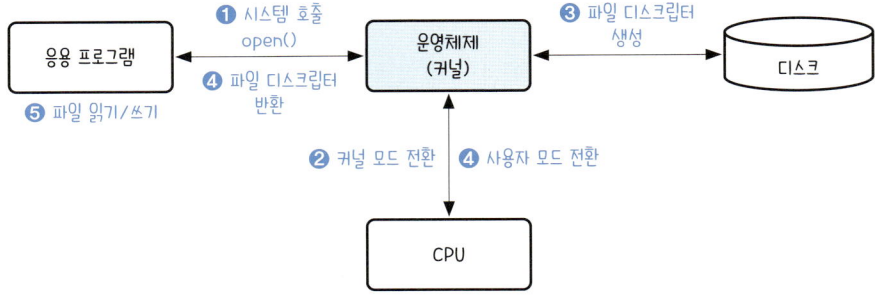

① 응용 프로그램은 open( ) 시스템 호출을 사용해 커널에 파일을 열어 달라고 요청합니다. 이 요청은 사용자 모드에서 실행됩니다.

② 시스템 호출이 발생하면 CPU는 사용자 모드에서 커널 모드로 전환되어 제어권이 커널로 넘어갑니다.

③ 커널이 파일 시스템(디스크)에서 test.txt 파일을 검색합니다. 해당 파일이 존재하면 파일의 메타데이터(파일 크기, 권한 등)를 확인해 파일 디스크립터를 생성합니다.

④ 요청한 작업을 완료하고 커널은 파일 디스크립터 번호 또는 오류 코드(-1, 파일 없음)를 반환합니다. CPU는 커널 모드에서 사용자 모드로 전환됩니다.

⑤ 응용 프로그램은 반환한 파일 디스크립터를 사용해 파일을 읽거나 씁니다.

### Note  커널 모드와 사용자 모드

운영체제는 CPU의 실행 모드를 크게 두 가지로 구분합니다.

- **커널 모드(kernel mode)**: 운영체제가 실행되는 특수 권한 모드로, 운영체제의 핵심 기능(프로세스 관리, 메모리 관리, 파일 시스템 관리, 입출력 관리)이 수행됩니다. 커널 모드에서는 CPU가 모든 명령어를 실행할 수 있고, 하드웨어(메모리, CPU, 디스크, 네트워크 등)에 직접 접근할 수 있습니다. 커널 영역으로 보호됩니다.

- **사용자 모드(user mode)**: 응용 프로그램이 실행되는 제한된 권한 모드입니다. 사용자 모드에서는 운영체제의 보호를 받으며 제한된 명령어만 실행할 수 있습니다. 다른 응용 프로그램이나 커널 공간에는 접근할 수 없습니다.

커널 모드에서는 운영체제가 실행되며, 응용 프로그램이 요청한 작업을 대신 처리합니다. 사용자 모드에서는 응용 프로그램이 실행됩니다. 운영체제는 응용 프로그램이 하드웨어를 직접 조작하지 못하도록 보호하기 위해 커널 모드와 사용자 모드 간 전환을 관리합니다. 즉, 응용 프로그램이 시스템 자원에 접근하려면 반드시 커널 모드에서 실행되는 운영체제의 도움을 받아야 합니다.

CPU의 실행 모드는 **모드 비트**(mode bit)를 사용해 구분합니다. 모드 비트가 0이면 커널 모드로 작동하고, 모드 비트가 1이면 사용자 모드로 작동합니다.

응용 프로그램이 시스템 호출을 요청하면 모드 비트가 0으로 바뀌면서 CPU를 사용자 모드에서 커널 모드로 전환합니다. 커널이 요청한 작업을 끝내면 모드 비트가 1로 바뀌고 CPU는 커널 모드에서 사용자 모드로 전환합니다.

그림 7-6 사용자 모드와 커널 모드의 전환

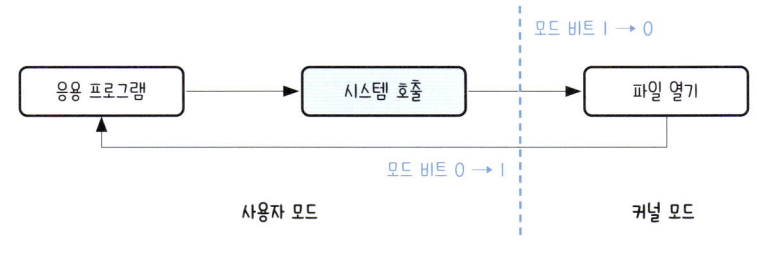

## 1분 퀴즈

정답 노트 p.391

**08. 빈칸에 알맞은 단어를 넣으세요.**

① 모놀리식 커널은 모든 운영체제의 주요 기능을 _____에서 실행하는 방식으로, 성능이 뛰어나지만 안정성 면에서 단점이 있습니다.

○ 계속

② 마이크로 커널은 운영체제의 기능을 최대한 작게 유지하기 위해 필수 기능만 _____ 에서 실행하고 나머지 기능은 _____ 에서 실행합니다.

③ 시스템 호출을 통해 응용 프로그램이 커널 기능을 요청할 때 CPU는 _____ 모드에서 _____ 모드로 전환됩니다.

**09.** 다음 중 운영체제의 커널 역할로 옳은 것은 무엇인가요?

① 웹 페이지 렌더링   ② 하드웨어 자원 관리

③ 문서 작성   ④ 그래픽 디자인 작업

**10.** 다음 중 마이크로 커널의 특징으로 옳은 것은 무엇인가요?

① 사용자 인터페이스를 커널에서 처리한다.

② 모든 기능을 커널 영역에서 실행해 성능이 뛰어나다.

③ 파일 시스템과 메모리 관리를 사용자 영역에서 실행한다.

④ 커널 크기를 줄여 필수 기능만 커널 영역에서 처리하고 나머지는 사용자 영역에서 실행한다.

**11.** 시스템 호출을 사용하는 주요 목적은 무엇인가요?

① 프로세스 간 통신을 제한하려고 사용한다.

② 사용자 인터페이스를 간단히 만들기 위해 사용한다.

③ 커널 기능에 안전하게 접근할 수 있는 인터페이스를 제공하기 위해 사용한다.

④ 응용 프로그램이 하드웨어를 제어하기 쉽도록 직접 접근하게 하려고 사용한다.

**12.** 다음 중 설명이 옳은 것을 모두 고르세요.

① 하이브리드 커널은 모든 기능을 사용자 영역에서 실행해 안정성을 높인다.

② 시스템 호출은 응용 프로그램이 커널의 기능을 요청할 때 사용하는 인터페이스다.

③ 마이크로 커널은 모놀리식 커널과 비교해 안정성은 높지만, 성능이 떨어질 수 있다.

④ 커널 모드는 시스템의 모든 자원에 접근할 수 있는 권한을 가진 CPU의 실행 모드다.

⑤ 모놀리식 커널은 안정성이 매우 뛰어나고, 오류가 발생해도 전체 시스템에는 영향을 주지 않는다.

1. **운영체제**

    ① 운영체제는 컴퓨터 자원을 효율적으로 관리하고 사용자와 응용 프로그램이 하드웨어를 쉽게 사용할 수 있도록 도와주는 소프트웨어입니다.

    ② 운영체제는 하드웨어 관리, 프로세스 관리, 메모리 관리, 파일 시스템 관리, 사용자 인터페이스 제공, 보안과 접근 제어 등을 수행합니다.

2. **운영체제의 구성 요소**

    ① 커널: 운영체제의 핵심 부분으로, 하드웨어 관리, 프로세스 관리, 메모리 관리, 파일 시스템 관리 등을 수행합니다.

    ② 사용자 인터페이스: 사용자와 운영체제가 소통할 수 있는 창구입니다.

    ③ 시스템 라이브러리: 운영체제에서 자주 사용하는 기능을 모아 놓은 소프트웨어 집합입니다.

    ④ 유틸리티: 시스템 유지 보수와 관리 작업을 돕는 프로그램입니다.

3. **운영체제의 실행 과정**

    ① 부팅: 컴퓨터 전원을 켜고 운영체제가 실행되어 시스템이 사용 준비를 마치는 과정입니다.

    ② 운영체제의 실행 과정: 부팅 시작 → 펌웨어 초기화 및 POST 수행 → 부트 로더 실행 → 커널 로드 및 초기화 → 장치 드라이버 로드 및 하드웨어 초기화 → 시스템 서비스 및 데몬 실행 → 사용자 인터페이스 로드 → 응용 프로그램 실행 준비

4. **커널의 종류**

    ① 모놀리식 커널: 운영체제의 주요 기능을 모두 커널 영역에서 실행하는 방식입니다.

    ② 마이크로 커널: 필수 기능만 커널 영역에서 처리하고 나머지는 사용자 영역에서 처리하는 방식입니다.

    ③ 하이브리드 커널: 모놀리식 커널과 마이크로 커널의 장점을 결합한 형태로, 대부분의 기능은 커널 영역에서 실행하지만, 일부 기능은 사용자 영역에서 실행합니다.

④ 엑소커널: 응용 프로그램이 직접 하드웨어를 관리하는 방식입니다.

5. **시스템 호출**

    ① 시스템 호출: 운영체제가 제공하는 기능을 응용 프로그램이 사용할 수 있도록 해 주는 인터페이스입니다.

    ② 운영체제는 메모리를 커널 영역(커널 실행), 사용자 영역(사용자 프로그램 실행)으로 나눕니다.

    ③ 시스템 호출은 크게 프로세스 관리, 파일 관리, 입출력 관리, 메모리 관리, 네트워크 통신으로 나눕니다.

    ④ 시스템 호출 과정: 응용 프로그램의 시스템 호출 요청 → CPU 커널 모드 전환 → 시스템 호출 처리 → 결과 반환 및 사용자 모드 복귀 → 응용 프로그램에서 반환 결과 사용

# 8장

# 프로세스 관리

이 장에서는 운영체제의 핵심 기능인 프로세스 관리에 관해 알아봅니다. 프로세스와 스레드의 개념을 이해하고 어떻게 동작하는지 살펴봅니다.

## 8.1 프로세스 개요

프로세스는 실행 중인 프로그램으로, CPU, 메모리 등 시스템 자원을 할당받아 동작합니다. 운영체제는 여러 프로세스를 동시에 관리하며, 각 프로세스는 고유한 메모리 공간, 식별자, 상태 정보를 가지고 있습니다. 또한, 프로세스는 포어그라운드 또는 백그라운드에서 실행되며, 메모리 구조(데이터 영역, 힙 영역 등), 입출력 정보 등 다양한 특성을 기반으로 효율적으로 작업을 처리합니다.

### 8.1.1 프로세스란

**프로그램**(program)은 어떤 작업을 수행하는 코드 집합입니다. 여러 명령어로 이루어져 있으며, 보조 기억 장치(이하 디스크)에 파일 형태로 저장됩니다.

사용자가 컴퓨터에서 프로그램을 실행하면 운영체제는 주 기억 장치(이하 메모리)에서 적절한 공간을 찾아 프로그램을 로드(load)합니다. 이 과정에서 디스크에 있던 프로그램의 실행 파일 코드와 데이터를 메모리로 가져옵니다. 이렇게 메모리에 로드되어 실행 중인 프로그램을 **프로세스**(process)라고 합니다.

운영체제는 메모리를 효율적으로 관리하기 위해 프로그램의 전체 코드와 데이터를 한꺼번에 로드하지 않고 필요할 때마다 일부만 가져옵니다.

그림 8-1 프로그램과 프로세스의 관계

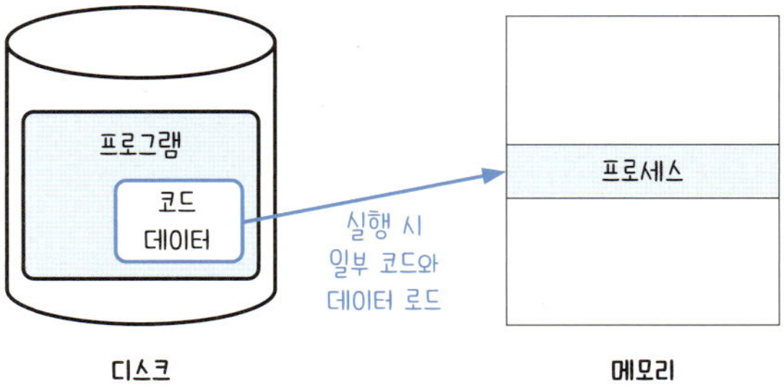

웹 브라우저를 예로 들어 보겠습니다. 사용자가 웹 브라우저 아이콘을 클릭하면 운영체제는 웹 브라우저가 실행될 수 있도록 메모리 공간을 찾습니다. 찾은 공간에 웹 브라우저의 실행 파일 코드와 데이터를 로드하고 프로세스를 생성합니다. 이와 같은 과정을 거쳐 웹 브라우저가 화면에 나타납니다.

TIP — '프로그램을 실행한다'는 표현은 디스크에 저장된 프로그램을 메모리에 로드해 CPU가 명령어를 처리하는 상태를 나타냅니다.

### 8.1.2 멀티프로세스

컴퓨터에서 실행 중인 프로세스는 작업 관리자에서 확인할 수 있습니다.

- **윈도우:** Ctrl + Alt + Del → 작업 관리자 → 프로세스 탭
- **맥OS:** command + option + shift + esc

예를 들어, 작업 관리자의 프로세스 탭에서 구글 크롬을 보면 이름 뒤 괄호 안에 숫자(여기서는 23)가 표시됩니다. 이는 현재 23개 크롬 프로세스가 실행 중이라는 의미입니다.

그림 8-2 컴퓨터에서 실행 중인 프로세스

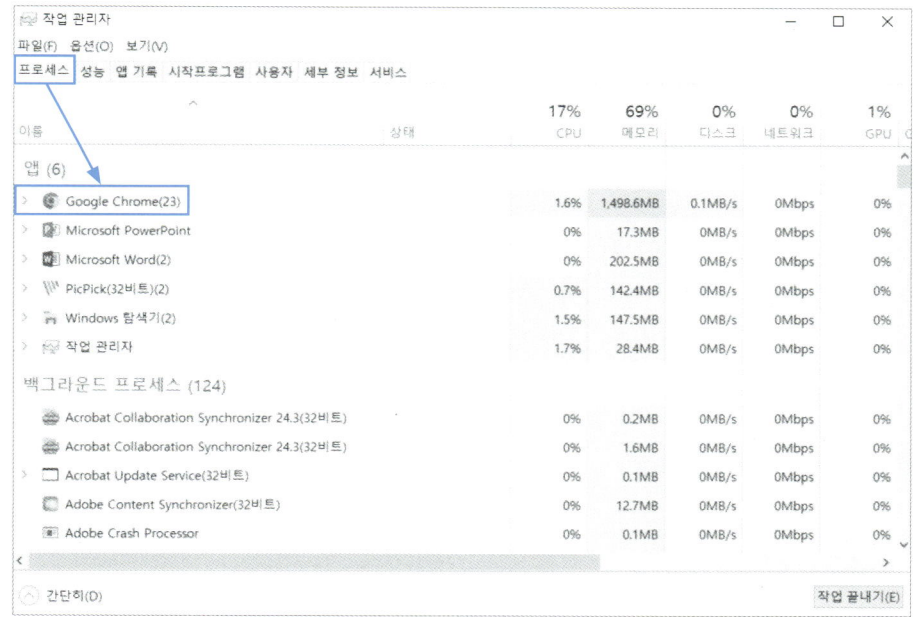

이처럼 한 프로그램이 동시에 여러 프로세스로 실행되는 구조를 **멀티프로세스**(multi-process)라고 합니다. 멀티프로세스 환경에서 같은 프로그램이 여러 번 실행되더라도 각각은 독립적인 프로세스로 작동합니다. 각 프로세스는 자신만의 메모리 공간을 사용하며 서로의 데이터나 상태에 영향을 미치지 않습니다. 또한, 운영체제가 CPU를 효율적으로 분배해 각 프로세스가 CPU를 독립적으로 사용합니다. 이러한 구조에서는 하나의 프로세스가 오류로 종료되더라도 다른 프로세스는 계속 실행할 수 있습니다. 웹 브라우저의 경우 각 탭을 독립적인 프로세스로 실행해 하나의 탭에 문제가 발생하더라도 다른 탭은 정상적으로 작동할 수 있게 합니다.

### 8.1.3 포어그라운드와 백그라운드 프로세스

**그림 8-2**에서 작업 관리자 하단을 보면 백그라운드 프로세스가 있습니다. 여기 표시된 프로세스들을 실행한 기억이 없을 겁니다. 이처럼 사용자와 직접 상호작용하지 않고 화면에 보이지 않는 상태에서 실행되는 프로세스를 **백그라운드 프로세스**(background process)라고 합니다.

백그라운드 프로세스는 일반적으로 컴퓨터가 부팅될 때 자동으로 시작되어 컴퓨터가 종료될 때까지 계속 실행됩니다. 그래서 작업 관리자로 확인하지 않으면 실행 중임을 인식하기 어렵습니다. 이 프로세스는 주로 시스템의 필수 기능을 유지하거나 반복 작업을 수행하는 데 사용합니다. 백신 프로그램, 프린터 스풀러(인쇄 작업 관리 소프트웨어), 시스템 소프트웨어 등이 백그라운드 프로세스로 작동합니다.

이와 반대로 사용자가 직접 실행하고 사용자 인터페이스를 통해 상호작용하는 프로세스를 **포어그라운드 프로세스**(foreground process)라고 합니다. 이 프로세스는 사용자가 직접 제어할 수 있고, 키보드나 마우스 같은 입력 장치로 입력을 받아 화면에 결과를 표시합니다. 작업 관리자의 프로세스 목록에서도 쉽게 확인할 수 있습니다. 웹 브라우저, 문서 편집기와 같은 프로그램이 포어그라운드 프로세스로 작동합니다.

### 8.1.4 프로세스의 메모리 구조

운영체제는 컴퓨터의 가장 중요한 시스템 소프트웨어입니다. 운영체제가 손상되거나 의도치 않게 수정되면 시스템 전체가 비정상적으로 작동할 수 있습니다. 그래서 운영체제는 운영체제를 위한 영역(커널 영역)과 프로그램을 실행하는 데 필요한 영역(사용자 영역)으로 메모리를 분리해 관리합니다. 영역을 분리함으로써 프로그램이 실수로 또는 악의로 운영체제의 중요한 메모리 영역에 접근해 수정하는 것을 방지할 수 있습니다. 또한, 각 프로그램(프로세스)이 사용하는 메모리 영역을 독립적으로 관리하면 한 프로그램에서 발생한 오류가 다른 프로그램에 영향을 미치지 않게 되어 전체 시스템의 안정성이 유지됩니다.

커널 영역에는 운영체제의 핵심 요소인 커널이 위치하고, 모든 프로세스가 공유합니다. 프로세스가 생성되면 사용자 영역에 각자 독립적인 메모리 공간을 할당받습니다. 이 공간은 다시 코드, 데이터, 힙, 스택 영역으로 나뉩니다.

그림 8-3 프로세스의 메모리 구조

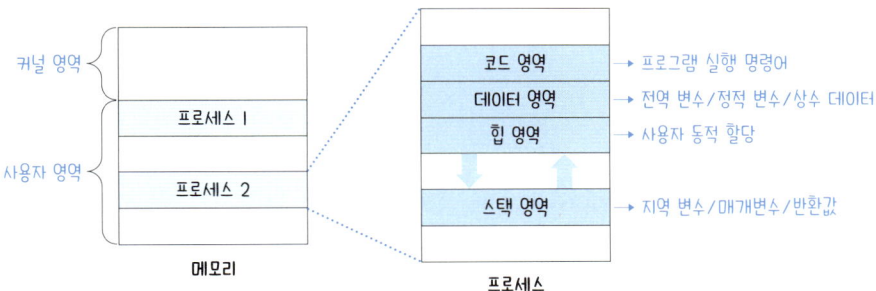

● **코드 영역**

**코드**(code) 영역은 프로그램 실행에 필요한 명령어를 저장하는 영역입니다. 이 영역은 CPU가 직접 읽어 실행하는 부분으로, 이 영역에 저장한 명령어들은 CPU가 이해하고 실행할 수 있는 기계어로 작성되어 있습니다.

코드 영역은 일반적으로 읽기 전용으로 설정합니다. 이는 프로그램이 실행되는 동안 코드가 변경되지 않도록 보호하기 위한 것입니다. 만약 코드가 실행 중에 수정된다면 프로그램이 예기치 않게 동작할 수 있습니다.

CPU는 코드 영역에서 명령어를 하나씩 읽어와 순차적으로 실행합니다. 이 과정은 프로그램의 실행 흐름을 결정합니다. CPU는 코드에 따라 다양한 작업을 수행합니다.

유닉스 또는 리눅스 시스템에서는 코드를 텍스트 형식으로 작성해서 코드 영역을 **텍스트**(text) 영역이라고도 합니다.

## ● 데이터 영역

**데이터**(data) 영역은 프로그램을 실행하는 동안 유지해야 하는 데이터(전역 변수, 정적 변수, 상수 데이터)를 저장하는 영역입니다. 이 데이터는 프로그램의 상태를 유지하고, 다양한 연산을 수행하는 데 사용합니다.

- **전역 변수**: 프로그램의 모든 함수에서 접근할 수 있는 변수로, 프로그램을 시작할 때 메모리에 할당되어 프로그램을 종료할 때까지 유지됩니다.
- **정적 변수**: 특정 함수에서 사용하며, 함수가 처음 호출될 때 한 번 초기화되고, 프로그램이 종료될 때까지 그 값을 유지하는 변수입니다.
- **상수 데이터**: 프로그램 실행 중에 변경되지 않는 값을 의미합니다. 예를 들어, 특정 수치나 문자열 상수 등이 해당합니다.

프로그램을 메모리에 로드할 때 데이터 영역에 필요한 데이터가 할당됩니다. 이 데이터는 프로그램이 실행되는 동안 계속해서 사용할 수 있으며, 프로그램이 종료될 때까지 메모리에 남아 있습니다.

## ● 힙 영역

**힙**(heap) 영역은 프로그램을 실행하는 동안 동적으로 메모리를 할당할 수 있는 영역입니다. 주로 객체나 동적 배열 등을 저장합니다. 개발자는 프로그램이 실행되는 동안 필요한 만큼 메모리를 요청하고 해제할 수 있지만, 직접 관리해야 합니다. 예를 들어, C 언어에서는 `malloc()` 함수로 메모리 할당을 요청하고, 더 이상 필요하지 않을 때는 `free()` 함수로 해제해야 합니다. 이를 소홀히 하면 메모리 누수가 발생할 수 있습니다.

**TIP** — **메모리 누수**(memory leak)란 프로그램이 할당한 메모리를 더 이상 사용하지 않는데도 메모리를 해제하지 않아 시스템의 메모리 자원이 점차 소모되는 현상입니다. 메모리 누수가 발생하면 프로그램의 성능 저하, 메모리 부족, 심지어 프로그램의 비정상 종료를 초래할 수 있습니다.

힙 영역의 크기는 프로그램이 실행되는 동안 운영체제가 조정합니다. 프로그램이 메모리를 요청하면 운영체제가 힙 영역에서 적절한 크기의 메모리를 할당하고, 필요에 따라 더 많은 메모리를 할당하거나 해제할 수 있습니다.

자바에서는 객체를 힙 영역에 저장합니다. `new` 키워드로 객체를 생성하면 해당 객체는 힙 영역에 할당됩니다. 자바는 가비지 컬렉터(garbage collector)가 자동으로 메모리를 관리하므로 개발자가 직접 메모리를 해제할 필요는 없습니다.

● **스택 영역**

**스택**(stack) 영역은 프로그램을 실행하는 동안 사용하는 데이터를 저장하는 영역입니다. 주로 함수 호출 시 생성되는 지역 변수, 매개변수, 반환값 등을 저장합니다.

- **지역 변수**: 함수 내부에 선언한 변수로, 해당 함수를 실행하는 동안만 유효합니다.
- **매개변수**: 함수를 호출할 때 외부에서 전달하는 값으로, 함수의 입력으로 사용합니다.
- **반환값**: 함수를 실행한 후 결과로 반환하는 값입니다.

함수를 호출할 때마다 스택 프레임이라는 메모리 블록이 새로 생성됩니다. 이 프레임에는 해당 함수의 지역변수와 매개변수, 반환값 등이 저장되고, 함수 실행이 끝나면 스택 프레임은 제거됩니다.

스택 영역은 LIFO(Last-In, First-Out) 구조로 동작합니다. 즉, 가장 나중에 호출한 함수가 먼저 종료됩니다. 예를 들어, 함수 A를 호출하고 그 안에서 함수 B를 호출하면 함수 B를 먼저 실행하고 종료한 후에 함수 A가 종료됩니다.

스택 영역의 크기는 프로그램 실행 중에 일정 범위 내에서 동적으로 변동될 수 있지만, 일반적으로 스택의 최대 크기는 실행 환경에 따라 제한이 있습니다. 스택 영역을 너무 많이 사용하면 스택 오버플로가 발생할 수 있습니다. 이는 프로그램이 비정상적으로 종료되는 원인이 됩니다. 스택 영역의 최대 크기는 프로그램을 컴파일하거나 실행 환경을 설정할 때 결정되며 이 정보는 실행 중에 바뀌지 않습니다.

TIP — **스택 오버플로**(stack overflow)는 프로그램이 사용하는 스택 메모리 영역이 가득 차서 더 이상 데이터를 저장할 수 없는 상태를 의미합니다.

## 8.1.5 PCB

운영체제는 각 프로세스에 대한 정보를 관리하기 위해 **프로세스 제어 블록**(PCB, Process Control Block)라는 데이터 구조를 사용합니다. 프로세스가 생성될 때 운영체제가 PCB를 생성하고, 프로세스가 종료되면 이를 제거합니다. PCB는 커널 영역에 위치하며, 사용자 프로세스가 직접 접근할 수 없습니다.

PCB는 프로세스의 상태를 추적하고, 프로세스 간 전환을 관리하는 데 사용합니다. 이를 위해 PCB에는 다음과 같은 여러 정보를 저장합니다.

그림 8-4 PCB에 저장하는 정보

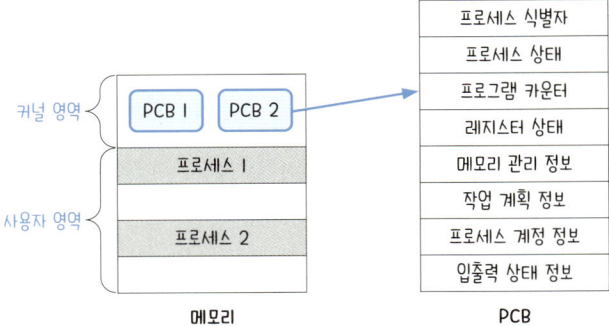

● **프로세스 식별자**

**프로세스 식별자**(PID, Process ID)는 운영체제가 각 프로세스를 구별하기 위해 부여하는 고유한 식별 번호입니다. 다양한 용도로 사용합니다.

- **프로세스 간 통신**: 프로세스가 서로 데이터를 주고받거나 통신할 때 PID를 사용해 특정 프로세스를 지정할 수 있습니다. 예를 들어, 한 프로세스가 다른 프로세스에 메시지를 보내거나 작업을 요청할 때 해당 프로세스의 PID를 사용해 정확한 대상을 지정합니다.

- **시스템 자원 관리**: 운영체제는 PID로 각 프로세스에 할당된 시스템 자원을 추적하고 관리합니다. PID로 어떤 프로세스가 어떤 자원을 사용 중인지 확인해 자원 충돌을 방지하고 자원을 효율적으로 분배합니다. 예를 들어, 두 프로세스가 동일한 파일에 접근하려고 할 때 PID를 사용해 충돌을 방지할 수 있습니다.

- **부모-자식 관계**: 프로세스는 다른 프로세스를 생성할 수 있는데, 이 경우 부모 프로세스와 자식 프로세스 관계가 형성됩니다. PID로 이러한 관계를 확인할 수 있습니다. 부모 프로세스는 자식 프로세스를 생성할 때 자식 프로세스의 PID를 알고 있습니다. 이때 얻은 정보로 자식 프로세스를 관리하거나 종료할 수 있습니다.

● **프로세스 상태**

**프로세스 상태**(process state)는 각 프로세스가 현재 어떤 상태에 있는지를 나타냅니다. 프로세스는 실행 중에 다음과 같은 다양한 상태로 바뀔 수 있습니다. 각 상태에 관해서는 **8.2절**에서 자세히 살펴봅니다.

- 생성 상태(new)
- 준비 상태(ready)
- 실행 상태(running)
- 대기 상태(waiting)
- 종료 상태(termination)

● **프로그램 카운터**

**프로그램 카운터**(PC, Program Counter)는 CPU 내부 레지스터의 하나로, 현재 실행 중인 명령어 다음에 실행할 명령어의 주소를 저장합니다. CPU가 명령어를 실행할 때마다 PC가 자동으로 증가해 다음 명령어의 주소를 가리키게 됩니다. 프로세스가 실행 도중에 멈추거나 중단되었다가 다시 실행될 때 PC는 이전에 실행하던 명령어의 주소를 기억하고 있어야 합니다. 이 주소를 바탕으로 프로세스가 중단된 지점에서부터 이어서 다시 실행할 수 있습니다. 따라서 PC의 값은 프로세스의 실행 상태를 복원하는 데 중요한 역할을 합니다.

● **레지스터 상태**

레지스터는 CPU 내부에 있는 아주 빠른 저장 공간으로, 명령어를 처리하고 연산을 수행하는 데 필요한 데이터를 임시로 저장합니다. **레지스터 상태**(register state)는 현재 레지스터에 저장된 값들을 의미하며, PCB에 이를 저장합니다. 이 값들은 프로세스가 실행되는 동안 CPU가 어떤 작업을 수행하고 있는지를 나타냅니다.

컴퓨터는 여러 프로세스를 동시에 실행할 수 있는 멀티태스킹 기능이 있습니다. 한 프로세스가 실행 중일 때 다른 프로세스가 CPU를 사용해야 할 경우, 현재 실행 중인 프로세스를 멈추고 다른 프로세스로 전환해 실행합니다. 이 과정에서 현재 프로세스의 레지스터 상태를 PCB에 저장합니다. 프로세스를 다시 실행할 때 PCB에 저장한 레지스터 상태를 읽어와서 CPU의 레지스터에 복원합니다. 저장한 정보 덕분에 프로세스는 중단된 지점에서부터 계속 실행할 수 있습니다.

● **메모리 관리 정보**

**메모리 관리 정보**(memory management information)는 프로세스를 실행하는 동안 필요한 메모리 자원에 관한 정보를 의미합니다. 여기에는 프로세스의 메모리 할당, 사용 중인 메모리의 상태, 메모리 접근 권한 등을 포함합니다.

프로세스를 실행하려면 메모리 공간이 필요합니다. 메모리 공간은 프로세스의 코드, 데이터, 스택 등 다양한 요소를 저장하는 데 사용합니다. 메모리 관리 정보는 이러한 메모리 자원을 어떻게 할당하고 관리할지 결정합니다. 메모리 관리는 운영체제의 중요한 기능 중 하나로, 여러 프로세스가 동시에 메모리를 효율적으로 사용할 수 있게 합니다. 메모리 관리에 관해서는 **11장**에서 자세히 다룹니다.

### ● 작업 계획 정보

**작업 계획 정보**(scheduling information)는 프로세스의 실행 순서와 CPU 할당을 관리하기 위해 저장하는 정보입니다. 이 정보는 멀티프로세스 환경에서 CPU가 여러 작업을 공정하고 효율적으로 처리하는 데 매우 중요합니다. 여기에 포함하는 정보는 다음과 같습니다.

- **프로세스 우선순위**: 각 프로세스는 중요도에 따라 우선순위(priority)가 있습니다. 우선순위가 높은 프로세스는 낮은 프로세스보다 CPU를 먼저 할당받습니다. 우선순위는 운영체제나 사용자가 설정할 수 있습니다. 시스템 프로세스는 일반적으로 높은 우선순위를 받아 중요한 작업이 신속하게 처리될 수 있도록 보장합니다.

- **스케줄링 큐 포인터**: 운영체제는 여러 프로세스를 관리하기 위해 스케줄링 큐를 사용합니다. **스케줄링 큐**(scheduling queue)는 준비 상태에 있는 프로세스들의 목록으로, CPU 할당을 기다리는 프로세스가 대기하는 공간입니다. 작업 계획 정보는 각 프로세스가 현재 어느 큐에 위치해 있는지 나타내는 포인터를 포함합니다. 이 정보로 운영체제는 어떤 프로세스를 다음에 실행할지 결정할 수 있습니다.

- **대기 시간과 경과 시간**: **대기 시간**(waiting time)은 프로세스가 준비 상태에서 CPU를 할당받기 위해 대기하는 시간을 의미합니다. 운영체제는 이 시간을 추적해 대기 시간이 지나치게 길어지는 프로세스가 없도록 관리합니다. **경과 시간**(elapsed time)은 프로세스를 실행한 총 시간을 의미합니다. 이 정보는 운영체제가 스케줄링을 조정하는 데 사용합니다. 예를 들어, 경과 시간이 긴 프로세스를 먼저 처리할 수 있습니다.

### ● 프로세스 계정 정보

**프로세스 계정 정보**(accounting information)는 각 프로세스가 시스템 자원을 어떻게 사용하고 있는지를 추적하고 관리하는 데 필요한 정보를 저장합니다. 이 정보는 운영체제가 자원 사용을 모니터링하고 최적화하는 데 사용합니다. 다음과 같은 정보를 포함합니다.

- **CPU 사용 시간**: 프로세스가 CPU를 사용한 총 시간을 기록합니다. 이 정보는 프로세스의 성능을 평가하거나 특정 프로세스가 얼마나 많은 CPU 자원을 사용했는지 확인하는 데 사용합니다. 운영체제는 이 정보로 각 프로세스가 공정하게 자원을 사용하고 있는지 모니터링할 수 있습니다.

- **메모리 사용량**: 프로세스가 할당받은 메모리 크기와 실제로 사용한 메모리 양을 기록합니다. 이 정보는 메모리를 비효율적으로 사용하는 프로세스를 찾아내고, 메모리 관리의 효율성을 높이는 데 활용합니다.

- **입출력 사용량**: 프로세스가 수행한 입출력 작업의 횟수와 양에 대한 정보를 기록합니다. 이 정보로 입출력 자원을 사용하는 패턴을 파악하고, 한 자원에서 병목 현상이 발생하지 않도록 조정할 수 있습니다.

- **실행 시작 시간과 종료 시간**: 프로세스가 실행을 시작한 시간과 종료된 시간을 기록합니다. 이 정보는 프로세스의 전체 실행 시간과 경과 시간을 계산하고 성능을 분석하는 데 활용합니다.

- **사용자 ID와 그룹 ID**: 프로세스를 실행한 사용자의 사용자 ID와 그룹 ID를 저장합니다. 사용자 ID(User ID)는 각 사용자를 식별하는 숫자이고, 그룹 ID(Group ID)는 해당 사용자가 속한 그룹을 식별하는 고유한 숫자입니다. 이 정보는 누가 프로세스를 실행했는지 추적하는 데 사용하며, 보안 정책을 적용할 때도 중요합니다.

- **페이지 폴트 수**: 페이지 폴트(page fault)는 프로세스에 필요한 데이터가 메모리에 없을 때 발생합니다. 각 프로세스에서 발생한 페이지 폴트 수를 저장해 프로세스의 메모리 접근 패턴을 파악할 때 활용합니다.

● **입출력 상태 정보**

**입출력 상태 정보**(I/O status information)에는 프로세스가 입출력 작업을 수행하는 동안 해당 작업에 대한 정보를 저장합니다. 이 정보는 프로세스가 현재 어떤 입출력 작업을 수행하고 있는지, 어떤 입출력 자원을 사용 중인지, 대기 중인 입출력 요청이 있는지 나타냅니다. 주로 저장하는 정보는 다음과 같습니다.

- **열린 파일 목록**: 프로세스가 읽거나 쓰기 위해 열어 둔 파일들의 정보입니다. 파일 디스크립터, 파일 위치, 접근 모드(읽기, 쓰기 등)와 같은 정보를 포함합니다.

- **입출력 요청 큐**: 프로세스가 요청한 입출력 작업들이 대기하고 있는 큐입니다. 이 큐에 대기 중인 작업들은 운영체제의 입출력 스케줄링 알고리즘에 따라 순서대로 처리됩니다. 즉, 여러 프로세스가 동시에 입출력 작업을 요청할 수 있으므로 운영체제는 이 요청들을 효율적으로 관리하기 위해 큐를 사용합니다.

## 1분 퀴즈

정답 노트 p.392

**01.** 빈칸에 알맞은 단어를 넣으세요.

① 사용자가 프로그램을 실행하면 프로그램의 실행 파일 코드와 데이터가 메모리에 로드되어 _____이/가 생성된다.

② 프로그램의 메모리 영역은 주로 _____, _____, _____, _____ 영역으로 나뉜다.

③ _____은/는 운영체제가 프로세스의 상태를 관리하기 위해 사용하는 자료구조로, 프로세스의 식별하기 위한 _____을/를 포함한다.

**02.** 다음 설명이 맞으면 O, 틀리면 X를 괄호 안에 넣으세요.

① (     ) 프로세스가 종료되면 PCB는 커널 영역에서 제거된다.

② (     ) 같은 프로그램은 동시에 여러 프로세스를 실행할 수 없으며, 항상 하나의 프로세스만 실행한다.

③ (     ) 사용자와 직접 상호작용하지 않는 프로세스를 백그라운드 프로세스라고 한다.

**03.** 사용자가 컴퓨터에서 프로그램을 실행할 때 운영체제가 하는 작업으로 올바른 것은 무엇인가요?

① 프로그램을 커널 영역에 로드한다.

② 디스크에서 프로그램의 전체 코드를 한 번에 로드한다.

③ 프로그램을 사용자 영역과 커널 영역에 동시에 로드한다.

④ 메모리에서 빈 공간을 찾아 프로그램에 할당하고, 일부 코드를 메모리에 로드한다.

**04.** 다음 중 PCB에 포함되지 않는 정보는 무엇인가요?

① 프로세스 아이디　　　　② 메모리 관리 정보

③ 사용자의 이메일 주소　　④ 입출력 상태 정보

**05.** PCB에 저장하는 정보 중 다음에 실행할 명령어의 주소를 가리키는 레지스터는 무엇인가요?

① 우선순위 레지스터  ② 프로그램 카운터

③ 대기 큐 포인터  ④ PID

**06.** 다음 중 사용자와 직접 상호작용하며 화면에 보이는 상태에서 실행되는 프로세스는 무엇인가요?

① 커널 프로세스  ② 백그라운드 프로세스

③ 인터럽트 프로세스  ④ 포어그라운드 프로세스

# 8.2 프로세스의 상태

프로세스는 생성되고 종료되기까지 다양한 상태를 거칩니다. 여기서 **프로세스의 상태**란 운영체제가 프로그램을 실행하는 동안 프로세스가 어떤 작업을 수행 중인지, 어떤 자원을 기다리고 있는지 나타냅니다.

## 8.2.1 프로세스의 생성

사용자가 컴퓨터에서 프로그램을 실행하면 새로운 프로세스가 생성됩니다. 웹 브라우저, 워드 프로세서, 뮤직 플레이어와 같은 응용 프로그램을 실행하면 각각 독립적인 프로세스로 실행됩니다.

또한, 컴퓨터를 켤 때도 여러 프로세스가 자동으로 생성됩니다. 부팅 과정에서 운영체제는 시스템의 핵심 기능을 수행하는 다양한 시스템 프로세스를 실행합니다. 이들은 사용자 인터페이스(바탕화면)가 나타나기 전부터 실행되어 하드웨어 관리와 시스템 서비스를 제공합니다.

윈도우의 작업 관리자에서 **서비스 탭**을 보면 현재 운영체제가 실행한 서비스들을 확인할 수 있습니다. 또한, **프로세스 탭**에서 백그라운드 프로세스와 Windows 프로세스 항목을 보면 운영체제가 자동으로 실행한 프로그램들을 확인할 수 있습니다.

그림 8-5 운영체제가 실행한 다양한 서비스

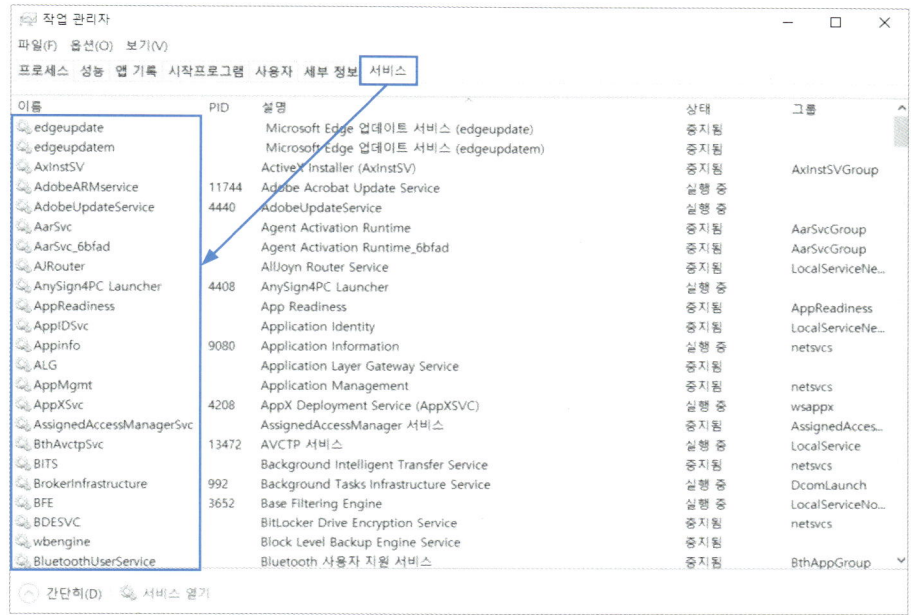

● **부모-자식 프로세스의 관계**

기존에 실행 중인 프로세스가 새로운 작업을 처리하기 위해 다른 프로세스를 생성할 수도 있습니다. 이때 기존 프로세스를 **부모 프로세스**, 새로 생성한 프로세스를 **자식 프로세스**라고 합니다. 자식 프로세스는 보통 부모 프로세스의 일부 자원(환경 변수, 파일 핸들, 메모리 공간의 복사본 등)을 상속받습니다. 예를 들어, 웹 브라우저가 실행 중일 때 새로운 탭을 열면 웹 브라우저는 새 탭을 위한 자식 프로세스를 생성해 실행합니다.

프로세스 생성 방식은 운영체제에 따라 다릅니다.

윈도우에서는 CreateProcess( ) 함수로 새로운 프로세스를 생성합니다. 이 함수는 새로운 프로세스를 만들고, 해당 프로세스의 실행을 시작하는 데 필요한 다양한 매개변수를 설정할 수 있습니다. 윈도우에서 생성된 프로세스는 일반적으로 부모 프로세스와 독립적으로 실행합니다. 즉, 부모 프로세스가 종료되더라도 자식 프로세스는 계속 실행할 수 있습니다.

유닉스와 리눅스 계열(맥OS 포함)에서는 fork( )라는 시스템 호출로 부모 프로세스를 복제해 자식 프로세스를 생성합니다. fork( )를 호출하면 현재 프로세스의 복사본이 생성되고, 복사본은 자식 프로세스가 됩니다.

자식 프로세스는 부모 프로세스와 동일한 메모리 공간을 가지지만, 이후에 exec( ) 시스템 호출을 사용해 자식 프로세스에서 새로운 프로그램을 실행할 수 있습니다. exec( )는 현재 프로세스의 메모리 공간을 새로운 프로그램으로 대체하는 역할을 합니다. 따라서 fork( )와 exec( )를 조합해 새로운 프로세스를 생성하고, 생성한 프로세스에서 다른 프로그램을 실행할 수 있습니다.

그림 8-6 부모-자식 프로세스의 관계

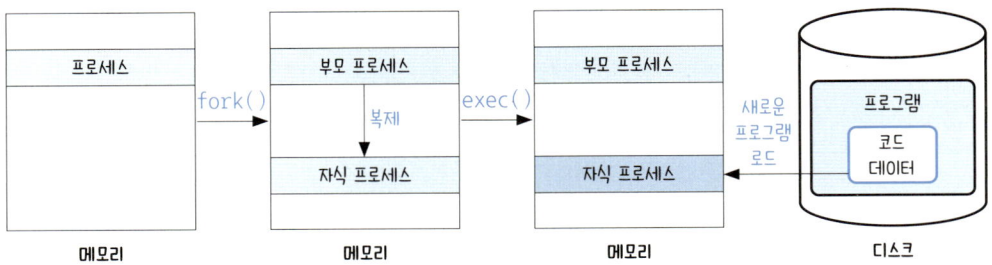

● **프로세스 ID와 부모 프로세스 ID**

운영체제는 각 프로세스를 관리하기 위해 고유한 **프로세스 ID**(PID)를 할당합니다. 그리고 새로운 프로세스가 생성될 때 기존 프로세스의 ID를 **부모 프로세스 ID**(PPID, Parent Process ID)로 저장합니다. 두 ID를 사용해 운영체제는 부모-자식 관계를 추적하고 관리할 수 있습니다.

예를 들어, 프로세스 A의 PID가 100이라고 합시다. 프로세스 A가 새로운 프로세스 B를 생성하면 프로세스 B는 프로세스 A의 자식 프로세스가 됩니다. 프로세스 B는 새로운 PID 101을 할당받고, PPID로 100을 저장합니다. 운영체제는 PID와 PPID를 기반으로 A가 B를 생성했음을 인식하고, 이 관계를 관리합니다.

PID와 PPID를 확인하는 방법은 운영체제에 따라 다릅니다. 윈도우는 작업 관리자의 **세부 정보 탭**에서 각 프로세스의 PID를 확인할 수 있습니다.

그림 8-7 실행 중인 프로세스의 PID 확인

PPID는 PowerShell을 사용해 확인할 수 있습니다. PowerShell을 열고 다음 명령어를 입력하면 각 프로세스의 PID와 PPID를 보여 줍니다.

```
Get-WmiObject Win32_Process | Select ProcessId, ParentProcessId
```

유닉스와 리눅스 계열에서는 `ps -ef` 명령어로 확인합니다. 터미널을 열고 `ps -ef` 명령어를 입력합니다.

```
ps -ef
```

이 명령어는 현재 실행 중인 모든 프로세스의 목록을 보여 줍니다. 각 프로세스의 PID와 PPID는 PID와 PPID 열에서 확인할 수 있습니다.

### 8.2.2 초기 프로세스

운영체제가 실행될 때 가장 먼저 생성되는 프로세스를 **초기 프로세스** 또는 **루트 프로세스**라고 합니다. 초기 프로세스는 부팅 과정에서 운영체제의 핵심 프로세스로 생성되어 다른 모든 프로세스를 생성하고 관리합니다.

초기 프로세스는 모든 다른 프로세스의 부모 역할을 합니다. 초기 프로세스가 자식 프로세스를 생성하면 자식 프로세스가 또 다른 자식 프로세스를 생성하면서 모든 프로세스의 계층 구조가 형성됩니다.

그림 8-8 프로세스의 계층 구조

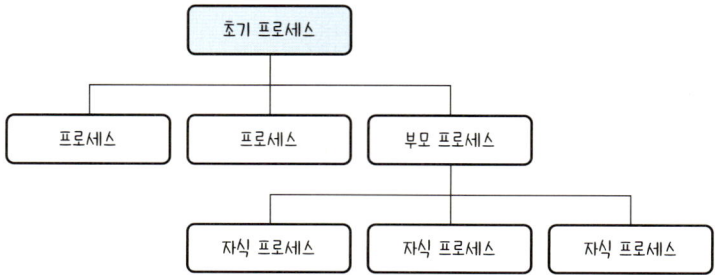

초기 프로세스는 시스템이 정상적으로 동작할 수 있도록 시스템의 주요 서비스와 데몬을 실행합니다. 또한, 프로세스 관리와 자원 할당 등을 수행합니다. 초기 프로세스는 운영체제가 종료될 때까지 계속 실행됩니다.

운영체제마다 초기 프로세스의 형태와 역할이 다릅니다. 윈도우의 초기 프로세스는 System입니다. 이 프로세스는 부팅 과정에서 가장 먼저 생성되며, PID는 일반적으로 4로 할당됩니다. System은 윈도우의 핵심 서비스(메모리 관리, 하드웨어 제어 등)를 제공하고, 시스템의 다른 프로세스를 관리합니다. 이 프로세스는 종료할 수 없으며, 윈도우가 정상 작동하는 데 꼭 필요합니다. 작업 관리자의 **세부 정보 탭**에서 System 프로세스 정보를 확인할 수 있습니다.

맥OS에서는 launchd가 초기 프로세스 역할을 하며 PID는 1입니다. 이 프로세스는 시스템 초기화, 시스템 서비스 및 데몬 관리, 사용자 로그인 및 세션 관리를 담당합니다. launchctl 명령어를 사용해 launchd의 상태를 확인하고, 서비스 및 데몬을 관리할 수 있습니다.

그림 8-9 윈도우의 System 프로세스

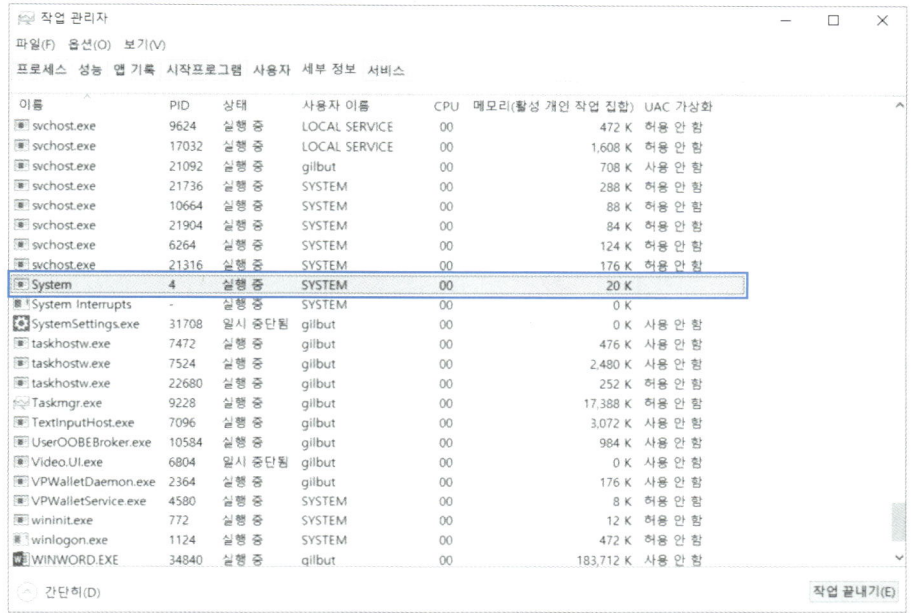

전통적인 유닉스와 리눅스 시스템에서는 init 프로세스가 초기 프로세스 역할을 하며, PID는 1입니다. init은 시스템 부팅 후 나머지 프로세스를 생성하고 관리하는 부모 프로세스입니다. 많은 현대 리눅스 배포판에서는 init 대신 systemd를 사용합니다. systemd는 시스템 초기화, 서비스 관리, 타이머, 로그 관리 등 다양한 기능을 포함하며, 시스템 부팅을 더 빠르고 효율적으로 수행합니다.

> **Note**  데몬과 서비스의 차이
>
> **데몬**(daemon)은 리눅스와 유닉스 계열 운영체제에서 주로 사용하는 용어로, 백그라운드에서 실행되는 시스템 서비스를 의미합니다. 일반적으로 시스템의 지속적인 기능을 수행합니다. 예를 들어 네트워크 서비스, 보안, 로그 관리와 같은 작업을 처리합니다. 데몬의 이름은 보통 'd'로 끝나는 경우가 많습니다. 예를 들어, httpd(웹 서버), sshd(SSH 서버) 등이 있습니다.
>
> **서비스**(service)는 주로 윈도우 운영체제에서 사용하는 용어로, 데몬과 유사한 개념입니다. 윈도우에서는 서비스 관리자에서 서비스를 관리하며, GUI 또는 명령어로 제어할 수 있습니다.
>
> 데몬과 서비스 모두 운영체제의 백그라운드에서 실행되며, 시스템의 기능을 지원합니다. 시스템이 부팅될 때 자동으로 시작하고, 시스템이 종료될 때까지 계속 실행됩니다.

## 8.2.3 프로세스의 상태 전환

운영체제는 프로세스가 시스템 자원을 어떻게 사용하는지에 따라 프로세스를 여러 상태로 구분해 관리합니다.

- **생성(new)**: 프로세스를 생성한 상태입니다. 프로그램을 실행하면 운영체제는 프로세스를 생성하고, 필요한 자원을 초기화합니다. 이 단계에서는 프로세스가 아직 실행되지 않고 실행을 위한 준비만 진행합니다.
- **준비(ready)**: 프로세스의 실행 준비가 완료되어 CPU가 할당되길 기다리는 상태입니다. 운영체제가 프로세스에 CPU를 할당하면 바로 실행될 수 있습니다. 이 단계에서는 CPU 외 다른 자원은 할당되지 않습니다. 멀티프로세스 환경에서는 준비 상태 프로세스가 여럿일 수 있습니다.
- **실행(running)**: 프로세스에 CPU가 할당되어 작업을 수행하는 상태입니다. CPU가 할당되는 순간 프로세스는 명령어를 순차적으로 실행합니다.
- **대기(waiting/blocked)**: 파일 입출력이나 네트워크 통신과 같은 이벤트가 발생해 해당 작업이 완료되기를 기다리는 상태입니다. 이 단계에서 프로세스는 시스템 자원을 사용하지 않고 해당 작업이 완료될 때까지 대기합니다. 이때 다른 프로세스가 CPU를 사용할 수 있습니다.
- **종료(termination)**: 프로세스가 모든 작업을 완료했거나 오류로 인해 종료한 상태입니다. 이 단계에서 운영체제는 프로세스에 할당한 모든 자원을 해제합니다.

운영체제는 프로세스의 상태를 전환해 자원을 효율적으로 관리하고, 여러 프로세스가 동시에 실행될 수 있도록 조정합니다. 이러한 프로세스의 상태 전환은 CPU 할당, 입출력 작업, 이벤트 발생, 운영체제의 스케줄링 정책 등에 의해 이루어집니다.

일반적인 상태 전환 과정은 다음과 같습니다.

그림 8-10 프로세스의 상태 전환

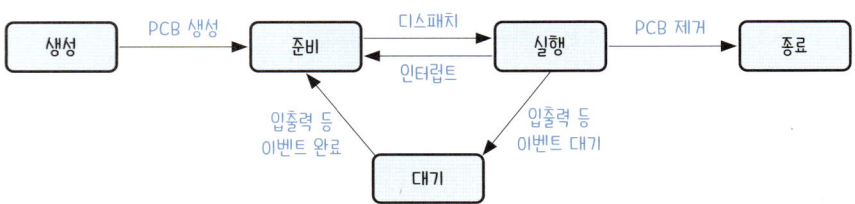

- **생성 → 준비**: 운영체제는 프로그램 코드와 데이터를 메모리에 로드하고 PCB를 생성합니다. 프로세스 실행을 위한 자원이 모두 할당되고 운영체제의 스케줄러가 프로세스를 실행 대기 목록에 추가합니다.

- **준비 → 실행**: 준비 상태의 프로세스 중 하나가 선택되어 CPU를 할당받으면 실행 상태로 전환됩니다. 운영체제의 CPU 스케줄러가 프로세스를 선택하는데, 이를 **디스패치**(dispatch)라고 합니다.

- **실행 → 준비**: 프로세스가 실행 중 할당된 CPU 시간을 모두 사용하면 다시 준비 상태로 전환됩니다. 전환 조건은 여러 가지입니다. 설정된 시간이 지나면, 즉 타이머 인터럽트가 발생하면 CPU 할당이 종료됩니다. 또는 운영체제가 우선순위가 높은 다른 프로세스를 실행하도록 결정할 수도 있습니다. 멀티프로세스 환경에서는 CPU 스케줄링에 의해 컨텍스트 스위칭이 발생합니다. 컨텍스트 스위칭을 뒤에서 살펴봅니다.

- **실행 → 대기**: 프로세스가 입출력 요청, 네트워크 작업 또는 특정 이벤트 발생을 기다려야 할 경우, CPU를 반납하고 대기 상태로 전환됩니다.

- **대기 → 준비**: 대기 상태의 프로세스가 기다리던 이벤트가 완료되면 다시 준비 상태로 전환됩니다. 예를 들어, 입출력 요청이 완료되어 데이터를 읽거나 쓰는 작업이 끝나는 경우, 특정 자원(파일, 네트워크 등)을 사용할 수 있는 상태가 되는 경우 등이 해당합니다.

- **실행 → 종료**: 프로세스가 실행을 완료하거나 오류가 발생해 종료합니다. 예를 들어, 프로그램이 exit( ) 또는 return 0;을 호출해 정상적으로 종료하거나 실행 중 오류(메모리 접근 오류, 스택 오버플로 등)로 인해 비정상적으로 종료합니다.

운영체제가 프로세스 상태를 관리하는 이유는 CPU, 메모리, I/O 장치 등 시스템 자원을 효율적으로 관리해 자원의 낭비를 줄이고, 시스템의 전반적인 성능을 향상시키기 위해서입니다. 또한, 프로세스를 동시에 실행해서 사용자가 여러 작업을 동시에 수행할 수 있게 합니다. 이때 프로세스 간에 자원을 공정하게 배분해 특정 프로세스가 자원을 독점하지 않도록 보장합니다. 이는 시스템의 안정성과 공정성을 유지하는 데 중요합니다. 이처럼 운영체제는 프로세스의 상태를 관리함으로써 시스템의 응답성을 높이고, 성능을 최적화해 사용자 경험을 개선합니다.

> **Note  인터럽트 유형**
>
> 인터럽트는 CPU가 현재 실행 중인 작업을 잠시 중단하고 운영체제가 중요한 이벤트를 처리할 수 있도록 하는 신호로, 하드웨어 또는 소프트웨어 요청으로 발생합니다. 운영체제는 인터럽트를 적절히 처리해 시스템이 안정적으로 실행되도록 합니다.
>
> 표 8-1 인터럽트 유형
>
> | 유형 | 설명 |
> | --- | --- |
> | 타이머 인터럽트 | CPU 스케줄링에 따라 일정 시간이 지나면 발생 |
> | I/O 인터럽트 | 키보드 입력, 디스크 입출력, 네트워크 패킷 수신 등으로 발생 |
> | 소프트웨어 인터럽트 | 프로그램이 시스템 호출(파일 열기, 프로세스 생성 등)을 하면 발생 |
> | 예외(exception) | 0으로 나누기, 메모리 접근 오류 등이 발생하면 CPU가 처리 요청 |

● **컨텍스트 스위칭**

현대 컴퓨터는 멀티프로세스를 지원합니다. 멀티프로세스 환경에서는 여러 프로세스가 동시에 실행되는 것처럼 보이지만, 실제로 CPU는 한 번에 하나의 프로세스만 실행할 수 있습니다. 이를 **동시성**(concurrency)이라고 하며, 하나의 CPU가 여러 프로세스를 짧은 시간 간격으로 빠르게 전환하며 실행해 동시에 여러 작업을 수행하는 것처럼 보이도록 처리하는 방식입니다. 실제로는 한 번에 하나의 작업만 처리하지만, 빠른 전환 덕분에 사용자 입장에서는 여러 작업을 동시에 실행하는 것처럼 느껴집니다.

이렇게 여러 프로세스를 빠르게 전환하며 실행하는 과정에서 컨텍스트 스위칭이 발생합니다. **컨텍스트 스위칭**(context switching)은 운영체제가 하나의 프로세스를 실행하다가 다른 프로세스로 전환하는 과정을 의미합니다. 여기서 **컨텍스트**(context)는 현재 실행 중인 프로세스의 상태를 포함한 모든 정보를 뜻합니다.

프로세스 1과 프로세스 2를 번갈아 실행하는 상황에서 컨텍스트 스위칭이 이루어지는 과정은 다음과 같습니다.

❶ 운영체제는 현재 실행 중인 프로세스 1의 상태 정보(레지스터 값, 프로그램 카운터, 메모리 정보 등)를 PCB 1에 저장합니다.

❷ 운영체제는 다음에 실행할 프로세스 2를 선택하고, PCB 2에 저장된 상태 정보를 읽어옵니다. 이 정보를 CPU의 레지스터와 프로그램 카운터에 로드합니다.

❸ CPU는 프로세스 2를 실행합니다.

❹ 운영체제는 프로세스 2의 상태 정보를 PCB 2에 저장하고 다시 프로세스 1을 실행하기 위해 같은 과정을 반복합니다.

그림 8-11 컨텍스트 스위칭 과정

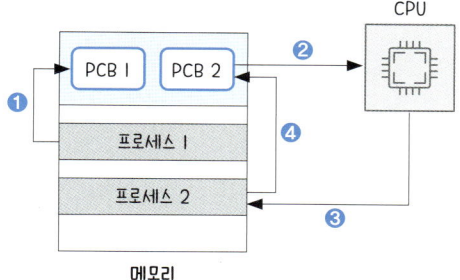

컨텍스트 스위칭은 CPU가 여러 프로세스를 관리하는 데 필요하지만, 이때 발생하는 오버헤드로 CPU 자원을 소모하게 됩니다. 컨텍스트 스위칭이 자주 발생하면 CPU는 실제로 작업을 수행하는 시간보다 상태를 저장하고 복원하는 데 더 많은 시간을 소모하게 됩니다. 이로 인해 전체 처리 속도가 저하되고, CPU의 성능이 떨어질 수 있습니다.

TIP — **오버헤드**(overhead)는 기본 작업 외에 부가적으로 발생하는 비용을 의미합니다. 작업을 수행하기 위해 추가로 소모되는 시간, 메모리, 기타 자원 등이 해당합니다.

이러한 문제를 해결하기 위해 스레드라는 개념이 등장했습니다. **스레드**(thread)는 프로세스 내에서 실행되는 경량의 실행 단위로, 같은 프로세스 내에서 자원을 공유할 수 있습니다. 스레드 간 전환은 프로세스 간 전환보다 훨씬 빠르며, 자원을 효율적으로 사용할 수 있게 해 줍니다. 자세한 내용은 **8.4 스레드**에서 다룹니다.

### 8.2.4 프로세스의 종료

프로세스는 실행 중 특정 조건을 충족하거나 예기치 않은 문제가 발생하면 종료합니다. 프로세스의 **종료**(termination)는 시스템 자원을 효율적으로 사용하고 안정성을 유지하는 데 매우 중요한 단계입니다.

종료한 프로세스의 자원 회수와 상태 관리는 운영체제가 담당합니다.

- **자원 회수**: 운영체제는 종료한 프로세스가 점유하고 있던 메모리, 파일 디스크립터, CPU

자원 등을 해제해 다른 프로세스가 사용할 수 있도록 합니다.

- **PCB 제거**: 운영체제는 종료한 프로세스의 PCB를 메모리에서 제거합니다. PCB는 프로세스의 상태, 프로그램 카운터, CPU 레지스터, 메모리 관리 정보 등 프로세스에 대한 정보를 담고 있습니다.
- **종료 상태 관리**: 운영체제는 종료한 프로세스의 상태를 기록하고, 필요에 따라 부모 프로세스에 종료 코드를 전달합니다. 종료 코드를 전달받은 부모 프로세스는 자식 프로세스의 실행 결과를 확인할 수 있습니다.

이러한 과정을 통해 시스템 자원의 낭비를 막고, 다른 프로세스가 원활하게 실행될 수 있게 합니다.

> **Note  종료 코드**
>
> **종료 코드**(exit code)란 프로세스가 실행을 마친 후 운영체제에 반환하는 정수 값입니다. 이 값은 프로세스의 실행 결과를 나타내며, 주로 다음과 같은 용도로 사용합니다.
>
> - **성공 또는 실패 여부**: 종료 코드는 프로세스가 성공적으로 완료되었는지, 아니면 오류가 발생했는지 나타냅니다. 일반적으로 0은 성공을 의미하고, 0이 아닌 값은 오류를 나타냅니다.
> - **오류 유형**: 특정 종료 코드는 특정 오류를 나타낼 수 있습니다. 예를 들어, 1은 일반적인 오류를 나타내고, 2는 잘못된 명령어를 의미할 수 있습니다. 프로그램이나 스크립트에 따라 종료 코드의 의미는 다를 수 있습니다.
> - **프로세스 간 통신**: 종료 코드는 부모 프로세스가 자식 프로세스의 실행 결과를 확인하는 데 사용합니다. 부모 프로세스는 자식 프로세스의 종료 코드를 확인해 후속 작업을 결정할 수 있습니다.
>
> 종료 코드는 주로 셸 스크립트, 배치 파일 또는 프로그래밍 언어에서 프로세스를 실행할 때 확인할 수 있습니다.

## ● 프로세스 종료 유형

프로세스의 종료 방식에 따라 시스템 동작이 달라질 수 있습니다.

### 1. 정상 종료

프로세스에 할당된 모든 작업을 정상적으로 완료하고 종료하는 경우입니다. 이때 일반적으로 종료 코드 0을 반환합니다. 예를 들어, 사용자가 워드 프로그램을 정상적으로 종료하거나 C 프로그램에서 return 0; 또는 exit(0);을 사용해 명시적으로 종료하는 경우입니다.

2. **요청에 의한 종료**

사용자 또는 운영체제의 요청으로 프로세스를 강제 종료하는 경우입니다. 사용자는 윈도우의 작업 관리자 또는 유닉스/리눅스의 kill 명령어를 사용해 프로세스를 종료할 수 있습니다.

```
kill -9 <PID>  # PID에 해당하는 특정 프로세스 강제 종료
```

운영체제는 다음과 같은 이유로 프로세스를 강제 종료할 수도 있습니다.

- **메모리 부족**: 새로운 프로세스를 실행할 공간이 부족할 경우 일부 프로세스 종료
- **우선순위 정책**: 우선순위가 낮은 프로세스를 종료해 시스템 자원 확보
- **비정상적인 동작 감지**: 무한 루프, 응답 없음 등 문제 발생 시 강제 종료

3. **비정상 종료**

오류 또는 예기치 않은 문제가 발생해 프로세스가 강제 종료되는 경우입니다. 일반적인 원인으로는 세그먼테이션 폴트(segmentation fault, 메모리 접근 오류), 잘못된 메모리 참조(invalid pointer access), 파일 디스크립터 초과, 비정상적인 종료 신호(SIGKILL, SIGTERM) 등이 있습니다. 이 경우 종료 코드는 0이 아닌 값(1, -1, 2 등)을 반환하는 것이 일반적입니다.

● **자식 프로세스의 종료**

자식 프로세스가 종료하면 운영체제는 자식 프로세스의 PPID를 참조해 해당 부모 프로세스에 종료 신호를 보냅니다. 이 신호로 부모 프로세스는 자식 프로세스의 종료 상태(성공적으로 종료되었는지, 오류가 발생했는지 등)를 확인하고 후속 처리를 할 수 있습니다.

윈도우에서는 부모 프로세스가 `WaitForSingleObject()`와 같은 API를 사용해 자식 프로세스의 종료를 감지할 수 있습니다. 이 API는 특정 프로세스가 종료할 때까지 대기하는 기능을 제공합니다.

유닉스와 리눅스 계열에서는 부모 프로세스가 `wait()` 또는 `waitpid()` 시스템 호출을 사용해 자식 프로세스의 종료 상태를 확인하고 자원을 해제합니다. 이 호출들은 자식 프로세스가 종료할 때까지 대기하고, 종료한 자식 프로세스의 종료 상태를 반환합니다.

● **고아 프로세스와 좀비 프로세스**

부모 프로세스가 먼저 종료하면 그 부모의 모든 자식 프로세스는 고아 프로세스가 됩니다. 즉, **고아 프로세스**(orphan process)는 부모 프로세스가 없는 자식 프로세스를 의미합니다. 고아 프로세스는 더 이상 부모 프로세스의 관리와 자원 해제를 받을 수 없습니다. 그래서 운영체제는 고아 프로세스를 다른 상위 프로세스 또는 초기 프로세스에 인계해 관리합니다. 인계받은 상위 프로세스는 고아 프로세스의 자원을 관리하고, 필요하면 종료할 수도 있습니다.

윈도우에서는 부모 프로세스가 종료할 경우 자식 프로세스도 자동으로 종료하는 경우가 많습니다. 유닉스와 리눅스 계열에서는 init 또는 systemd가 고아 프로세스를 관리합니다.

반대로, 자식 프로세스가 종료하면 운영체제는 종료 상태를 부모 프로세스에 알려 줍니다. 부모 프로세스는 자원이 정상적으로 해제되도록 자식 프로세스의 종료 정보를 수집합니다. 부모 프로세스가 이를 수집하지 않으면 좀비 프로세스가 됩니다.

**좀비 프로세스**(zombie process)는 이미 종료한 프로세스지만, 운영체제의 메모리에 PCB가 남아 있는 상태를 의미합니다. 이로 인해 운영체제의 자원을 차지하게 되어 성능 저하를 유발할 수 있습니다.

좀비 프로세스를 해결하려면 부모 프로세스에서 `wait()` 또는 `waitpid()` 시스템 호출을 사용해 종료 상태를 수집합니다. 또는 부모 프로세스가 종료할 경우 운영체제가 자동으로 좀비 프로세스를 정리하도록 합니다. 리눅스에서는 init 프로세스가 이러한 좀비 프로세스를 정리하는 역할을 합니다.

## 1분 퀴즈

정답 노트 p.392

**07. 빈칸에 알맞은 단어를 넣으세요.**

① 부모 프로세스가 먼저 종료되면 자식 프로세스는 _____ 프로세스가 되며, 운영체제는 이를 다른 상위 프로세스에 인계해 관리한다.

② _____ 프로세스는 가장 먼저 생성되는 프로세스로, 주로 리눅스/유닉스 시스템에서 PID가 1로 할당된다.

③ 프로세스의 실행 준비가 완료되어 CPU 할당을 기다리는 상태를 _____ 상태라고 한다.

**08.** 다음 설명이 맞으면 O, 틀리면 X를 괄호 안에 넣으세요.

① (   ) 초기 프로세스는 운영체제 부팅 과정에서 생성되어 모든 다른 프로세스의 부모 역할을 한다.

② (   ) 프로세스가 작업을 모두 완료하면 준비 상태에서 종료 상태로 바로 전환된다.

③ (   ) 좀비 프로세스는 부모 프로세스가 자식 프로세스의 종료 상태를 수집하지 않아서 시스템에 남아 있는 프로세스를 의미한다.

④ (   ) 프로세스의 대기 상태는 주로 입출력 작업이 완료될 때까지 CPU 자원을 반납하고 기다리는 상태를 의미한다.

**09.** 다음 중 새로운 프로세스를 생성하는 시점에 해당하지 <u>않는</u> 것은?

① 프로그램을 실행할 때
② 프로세스를 종료할 때
③ 컴퓨터를 부팅하며 자동 생성할 때
④ 기존 프로세스가 자식 프로세스를 생성할 때

**10.** 리눅스 시스템에서 시스템 초기화와 시스템 전체 서비스를 관리하는 초기 프로세스는 무엇인가요?

① launchd　　② init　　③ System　　④ kernel

**11.** 다음 중 프로세스의 상태 전환에서 CPU를 사용하지 않으며 특정 작업이 완료되기를 기다리는 상태는 무엇인가요?

① 생성　　② 준비　　③ 실행　　④ 대기

**12.** 좀비 프로세스가 발생하는 이유는 무엇인가요?

① 자식 프로세스가 작업을 완료한 후 메모리에서 제거되지 않아서

② 부모 프로세스가 자식 프로세스의 종료 상태를 수집하지 않아서

③ 자식 프로세스가 부모 프로세스를 종료시켰기 때문에

④ 운영체제가 메모리를 효율적으로 관리하지 못해서

# 8.3 프로세스 간 통신

멀티프로세스 환경에서는 각 프로세스가 독립적인 메모리 공간을 사용하므로 직접 데이터를 공유할 수 없습니다. 그래서 프로세스들이 데이터를 교환하고 협력할 수 있도록 프로세스 간 통신이 등장했습니다.

**프로세스 간 통신**(IPC, Inter-Process Communication)은 프로세스들이 서로 데이터를 주고받으며 상호작용할 수 있게 하는 방법입니다. 운영체제는 IPC를 통해 여러 프로세스가 데이터를 안전하게 공유하고, 자원을 협력적으로 사용할 수 있도록 관리합니다. IPC는 다양한 방법으로 구현할 수 있습니다.

## 8.3.1 파이프

**파이프**(pipe)는 두 프로세스 간 데이터를 주고받을 수 있는 통신 채널로, 먼저 쓴 데이터를 먼저 읽는 FIFO 구조로 작동합니다. 한 프로세스가 파이프에 데이터를 쓰면 다른 프로세스가 이를 읽을 수 있습니다. 파이프는 기본적으로 한 방향으로만 데이터 전송이 가능한 단방향 통신입니다. 양방향 통신을 하려면 파이프가 2개 필요합니다.

그림 8-12 파이프의 작동 방식

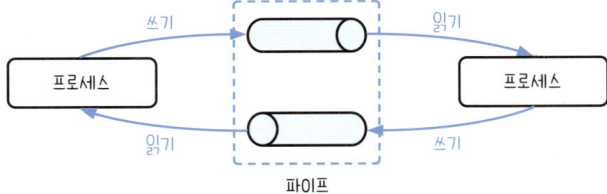

파이프의 종류는 다음과 같습니다.

- **익명 파이프(anonymous pipe)**: 이름이 없는 단방향 통신 채널로, 주로 부모 프로세스와 자식 프로세스 간 통신에서 사용합니다. 파일 시스템에서 직접 접근할 수 없고, 파일 디스크립터를 통해 접근합니다. `pipe()` 시스템 호출을 사용해 생성하고, 해당 파이프를 생성한 프로세스가 종료되면 파이프도 함께 사라집니다.

- **명명된 파이프(named pipe)**: 이름이 있는 특수한 파일 형태의 양방향 통신 채널입니다. 서로 관계없는 프로세스(서로 다른 터미널에서 실행되는 2개의 프로세스) 간에도 통신할 수 있습니다. 파일 시스템에 존재하므로 여러 프로세스가 해당 파이프 파일을 사용해 접근할 수 있습니다. 운영체제가 재부팅되거나 프로세스가 종료되더라도 파이프 파일은 유지됩니다. `mkfifo` 명령어 또는 `mkfifo()` 시스템 호출을 사용해 파이프 파일을 생성합니다.

## 8.3.2 메시지 큐

**메시지 큐**(message queue)는 프로세스가 직접 데이터를 공유하지 않고, 운영체제에서 관리하는 큐(대기열)를 사용해 프로세스들이 메시지를 주고받는 방식입니다.

FIFO 구조로 작동하며, 일부 시스템에서는 메시지 우선순위를 설정할 수도 있습니다. 메시지는 데이터와 메타데이터(발신자, 수신자, 메시지 타입, 우선순위 등)로 구성됩니다. 운영체제는 각 메시지를 고유한 ID로 식별해 관리합니다.

비동기 통신을 지원해서, 메시지를 보내는 프로세스와 받는 프로세스가 동시에 실행되지 않아도 통신할 수 있습니다. 송신 프로세스는 메시지를 보낸 후 즉시 다른 작업을 수행할 수 있습니다. 수신 프로세스는 필요할 때 메시지를 가져와 처리합니다.

메시지 큐의 작동 방식은 다음과 같습니다.

1. 송신 프로세스가 메시지를 메시지 큐에 추가(enqueue)합니다.
2. 운영체제가 메시지를 저장하고 대기 상태로 유지합니다.
3. 수신 프로세스가 메시지를 큐에서 가져가서(dequeue) 처리합니다.
4. 처리한 메시지는 큐에서 삭제합니다.

그림 8-13 메시지 큐의 작동 방식

### 8.3.3 공유 메모리

**공유 메모리**(shared memory)는 여러 프로세스가 특정 메모리 공간을 공유해 데이터를 주고받는 방식입니다. 운영체제의 개입 없이 프로세스들이 메모리를 직접 읽고 쓸 수 있으므로 가장 빠른 IPC 방식입니다. 데이터를 복사할 필요가 없어서 메모리를 효율적으로 사용할 수 있으며, 대량의 데이터를 처리하는 데 적합합니다.

공유 메모리는 다음과 같이 작동합니다.

1 한 프로세스가 운영체제에 공유 메모리 생성을 요청합니다.

2 운영체제는 공유 메모리의 식별자(ID)를 만들고 크기 및 접근 권한을 설정합니다.

3 다른 프로세스는 해당 ID로 공유 메모리에 접근을 요청합니다.

4 운영체제는 접근 권한을 확인한 후 허용합니다.

5 프로세스가 데이터를 공유 메모리에 읽고 씁니다.

6 공유 메모리가 필요 없어지면 운영체제가 메모리를 회수해 다른 프로세스가 사용할 수 있게 합니다.

그림 8-14 공유 메모리의 작동 방식

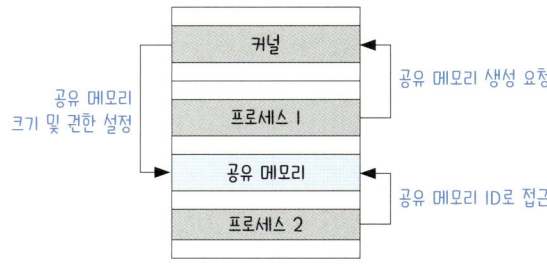

### 8.3.4 소켓

**소켓**(socket)은 네트워크를 통해 프로세스들이 데이터를 주고받는 방법으로, 양방향 통신을 지원합니다. 즉, 한 프로세스에서 데이터를 송신하면 다른 프로세스에서 이를 수신하고, 반대로도 가능합니다. 같은 컴퓨터의 프로세스(로컬 통신)뿐만 아니라 다른 컴퓨터의 프로세스(원격 통신)와도 연결 가능합니다. 클라이언트-서버 모델을 구현할 때 널리 사용합니다.

**TIP** ── **클라이언트**(client)는 서버에 요청을 보내고, 서버로부터 데이터를 받아 사용하는 컴퓨터 또는 프로그램입니다. **서버**(server)는 데이터를 저장하고 처리하며, 클라이언트의 요청에 응답하는 컴퓨터 또는 프로그램입니다. 클라이언트와 서버는 네트워크를 통해 서로 통신하며 필요한 정보를 얻거나 작업을 수행합니다. 이러한 구조를 **클라이언트-서버 모델**이라고 합니다.

소켓의 작동 방식은 다음과 같습니다. 이때 프로세스 1과 프로세스 2는 역할에 따라 서버가 되기도 하고, 클라이언트가 되기도 합니다.

1. 서버가 소켓을 생성하고 클라이언트 요청을 대기합니다.
2. 클라이언트가 서버에 접속을 요청합니다.
3. 서버가 요청을 수락해 연결을 형성합니다.
4. 양쪽에서 데이터를 송수신합니다.
5. 통신이 끝나면 소켓을 닫습니다.

그림 8-15 소켓의 작동 방식

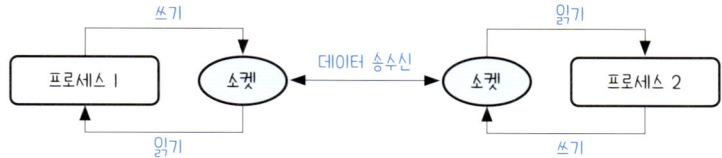

### 8.3.5 시그널

**시그널**(signal)은 특정 이벤트나 프로세스의 상태 변화를 알리는 데 사용하는 방법입니다. 시그널은 복잡한 데이터가 아니라 간단한 메시지를 전달합니다. 시그널은 비동기적으로 전달되므로 시그널이 발생하면 수신 프로세스는 현재 실행 중인 코드와 관계없이 즉시 시그널을 받을 수 있습니다. 즉, 프로세스가 다른 작업을 수행하고 있을 때도 시그널을 받을 수 있습니다.

시그널은 특정 프로세스를 제어하는 지시를 내릴 수 있습니다. 예를 들어, 프로세스에 종료하라는 명령을 내리거나 특정 작업을 중단하라고 지시할 수 있습니다. 운영체제는 프로세스의 종료, 예외 상황 등을 시그널로 알릴 수 있습니다. 예를 들어, 프로세스가 비정상적으로 종료되면 운영체제가 해당 프로세스에 SIGKILL 시그널을 보내 즉시 종료를 명령할 수 있습니다.

리눅스 및 유닉스 기반 시스템에서는 kill, pkill, killall 명령어나 sigaction(), signal() 시스템 호출을 사용해 다음과 같은 시그널을 보낼 수 있습니다.

표 8-2 주요 시그널 종류

| 시그널 번호 | 시그널 이름 | 설명 |
| --- | --- | --- |
| 1 | SIGHUP | 터미널 종료 시 전달 |
| 2 | SIGINT | 사용자가 Ctrl + C 입력 시 발생 |
| 9 | SIGKILL | 프로세스 강제 종료 |
| 15 | SIGTERM | 프로세스 정상 종료 요청 |
| 18 | SIGCONT | 정지한 프로세스 재개 |
| 19 | SIGSTOP | 프로세스 일시 정지 |

## 1분 퀴즈

정답 노트 p.392

**13.** 빈칸에 알맞은 단어를 넣으세요.

① 프로세스들이 서로 데이터를 주고받으며 상호 작용하는 방법을 _____(이)라고 한다.

② 파이프는 먼저 쓴 데이터가 먼저 읽히는 _____ 구조로 작동한다.

③ 메시지 큐는 _____ 통신이 가능해 메시지를 보내는 프로세스와 받는 프로세스가 동시에 실행되지 않아도 된다.

④ 소켓은 네트워크를 통해 프로세스들이 데이터를 주고받을 수 있게 하는 방법으로, _____ 통신을 지원한다.

**14.** 다음 설명이 맞으면 O, 틀리면 X를 괄호 안에 넣으세요.

① (    ) 파이프는 단방향 통신만 가능하며, 양방향 통신을 위해서는 파이프가 2개 필요하다.

② (    ) 익명 파이프는 파일 시스템을 통해 직접 접근할 수 있다.

③ (    ) 공유 메모리는 프로세스들이 동일한 메모리 영역에 접근할 수 있어서 동기화가 필요 없다.

④ ( ) 소켓은 동일한 컴퓨터뿐만 아니라 다른 컴퓨터의 프로세스 간 통신도 지원한다.

⑤ ( ) 시그널은 복잡한 데이터 전송에 적합한 IPC 방식이다.

**15.** 다음 중 프로세스 간 통신(IPC)에 속하지 <u>않는</u> 것은 무엇인가요?

① 파이프  ② 메시지 큐  ③ 함수 호출  ④ 소켓

**16.** 파이프의 특징이 <u>아닌</u> 것은 무엇인가요?

① LIFO 구조로 작동한다.

② 단방향 통신이 가능하다.

③ 파일 시스템을 통해 접근할 수 없다.

④ 주로 부모-자식 프로세스 간 통신에 사용된다.

**17.** 메시지 큐의 장점으로 올바른 것은 무엇인가요?

① 비동기 통신이 가능하다.

② 데이터 전송 속도가 느리다.

③ 파일 시스템에 저장되지 않는다.

④ 다른 컴퓨터 간의 통신이 불가능하다.

**18.** 공유 메모리의 특징으로 올바른 것은 무엇인가요?

① 데이터 일관성을 유지하기 위해 동기화가 필요 없다.

② 프로세스가 종료되면 항상 해제된다.

③ 다른 프로세스가 접근할 수 없다.

④ 데이터 복사가 필요 없다.

## 8.4 스레드

이 절에서는 스레드의 개념과 특징을 살펴보고, 멀티스레드 환경에서 발생하는 컨텍스트 스위칭과 동기화 문제에 대해 알아봅니다.

### 8.4.1 스레드란

**스레드**(thread)는 프로세스 내에서 실행되는 작은 실행 단위로, 하나의 프로세스는 여러 스레드를 가질 수 있습니다. 한 프로세스에서 여러 스레드가 동시에 실행되는 것을 **멀티스레드**(multithread)라고 합니다. 멀티스레드를 사용하면 한 프로세스 내에서 여러 작업을 동시에 수행할 수 있습니다.

> **Note** 동시성과 병렬성
>
> CPU를 사용할 때 동시성과 병렬성이라는 개념이 있습니다. 두 개념 모두 여러 작업을 동시에 처리하기 위한 방식이지만, 구현 방식과 의미가 다릅니다.
>
> **동시성**(concurrency)은 여러 작업을 논리적으로 동시에 수행하는 것을 의미합니다. 즉, 하나의 CPU 코어가 여러 작업을 빠르게 전환하며 실행해 마치 동시에 수행하는 것처럼 보이게 만드는 방식입니다. 예를 들어, 웹 서버가 여러 사용자의 요청을 논리적으로 동시에 처리하는 경우입니다.
>
> **병렬성**(parallelism)은 여러 작업을 물리적으로 동시에 수행하는 것을 의미합니다. 즉, 여러 CPU 코어 또는 여러 CPU가 동일한 시간에 여러 작업을 동시에 처리하는 방식입니다. 예를 들어, 이미지 처리 작업에서 4개의 코어가 동시에 서로 다른 이미지 부분을 처리하는 경우입니다.

스레드는 같은 메모리 공간을 공유하면서 독립적으로 실행합니다. 프로세스가 종료하면 이에 속한 모든 스레드도 함께 종료합니다. 프로세스의 메모리는 코드, 데이터, 힙, 스택으로 구성됩니다. 이 중에서 코드, 데이터, 힙 영역을 모든 스레드가 공유하지만, 스택 영역은 각 스레드에 개별적으로 존재해 독립적인 실행 흐름을 유지합니다.

그림 8-16 스레드의 메모리 구조

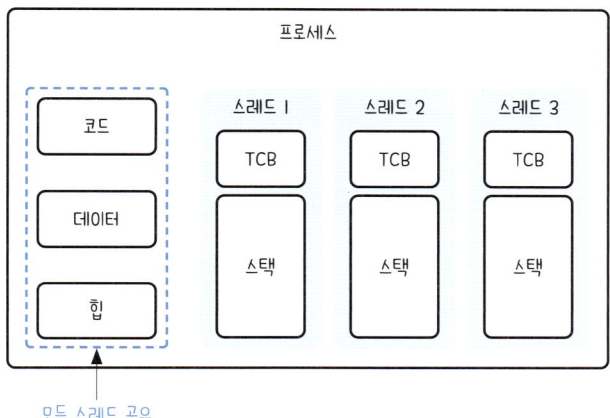

앞의 그림에 나온 **스레드 제어 블록**(TCB, Thread Control Block)은 각 스레드의 상태와 실행 정보를 저장하는 데이터 구조입니다. 운영체제 커널이 이를 관리해 스레드를 스케줄링하고 실행 상태를 유지합니다. TCB는 프로세스의 PCB와 연결되어 있어 스레드와 프로세스 간 관계를 관리합니다.

> **Note** 싱글 프로세스 vs. 멀티프로세스 vs. 멀티스레드
>
> **싱글 프로세스**는 하나의 프로세스가 단일 작업만 수행하는 것입니다. 예를 들어, 간단한 명령줄 유틸리티가 이에 해당합니다.
>
> **멀티프로세스**는 여러 프로세스를 독립적으로 실행하며, 각 프로세스는 독립적인 메모리 공간을 사용합니다. 예를 들어, 웹 브라우저에서 탭을 개별 프로세스로 실행하는 경우입니다. 멀티프로세스는 안정성이 높지만, 메모리 사용량이 증가하고 프로세스 간 통신 비용이 크며, 컨텍스트 스위칭 비용도 발생합니다.
>
> **멀티스레드**는 하나의 프로세스에서 여러 스레드를 실행합니다. 모든 스레드는 코드, 데이터, 힙 메모리를 공유합니다. 그래서 프로세스 간 통신이 빠르고 컨텍스트 스위칭 비용이 적습니다. 그러나 하나의 스레드에서 오류가 발생하면 전체 프로세스가 종료될 수 있어 안정성이 낮습니다. 멀티스레드는 웹 서버와 같이 여러 사용자의 요청을 동시에 처리할 때 유용합니다.

## 8.4.2 멀티스레드에서 컨텍스트 스위칭과 동기화 문제

스레드도 실행 중 스케줄러에 의해 다른 스레드로 전환될 때 컨텍스트 스위칭이 발생합니다. 컨텍스트 스위칭이 발생하면 운영체제는 현재 실행 중인 스레드의 정보를 TCB에 저장합니다. 그리고 새로 실행할 스레드의 TCB 정보를 로드해 실행을 재개합니다.

스레드는 같은 프로세스 안에서 실행하므로 메모리를 공유합니다. 이로 인해 주소 변경이 필요 없어서 컨텍스트 스위칭 비용이 프로세스 간 전환보다 작습니다. 그러나 컨텍스트 스위칭이 자주 발생하면 성능 저하를 초래할 수 있습니다.

컨텍스트 스위칭은 비용이 발생하는 작업이므로 빈번한 전환을 최소화하는 것이 중요합니다. 스레드 개수를 최적화하고, 스케줄링을 조정하는 것이 성능 향상에 도움이 됩니다.

멀티스레드 환경에서는 여러 스레드가 메모리를 공유하기 때문에 한 스레드에서 수정한 메모리의 내용이 다른 스레드에 영향을 미칠 수 있습니다. 예를 들어, 하나의 스레드에서 연 파일을 다른 스레드가 사용할 수 있습니다. 이런 경우 동기화 문제가 발생할 수 있습니다.

스레드 개수를 적절하게 선택하지 않으면 운영체제의 자원 사용이 늘어나고 성능이 저하될 수 있습니다. 따라서 적절한 스레드의 수를 고려해 자원 사용을 최적화해야 합니다.

멀티스레드의 문제점을 해결하려면 효과적인 동기화 전략과 적절한 우선순위 관리가 필요합니다. 이에 관해서는 다음 장에서 알아보겠습니다.

### 1분 퀴즈

정답 노트 p.392

**19.** 빈칸에 알맞은 단어를 넣으세요.

① _____ 은/는 하나의 프로그램에서 여러 프로세스를 동시에 실행하는 컴퓨팅 환경이다.

② CPU는 한 번에 한 가지 작업을 처리하고, 여러 작업을 빠르게 전환해 동시에 실행되는 것처럼 보이게 하는데, 이를 _____ (이)라고 한다.

③ 컨텍스트 스위칭 시 실행 중인 스레드의 상태 정보는 _____ 에 저장한다.

④ _____ 은/는 프로세스 내 작은 실행 단위다.

**20.** 다음 설명이 맞으면 O, 틀리면 X를 괄호 안에 넣으세요.

① ( ) 멀티코어 시스템은 여러 코어가 하나의 CPU에서 독립적으로 작업을 수행해 병렬 처리가 가능하다.

② ( ) 멀티스레드 환경에서는 각 스레드가 고유한 메모리 공간을 사용하므로 동기화 문제가 발생하지 않는다.

③ ( ) 컨텍스트 스위칭 시 스레드의 상태 정보를 TCB에 저장하고, 이후 필요한 스레드의 TCB 정보를 로드한다.

④ ( ) 스레드는 프로세스 내에서 독립적으로 실행되지만, 메모리 공간은 스레드마다 별도로 할당된다.

**21.** 다음 중 멀티프로세스의 단점에 해당하는 것을 모두 고르세요.

① 메모리 사용량 증가

② 컨텍스트 스위칭 시 자원 소모

③ 동기화 문제가 발생하지 않음

④ 높은 독립성으로 각 프로세스가 서로 영향을 미침

**22.** 다음 중 스레드 제어 블록(TCB)의 역할로 알맞은 것은 무엇인가요?

① 프로세스의 전역 변수와 메모리 사용량 관리

② 스레드의 상태와 실행에 필요한 정보 저장

③ 운영체제의 메모리 스케줄링 관리

④ 프로세스 종료 상태 관리

**23.** 스레드 환경에서 컨텍스트 스위칭 시 발생할 수 있는 주요 문제는 무엇인가요?

① CPU 자원 낭비    ② 동기화 문제

③ 높은 독립성    ④ 스레드 간 자원 분리

1. **프로세스**

    ① 프로세스: 프로그램이 메모리에 로드되어 실행 중인 상태를 의미합니다.

    ② 백그라운드 프로세스: 사용자와 직접 상호작용하지 않고 화면에 보이지 않는 상태에서 실행하는 프로세스를 의미합니다.

    ③ 포어그라운드 프로세스: 사용자와 직접 상호작용하며 화면에 보이는 상태에서 실행하는 프로세스를 의미합니다.

    ④ 프로세스의 메모리 공간은 코드, 데이터, 힙, 스택 영역으로 나뉩니다.

    ⑤ 운영체제는 메모리를 모든 프로세스가 공유하는 커널 영역과 각 프로그램을 실행하는 사용자 영역으로 구분합니다.

    ⑥ PCB: 운영체제가 프로세스의 상태 정보를 관리하는 데이터 구조입니다.

2. **프로세스 생성**

    ① 프로그램을 실행하면 새로운 프로세스가 생성됩니다.

    ② 부팅 과정에서 운영체제가 시스템의 주요 기능들을 위해 프로세스를 자동으로 생성합니다.

    ③ 기존 프로세스가 새로운 작업을 처리하기 위해 다른 프로세스를 생성할 수 있습니다. 기존 프로세스를 부모 프로세스, 새로 생성된 프로세스를 자식 프로세스라고 합니다.

3. **초기 프로세스**

    ① 초기(루트) 프로세스: 운영체제가 실행될 때 가장 먼저 생성되는 프로세스입니다.

    ② 윈도우에서는 System, 맥OS에서는 launchd, 리눅스/유닉스에서는 init 또는 systemd가 해당합니다.

4. **프로세스 종료**

    ① 실행 중인 프로세스는 더 이상 수행할 작업이 없거나 어떤 이유로 실행을 멈출 때 종료합니다.

② 프로세스를 종료하면 운영체제는 PCB를 제거하고 사용하던 자원을 회수합니다.

③ 고아 프로세스: 부모 프로세스가 없는 프로세스를 의미합니다.

④ 좀비 프로세스: 프로세스를 종료했지만, 시스템에 흔적이 남아 있는 상태입니다.

5. **프로세스의 상태 전환**

    ① 운영체제는 프로세스를 여러 상태로 구분해 관리하며, 자원을 효율적으로 관리하고, 여러 프로세스가 동시에 실행될 수 있도록 조정합니다.

    ② 프로세스는 생성, 준비, 실행, 대기, 종료 상태가 있으며, CPU 할당, 입출력 작업, 이벤트 발생, 운영체제의 스케줄링 정책 등에 의해 프로세스의 상태 전환이 이루어집니다.

    ③ 프로세스 전환 과정에서 프로세스 상태를 저장하고 전환하는 컨텍스트 스위칭이 일어납니다.

6. **프로세스 간 통신**

    ① 프로세스 간 통신(IPC): 멀티프로세스 환경에서 서로 독립적인 메모리 공간을 사용하는 프로세스들이 데이터를 안전하게 주고받는 방법입니다.

    ② 주요 IPC는 다음과 같습니다.

    - **파이프**: 두 프로세스 간 단방향 통신 채널로, FIFO 구조로 작동
    - **메시지 큐**: 운영체제에서 관리하는 큐를 통해 여러 프로세스가 데이터를 주고받는 방법
    - **공유 메모리**: 여러 프로세스가 특정 메모리 공간을 공유해 직접 데이터를 주고받는 방법
    - **소켓**: 네트워크를 통해 프로세스들이 데이터를 주고받는 방법
    - **시그널**: 특정 이벤트나 프로세스의 상태 변화를 알리는 데 사용하는 방법

7. **스레드**

    ① 스레드: 프로세스 내에서 실행되는 작은 실행 단위입니다.

    ② 코드, 데이터, 힙 영역은 모든 스레드가 공유하지만, 스택 영역은 각 스레드에 개별적으로 존재합니다.

    ③ 컨텍스트 스위칭이 빠르고 비용이 적지만, 스레드 간 자원 공유로 동기화 문제가 발생할 수 있습니다.

MEMO

# 9장

# 동기화

이 장에서는 동기화의 개념, 동기화 작업 중 발생할 수 있는 문제와 해결 방법을 살펴봅니다.

## 9.1 동기화 개요

컴퓨터는 여러 프로그램을 동시에 실행하는 것처럼 보이지만, 실제로는 멀티태스킹(multitasking) 또는 시분할(time-sharing) 시스템을 통해 번갈아 가며 실행합니다. 운영체제는 각 프로세스에 일정한 CPU 시간을 할당해 동시에 실행되는 것처럼 보이도록 하고, 특정 프로세스가 CPU를 독점하지 못하도록 짧은 시간 동안만 CPU를 할당합니다. 이를 통해 병렬 처리(parallel processing)가 가능해집니다.

병렬 처리에서는 데이터의 정확성과 신뢰성을 보장하는 **데이터 무결성**(integrity), 데이터가 특정 규칙이나 제약 조건을 준수하는 상태를 의미하는 **일관성**(consistency), 시스템이 변화나 오류에 얼마나 잘 견디고 지속적으로 작동할 수 있는지를 나타내는 **안정성**(stability)을 보장하는 것이 중요합니다. 이를 위해 동기화가 필요합니다.

### 9.1.1 동기화란

**동기화**(synchronization)는 여러 프로세스나 스레드가 공유 자원에 접근할 때 이들의 실행 순서를 조정해 데이터의 무결성과 일관성을 보장하는 기법입니다. 동기화는 주로 멀티스레드나 멀티프로세스 환경에서 발생하는 문제를 해결하는 데 필요합니다.

여러 프로세스(또는 스레드)가 동시에 같은 데이터에 접근하고 수정할 경우 데이터의 일관성이 깨질 수 있습니다. 예를 들어, 두 프로세스가 동시에 같은 변수에 값을 쓰면 어떤 값이 변수에 저장될지 예측할 수 없습니다.

동기화와 관련한 문제로는 경쟁 조건, 교착 상태, 기아 등이 있습니다.

- **경쟁 조건(race condition)**: 두 개 이상의 프로세스나 스레드가 동시에 공유 자원(변수, 파일 등)에 접근해 프로그램의 결과가 예측할 수 없게 되는 상황입니다. 경쟁 조건은 특정 자원에 대한 접근 순서에 따라 결과가 달라질 수 있고, 이는 프로그램의 논리적 오류를 초래할 수 있습니다. 예를 들어, 두 스레드가 같은 변수를 동시에 수정할 때 어떤 스레드를 먼저 실행하느냐에 따라 최종 결과가 달라질 수 있습니다. 동기화는 이러한 경쟁 조건을 방지해 프로그램의 동작을 예측할 수 있게 합니다.

- **데이터 경합(data race)**: 경쟁 조건의 한 형태로, 두 개 이상의 프로세스나 스레드가 공유 자원을 동시에 읽고 수정하는 상황입니다. 실행 순서가 보장되지 않으므로 데이터의 무결성이 손상될 수 있습니다. 즉, 데이터가 예상하지 못한 상태로 변경될 수 있습니다. 데이터 경합이 발생하면 프로그램의 동작이 불안정해질 수 있습니다.

- **교착 상태(deadlock)**: 두 개 이상의 프로세스가 서로 자원을 기다리며 무한 대기 상태에 빠지는 상황입니다. 적절한 동기화 기법을 사용하면 교착 상태를 예방하거나 해결할 수 있습니다.

- **우선순위 역전(priority inversion)**: 우선순위가 높은 스레드가 우선순위가 낮은 스레드에 의해 대기하는 상황입니다. 예를 들어, 높은 우선순위를 가진 스레드 A가 공유 자원에 접근하려고 할 때 낮은 우선순위를 가진 스레드 B가 해당 자원을 점유하고 있다면 스레드 A는 스레드 B가 자원을 해제할 때까지 기다려야 합니다. 이 경우 스레드 B가 우선순위가 낮은데도 스레드 A의 실행을 방해합니다. 이로 인해 시스템의 응답성이 저하되고, 높은 우선순위의 작업이 지연될 수 있습니다.

- **기아(starvation)**: 특정 프로세스가 자원을 할당받지 못하고 계속 대기하는 상황입니다. 동기화는 자원의 공정한 분배를 통해 기아를 방지합니다.

동기화는 여러 프로세스나 스레드를 동시에 실행할 때 시스템의 상태를 일관되게 유지하는 데 필요합니다. 동기화 기법을 적절히 구현하면 문제 상황을 방지할 수 있어 시스템의 안정성과 신뢰성을 높일 수 있습니다. 동기화 기법에 관해서는 **9.2 동기화 기법**에서 자세히 살펴보겠습니다.

## 9.1.2 공유 자원과 임계 구역

컴퓨터 시스템에서는 자원의 효율적 사용과 프로세스 간 협력을 위해 공유 자원을 사용합니다. **공유 자원**(shared resource)이란 여러 프로세스나 스레드가 동시에 접근할 수 있는 자원을 의미합니다. 대표적인 예로 메모리, 파일, 데이터베이스, 입출력 장치, 네트워크 연결 등이 있습니다.

공유 자원은 여러 프로세스가 동시에 접근해 데이터를 읽거나 수정할 수 있으므로 안전한 사용을 위해 임계 구역을 관리해야 합니다. **임계 구역**(critical section)은 하나의 프로세스 또는 스레드가 공유 자원에 접근해 작업을 수행하는 코드 영역입니다. 임계 구역을 관리하지 않으면 여러 프로세스가 동시에 공유 자원에 접근하면서 데이터 무결성이 손상될 위험이 있습니다.

임계 구역의 구조는 다음과 같이 나눌 수 있습니다.

- **진입 영역**(entry section): 임계 구역에 진입하기 전에 동기화 기법을 사용해 접근 허가를 요청하는 코드입니다.
- **임계 구역**(critical section): 공유 자원에 접근해 데이터를 수정하는 코드가 포함된 영역입니다. 이 영역은 한 번에 하나의 프로세스만 접근할 수 있어야 합니다.
- **출구 영역**(exit section): 임계 구역을 빠져나올 때 잠금을 해제하고, 대기 중인 다른 프로세스에 접근 기회를 주는 코드입니다.
- **나머지 영역**(remainder section): 임계 구역과 관련 없는 일반적인 코드가 실행되는 부분입니다.

임계 구역의 구조를 이해하기 쉽게 예를 들어 보겠습니다. 다음은 여러 스레드가 은행 계좌의 잔액을 수정하는 코드를 파이썬으로 작성한 예제입니다. 코드는 잘 몰라도 되니 구조만 봐 주세요.

```
# 공유 변수(은행 계좌 잔액)
balance = 1000
# 계좌에 입금하는 함수
def deposit(amount):
    ❶ 진입 영역(동기화 필요)
    global balance
    ❷ 임계 구역(공유 변수 수정, 동기화 없음)
    balance += amount  # 잔액 업데이트
    ❸ 출구 영역(동기화 해제 필요)
    ❹ 나머지 영역(출력)
```

```
        print("잔액이 업데이트되었습니다.")
# 계좌에서 출금하는 함수
def withdraw(amount):
    ❶ 진입 영역(동기화 필요)
    global balance
    ❷ 임계 구역(공유 변수 수정, 동기화 없음)
    balance -= amount  # 잔액 업데이트
    ❸ 출구 영역(동기화 해제 필요)
    ❹ 나머지 영역(출력)
    print("잔액이 업데이트되었습니다.")
```

예제 코드에서 각 부분의 역할은 다음과 같습니다.

❶ 다른 스레드가 임계 구역에 진입하지 못하도록 잠금을 설정하는 영역입니다. 현재 코드에서는 잠금이 설정되지 않았지만, 일반적으로 동기화 기법을 사용해 이 영역을 구현합니다.

❷ 이 부분은 공유 변수인 balance를 수정하는 코드입니다. 이 부분에 여러 스레드가 동시에 접근하면 데이터가 손상될 수 있으므로 반드시 동기화해야 합니다.

❸ 임계 구역의 작업이 끝난 후, 잠금을 해제해 대기 중인 다른 스레드가 임계 구역에 진입할 수 있도록 하는 부분입니다. 현재 코드에서는 잠금 해제가 설정되지 않았습니다.

❹ 임계 구역을 제외한 나머지 코드로, 다른 스레드가 임계 구역에 진입하는 데 영향을 미치지 않는 작업을 수행합니다. 이 부분은 동기화가 필요하지 않습니다.

예제 코드에 여러 스레드가 동시에 접근해 다음과 같이 입금과 출금 작업을 수행한다고 합시다.

**초기 잔액(balance)**: 1,000원

**스레드 A**: 500원 입금

**스레드 B**: 300원 출금

예상되는 결과는 스레드 A가 500원을 입금하고, 스레드 B가 300원을 출금했으므로 최종 잔액이 1,200원(1,000 + 500 - 300)입니다. 하지만 동기화 없이 실행하면 다음과 같은 문제가 발생할 수 있습니다.

1. **스레드 A와 스레드 B가 동시에 잔액을 읽음**

스레드 A와 스레드 B가 동시에 잔액을 읽어와 작업을 시작합니다. 두 스레드 모두 현재 잔액을 1,000원으로 인식합니다.

### 2. 스레드 A가 입금 작업 수행

스레드 A는 초기 잔액에 500원을 더한 1000 + 500 = 1500을 계산합니다. 그러나 아직 잔액을 업데이트하지 않았습니다.

### 3. 스레드 B가 출금 작업 수행

스레드 B는 초기 잔액에서 300원을 뺀 1000 - 300 = 700을 계산합니다. 스레드 B도 아직 잔액을 업데이트하지 않았습니다.

### 4. 스레드 A와 B가 잔액 업데이트

스레드 A가 잔액을 1,500원으로 업데이트합니다. 그런 다음 스레드 B가 잔액을 700원으로 업데이트합니다. 최종 잔액이 700원이 되어 예상 결과 1,200원과는 다른 값이 저장됩니다.

예제 코드에서는 두 스레드가 동시에 작업을 수행하면서 잔액을 중복으로 읽고 각각 업데이트하는 데이터 경합이 발생합니다. 임계 구역을 적절히 보호하지 않으면 데이터 무결성이 깨질 수 있습니다.

이러한 임계 구역 문제를 해결하려면 다음 세 가지 조건을 만족해야 합니다.

- **상호 배제(mutual exclusion)**: 한 번에 하나의 프로세스(스레드)만 임계 구역에 접근 가능해야 합니다. 임계 구역에 들어간 프로세스가 작업을 마치기 전까지 다른 프로세스가 진입하지 못하도록 방지합니다. 상호 배제는 데이터의 일관성과 무결성을 유지하는 데 필수 조건입니다.
- **진행(progress)**: 현재 임계 구역을 사용하는 프로세스가 없다면 대기 중인 프로세스가 즉시 임계 구역에 진입할 수 있어야 합니다. 특정 프로세스가 무작정 대기하는 기아 현상이 발생하면 안 됩니다.
- **유한 대기(bounded waiting)**: 특정 프로세스가 무한정 기다리지 않도록 공정한 접근이 보장되어야 합니다. 모든 프로세스가 일정한 순서대로 임계 구역을 사용할 수 있도록 설계해야 합니다.

세 가지 조건을 충족하기 위해 뮤텍스, 세마포어와 같은 동기화 기법을 사용할 수 있습니다. 다음 절에서 동기화 기법에 대해 살펴보겠습니다.

## 1분 퀴즈

**01.** 빈칸에 알맞은 단어를 넣으세요.

① 공유 자원을 사용할 때 여러 프로세스가 동시에 접근하지 못하도록 관리하는 영역을 _____ (이)라고 합니다.

② 여러 프로세스가 자원을 공유할 때 _____ 이/가 발생하지 않도록 상호 배제를 보장해야 합니다.

**02.** 다음 설명이 맞으면 O, 틀리면 X를 괄호 안에 넣으세요.

① (    ) 진입 영역에서는 다른 프로세스나 스레드가 임계 구역에 진입하지 못하도록 임계 구역을 잠급니다.

② (    ) 나머지 영역에는 임계 구역을 사용할 필요가 없는 모든 코드가 포함됩니다.

③ (    ) 동기화 없이 공유 자원에 접근할 경우 데이터 무결성이 유지됩니다.

④ (    ) 경쟁 조건은 여러 스레드가 동시에 동일한 자원에 접근할 때 발생하는 문제입니다.

⑤ (    ) 임계 구역 조건 중 하나인 유한 대기는 무한 대기 상태를 방지하기 위한 조건입니다.

**03.** 임계 구역을 관리할 때, 한 번에 하나의 프로세스만 접근할 수 있도록 보장하는 조건은 무엇인가요?

① 진행 조건    ② 상호 배제    ③ 한정 대기    ④ 무한 대기

**04.** 두 프로세스가 서로의 자원을 대기하면서 무한히 기다리는 상태는 무엇인가요?

① 기아 상태    ② 경쟁 조건    ③ 데이터 경합    ④ 교착 상태

**05.** 다음 중 동기화 문제로 인해 발생할 수 있는 현상이 <u>아닌</u> 것은 무엇인가요?

① 기아 상태                      ② 데이터 무결성 손상

③ 메모리 누수                    ④ 데이터 중복 저장

**06.** 높은 우선순위의 스레드가 낮은 우선순위의 스레드가 점유한 자원을 기다려야 하는 상황은 무엇인가요?

① 우선순위 역전                  ② 경쟁 조건

③ 기아 상태                      ④ 교착 상태

# 9.2 동기화 기법

임계 구역 문제를 해결하려면 상호 배제와 나머지 조건을 보장하는 다양한 동기화 기법을 적용해야 합니다. 이 기법들은 임계 구역에 한 번에 하나의 프로세스나 스레드만 진입하도록 보장해 데이터의 일관성과 무결성을 유지할 수 있게 합니다.

## 9.2.1 뮤텍스

**뮤텍스**(mutex)는 상호 배제를 보장하는 동기화 기법으로, 임계 구역을 보호하기 위해 한 번에 하나의 스레드만 공유 자원에 접근할 수 있도록 제한합니다.

뮤텍스의 특징은 다음과 같습니다.

- 하나의 스레드만 임계 구역에 접근할 수 있습니다.
- 자원을 소유한 스레드만 잠금을 해제할 수 있습니다.
- 교착 상태를 방지해야 합니다.

뮤텍스는 2가지 상태를 가집니다.

- **잠금(lock)**: 스레드가 공유 자원에 접근하기 전에 뮤텍스를 잠급니다. 다른 스레드는 해당 뮤텍스가 잠긴 동안 자원에 접근할 수 없고, 잠금이 해제될 때까지 대기합니다.
- **잠금 해제(unlock)**: 스레드가 작업을 완료하면 뮤텍스의 잠금을 해제해 다른 스레드가 자원에 접근할 수 있게 합니다.

뮤텍스를 이해하기 쉽게 귀중한 물건이 들어 있는 방에 비유해 보겠습니다. **방(임계 구역)**에는 한 번에 한 **사람(스레드)**만 들어갈 수 있습니다. 방을 열려면 **열쇠(뮤텍스)**가 필요합니다. 한 사람이 열쇠로 열고 방에 들어가면 문이 잠기고, 다른 사람은 열쇠를 얻을 때까지 기다려야 합니다. 방에서 나온 사람이 열쇠를 반납하면 대기 중이던 다음 사람이 방에 들어갈 수 있습니다.

**9.1.2 공유 자원과 임계 구역**에서 살펴본 은행 계좌 예제에 뮤텍스를 적용하면 다음과 같습니다.

```python
from threading import Lock
# 공유 변수(은행 계좌 잔액)
balance = 1000
mutex = Lock()           ←-------------- ❶ 뮤텍스 생성
# 계좌에 입금하는 함수
def deposit(amount):
    global balance
    # 진입 영역
    mutex.acquire()      ←---------- ❷ 뮤텍스 잠금: 다른 스레드 접근 불가
    # 임계 구역
    try:  ←---------------------- ❸ 예외 처리
        balance += amount   # 잔액 업데이트
    finally:
        # 출구 영역
        mutex.release()  ←------ ❹ 뮤텍스 잠금 해제: 다른 스레드 접근 가능
    # 나머지 영역
    print("잔액이 업데이트되었습니다.")
def withdraw(amount):
    # 진입 영역
    global balance
    mutex.acquire()      ←---------- ❷ 뮤텍스 잠금: 다른 스레드 접근 불가
    # 임계 구역
    try:  ←---------------------- ❸ 예외 처리
        balance -= amount   # 잔액 업데이트
    finally:
        # 출구 영역
        mutex.release()  ←------ ❹ 뮤텍스 잠금 해제: 다른 스레드 접근 가능
    # 나머지 영역
    print("잔액이 업데이트되었습니다.")
```

입금 함수와 출금 함수는 구조가 동일하므로 입금 함수를 기준으로 설명하겠습니다.

❶ mutex = Lock()으로 뮤텍스를 생성합니다. 이 뮤텍스는 임계 구역에 대한 접근을 제어하는 역할을 합니다.

❷ mutex.acquire()를 호출해 뮤텍스를 잠급니다. 이때 현재 스레드만 임계 구역에 접근할 수 있고, 다른 스레드는 대기합니다.

❸ 뮤텍스를 잠근 스레드가 balance += amount 코드로 잔액을 수정합니다. 이 과정에서 예외가 발생할 수 있으므로 try-finally 구문을 사용해 예외 발생 여부와 관계없이 뮤텍스를 해제하도록 보장합니다.

> **TIP** — 파이썬의 try-finally 구문은 예외가 발생하더라도 특정 코드를 반드시 실행하도록 보장하는 구조입니다. try 블록 안에는 예외가 발생할 수 있는 코드가 들어가고, finally 블록 안에는 예외 발생 여부와 관계없이 항상 실행해야 하는 코드를 넣습니다.

❹ mutex.release()를 호출해 뮤텍스의 잠금을 해제합니다. 이제 다른 스레드가 임계 구역에 접근할 수 있습니다.

그림 9-1 뮤텍스의 작동 방식

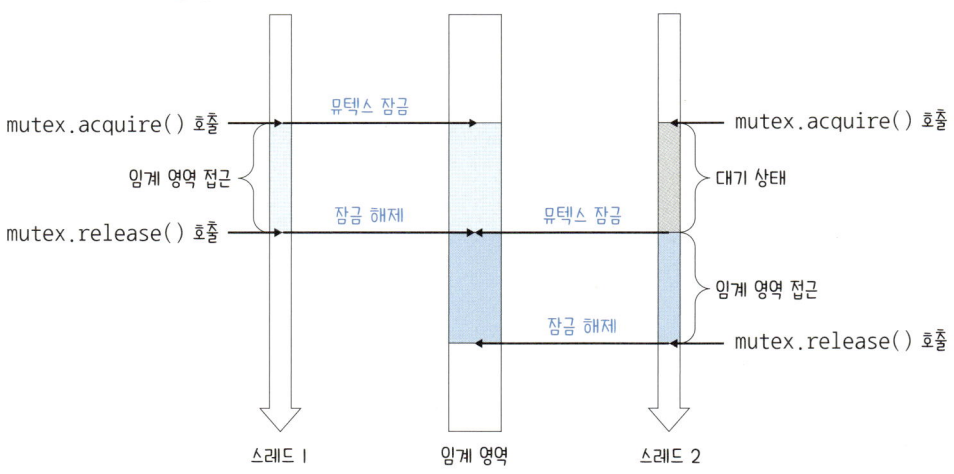

뮤텍스는 상호 배제, 진행, 유한 대기 조건을 다음과 같이 충족합니다.

- **상호 배제**: mutex.acquire()를 호출한 스레드만 임계 구역에 진입할 수 있습니다. 다른 스레드는 뮤텍스가 해제될 때까지 대기합니다. 즉, 뮤텍스는 한 번에 하나의 스레드만 임계 구역에 접근할 수 있도록 보장합니다.

- **진행**: mutex.release()를 호출해 뮤텍스를 해제하면 대기 중인 스레드 중 하나가 임계 구역에 진입할 수 있습니다. 그러나 어떤 스레드가 선택될지는 운영체제의 스케줄러에

따라 달라지며, 이로 인해 우선순위 역전 문제가 발생할 수 있습니다. 이를 해결하기 위해 우선순위 상속 기법을 사용할 수 있습니다.

- **유한 대기**: 대부분의 운영체제에서 뮤텍스는 FIFO 방식으로 대기 중인 스레드를 관리합니다. 즉, 먼저 대기한 스레드가 먼저 실행될 가능성이 높습니다. 그러나 일부 시스템에서는 완벽한 유한 대기를 보장하지 않을 수 있습니다. 이로 인해 대기 중인 스레드가 무한정 기다리는 상황이 발생할 수 있습니다.

> **Note** 우선순위 상속 기법
>
> **우선순위 상속 기법**(PIP, Priority Inheritance Protocol)은 우선순위 역전 문제를 해결하는 데 사용하는 기법입니다.
>
> 낮은 우선순위를 가진 스레드가 뮤텍스를 소유하고 있는 동안 높은 우선순위를 가진 스레드가 뮤텍스 해제를 기다려야 하는 문제(우선순위 역전)가 발생할 수 있습니다. 이 문제를 해결하기 위해 뮤텍스를 소유한 낮은 우선순위 스레드는 높은 우선순위 스레드의 우선순위를 상속받아 실행합니다. 즉, 낮은 우선순위 스레드를 높은 우선순위 스레드와 동일한 우선순위로 실행해 빠르게 뮤텍스를 해제할 수 있습니다.
>
> 높은 우선순위 스레드가 대기하는 동안 낮은 우선순위 스레드가 빠르게 공유 자원을 사용하고 뮤텍스를 해제함으로써 높은 우선순위 스레드의 대기 시간을 줄일 수 있습니다. 이후 낮은 우선순위 스레드는 원래의 우선순위로 돌아갑니다.

## 9.2.2 세마포어

**세마포어**(semaphore)는 에츠허르 데이크스트라(Edsger Dijkstra)가 제안한 개념으로, 프로세스 간 동기화를 유지하고 상호 배제를 보장하기 위한 동기화 기법입니다.

원래 세마포어는 철도에서 기차의 진행과 정지를 나타내는 신호기를 의미합니다. 이는 여러 기차가 동일한 선로를 사용할 때 충돌을 방지하고, 교차로에서 질서 있게 움직이도록 조정하는 역할을 합니다. 이러한 원리가 운영체제의 프로세스 동기화에도 적용되어 세마포어라는 동기화 기법으로 사용되고 있습니다.

● **세마포어의 작동 방식**

세마포어는 자원에 접근할 수 있는 프로세스나 스레드의 수를 제한하는 **카운터**(counter) 기반 기법입니다. 카운터는 공유 자원에 접근할 수 있는 '허용 수'를 나타냅니다. 스레드가 세마포어를 획득하면 카운터가 감소하고, 해제하면 카운터가 증가합니다. 따라서 공유 자원에 접근하려면 세마포어의 카운터 값이 감소해야 하고, 사용이 끝나면 카운터 값을 증가시켜 다른 스레드가 공유 자원에 접근할 수 있도록 합니다.

세마포어는 카운터의 초깃값에 따라 두 가지 종류로 나뉩니다.

- **이진 세마포어(binary semaphore)**: 초깃값을 1로 설정해 뮤텍스처럼 작동하는 세마포어입니다. 한 번에 하나의 스레드만 공유 자원에 접근할 수 있습니다.
- **카운팅 세마포어(counting semaphore)**: 초깃값을 1보다 큰 값으로 설정하는 세마포어입니다. 여러 스레드가 동시에 공유 자원에 접근할 수 있도록 해 제한된 자원을 보호합니다. 예를 들어, 5개의 연결이 있다면 초깃값을 5로 설정할 수 있습니다.

세마포어는 주로 P 연산과 V 연산을 사용해 작동합니다.

**P 연산**(또는 wait 연산)은 세마포어의 카운터를 감소시켜 자원 사용을 허용하는 연산입니다. 스레드는 임계 구역에 들어가기 전에 P 연산을 호출해 자원에 접근할 수 있는지 확인합니다. 만약 카운터가 0이면 자원이 모두 사용 중이므로 스레드는 대기 상태(blocked)가 됩니다. 카운터가 0보다 크면 세마포어의 카운터 값을 감소시키고 자원에 접근합니다.

```
def P(S):
    if S > 0:
        S -= 1    # 자원 감소
    else:
        wait()    # 대기 상태로 전환
```

**V 연산**(또는 signal 연산)은 세마포어의 카운터를 증가시켜 자원 사용을 해제하는 연산입니다. 자원 사용이 끝난 스레드는 V 연산을 호출해 카운터를 증가시킵니다. 자원 사용이 끝났으므로 대기 중인 스레드가 있으면 이를 깨워서 실행(wakeup)하게 합니다.

```
def V(S):
    if waiting_processes():
        wake_up_one()    # 대기 중인 프로세스 깨움
    else:
        S += 1    # 자원 증가
```

은행 계좌 예제에 세마포어를 적용해서 작동 원리를 살펴봅시다.

```python
import threading
# 공유 변수(은행 계좌 잔액)
balance = 1000
semaphore = threading.Semaphore(1)   # ❶ 세마포어 생성
# 계좌에 입금하는 함수
def deposit(amount):
    # 진입 영역
    semaphore.acquire()              # ❷ 세마포어의 P 연산
    try:
        global balance
        # 임계 구역
        balance += amount  # 잔액 업데이트
    finally:
        # 출구 영역
        semaphore.release()          # ❸ 세마포어의 V 연산
    # 나머지 영역
    print("잔액이 업데이트되었습니다.")
# 계좌에서 출금하는 함수
def withdraw(amount):
    # 진입 영역
    semaphore.acquire()              # ❷ 세마포어의 P 연산
    try:
        global balance
        # 임계 구역
        balance -= amount  # 잔액 업데이트
    finally:
        # 출구 영역
        semaphore.release()          # ❸ 세마포어의 V 연산
    # 나머지 영역
    print("잔액이 업데이트되었습니다.")
```

❶ 세마포어를 생성하고 초깃값을 1로 설정합니다. 이는 한 번에 하나의 스레드만 임계 구역에 진입할 수 있도록 보장합니다. 생성한 세마포어는 balance 변수에 대한 동시 접근을 제어해 상호 배제를 제공합니다.

❷ semaphore.acquire()를 호출해 세마포어의 P 연산을 수행합니다. 세마포어 카운터가 1이면 스레드는 임계 구역에 진입하고 카운터는 0으로 감소합니다. 만약 카운터가 0이면 다른 스레드는 대기합니다.

❸ semaphore.release()를 호출해 세마포어의 V 연산을 수행하고 카운터를 1 증가시킵니다. 이제 다른 스레드가 임계 구역에 접근할 수 있습니다. 이때 예외가 발생할 수 있으므로 try-finally 구문을 사용해 예외 발생 여부와 관계없이 세마포어를 해제할 수 있도록 합니다.

● **뮤텍스와 세마포어 비교**

뮤텍스와 세마포어는 모두 상호 배제를 위해 사용하는 동기화 도구이지만, 작동 방식에는 차이가 있습니다. 뮤텍스는 오직 하나의 스레드만 자원을 소유하고 접근할 수 있는 반면, 세마포어는 여러 스레드가 동시에 자원에 접근할 수 있도록 허용합니다.

1. **접근 제어**

뮤텍스는 한 번에 하나의 스레드만 임계 구역에 접근할 수 있도록 설계된 상호 배제 메커니즘입니다. 이진 세마포어도 이와 유사하게 작동합니다.

카운팅 세마포어는 초깃값에 따라 동시에 여러 스레드가 임계 구역에 접근할 수 있도록 허용합니다. 예를 들어, 초깃값을 3으로 설정하면 최대 3개의 스레드가 동시에 접근할 수 있습니다.

2. **소유권**

뮤텍스는 소유권 개념이 있어서 뮤텍스를 잠근 스레드만이 잠금을 해제할 수 있습니다. 다른 스레드가 잠금을 해제하려고 하면 오류가 발생합니다.

세마포어는 소유권 개념이 없으며, 카운터를 통해 자원에 동시에 접근할 수 있는 스레드 수를 제한합니다.

3. **사용 목적**

뮤텍스는 주로 상호 배제를 구현하는 데 사용하며, 하나의 스레드만 특정 자원에 접근해야 할 때 적합합니다.

세마포어는 제한된 개수의 자원을 관리하는 데 사용하며, 여러 스레드가 공유 자원에 접근해야 하는 환경에서 유용합니다.

### 4. 적용 사례

뮤텍스는 파일이나 공유 메모리와 같은 단일 자원에 대한 접근을 조절할 때 사용합니다.

세마포어는 생산자-소비자 문제와 같이 여러 프로세스 간 작업 순서를 조정하거나 자원 가용성을 조절할 때 사용합니다.

> **Note** 생산자-소비자 문제
>
> **생산자-소비자 문제**(producer-consumer problem)는 동기화 문제의 전형적인 예로, 제한된 버퍼를 공유하는 생산자와 소비자 간 상호작용을 다룹니다. 이 문제에서 생산자는 데이터를 생성해 버퍼에 추가하고, 소비자는 버퍼에서 데이터를 소비합니다.
>
> 버퍼의 상태에 따라 발생할 수 있는 두 가지 주요 문제는 다음과 같습니다.
>
> - **버퍼 오버플로**: 생산자가 버퍼가 가득 찬 상태에서 데이터를 추가하려 할 때 발생합니다. 이 경우 생산자는 버퍼에 빈 공간이 생길 때까지 대기해야 합니다.
> - **버퍼 언더플로**: 소비자가 버퍼가 비어 있는 상태에서 데이터를 소비하려 할 때 발생합니다. 이 경우 소비자는 생산자가 데이터를 추가할 때까지 대기해야 합니다.
>
> 이 문제는 다음과 같은 세마포어를 사용해 해결할 수 있습니다.
>
> - **빈 공간 세마포어**: 초깃값을 버퍼의 최대 크기로 설정해 생산자가 데이터를 추가할 수 있는 빈 공간이 있을 때만 추가할 수 있도록 제어합니다. 이 세마포어는 생산자가 데이터를 추가할 때마다 감소하고, 소비자가 데이터를 소비할 때마다 증가합니다.
> - **데이터 세마포어**: 초깃값을 0으로 설정해 버퍼에 데이터가 있을 때만 소비자가 소비할 수 있도록 제어합니다. 이 세마포어는 소비자가 데이터를 소비할 때마다 감소하고, 생산자가 데이터를 추가할 때마다 증가합니다.
>
> 이러한 세마포어는 생산자와 소비자 간 동기화를 효과적으로 관리할 수 있고, 버퍼의 상태에 따라 적절한 대기와 처리를 수행할 수 있습니다.

## ● 바쁜 대기와 블로킹

바쁜 대기와 블로킹은 자원에 대한 접근을 관리하는 방식입니다.

**바쁜 대기**(busy waiting)는 스레드가 자원에 접근할 수 있는지 확인하기 위해 CPU를 계속 사용하는 방식입니다. 스레드는 자원이 사용 가능해질 때까지 무한 루프를 돌리며 상태를 확인하므로 CPU 자원을 낭비하게 됩니다.

스핀락 기반의 뮤텍스나 세마포어는 바쁜 대기 방식을 사용할 수 있습니다. **스핀락**(spinlock)은 자원이 잠겨 있을 때 스레드가 계속해서 자원의 잠금 상태를 확인하며 대기하는 방식입니다. 이 경우 스레드는 자원이 해제될 때까지 무한 루프를 돌며 자원의 잠금 상태를 확인합니다. 이 방식은 짧은 임계 구역을 보호할 때는 효과적일 수 있지만, 긴 대기 시간이 필요한 경우에는 비효율적입니다. 자원이 해제되기를 기다리는 동안 CPU 자원을 낭비합니다.

**블로킹**(blocking)은 스레드가 자원을 사용할 수 없을 때 대기 상태로 전환해 CPU 자원을 소비하지 않는 방식입니다. 스레드는 자원이 사용 가능해질 때까지 대기하고, CPU는 다른 작업을 수행할 수 있습니다.

뮤텍스와 세마포어는 일반적으로 블로킹 방식으로 구현합니다. 자원이 사용 중일 때 대기 중인 스레드를 블로킹 상태로 전환해 CPU 자원을 낭비하지 않습니다.

### 9.2.3 이벤트 객체

**이벤트 객체**(event object)는 운영체제에서 동기화를 위해 사용하는 기법 중 하나로, 특정 사건이 발생했음을 프로세스나 스레드에 전달하는 역할을 합니다. 여기서 **이벤트**란 시스템에서 특정 사건(파일 입출력 완료, 데이터 준비 완료 등)이 발생했음을 알리는 신호입니다. 프로세스나 스레드는 이벤트 객체를 통해 이벤트 발생 여부를 감지하고 필요한 작업을 수행할 수 있습니다. 이벤트 객체는 뮤텍스나 세마포어와 달리 자원을 소유하는 개념이 없고, 단순히 이벤트 발생 여부만 전달합니다.

이벤트 객체는 다음 두 가지 상태를 가집니다.

- **시그널 상태**(signal state): 이벤트 객체가 활성화된 상태로, 특정 사건이 발생했음을 의미합니다. 대기 중인 프로세스나 스레드에 작업을 시작할 수 있다는 신호를 보냅니다.
- **비시그널 상태**(non-signal state): 이벤트 객체가 비활성화된 상태로, 해당 사건이 발생하지 않았음을 의미합니다. 대기 중인 스레드는 조건이 충족될 때까지 기다려야 합니다.

이벤트 객체는 다음 두 함수를 사용해 상태를 변경할 수 있습니다.

- `SetEvent()`: 이벤트가 발생하면 이벤트 객체를 시그널 상태로 설정해 대기 중인 프로세스나 스레드에 작업 시작 신호를 보냅니다. 대기 중이던 스레드는 즉시 실행합니다.

- **ResetEvent()**: 작업이 완료되거나 조건이 바뀌면 이벤트 객체를 비시그널 상태로 설정해 프로세스나 스레드를 대기 상태로 전환합니다. 이후 대기하는 스레드는 다시 이벤트가 발생할 때까지 기다립니다.

이와 함께 PulseEvent() 함수도 사용합니다. 이 함수는 이벤트 객체를 시그널 상태로 설정한 후, 대기 중인 스레드 중 하나에 신호를 보내고, 이벤트 객체를 비시그널 상태로 되돌립니다. 이 함수는 주로 한 번의 신호를 보내고, 그 신호가 처리된 후에는 다시 대기 상태로 돌아가야 할 때 유용합니다.

이벤트 객체는 시그널 상태의 유지 방식에 따라 두 가지 모드로 동작할 수 있습니다.

- **자동 리셋(auto-reset)**: 이 모드에서는 대기 중인 스레드 중 하나가 이벤트 객체의 시그널 상태를 감지하면 그 스레드만 깨어나고 이벤트 객체는 자동으로 비시그널 상태로 전환됩니다. 즉, 한 번의 신호로 하나의 스레드만 작업을 수행할 수 있습니다.
- **수동 리셋(manual-reset)**: 이 모드에서는 이벤트 객체가 시그널 상태로 설정되면 대기 중인 모든 스레드가 깨어납니다. 이벤트 객체는 ResetEvent() 함수가 호출되기 전까지 시그널 상태를 유지합니다. 즉, 여러 스레드가 동시에 작업을 시작할 수 있습니다.

이벤트 객체는 다른 동기화 기법인 뮤텍스나 세마포어처럼 자원 보호가 아니라 특정 조건이 충족되었음을 스레드에 전달하는 용도로 사용합니다.

## 1분 퀴즈

정답 노트 p.392

**07.** 빈칸에 알맞은 단어를 넣으세요.

① 뮤텍스는 공유 자원에 대한 접근을 제어하기 위해 _____, _____ 두 가지 상태를 가진다.

② 세마포어에서 자원을 획득하는 연산을 _____ 연산, 자원을 해제하는 연산을 _____ 연산이라고 한다.

③ 이벤트 객체의 상태는 이벤트 발생 여부를 나타내는 _____ 상태와 _____ 상태로 구성된다.

**08.** 다음 설명이 맞으면 O, 틀리면 X를 괄호 안에 넣으세요.

① (      ) 뮤텍스는 임계 구역 문제를 해결하기 위해 상호 배제, 진행, 유한 대기 조건을 충족하도록 설계된 동기화 기법이다.

○ 계속

② (　　) 세마포어의 초깃값이 1로 설정되면 한 번에 여러 스레드가 임계 구역에 진입할 수 있다.

③ (　　) 이벤트 객체는 특정 자원에 대한 소유권을 제어해 접근을 제한하는 역할을 한다.

④ (　　) 뮤텍스는 자원을 잠근 스레드만 해제할 수 있다.

**09.** 동기화 기법 중 임계 구역에 여러 스레드의 동시 접근을 허용하는 것은 무엇인가요?

① 뮤텍스　　　　　　　② 이진 세마포어

③ 카운팅 세마포어　　　④ 이벤트 객체

**10.** 다음 중 세마포어의 P 연산에 해당하는 것은 무엇인가요?

① 자원을 해제하고 다른 스레드에 접근 권한 부여

② 자원을 획득하고 임계 구역에 진입

③ 자원 상태를 시그널로 변경

④ 특정 조건 발생 여부 확인

**11.** 뮤텍스와 세마포어의 차이점 중 옳은 것은 무엇인가요?

① 뮤텍스는 소유권이 없으며, 세마포어는 소유권이 있다.

② 뮤텍스는 카운터를 사용해 접근할 스레드 수를 제한한다.

③ 세마포어는 오직 하나의 스레드만 자원에 접근할 수 있다.

④ 세마포어는 여러 스레드가 자원에 접근하게 할 수 있다.

**12.** 뮤텍스의 기본적인 역할은 무엇인가요?

① 데이터 동기화　　　② 상호 배제

③ 자원 소유권 관리　　④ 조건 발생 알림

**13.** 이벤트 객체에서 시그널 상태가 될 때 발생하는 현상은 무엇인가요?

① 대기 중인 스레드가 조건 충족 시 자원을 사용할 수 있다.

② 대기 중인 모든 스레드가 즉시 종료된다.

③ 세마포어가 잠금 상태로 전환된다.

④ 자원에 대한 소유권이 이전된다.

# 교착 상태

### 9.3.1 교착 상태란

**교착 상태**(deadlock)란 두 개 이상의 프로세스가 서로가 점유한 자원을 기다리면서 무한정 대기하는 상황을 의미합니다. 즉, 자원을 점유한 프로세스들이 서로 다른 프로세스가 가진 자원을 양보하기를 기다리며 아무것도 진행할 수 없는 상태입니다.

예를 들어, 프로세스 1이 자원 A를 점유한 상태에서 자원 B를 요청합니다. 프로세스 2는 자원 B를 점유한 상태에서 자원 A를 요청합니다. 이런 경우 서로 상대방의 자원을 기다리며 무한 대기하게 됩니다.

그림 9-2 교착 상태 예

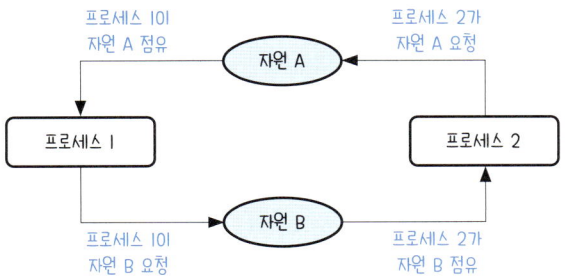

교착 상태가 발생하려면 다음 4가지 조건을 동시에 만족해야 합니다.

- **상호 배제**: 자원은 한 번에 한 프로세스만 사용할 수 있습니다. 자원을 점유한 프로세스가 있을 경우 다른 프로세스는 해당 자원을 사용할 수 없습니다. 예를 들어, 한 대의 프린터를 여러 프로세스가 사용하려 할 때 한 프로세스가 프린터를 점유하면 다른 프로세스는 사용할 수 없습니다.

- **점유와 대기(hold and wait)**: 프로세스가 하나 이상의 자원을 점유한 상태에서 추가 자원을 요청하며 대기하는 상황입니다. 예를 들어, 한 프로세스가 USB 장치를 점유한 상태에서 네트워크 자원도 요청하고 대기하는 경우입니다.

- **선점 금지(non-preemption)**: 프로세스가 점유한 자원을 사용이 끝날 때까지 강제로 회수할 수 없는 상태입니다. 예를 들어, 프린터를 점유한 프로세스가 작업을 완료하기 전까지 다른 프로세스가 사용할 수 없습니다.

- **환형 대기(circular wait)**: 프로세스들이 자원을 기다리는 순환 구조를 형성하는 상황입니다. 예를 들어, 프로세스 A는 프로세스 B의 자원을 기다리고, 프로세스 B는 프로세스 C의 자원을 기다립니다. 그리고 프로세스 C는 프로세스 A의 자원을 기다립니다.

4가지 조건 중 하나라도 제거하면 교착 상태를 예방할 수 있습니다.

### 9.3.2 교착 상태 해결 방법

교착 상태를 해결하는 방법은 예방, 회피, 발견, 복구 네 가지 접근 방식으로 나뉩니다. 각 방법은 교착 상태의 발생을 막거나, 교착 상태가 발생했을 때 이를 감지하고 해소하는 데 초점을 맞춥니다.

● **예방**

**예방**(prevention)은 교착 상태의 발생 조건 4가지 중 하나 이상을 사전에 제거해 교착 상태가 발생하지 않도록 하는 방법입니다. 이 방법은 가장 확실한 해결책이지만, 자원 낭비나 시스템 성능 저하 문제가 발생할 수 있습니다.

- **상호 배제 제거**: 자원을 공유 가능한 형태로 만들거나 자원을 복제해 여러 프로세스가 동시에 사용할 수 있도록 합니다. 이 방법은 공유 불가능한 자원(프린터, 파일 쓰기 등)에는 적용할 수 없습니다.

- **점유와 대기 제거**: 프로세스가 필요한 모든 자원을 한꺼번에 요청하게 해서 프로세스가 자원을 점유하면서 추가 자원을 기다리는 상황을 방지합니다. 프로세스가 자원을 장시간 점유하게 되므로 효율성이 떨어질 수 있습니다.

- **선점 금지 제거**: 프로세스가 자원을 점유한 상태에서 다른 자원을 요청하면 점유한 자원을 강제로 반납하게 합니다. 프로세스가 자주 중단되면 작업을 진행하기 어려울 수 있습니다.

- **환형 대기 제거**: 자원에 우선순위를 부여하고, 프로세스가 자원을 요청할 때 낮은 우선순위에서 높은 우선순위로 자원을 요청하도록 강제합니다. 이 방법은 자원 요청 순서를 정하는 것이 어렵고 비효율적일 수 있습니다.

● 회피

**회피**(avoidance)는 교착 상태의 가능성을 미리 예측하고 위험한 상황이 발생하지 않도록 조정하는 방법입니다. 대표적으로 은행원 알고리즘이 있습니다.

**은행원 알고리즘**(banker's algorithm)은 각 프로세스가 작업에 필요한 자원 수를 미리 제시하고, 시스템이 교착 상태가 발생하지 않는 안전 상태에서만 자원을 할당하는 방식입니다. **안전 상태**(safe state)란 모든 프로세스가 자원을 할당받고 종료할 수 있는 상태를 의미합니다.

은행원 알고리즘의 작동 원리는 다음과 같습니다.

1. 프로세스가 자원을 요청하면 해당 요청을 승인해도 교착 상태가 발생하지 않는지 검사합니다.
2. 요청을 승인했을 때 모든 프로세스가 정상적으로 종료한다면 안전 상태로 판단합니다.
3. 안전 상태가 아니라면 자원 요청을 거부해 교착 상태를 방지합니다.

이 방법은 자원을 동적으로 할당해 효율적으로 사용할 수 있습니다. 그러나 최대 자원 요구량을 미리 알아야 하고, 자원 요청을 분석하는 데 추가 비용이 발생합니다. 또한, 일부 프로세스는 자원을 오래 기다려야 할 수도 있습니다.

회피 기법은 예방보다 자원 활용률이 높지만, 모든 시스템에서 사용하기는 어렵습니다.

● 발견

**발견**(detection)은 교착 상태를 예방하는 것이 아니라 교착 상태가 발생할 수 있도록 허용한 후, 이를 주기적으로 탐지하고 해결하는 방법입니다.

발견에서는 교착 상태가 발생할 수 있는 조건을 허용합니다. 즉, 프로세스들이 자원을 점유하고 다른 자원을 요청할 수 있으며, 이 때문에 교착 상태가 발생할 수 있습니다. 일정한 주기로 교착 상태가 발생했는지를 확인하거나 교착 상태의 징후를 탐지합니다.

교착 상태를 탐지하는 방법은 다음과 같습니다.

1. **자원 할당 그래프**

**자원 할당 그래프**(resource allocation graph)는 프로세스와 자원의 관계를 노드와 간선으로 표현해 교착 상태를 탐지하는 그래프입니다. **노드**는 프로세스(P)와 자원(R)을 표현합니다. 일반적으로 프로세스 노드는 원으로, 자원 노드는 사각형으로 표시합니다. **간선**은 자원이 프로세스에 할당되었음을 의미하는 **할당 간선**(R → P)과 프로세스가 자원을 요청하고 있음을 의미하는 **요청 간선**(P → R)으로 구성합니다.

그래프에 순환(cycle)이 있으면 교착 상태가 발생했음을 의미합니다. 이런 경우 자원 할당이나 프로세스를 조정해 해결합니다.

그림 9-3 자원 할당 그래프

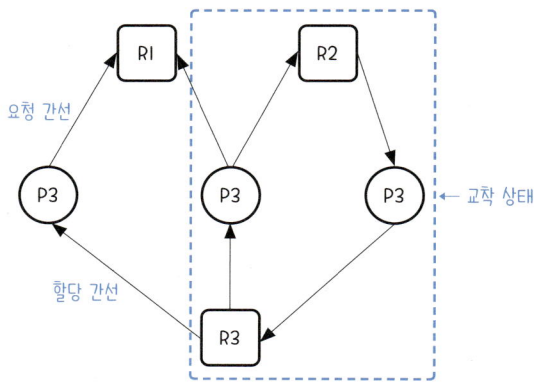

2. **대기 그래프**

**대기 그래프**(wait-for graph)는 프로세스 간 대기 관계만을 나타낸 그래프입니다. 자원 할당 그래프에서 자원 노드를 제거하고, 프로세스 간 대기 관계만 남겨 구성합니다. 대기 그래프에서 순환을 발견하면 교착 상태가 발생한 것으로 판단합니다.

그림 9-4 대기 그래프

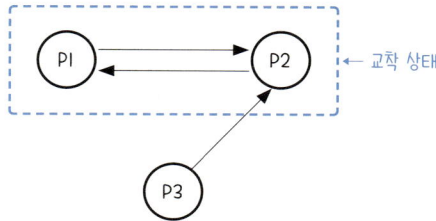

### 3. 탐지 알고리즘

은행원 알고리즘을 탐지 목적으로 변형해 사용할 수 있습니다. 변형 알고리즘에서는 각 프로세스의 자원 요청을 만족할 수 있는지 평가해 안전 상태를 판별합니다. 안전 상태가 아니면 교착 상태로 판단합니다.

탐지 기법은 자원을 효율적으로 사용할 수 있지만, 주기적인 탐지 연산으로 시스템 부하가 발생할 수 있습니다.

● **복구**

**복구**(recovery)는 교착 상태가 발생한 경우 시스템을 정상 상태로 되돌리는 방법으로, 주로 다음 2가지 방식을 사용합니다.

- **프로세스 종료**: 교착 상태에 빠진 프로세스를 종료해 자원을 해제하는 방식은 2가지가 있습니다. 하나는 모든 교착 상태 프로세스를 종료하는 것으로, 가장 확실하지만 데이터가 손실될 가능성이 있습니다. 다른 하나는 하나씩 프로세스를 종료하면서 교착 상태가 해결될 때까지 진행하는 방법입니다. 이 방식은 효율적이지만 시간이 오래 걸릴 수 있습니다.

- **자원 선점**: 교착 상태에 있는 프로세스의 자원을 강제로 회수해 다른 프로세스에 할당하는 방식입니다. 교착 상태가 발생하면 우선순위가 낮은 프로세스의 자원을 빼앗아 높은 우선순위 프로세스에 할당합니다. 또는 사용 시간이 긴 프로세스의 자원을 먼저 회수할 수도 있습니다. 자원을 회수한 프로세스는 이후 다시 실행할 수 있도록 상태를 저장해야 합니다.

복구 기법은 예방과 회피가 어려운 시스템에서 유용하지만, 성능 저하나 데이터 손실의 위험이 있습니다.

### 9.3.3 교착 상태를 고려한 시스템 설계

교착 상태를 예방하고 시스템의 안정성을 높이려면 시스템 설계 단계에서 교착 상태 방지 및 해결 전략을 고려해야 합니다. 자원 관리 및 할당 방식을 최적화하고, 교착 상태가 발생하더라도 쉽게 탐지하고 복구할 수 있도록 설계해야 합니다.

1. **시스템 자원 순서화**

모든 자원에 고유한 순서를 부여하고, 프로세스가 자원을 요청할 때 항상 낮은 번호에서 높은 번호 순으로 요청하도록 설계하는 방식입니다. 예를 들어, 자원 A(1)와 자원 B(2)가 있을 때 모든 프로세스가 A → B 순으로만 자원을 요청하도록 설계합니다.

이렇게 하면 자원 요청 과정에서 순환 대기가 발생할 가능성을 차단합니다. 하지만 자원의 순서를 정하기가 어렵고, 일부 프로세스는 필요하지 않은 자원을 먼저 요청해야 해서 비효율적입니다.

2. **전체 자원 선점**

프로세스를 실행하기 전에 프로세스에 필요한 모든 자원을 확보할 수 있을 때만 프로세스를 실행하도록 설계하는 방식입니다. 예를 들어, 프로세스에 자원 A와 B가 필요하다면 A와 B를 동시에 확보할 수 있을 때까지 대기합니다. 자원을 확보한 후 작업을 수행하고, 완료되면 모든 자원을 한꺼번에 반환합니다.

이 방식은 자원을 확보한 후 실행하므로 프로세스가 자원 대기로 중단되지 않습니다. 점유와 대기 조건을 방지해 교착 상태가 발생할 가능성을 제거합니다. 그러나 자원이 부족한 경우 특정 프로세스가 장시간 대기하거나 일부 자원을 사용하지 않고 대기하는 상황이 발생할 수 있습니다.

3. **주 기억 장치의 선점**

프로세스가 자원을 점유한 상태에서 추가 자원을 요청할 경우 현재 점유한 메모리를 강제로 해제하거나 회수할 수 있도록 설계하는 방식입니다. 예를 들어, 프로세스가 자원 A를 점유한 상태에서 자원 B를 요청하면 자원 B를 점유한 다른 프로세스가 메모리에서 강제로 제거될 수 있습니다.

이 방식은 자원 사용이 유연하고 자원이 부족한 상황에서도 교착 상태 없이 시스템을 운영할 수 있습니다. 하지만 자원을 회수할 경우 프로세스가 중단될 수 있어 성능 저하가 발생합니다. 또한, 강제로 회수한 프로세스를 다시 실행하려면 오버헤드도 발생합니다.

4. **교체 가능 공간의 사전 할당**

프로세스를 실행하기 전에 필요한 스왑 공간(swap space)과 보조 저장 공간을 미리 확보하는 설계 방식입니다. 프로세스를 실행하기 전에 필요한 저장 공간을 할당하고, 공간이 부족하면 프로세스 실행을 연기하거나 대기하도록 합니다.

이 방식은 프로세스를 실행하는 중에 추가 자원을 확보해 달라고 요청하는 것을 방지해 프로세스를 안정적으로 실행할 수 있습니다. 그러나 초기에 자원을 과도하게 할당하면 자원 활용률이 떨어지고 동적으로 변경되는 자원 요구량을 예측하기 어려운 경우 비효율적입니다.

각 방법의 장점과 단점을 고려해 시스템의 특성에 맞는 설계 방식을 선택해야 합니다.

## 1분 퀴즈

정답 노트 p.392

**14.** 빈칸에 알맞은 단어를 넣으세요.

① 교착 상태가 발생하기 위한 네 가지 조건은 _____, _____, _____, _____ 이다.

② 은행가 알고리즘은 자원을 할당할 때 시스템이 _____ 상태를 유지할 수 있을 때만 자원 요청을 승인한다.

③ 자원 할당 그래프에서 _____이/가 존재하면 교착 상태가 발생했음을 의미한다.

**15.** 다음 설명이 맞으면 O, 틀리면 X를 괄호 안에 넣으세요.

① (　　) 교착 상태의 예방 방법 중 점유와 대기 조건 방지는 모든 자원을 한꺼번에 요청하도록 해 교착 상태를 방지한다.

② (　　) 은행가 알고리즘으로 교착 상태의 발생 가능성을 사전에 예측하고 회피할 수 있다.

③ (　　) 교착 상태 복구 방법 중 자원 선점은 비용이 적게 들고 데이터 손실이 발생하지 않는다는 장점이 있다.

④ (　　) 교착 상태 예방을 위한 시스템 설계에서 자원 순서화는 자원 요청 과정에서 순환 대기를 방지한다.

**16.** 교착 상태가 발생하는 네 가지 조건 중 자원에 대한 소유권을 다른 프로세스가 강제로 빼앗지 못하는 조건은 무엇인가요?

① 상호 배제　　② 점유와 대기　　③ 비선점　　④ 환형 대기

**17.** 교착 상태의 예방 방법 중 모든 프로세스가 자원을 필요한 만큼 한꺼번에 요청해 추가 대기를 방지하는 것은 무엇인가요?

① 상호 배제 조건 방지　　　　② 점유와 대기 조건 방지

③ 비선점 조건 방지　　　　　　④ 환형 대기 조건 방지

○ 계속

**18.** 교착 상태 해결 방법 중 은행가 알고리즘과 관련이 있는 방법은 무엇인가요?

① 예방　　　② 회피　　　③ 발견　　　④ 복구

**19.** 교착 상태를 해결하기 위한 복구 방법으로 교착 상태에 빠진 프로세스를 종료하거나 자원을 회수하는 방법은 무엇인가요?

① 예방　　　② 회피　　　③ 발견　　　④ 복구

**20.** 자원 할당 그래프에서 순환이 발생했을 때, 이 교착 상태를 해결하기 위한 방법은 무엇인가요?

① 예방　　　② 회피　　　③ 발견　　　④ 복구

1. **동기화**

    ① 동기화: 여러 프로세스나 스레드가 공유 자원에 접근할 때 이들의 실행 순서를 조정해 데이터의 무결성과 일관성을 보장하는 기법입니다.

    ② 동기화 문제로는 경쟁 조건, 데이터 경합, 교착 상태, 우선순위 역전, 기아 등이 있습니다.

2. **공유 자원과 임계 구역**

    ① 공유 자원: 여러 프로세스나 스레드가 동시에 접근할 수 있는 자원입니다.

    ② 임계 구역: 하나의 프로세스 또는 스레드가 공유 자원에 접근해 작업을 수행하는 코드 영역입니다.

    ③ 임계 구역 문제를 해결하려면 상호 배제, 진행, 유한 대기 세 가지 조건을 만족해야 합니다.

3. **동기화 기법**

    ① 뮤텍스: 임계 구역을 보호하기 위해 한 번에 하나의 스레드만 공유 자원에 접근할 수 있도록 제한합니다.

    ② 세마포어: 세마포어는 자원에 접근할 수 있는 프로세스나 스레드의 수를 제한하는 카운터 기반 기법입니다.

    ③ 이벤트 객체: 특정 사건이 발생했음을 프로세스나 스레드에 전달하는 역할을 합니다.

4. **교착 상태**

    ① 교착 상태: 두 개 이상의 프로세스가 서로가 점유한 자원을 기다리면서 무한정 대기하는 상황입니다.

    ② 교착 상태가 발생하려면 '상호 배제, 점유와 대기, 선점 금지, 환형 대기' 4가지 조건을 동시에 만족해야 합니다.

    ③ 교착 상태의 해결 방법으로는 예방, 회피, 발견, 복구가 있습니다.

    ④ 교착 상태가 발생하지 않게 하려면 시스템을 설계할 때부터 이를 고려해야 합니다.

MEMO

# 10장

# 스케줄링

이 장에서는 운영체제에서 CPU를 스케줄링하는 방식을 살펴봅니다.

## 10.1 스케줄링이란

운영체제에서는 여러 프로세스를 동시에 실행하지만, CPU는 한 번에 하나의 프로세스만 처리할 수 있습니다. 따라서 멀티프로세스 환경에서는 제한된 자원을 공정하게 분배하고 효율적으로 활용하기 위해 스케줄링이 필요합니다.

**스케줄링**(scheduling)이란 CPU와 시스템 자원을 여러 프로세스에 효율적으로 분배하는 방법으로, 어떤 프로세스가 어떤 우선순위로 얼마나 CPU를 사용할지 결정합니다.

스케줄링은 단순히 프로세스를 실행하는 것이 아니라 다음과 같은 목적으로 설계합니다.

1. **공평성과 예측성**: 모든 프로세스가 공정하게 CPU 시간을 배분받고, 각 프로세스의 수행 시간을 예측할 수 있도록 보장합니다.
2. **자원 활용 극대화**: 시간당 처리되는 프로세스의 수(처리량)를 증가시키고, CPU가 유휴 상태(idle)가 되지 않도록 유지합니다.
3. **우선순위 기반 처리**: 실시간 프로세스와 중요한 작업을 우선적으로 실행해 시스템이 더욱 효과적으로 작동하도록 관리합니다.
4. **응답 시간 최소화**: 특정 프로세스가 과도하게 대기하지 않도록 관리해 시스템의 전반적인 응답 속도를 개선합니다.

즉, 스케줄링은 CPU를 보다 효율적으로 활용하고, 응답성을 개선하며, 시스템의 성능을 최적화하는 중요한 역할을 합니다.

스케줄링은 크게 CPU 스케줄링과 디스크/입출력 스케줄링으로 구분합니다.

- **CPU 스케줄링**: 프로세스가 CPU를 사용할 순서를 결정하는 알고리즘
- **입출력 스케줄링**: 디스크를 포함한 입출력 장치의 사용 순서를 결정하는 알고리즘

여기서는 CPU 스케줄링에 초점을 맞춰 살펴봅니다.

## 10.2

# 스케줄링 알고리즘

운영체제에서는 CPU 스케줄링을 위한 다양한 알고리즘을 사용합니다. 각 스케줄링 알고리즘은 시스템의 환경과 목표에 맞춰 CPU 자원을 효율적으로 관리합니다. 스케줄링 알고리즘은 **우선순위 적용 방식**과 **선점 여부**에 따라 크게 두 가지로 나뉩니다.

TIP — 선점은 실행 중인 프로세스가 CPU를 사용하고 있는 상태에서 다른 프로세스가 CPU를 강제로 빼앗는 것을 의미합니다.

### 10.2.1 선점형 스케줄링

**선점형 스케줄링**(preemptive scheduling)은 더 높은 우선순위를 가진 프로세스가 도착하면 실행 중인 프로세스를 중단하고 CPU를 할당하는 방식입니다.

CPU를 선점하는 경우는 다음과 같습니다.

- 더 높은 우선순위를 가진 프로세스가 도착하면 실행 중인 프로세스 중단
- 프로세스가 CPU를 일정 시간 동안만 사용하고, 시간이 종료되면 다음 프로세스 실행
- 프로세스가 입출력 작업을 수행하거나 대기 상태로 전환되면 다른 프로세스가 CPU 차지

선점형 스케줄링은 우선순위가 높은 프로세스가 CPU를 즉시 사용할 수 있게 해 실시간 처리나 중요한 작업을 신속하게 실행할 수 있도록 합니다. 또한, 프로세스의 우선순위에 따라 CPU를 할당하므로 모든 프로세스가 적절한 응답 시간을 확보할 수 있습니다. 이 방식은 CPU가 유휴 상태로 남지 않게 해 가능한 한 많은 프로세스가 CPU를 사용할 수 있습니다.

하지만 프로세스 간에 CPU를 전환할 때마다 컨텍스트 스위칭이 발생합니다. 이 과정에서 오버

헤드가 발생해 시스템 성능에 영향을 줄 수 있습니다. 또한, 우선순위가 높은 프로세스가 계속해서 CPU를 차지하게 되면 우선순위가 낮은 프로세스는 실행 기회를 얻지 못하고 대기 상태에 오래 머무를 수 있습니다. 선점형 스케줄링은 프로세스의 우선순위를 관리하고, 컨텍스트 스위칭을 처리해야 하므로 비선점형 스케줄링보다 알고리즘이 더 복잡해질 수 있습니다.

대표적인 선점형 스케줄링 알고리즘 몇 가지를 알아보겠습니다.

### ● 라운드 로빈 스케줄링 알고리즘

**라운드 로빈**(RR, Round Robin)은 모든 프로세스에 동일한 CPU 시간을 할당하는 방식입니다. 이때 할당되는 시간을 **시간 할당량**(time slice 또는 time quantum)이라고 합니다. 할당된 시간이 끝나면 CPU를 반환하고 다음 프로세스로 전환합니다.

라운드 로빈의 작동 방식은 다음과 같습니다.

1 준비 큐(ready queue)에 도착한 모든 프로세스는 동일한 시간 할당량을 받습니다.

2 프로세스는 할당된 시간 동안만 실행할 수 있습니다.

3 시간 할당량이 끝났을 때 작업을 완료했으면 큐에서 제거하고, 완료하지 않았으면 큐의 맨 뒤로 이동해 다시 대기합니다.

이 과정을 반복해 모든 프로세스가 공정하게 CPU 시간을 할당받습니다.

그림 10-1 라운드 로빈 스케줄링 알고리즘의 작동 방식

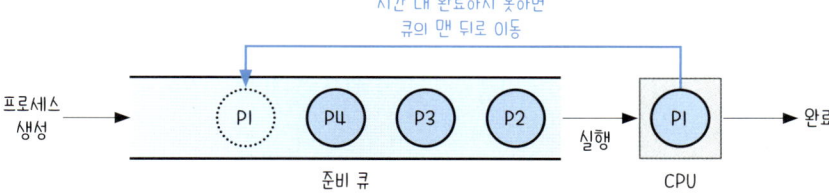

예를 들어 봅시다. 다음과 같은 프로세스가 있고, 시간 할당량은 4ms입니다.

표 10-1 프로세스의 도착 시간과 실행 시간

| 프로세스 | 도착 시간 | 실행 시간 |
| --- | --- | --- |
| P1 | 0 | 10 |
| P2 | 1 | 4 |
| P3 | 2 | 7 |
| P4 | 3 | 5 |

이 프로세스를 라운드 로빈으로 스케줄링했을 때 다음과 같이 실행합니다.

1. **시간 0**: P1이 도착해 실행합니다.

2. **시간 1, 2, 3**: P2, P3, P4가 각각 도착합니다.

3. **시간 4**: P1의 할당 시간이 끝나 큐의 맨 뒤로 이동합니다. P2를 실행합니다

4. **시간 8**: P2가 실행을 완료합니다. 큐에 있던 P3를 실행합니다.

5. **시간 12**: P3의 할당 시간이 끝나 큐의 맨 뒤로 이동합니다. P4를 실행합니다.

6. **시간 16**: P4의 할당 시간이 끝나 큐의 맨 뒤로 이동합니다. P1을 실행합니다.

7. **시간 20**: P1의 할당 시간이 끝나 다시 큐의 맨 뒤로 이동합니다. P3를 실행합니다.

8. **시간 23**: P3가 실행을 완료합니다. P4를 실행합니다.

9. **시간 24**: P4가 실행을 완료합니다. 큐에 남은 P1을 실행합니다.

10. **시간 26**: P1이 실행을 완료합니다.

프로세스의 실행 순서는 P1 → P2 → P3 → P4 → P1 → P3 → P4 → P1입니다. 그리고 P2는 8ms, P3는 23ms, P4는 24ms, P1은 26ms에 종료합니다.

그림 10-2 라운드 로빈 스케줄링 알고리즘의 예

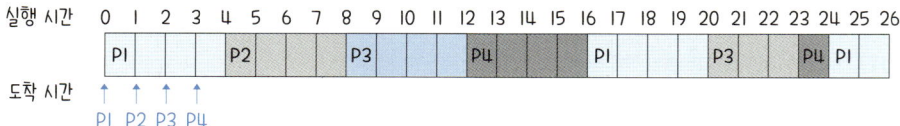

라운드 로빈은 모든 프로세스가 동일한 시간 할당량을 받기 때문에 CPU 시간이 공정하게 분배됩니다. 응답 시간도 보장되며, 사용자에게 빠른 반응을 제공합니다.

라운드 로빈에서는 시간 할당량이 중요합니다. 시간 할당량이 짧으면 시스템의 반응 속도는 빠르지만 컨텍스트 스위칭이 자주 발생해 오버헤드가 커질 수 있습니다. 반대로 시간 할당량이 길면 오버헤드는 줄지만, 한 프로세스가 CPU를 오래 사용하게 되어 응답 속도가 느려질 수 있습니다.

> **Note** 도착 시간과 실행 시간
>
> **도착 시간**(arrival time)은 프로세스가 준비 큐에 들어간 시간을 의미합니다. 이 시점부터 프로세스는 CPU 할당을 기다리며 대기합니다. 여러 스케줄링 알고리즘에서 중요한 기준으로 사용하며, 특히 FCFS(First-Come First-Served) 스케줄링 알고리즘에서는 도착 시간이 빠른 순서대로 프로세스를 실행합니다. 도착 시간은 일반적으로 밀리초(ms) 또는 초(s) 단위로 측정합니다.
>
> **실행 시간**(burst time)은 프로세스가 CPU에서 실제로 실행하는 데 필요한 시간을 의미합니다. 프로세스가 CPU를 점유하는 동안 소요되는 시간이며, 작업을 완료하는 데 필요한 최소한의 시간입니다. 특히, SJF(Shortest Job First) 스케줄링 알고리즘에서는 실행 시간이 짧은 프로세스를 우선 처리합니다. 실행 시간은 일반적으로 밀리초(ms) 또는 초(s) 단위로 측정합니다.

● **SRT 스케줄링 알고리즘**

**SRT**(Shortest Remaining Time)는 남은 실행 시간이 가장 짧은 프로세스를 우선 실행하는 방식입니다. **SRTF**(Shortest Remaining Time First) 또는 **SRTN**(Shortest Remaining Time Next)이라고도 합니다.

SRT 알고리즘의 작동 방식은 다음과 같습니다.

1. 새로운 프로세스가 준비 큐에 도착하면 현재 실행 중인 프로세스의 남은 실행 시간과 비교해 더 짧은 실행 시간을 가진 프로세스가 CPU를 차지합니다.

2. 실행 중이던 프로세스는 큐의 맨 뒤로 이동합니다.

3. 프로세스가 실행을 완료하면 큐에서 남은 실행 시간이 가장 짧은 프로세스를 선택해 CPU를 할당합니다.

그림 10-3 SRT 스케줄링 알고리즘의 작동 방식

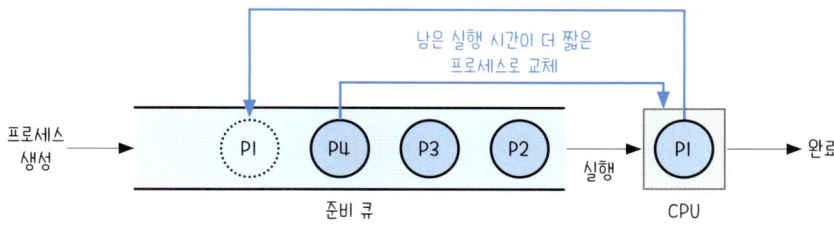

다음 프로세스를 예로 들어 보겠습니다.

표 10-2 프로세스의 도착 시간과 실행 시간

| 프로세스 | 도착 시간 | 실행 시간 |
| --- | --- | --- |
| P1 | 0 | 8 |
| P2 | 1 | 4 |
| P3 | 2 | 9 |
| P4 | 3 | 5 |

이 프로세스를 SRT로 스케줄링하면 다음과 같이 실행합니다.

1. **시간 0**: P1이 도착해 실행합니다.

2. **시간 1**: P2가 도착합니다. P2의 실행 시간(4ms)이 P1의 남은 실행 시간(7ms)보다 짧으므로 P1을 큐의 맨 뒤로 보내고 P2를 실행합니다.

3. **시간 2**: P3가 도착합니다. P2의 남은 실행 시간(3ms)이 P1(7ms), P3(9ms)보다 짧아 P2를 계속 실행합니다.

4. **시간 3**: P4가 도착합니다. P2의 남은 실행 시간(2ms)이 P1(7ms), P3(9ms), P4(5ms)보다 짧아 P2를 계속 실행합니다.

5. **시간 5**: P2가 실행을 완료합니다. 대기 중인 프로세스(P1, P3, P4) 중 남은 실행 시간이 가장 짧은 P4를 실행합니다.

6. **시간 10**: P4가 실행을 완료합니다. 대기 중인 프로세스 중 P1의 남은 실행 시간이 더 짧아 P1을 실행합니다.

7. **시간 17**: P1이 실행을 완료합니다. 남은 P3를 실행합니다.

8. **시간 26**: P3가 실행을 완료합니다.

프로세스의 실행 순서는 P1 → P2 → P4 → P1 → P3입니다. 그리고 P2는 5ms, P4는 10ms, P1은 17ms, P3는 26ms에 종료합니다.

그림 10-4 SRT 스케줄링 알고리즘의 예

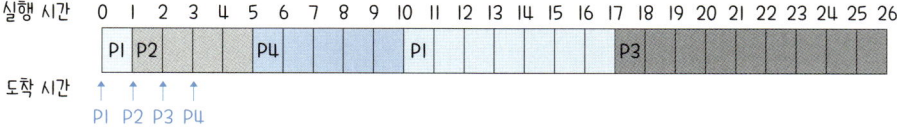

SRT는 남은 실행 시간이 짧은 프로세스를 우선 처리해 전체 평균 대기 시간을 최소화하고, 작업 시간이 긴 프로세스의 우선순위가 낮아져 CPU가 여러 짧은 작업을 빠르게 처리할 수 있습니다. 이 덕분에 시스템의 반응 속도가 빨라집니다.

그러나 SRT는 프로세스 간 교체가 빈번해지면 이에 따른 오버헤드가 증가할 수 있고 실행 시간이 긴 프로세스가 실행 시간이 짧은 프로세스에 계속 밀리면서 실행되지 못하는 기아 현상이 발생할 수 있습니다. 또한, 프로세스의 전체 실행 시간을 정확히 알기 어려운 단점도 있습니다.

● **기한부 스케줄링 알고리즘**

**기한부**(deadline) 스케줄링 알고리즘은 작업을 명시된 시간(기한) 내에 완료하도록 하는 방식입니다. 주로 실시간 시스템에서 사용합니다.

기한부 스케줄링의 작동 방식은 다음과 같습니다.

1 각 프로세스는 기한을 지정합니다. **기한**은 작업을 완료해야 하는 시간을 의미합니다.

2 기한이 가까운 순서대로 우선순위를 부여해 실행합니다.

3 여러 프로세스가 있다면 기한을 만족할 수 있는 프로세스부터 스케줄링합니다.

그림 10-5 기한부 스케줄링 알고리즘의 작동 방식

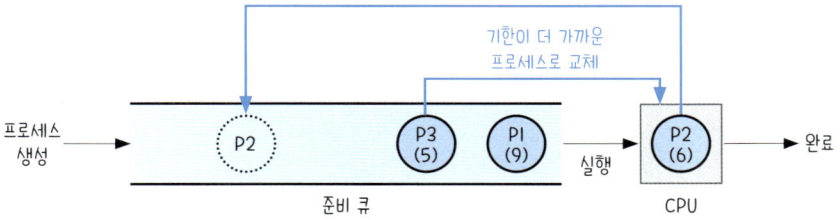

다음과 같은 4개의 프로세스가 있다고 합시다.

표 10-3 프로세스의 도착 시간, 실행 시간, 기한

| 프로세스 | 도착 시간 | 실행 시간 | 기한 |
|---|---|---|---|
| P1 | 0 | 4 | 9 |
| P2 | 1 | 3 | 6 |
| P3 | 2 | 2 | 5 |
| P4 | 3 | 1 | 12 |

이 프로세스를 기한부 알고리즘으로 스케줄링했을 때 다음과 같이 수행합니다.

1. **시간 0**: P1이 도착해 실행합니다.

2. **시간 1**: P2가 도착합니다. P2의 기한(6)이 P1의 기한(9)보다 이르므로 P1을 중단하고 P2를 실행합니다.

3. **시간 2**: P3가 도착합니다. P3의 기한(5)이 P2의 기한(6)보다 이르므로 P2를 중단하고 P3를 실행합니다.

4. **시간 3**: P4가 도착합니다. P3의 기한(5)이 P4의 기한(12)보다 이르므로 P3를 계속 실행합니다.

5. **시간 4**: P3가 실행을 완료합니다. 현재 남아 있는 프로세스 중에서 기한이 가장 가까운 P2를 다시 실행합니다.

6. **시간 6**: P2가 실행을 완료합니다. 남은 프로세스는 P1과 P4 중에서 기한이 더 이른 P1을 실행합니다.

7. **시간 9**: P1이 실행을 완료합니다. 마지막으로 남은 P4를 실행합니다.

8. **시간 10**: P4가 실행을 완료합니다.

최종 실행 순서는 P1 → P2 → P3 → P2 → P1 → P4입니다. 종료 시간은 P3가 4ms, P2가 6ms, P1이 9ms, P4가 10ms입니다.

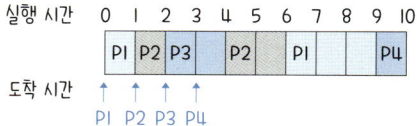

그림 10-6 기한부 스케줄링 알고리즘의 예

기한부 스케줄링 알고리즘은 기한 내에 완료해야 하는 작업을 최우선으로 처리하므로 실시간 시스템에 적합합니다. 하지만 기한이 긴 작업은 계속 뒤로 밀려 기아 상태에 빠질 수 있고, 프로세스 간 컨텍스트 스위칭이 빈번하게 일어나 오버헤드가 발생할 수 있습니다.

기한부 스케줄링 알고리즘을 효과적으로 적용하려면 각 프로세스에 대한 기한을 명확히 정의해야 합니다. 기한을 예측하기 어렵거나 정의할 수 없는 경우 이 알고리즘을 적용하기 어렵습니다.

기한부 스케줄링은 선점형 방식과 비선점형 방식으로 구현할 수 있습니다. 선점형 방식에서는 기한이 더 짧은 프로세스가 도착하면 현재 실행 중인 프로세스를 중단하고 새로운 프로세스를 실행할 수 있습니다. 반면, 비선점형 방식에서는 현재 실행 중인 프로세스를 완료할 때까지 다른 프로세스가 CPU를 사용할 수 없습니다. 비선점형 방식은 컨텍스트 스위칭이 적어 오버헤드가 줄어들 수 있지만, 기한이 짧은 프로세스가 대기하는 시간이 길어질 수 있습니다.

## 10.2.2 비선점형 스케줄링

**비선점형 스케줄링**(nonpreemptive scheduling)은 CPU를 할당받은 프로세스가 종료할 때까지 실행하는 방식입니다. 즉, 다른 프로세스가 CPU를 강제로 빼앗을 수 없으며, 현재 실행 중인 프로세스가 완료할 때까지 CPU를 독점해 사용합니다.

비선점형 스케줄링은 CPU를 한번 할당받으면 작업을 완료할 때까지 점유하므로 실행 중인 프로세스가 중단되지 않습니다. 또한, 컨텍스트 스위칭이 적어 CPU 오버헤드가 감소하고, 실행 중인 프로세스가 방해받지 않으므로 성능을 예측할 수 있습니다. 하지만 실행 시간이 긴 작업을 먼저 실행하면 실행 시간이 짧은 작업이 오래 대기할 수 있습니다.

비선점형 스케줄링은 주로 예측 가능하고 안정적인 환경에서 사용합니다. 실시간 반응이 중요한 환경이라면 선점형 스케줄링이 더 적합할 수 있습니다.

대표적인 비선점형 스케줄링 알고리즘은 다음과 같습니다.

- **FCFS 스케줄링 알고리즘**

**FCFS**(First Come, First Served) 또는 **FIFO**(First In, First Out)는 먼저 도착한 프로세스를 먼저 실행하는 방식입니다.

작동 방식은 간단합니다.

1. 준비 큐에 도착한 순서대로 프로세스를 실행합니다.
2. 한 프로세스가 CPU를 점유하면 실행을 완료할 때까지 계속 유지합니다.
3. CPU를 점유한 프로세스가 실행을 완료하면 다음 프로세스를 실행합니다.

그림 10-7 FCFS 스케줄링 알고리즘의 작동 방식

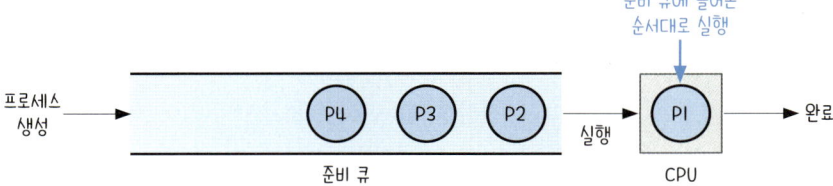

예를 살펴봅시다.

표 10-4 프로세스의 도착 시간과 실행 시간

| 프로세스 | 도착 시간 | 실행 시간 |
|---|---|---|
| P1 | 0 | 5 |
| P2 | 2 | 3 |
| P3 | 4 | 8 |
| P4 | 5 | 6 |

FCFS에서는 도착한 순서대로 프로세스를 실행하므로 각 프로세스의 도착 시간을 고려해 순차적으로 CPU를 할당합니다.

1. **시간 0**: P1이 도착해 가장 먼저 실행합니다.
2. **시간 2, 4**: P2와 P3가 각각 도착해 대기합니다.
3. **시간 5**: P4가 도착해 대기합니다. P1이 실행을 완료하고 도착 순서에 따라 P2를 실행합니다.
4. **시간 8**: P2가 실행을 완료하고 그다음으로 도착한 P3를 실행합니다.
5. **시간 16**: P3가 실행을 완료하고 마지막으로 도착한 P4를 실행합니다.
6. **시간 22**: P4가 실행을 완료합니다.

FCFS로 스케줄링할 때 실행 순서는 P1 → P2 → P3 → P4이고 종료 시간은 각각 5ms, 8ms, 16ms, 22ms입니다.

그림 10-8 FCFS 스케줄링 알고리즘의 예

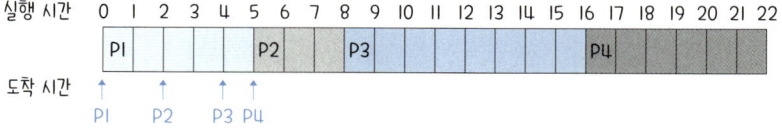

FCFS는 큐에 도착한 순서대로 프로세스를 처리하므로 구현이 간단하고 완료 시간을 예측하기 쉽습니다. 또한, 컨텍스트 스위칭이 적어 오버헤드가 적습니다. 그래서 사용자와의 실시간 상호작용이 필요 없는 배치 처리 환경에서 효율적으로 작동할 수 있습니다.

하지만 실행 시간이 긴 프로세스가 먼저 도착할 경우 그 뒤에 도착한 짧은 프로세스가 대기해야 해서 대기 시간이 길어질 수 있습니다. 이 때문에 전체 시스템 성능이 저하될 수 있어서 빠른 응답을 요구하는 시스템에는 적합하지 않습니다.

FCFS는 주로 다른 스케줄링 알고리즘과 함께 사용하는데, 특히 우선순위 스케줄링 알고리즘에서 같은 우선순위일 때 FCFS를 보조로 사용하는 경우가 많습니다.

### ● 우선순위 스케줄링 알고리즘

**우선순위**(priority) 스케줄링 알고리즘은 각 프로세스에 우선순위를 부여하고, 우선순위가 높은 프로세스를 먼저 실행하는 방식입니다. 우선순위가 같으면 FCFS 방식으로 처리합니다.

우선순위 스케줄링 알고리즘의 작동 방식은 다음과 같습니다.

1. 각 프로세스에 우선순위를 부여합니다. 프로세스는 CPU를 할당받기 위해 준비 큐에서 대기합니다.
2. 우선순위가 높은 프로세스를 먼저 실행합니다.
3. 새로운 프로세스가 준비 큐에 추가되면 우선순위에 따라 재정렬합니다. 우선순위가 높은 프로세스가 앞쪽에 위치하게 됩니다.

그림 10-9 우선순위 스케줄링 알고리즘 작동 방식

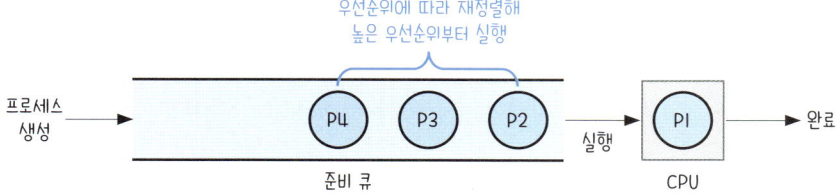

우선순위는 운영체제나 시스템 관리자가 작업의 중요도나 유형에 따라 할당합니다. 예를 들어, 중요한 시스템 작업은 높은 우선순위를, 일반 사용자 작업은 상대적으로 낮은 우선순위를 가집니다. 보통 낮은 숫자가 높은 우선순위를 나타내지만, 시스템에 따라 높은 숫자가 높은 우선순위를 나타낼 수도 있습니다.

우선순위는 정적 우선순위와 동적 우선순위로 나눌 수 있습니다.

- **정적 우선순위(static priority)**: 프로세스를 생성할 때 우선순위를 할당하고, 실행 도중에 변경하지 않는 방법입니다. 이 방식은 시스템의 성능을 예측할 수 있고 응답 시간을 쉽게 계산할 수 있지만, 높은 우선순위 프로세스가 계속해서 CPU를 차지할 경우 낮은 우선순위의 프로세스는 기아 상태에 빠질 수 있다는 단점이 있습니다.

- **동적 우선순위(dynamic priority)**: 실행 중인 프로세스의 우선순위를 상황에 따라 동적으로 변경하는 방법입니다. 예를 들어, 대기 시간이 길어질수록 우선순위를 높이는 에이징 기법이나 특정 자원 사용량에 따라 우선순위를 조정하는 방식이 있습니다. 동적 우선순위는 시스템의 상황 변화에 맞춰 우선순위를 조절할 수 있어 응답 속도를 증가시키는 효과가 있지만, 우선순위를 동적으로 변경하는 부분을 구현하기가 어렵고, 우선순위를 변경할 때마다 오버헤드가 발생하는 단점이 있습니다.

예를 들어 봅시다. 다음과 같이 4개 프로세스가 있습니다. 우선순위는 숫자가 낮을수록 높은 우선순위를 의미합니다. 즉, P2의 우선순위가 가장 높고, P4의 우선순위가 가장 낮습니다.

표 10-5 프로세스의 도착 시간, 실행 시간, 우선순위

| 프로세스 | 도착 시간 | 실행 시간 | 우선순위 |
| --- | --- | --- | --- |
| P1 | 0 | 8 | 3 |
| P2 | 1 | 4 | 1 |
| P3 | 2 | 9 | 2 |
| P4 | 3 | 5 | 4 |

우선순위 스케줄링 알고리즘에서는 실행 순서는 도착 시간과 우선순위를 고려해 결정합니다.

1. **시간 0**: P1이 도착해 실행합니다.
2. **시간 1, 2, 3**: P2, P3, P4가 각각 도착합니다. P1이 실행을 완료할 때까지 기다립니다.
3. **시간 8**: P1이 실행을 완료합니다. 대기 중인 프로세스(P2, P3, P4) 중에서 우선순위가 가장 높은 P2를 실행합니다.
4. **시간 12**: P2가 실행을 완료합니다. 대기 중인 프로세스(P3, P4) 중에서 우선순위가 높은 P3를 실행합니다.

5. **시간 21**: P3가 실행을 완료합니다. P4를 실행합니다.

6. **시간 26**: P4가 실행을 완료합니다.

이 스케줄링에서 프로세스의 실행 순서는 P1 → P2 → P3 → P4이고, 종료 시간은 각각 8ms, 12ms, 21ms, 26ms입니다.

그림 10-10 우선순위 스케줄링 알고리즘의 예

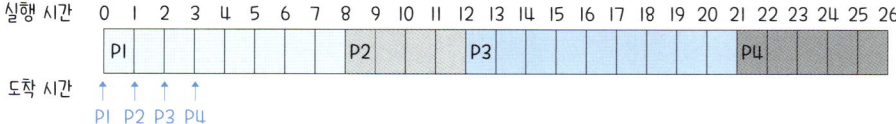

우선순위 알고리즘은 선점형 방식으로도 구현할 수 있습니다. 선점형 방식은 높은 우선순위 프로세스가 도착하면 현재 실행 중인 낮은 우선순위 프로세스를 중단하고, 높은 우선순위 프로세스를 실행합니다.

우선순위 알고리즘은 우선순위가 높은 작업을 먼저 처리하므로 중요한 작업을 빠르게 완료할 수 있습니다. 그러나 높은 우선순위 프로세스가 계속해서 CPU를 점유할 경우 낮은 우선순위 프로세스는 오랫동안 CPU를 할당받지 못해 기아 상태에 빠질 수 있습니다. 또한, 모든 작업에 적절한 우선순위를 설정하는 것이 어려울 수 있으며, 우선순위를 잘못 설정하면 시스템 성능을 저하시킬 수 있습니다.

> **Note** 에이징
>
> **에이징**(aging)은 대기 중인 프로세스의 우선순위를 점진적으로 높이는 방법으로, 우선순위 스케줄링에서 발생할 수 있는 기아 문제를 해결하기 위한 효과적인 방법입니다. 에이징을 사용하면 낮은 우선순위를 가진 프로세스도 결국 높은 우선순위를 얻어 CPU를 할당받을 수 있습니다.
>
> 우선순위를 높이는 방법은 시스템 설정에 따라 다를 수 있습니다. 예를 들어 일정 시간마다 우선순위를 올리거나 대기 시간이 임곗값에 도달할 때마다 우선순위를 한 단계씩 올리는 방식이 있습니다.
>
> 이 방식은 모든 프로세스가 언젠가는 실행될 기회를 얻으므로 전체 시스템에서 공정성을 높이는 효과가 있습니다. 또한, 기아 현상을 방지해 시스템의 안정성과 예측 가능성을 개선합니다. 그러나 우선순위를 조정하는 연산이 추가로 필요하며, 우선순위 변동 규칙을 정의해야 하므로 시스템 설계와 구현이 복잡해질 수 있습니다.

## ● SJF 스케줄링 알고리즘

**SJF**(Shortest Job First)는 실행 시간이 가장 짧은 프로세스를 우선 실행하는 방식으로, 다음과 같이 작동합니다.

1. 준비 큐에서 실행 시간이 가장 짧은 프로세스를 선택해 실행합니다.
2. 선택한 프로세스가 실행을 완료할 때까지 CPU를 점유합니다.
3. 새로운 프로세스가 도착하면 실행 시간이 짧은 순서대로 준비 큐를 재정렬합니다.

그림 10-11 SJF 스케줄링 알고리즘의 작동 방식

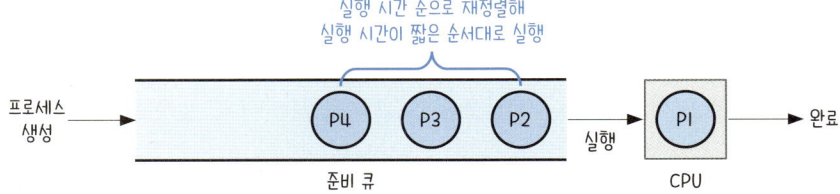

SJF는 각 프로세스의 실행 시간을 기준으로 스케줄링을 결정하므로 시스템이 프로세스의 실행 시간을 알고 있거나 예측할 수 있어야 합니다. 예측된 실행 시간이 짧을수록 먼저 실행합니다.

SJF를 선점형으로 구현하면 SRT가 됩니다. 이 경우 현재 실행 중인 프로세스보다 새로운 프로세스의 남은 실행 시간이 짧으면 새로운 프로세스가 CPU를 선점합니다.

SJF의 예를 살펴보겠습니다. 다음과 같이 4개의 프로세스가 있습니다.

표 10-6 프로세스의 도착 시간과 실행 시간

| 프로세스 | 도착 시간 | 실행 시간 |
| --- | --- | --- |
| P1 | 0 | 8 |
| P2 | 1 | 4 |
| P3 | 2 | 2 |
| P4 | 3 | 1 |

1. **시간 0**: P1이 도착해 실행합니다.
2. **시간 1, 2, 3**: P2, P3, P4가 각각 도착합니다. P1이 실행을 완료할 때까지 기다립니다.
3. **시간 8**: P1이 실행을 완료합니다. 대기 중인 프로세스 중 실행 시간이 가장 짧은 P4(1)를 실행합니다.

4. **시간 9**: P4가 실행을 완료합니다. 대기 중인 프로세스 중 실행 시간이 짧은 P3(2)를 실행합니다.

5. **시간 11**: P3가 실행을 완료합니다. 마지막으로 남은 P2를 실행합니다.

6. **시간 15**: P2가 실행을 완료합니다.

이 스케줄링에서 프로세스의 실행 순서는 P1 → P4 → P3 → P2입니다. 종료 시간은 P1이 8ms, P4이 9ms, P3가 11ms, P2가 15ms입니다.

그림 10-12 SJF 스케줄링 알고리즘의 예

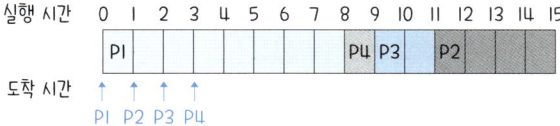

SJF 스케줄링 알고리즘은 짧은 작업을 우선적으로 처리해 평균 대기 시간을 최소화하고, 전체적인 처리 시간을 줄이는 데 효과적입니다. 그러나 CPU 요구 시간이 긴 프로세스는 짧은 프로세스에 항상 양보해야 하므로 기아 상태에 빠질 수 있습니다. 또한, 준비 큐에 있는 프로세스의 CPU 요구 시간을 정확히 예측하기 어려운 경우가 많아 스케줄링의 효율성이 저하될 수 있습니다.

● **HRN 스케줄링 알고리즘**

**HRN**(Highest Response Ratio Next)은 대기 시간과 실행 시간을 함께 고려해 프로세스의 우선순위를 정하는 방식입니다. HRN에서는 대기 중인 프로세스 중 **응답률**(response ratio)이 가장 높은 프로세스를 우선 실행합니다. 응답률은 다음과 같이 계산합니다.

$$응답률 = (대기 시간 + 실행 시간) / 실행 시간$$

대기 시간은 프로세스가 준비 큐에 도착한 후 현재까지 기다린 시간이고, 실행 시간은 프로세스를 CPU에서 실제로 실행하는 데 필요한 시간을 의미합니다. 대기 시간이 긴 프로세스나 실행 시간이 짧은 프로세스의 응답률이 높습니다. 응답률이 높을수록 우선순위가 높아집니다.

HRN은 다음과 같이 작동합니다.

1 프로세스의 응답률을 다음과 같이 계산합니다.

2 대기 중인 모든 프로세스의 응답률을 계산한 후, 응답률이 가장 높은 프로세스를 선택합니다.

3 선택한 프로세스가 CPU를 할당받아 실행합니다. 실행을 완료하면 해당 프로세스는 종료합니다.

그림 10-13 HRN 스케줄링 알고리즘의 작동 방식

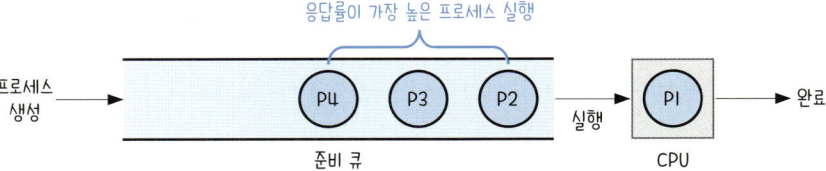

예를 들어, 프로세스 4개의 도착 시간과 실행 시간은 다음과 같습니다.

표 10-7 프로세스의 도착 시간과 실행 시간

| 프로세스 | 도착 시간 | 실행 시간 |
| --- | --- | --- |
| P1 | 0 | 4 |
| P2 | 1 | 3 |
| P3 | 2 | 5 |
| P4 | 3 | 2 |

이 프로세스를 HRN으로 스케줄링하면 다음과 같이 실행합니다.

1. **시간 0**: P1이 가장 먼저 도착해 CPU를 할당받고 실행합니다.

2. **시간 1, 2, 3**: P2, P3, P4가 각각 도착합니다.

3. **시간 4**: P1이 실행을 완료합니다. 대기 중인 프로세스(P2, P3, P4)의 응답률을 계산해 응답률이 가장 높은 P2를 실행합니다.

    - **P2 응답률**: (3 + 3) / 3 = 2
    - **P3 응답률**: (2 + 5) / 5 = 1.4
    - **P4 응답률**: (1 + 2) / 2 = 1.5

4. **시간 7**: P2가 실행을 완료합니다. 대기 중인 프로세스(P3, P4)의 응답률을 계산해 응답률이 더 높은 P4를 실행합니다.

    - P3 응답률: (5 + 5) / 5 = 2
    - P4 응답률: (4 + 2) / 2 = 3

5. **시간 9**: P4가 실행을 완료합니다. 남은 P3를 실행합니다.

6. **시간 14**: P3가 실행을 완료합니다.

프로세스의 실행 순서는 P1 → P2 → P4 → P3이고, 종료 시간은 P1이 4ms, P2가 7ms, P4가 9ms, P3가 14ms입니다.

그림 10-14 HRN 스케줄링 알고리즘의 예

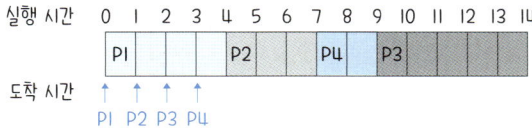

HRN 스케줄링 알고리즘은 대기 시간이 긴 프로세스의 응답률을 높게 평가하기 때문에 오랜 시간 대기한 프로세스를 우선 처리할 수 있습니다. 그래서 기아 문제를 방지하고, 평균 대기 시간을 줄이는 효과를 얻을 수 있습니다. 이는 시스템의 전반적인 효율성을 높일 수 있습니다.

하지만 HRN은 비선점형 스케줄링 알고리즘입니다. 따라서 한 프로세스가 CPU를 할당받아 실행 중일 때 다른 프로세스가 도착하더라도 현재 실행 중인 프로세스가 실행을 완료할 때까지 기다려야 합니다. 실행 시간이 긴 프로세스가 실행 중일 경우 급하게 처리해야 하는 프로세스가 CPU를 할당받기 어려워질 수 있습니다. 이는 응답 시간을 늘리고 시스템의 반응성을 저하시킬 수 있습니다. 또한, 이 알고리즘은 각 프로세스의 응답률을 계산해야 하므로 추가 연산이 필요합니다. 따라서 시스템의 오버헤드가 증가하고, 특히 프로세스 수가 많을 경우 성능에 영향을 미칠 수 있습니다.

## 10.2.3 혼합형 스케줄링

실시간 작업, 배치 작업, 상호작용 작업 등 여러 작업이 혼재하는 시스템에서는 단일 스케줄링 알고리즘만으로 모든 요구사항을 만족시키기 어렵습니다. 따라서 각 작업의 특성에 맞춰 여러 스케줄링 알고리즘을 혼합하는 방식이 필요합니다. 혼합형 스케줄링은 여러 알고리즘을 조합해 장점을 최대한 활용하고 단점을 보완해 시스템 성능을 최적화하는 데 초점을 맞춥니다.

● **다단계 큐 스케줄링 알고리즘**

**다단계 큐**(multilevel queue) 스케줄링 알고리즘은 작업을 여러 그룹으로 분류해 각각 큐를 생성하고, 각 큐에 서로 다른 스케줄링 알고리즘을 적용하는 방식입니다. 프로세스를 우선순위, 프로세스 유형, 자원 요구사항 등에 따라 분류하고, 분류에 맞춰 큐를 나누어 관리합니다. 각 큐는 고유한 특성과 우선순위를 갖습니다. 예를 들어, 다음과 같이 큐를 나눌 수 있습니다.

- **시스템 작업 큐**: 시스템에서 중요한, 우선순위가 높은 프로세스를 위한 큐
- **상호작용 작업 큐**: 사용자와의 상호작용이 필요한 대화형 프로세스를 위한 큐
- **배치 작업 큐**: 실시간 응답이 필요 없고 긴 실행 시간을 요구하는 프로세스를 위한 큐
- **백그라운드 작업 큐**: 시스템 모니터링과 같은 백그라운드 작업을 위한 큐

TIP —— **배치 작업**(batch job)은 사용자의 개입 없이 정해진 작업을 묶어서 일괄로 처리하는 작업을 의미합니다. 실시간 상호작용이 필요 없고, 대량의 데이터를 처리하거나 시간이 오래 걸리는 작업을 주로 수행합니다. 배치 작업은 일반적으로 자원 사용이 낮은 시간대에 실행해 시스템에 미치는 영향을 최소화합니다.

다단계 큐 알고리즘의 작동 방식은 다음과 같습니다.

1 프로세스가 도착하면 사전에 정해진 기준에 따라 적절한 큐에 배치됩니다.

2 각 큐는 개별적으로 CPU 스케줄링을 수행합니다.

3 높은 우선순위 큐가 비었을 때만 낮은 우선순위 큐가 CPU를 사용할 수 있습니다.

4 주로 높은 우선순위 큐에서는 라운드 로빈을, 낮은 우선순위 큐에서는 FCFS를 사용합니다.

그림 10-15 다단계 큐 스케줄링 알고리즘의 작동 방식

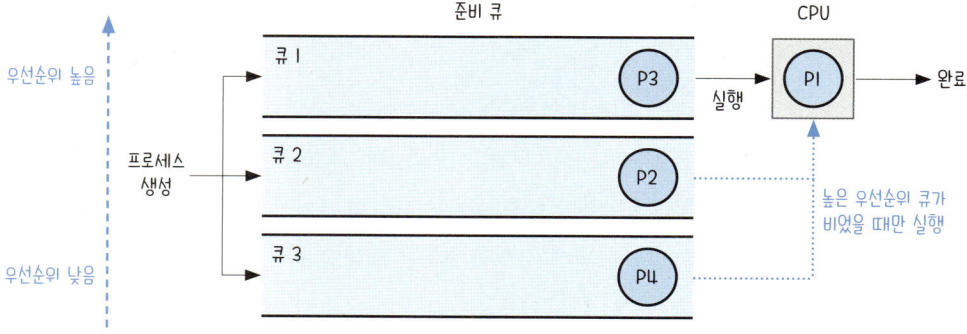

예를 들어, 다음과 같이 3개의 큐가 있고, 각 큐에는 각각 다른 스케줄링 알고리즘과 우선순위를 부여합니다.

표 10-8 다단계 큐 설정 예

| 큐 유형 | 우선순위 | 스케줄링 | 작업 예 |
| --- | --- | --- | --- |
| 상호작용 작업 큐 | 높음 | 라운드 로빈(시간 할당량 2ms) | 웹 브라우저 |
| 배치 작업 큐 | 중간 | FCFS | 데이터 처리 |
| 백그라운드 작업 큐 | 낮음 | FCFS | 시스템 모니터링 |

서로 다른 유형의 4개 프로세스가 다음과 같은 순서로 도착합니다.

표 10-9 프로세스의 도착 시간, 실행 시간, 작업 유형

| 프로세스 | 도착 시간 | 실행 시간 | 작업 유형 |
| --- | --- | --- | --- |
| P1 | 0 | 6 | 상호작용 작업 |
| P2 | 1 | 8 | 배치 작업 |
| P3 | 2 | 3 | 상호작용 작업 |
| P4 | 3 | 4 | 백그라운드 작업 |

이 프로세스를 다단계 큐 스케줄링 알고리즘으로 스케줄링했을 때 다음과 같이 실행합니다.

1. **시간 0**: P1이 도착하고 높은 우선순위 큐에 배치되어 실행합니다.

2. **시간 1**: P2가 도착하고 중간 우선순위 큐에 배치됩니다.

3. **시간 2**: P3가 도착하고 높은 우선순위 큐에 배치됩니다. P1의 할당 시간이 끝나 큐의 맨 뒤로 이동합니다. 같은 큐의 P3를 실행합니다.

4. **시간 3**: P4가 도착하고 낮은 우선순위 큐에 배치됩니다.

5. **시간 4**: P3의 할당 시간이 끝나 큐의 맨 뒤로 이동하고, P1을 다시 실행합니다.

6. **시간 6**: P1의 할당 시간이 끝나 다시 큐의 맨 뒤로 이동하고, P3를 다시 실행합니다.

7. **시간 7**: P3가 실행을 완료하고, P1을 다시 실행합니다.

8. **시간 9**: P1이 실행을 완료합니다. 높은 우선순위 큐에 대기 중인 프로세스가 없으므로 중간 우선순위 큐에 있는 P2를 실행합니다.

9. **시간 17**: P2가 실행을 완료합니다. 중간 우선순위 큐에 대기 중인 프로세스가 없으므로 낮은 우선순위 큐에 있는 P4를 실행합니다.

10. **시간 21**: P4가 실행을 완료합니다.

최종 실행 순서는 P1 → P3 → P1 → P3 → P1 → P2 → P4이고, P3는 7ms, P1은 9ms, P2는 17ms, P4는 21ms에 종료합니다.

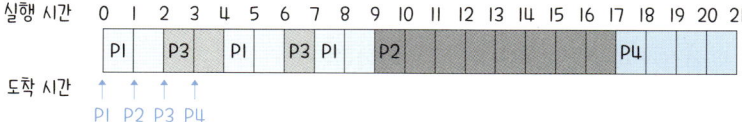

그림 10-16 다단계 큐 스케줄링 알고리즘 예

다단계 큐 스케줄링 알고리즘은 서로 다른 작업 유형을 별도의 큐로 관리해 각 유형에 맞는 스케줄링을 적용할 수 있습니다. 우선순위가 높은 큐에 있는 작업이 우선적으로 처리되어 중요한 작업을 신속하게 완료할 수 있습니다.

그러나 프로세스가 특정 큐에 배치되면 해당 큐에 고정되어 필요에 따라 큐를 이동하거나 우선순위를 조정하기 어렵습니다. 우선순위가 낮은 큐에 배정된 프로세스는 우선순위가 높은 큐의 프로세스를 모두 실행할 때까지 계속 대기하게 되어 기아 현상이 발생할 수 있습니다. 이는 시스템의 응답성을 저하시킬 수 있습니다.

이러한 특성 때문에 다단계 큐 스케줄링 알고리즘은 특정 상황에서 매우 유용할 수 있지만, 기아 현상과 같은 문제를 해결하기 위한 추가 조치가 필요할 수 있습니다.

● **다단계 피드백 큐 스케줄링 알고리즘**

**다단계 피드백 큐**(multilevel feedback queue) 스케줄링 알고리즘은 프로세스의 우선순위를 동적으로 조정해 CPU 시간을 분배하는 방식입니다. 큐마다 서로 다른 우선순위와 CPU 시간 할당량을 설정해 짧은 작업은 빠르게 실행하고 긴 작업은 점진적으로 낮은 우선순위 큐에서 처리합니다.

다단계 큐 스케줄링 알고리즘과 비슷하지만, 프로세스가 특정 큐에 배치되면 변경되지 않는 다단계 큐와 달리 다단계 피드백 큐 스케줄링 알고리즘은 프로세스가 실행 시간에 따라 큐를 이동할 수 있다는 점이 다릅니다.

다단계 피드백 큐 스케줄링 알고리즘의 작동 방식은 다음과 같습니다.

1  새로운 프로세스는 가장 높은 우선순위 큐(짧은 시간 할당량 큐)에 배치된 후 실행합니다.

2  할당 시간 안에 실행을 완료하지 못하면 낮은 우선순위 큐로 이동합니다.

3  입출력 요청 등 특정 조건을 만족하면 다시 우선순위가 높은 큐로 이동할 수 있습니다.

이러한 방식을 사용해 실행 시간이 짧은 작업은 빨리 처리하고, 긴 작업은 점차 낮은 우선순위 큐에서 실행하도록 조정할 수 있습니다.

그림 10-17 다단계 피드백 큐 스케줄링 알고리즘의 작동 방식

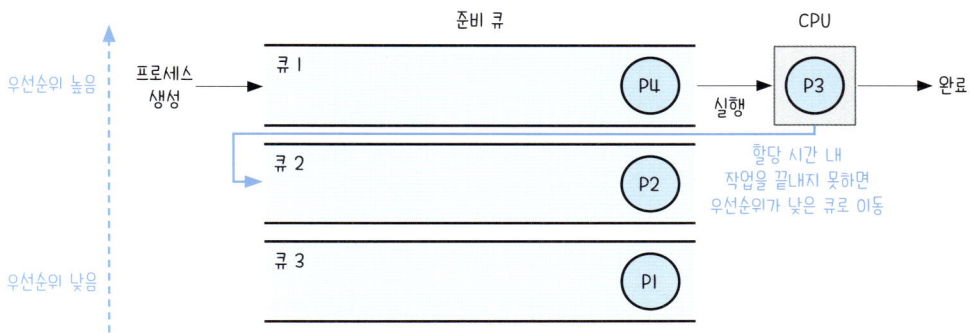

예를 들어 봅시다. 3개의 큐가 있고, 각 큐의 스케줄링 알고리즘과 우선순위는 다음과 같습니다.

표 10-10 다단계 피드백 큐 설정 예

| 큐 레벨 | 우선순위 | 스케줄링 |
| --- | --- | --- |
| 1 | 높음 | 라운드 로빈(시간 할당량 4ms) |
| 2 | 중간 | 라운드 로빈(시간 할당량 8ms) |
| 3 | 낮음 | FCFS |

3개의 프로세스가 다음과 같이 도착합니다.

표 10-11 프로세스의 도착 시간, 실행 시간

| 프로세스 | 도착 시간 | 실행 시간 |
| --- | --- | --- |
| P1 | 0 | 10 |
| P2 | 1 | 4 |
| P3 | 2 | 6 |
| P4 | 3 | 8 |

이 프로세스를 다단계 피드백 큐 알고리즘으로 스케줄링했을 때 다음과 같이 실행합니다.

1. **시간 0**: P1이 도착해 1번 큐에 배치됩니다. 실행 중인 프로세스가 없으므로 P1을 실행합니다.

2. **시간 1, 2, 3**: P2, P3, P4가 각각 도착해 1번 큐에 배치됩니다. 할당 시간이 남아 P1을 계속 실행합니다.

3. **시간 4**: P1의 할당 시간이 끝났지만 작업이 완료되지 않아서 2번 큐로 이동합니다. 1번 큐의 P2를 실행합니다.

4. **시간 8**: P2가 실행을 완료합니다. 1번 큐의 P3를 실행합니다.

5. **시간 12**: P3의 할당 시간이 끝났지만 작업이 완료되지 않아서 2번 큐로 이동합니다. 1번 큐의 P4를 실행합니다.

6. **시간 16**: P4의 할당 시간이 끝났지만 작업이 완료되지 않아서 2번 큐로 이동합니다. 1번 큐가 비었으므로 2번 큐에 도착한 순서에 따라 P1을 실행합니다.

7. **시간 22**: P1이 실행을 완료합니다. 2번 큐에서 P3를 실행합니다.

8. **시간 24**: P3가 실행을 완료합니다. 마지막으로 P4를 실행합니다.

9. **시간 28**: P4가 실행을 완료합니다.

최종 실행 순서는 P1 → P2 → P3 → P4 → P1 → P3 → P4입니다. P2는 8ms, P1은 22ms, P3는 24ms, P4는 28ms에 종료합니다.

그림 10-18 다단계 피드백 큐 스케줄링 알고리즘의 예

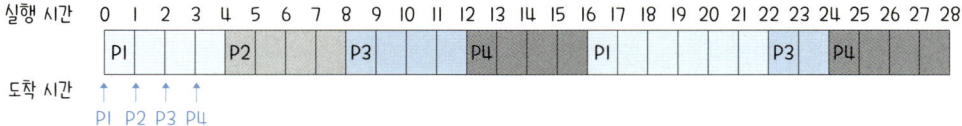

다단계 피드백 큐 스케줄링 알고리즘은 높은 우선순위 큐에서 짧은 작업을 빠르게 처리해 사용자에게 짧은 응답 시간을 제공합니다. 또한, 낮은 우선순위 큐에 있는 작업이 지나치게 오래 대기하지 않도록 우선순위를 점진적으로 높여 기아 상태를 방지합니다. 이 때문에 모든 작업이 공정하게 CPU 시간을 얻을 수 있습니다.

그러나 여러 큐를 사용하고 각 큐에 서로 다른 스케줄링 알고리즘을 적용해야 하므로 설계와 구현이 복잡합니다. 그리고 프로세스가 여러 큐 사이를 이동할 때마다 추가로 연산하고 이를 관리하는 오버헤드가 발생합니다. 특히, 우선순위 조정과 프로세스 이동이 빈번해지면 시스템 성능에 영향을 미칠 수 있습니다.

# 1분 퀴즈

**01.** 빈칸에 알맞은 단어를 넣으세요.

① _____은/는 CPU를 여러 프로세스에 효율적으로 분배하는 기술로, 어떤 프로세스가 어떤 우선순위로 얼마나 CPU를 사용할지 결정한다.

② 선점형 스케줄링에서는 프로세스가 CPU를 사용 중일 때라도 _____이/가 더 높은 프로세스가 도착하면 CPU를 양보해야 한다.

③ 라운드 로빈에서 CPU는 프로세스에 _____(이)라고 하는 일정한 시간을 할당한다.

④ HRN에서 응답률은 _____(으)로 계산한다.

⑤ _____은/는 작업 유형에 따라 큐를 생성하고, 각 큐마다 다른 스케줄링 알고리즘을 적용한다.

**02.** 다음 설명이 맞으면 O, 틀리면 X를 괄호 안에 넣으세요.

① (    ) HRN은 대기 시간이 긴 프로세스를 우선 처리해 기아 상태를 방지할 수 있다.

② (    ) 다단계 피드백 큐 스케줄링 알고리즘은 각 프로세스가 고정된 큐에 배정되어 다른 큐로 이동할 수 없다.

③ (    ) 선점형 스케줄링은 비선점형 스케줄링보다 문맥 교환으로 발생하는 오버헤드가 적다.

④ (    ) FCFS는 선점형 스케줄링 방식이다.

⑤ (    ) SRT는 남은 실행 시간이 짧은 프로세스를 우선 처리한다.

**03.** SJF의 단점으로 적절한 것은 무엇인가요?

① 평균 대기 시간이 길어진다.   ② 기아 현상이 발생할 수 있다.

③ 문맥 교환이 빈번하게 발생한다.   ④ CPU 자원을 비효율적으로 사용한다.

**04.** 선점형 스케줄링의 장점으로 적절한 것은 무엇인가요?

① 오버헤드가 거의 없다.   ② 문맥 교환이 거의 발생하지 않는다.

③ 중요한 작업을 즉시 처리할 수 있다.   ④ 실행 시간이 짧은 작업을 우선 처리한다.

**05.** HRN에서 응답률이 가장 높은 프로세스가 우선 실행되는 이유는 무엇인가요?

① 짧은 실행 시간을 가지기 때문   ② 긴 실행 시간을 가지기 때문

③ 짧은 대기 시간을 가지기 때문   ④ 긴 대기 시간을 가지기 때문

# 10.3 스케줄링 단계

운영체제는 프로세스를 효율적으로 관리하고 자원을 최적화하기 위해 스케줄링을 장기, 중기, 단기 단계로 나눠 운영합니다.

그림 10-19 스케줄링 단계의 흐름

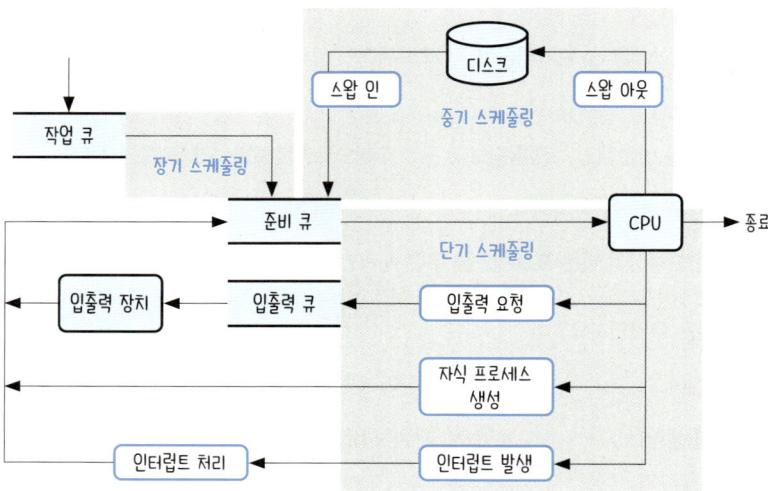

그림을 보면 여러 큐가 있습니다. 이들은 운영체제에서 프로세스를 관리하기 위해 사용하는 공간입니다. 각 큐의 역할은 다음과 같습니다.

- **작업 큐(job queue)**: 시스템에 들어오는 모든 작업이 처음으로 대기하는 큐입니다. 장기 스케줄러가 이 큐에서 작업을 선택해 메모리에 로드하고 준비 큐로 이동시킵니다.

- **준비 큐(ready queue)**: CPU를 할당받으려는 프로세스들이 모여 있는 큐입니다. 프로세스가 메모리에 로드되어 실행할 준비가 되면 이 큐에 들어가고, CPU를 할당받을 때까지 기다립니다.
- **입출력 큐(I/O queue)**: 입출력 작업을 기다리는 프로세스들이 모여 있는 큐입니다. CPU에서 실행 중인 프로세스가 입출력 장치를 사용해야 할 경우 해당 작업이 완료될 때까지 이 큐에서 대기합니다.

## 10.3.1 장기 스케줄링

**장기 스케줄링**(long-term scheduling)은 작업 큐에 들어온 새로운 프로세스 중에서 실행할 프로세스를 선택해 준비 큐로 보내는 과정입니다. 이는 CPU와 입출력 프로세스의 균형을 유지하고, 과부하를 방지하는 역할을 합니다.

작동 방식은 다음과 같습니다.

1 작업 큐에서 새로운 작업을 검토합니다.
2 시스템 자원(CPU, 메모리 등)의 사용 상태를 고려해 실행할 작업을 결정합니다.
3 결정한 작업을 준비 큐로 이동시켜 CPU 할당을 기다리게 합니다.

장기 스케줄러는 비선점형 방식으로 작동해 한번 선택한 작업은 중기 또는 단기 스케줄러가 개입하기 전까지 유지합니다. 주기적으로 실행하며, 시스템이 동시에 처리할 수 있는 작업의 최대 수를 제한해 과도한 작업 수로 인한 병목 현상을 줄입니다. 또한, CPU와 입출력 작업 비율을 조정해 시스템 성능을 최적화합니다.

예를 들어, 대형 서버에서 여러 사용자의 작업 요청이 들어오면 장기 스케줄러가 시스템 상태를 고려해 일부 작업을 대기시키거나 준비 큐에 추가하는 방식으로 관리합니다. 클라우드 컴퓨팅에서는 자원 사용량을 최적화하기 위해 일부 작업을 지연시키는 방식으로 활용합니다.

장기 스케줄러는 프로세스를 선택하고 나면 변경이 불가능해 유연성이 낮습니다. 이는 시스템의 안정성을 높이는 데 기여하지만, 동적 환경에서는 시스템의 효율성과 응답성을 저하시킬 수 있습니다.

## 10.3.2 중기 스케줄링

**중기 스케줄링**(medium-term scheduling)은 메모리 자원을 효율적으로 관리하기 위해 프로세스를 메모리에서 보조 기억 장치(디스크)로 이동하거나 다시 메모리로 불러오는 과정입니다. 즉, 실행 중인 프로세스를 일시적으로 중단했다가 재개할 수 있도록 조정합니다.

작동 방식은 다음과 같습니다.

1. 프로세스가 실행 중에 입출력 작업을 요청하거나 메모리가 부족해지면 중기 스케줄러가 개입합니다.
2. 실행 중인 프로세스를 디스크로 이동해 메모리를 확보합니다.
3. 프로세스가 필요할 때 다시 메모리로 가져와 실행을 재개합니다.

중기 스케줄링은 선점형 방식으로 작동하며, 시스템 자원 상황에 따라 프로세스 개수를 동적으로 관리합니다. 또한, 스와핑 기법을 사용해 메모리 공간을 확보합니다. **스와핑**(swapping)은 현재 메모리에 있는 프로세스를 디스크로 내보내고, 필요한 경우 다시 메모리로 불러오는 방식입니다.

- **스왑 아웃(swap out)**: 비활성 상태이거나 대기 상태로 오래 머문 프로세스를 메모리에서 디스크로 이동시켜 메모리 자원을 확보합니다.
- **스왑 인(swap in)**: 디스크에 있던 프로세스를 다시 메모리로 가져와 실행 준비 상태로 만드는 작업입니다. 스왑 인은 시스템 상태나 메모리 가용성에 따라 이루어집니다.

예를 들어, 여러 프로그램을 실행할 때 중기 스케줄러가 자주 사용하지 않는 백그라운드 프로세스를 디스크로 이동해 사용자 프로그램이 더 많은 메모리를 사용할 수 있도록 조정합니다. 윈도우의 가상 메모리 시스템에서는 사용하지 않는 프로세스를 디스크로 이동했다가 필요할 때 다시 불러오는 스와핑을 사용합니다. 스와핑은 **11.4.2절**에서 자세히 살펴보겠습니다.

중기 스케줄링은 메모리 자원을 최적화하고, 시스템 안정성을 향상하지만, 스와핑이 과도하게 발생하면 성능이 저하될 수 있습니다. 이는 디스크 접근 속도가 메모리 접근 속도보다 느리기 때문에 발생하는 문제입니다.

### 10.3.3 단기 스케줄링

**단기 스케줄링**(short-term scheduling)은 준비 큐에서 실행할 프로세스를 선택해 CPU를 할당하는 과정입니다. 장기나 중기 스케줄링보다 훨씬 빈번하게 실행하며(밀리초 단위), CPU 사용률을 최적화하는 것이 주요 목표입니다.

작동 방식은 다음과 같습니다.

1. 준비 큐에서 실행 가능한 프로세스를 선택합니다.
2. 선택한 프로세스에 CPU를 할당해 실행합니다.
3. 프로세스가 종료하거나 입출력 요청 등으로 중단되면 새로운 프로세스를 선택해 CPU를 할당합니다.

단기 스케줄링은 다음에 실행할 프로세스를 선택할 때마다 발생합니다. 단기 스케줄링이 일어나는 상황은 주로 다음과 같습니다.

- **프로세스 생성 시**: 새로운 프로세스가 준비 큐에 추가되면 CPU를 할당할 프로세스를 결정합니다.
- **프로세스 종료 시**: 현재 실행 중인 프로세스가 종료되면 준비 큐에서 새로운 프로세스를 선택합니다.
- **입출력 요청 시**: 실행 중인 프로세스가 입출력 작업을 요청하면 CPU를 반납하고 다른 프로세스를 실행합니다.
- **입출력 완료 시**: 입출력 대기 중이던 프로세스가 준비 큐로 복귀하면 실행 여부를 결정합니다.
- **인터럽트 발생 시**: 하드웨어 또는 소프트웨어 인터럽트가 발생하면 현재 실행 중인 프로세스를 일시 중단하고 새로운 프로세스를 실행합니다.

단기 스케줄링에서는 CPU를 할당하기 위해 FCFS, SJF, 라운드 로빈, 우선순위 등 다양한 스케줄링 알고리즘을 사용합니다. 각 알고리즘은 시스템의 요구사항과 목표에 따라 다르게 적용합니다.

단기 스케줄링 덕분에 즉시 프로세스를 실행할 수 있고 시스템 성능을 최적화할 수 있지만, 특정 프로세스가 지속적으로 CPU를 할당받지 못하는 기아 현상이 발생할 수 있습니다.

## 1분 퀴즈

정답 노트 p.393

**06. 빈칸에 알맞은 단어를 넣으세요.**

① 장기 스케줄링은 시스템에 들어오는 작업 중 실행할 프로세스를 선택해 _____(으)로 보내는 역할을 한다.

② 중기 스케줄링에서는 자주 사용하지 않는 프로세스를 _____(으)로 내보내 메모리 공간을 확보한다.

③ 단기 스케줄링은 준비 큐에 있는 프로세스 중에서 _____ 을/를 할당할 프로세스를 선택한다.

**07. 다음 설명이 맞으면 O, 틀리면 X를 괄호 안에 넣으세요.**

① (　　) 장기 스케줄링은 시스템 과부하를 방지하기 위해 작업 수를 제한한다.

② (　　) 중기 스케줄링의 주요 작업 중 하나는 스와핑이며, 스왑 아웃과 스왑 인을 포함한다.

③ (　　) 단기 스케줄링은 메모리 관리와 보조 기억 장치 간 작업을 조정한다.

④ (　　) 장기 스케줄링은 밀리초 단위로 매우 자주 실행된다.

⑤ (　　) 준비 큐에서 CPU를 할당받은 프로세스는 입출력 작업 요청 시 입출력 큐로 이동한다.

**08. 다음 중 장기 스케줄링의 주요 역할은 무엇인가요?**

① 프로세스를 CPU에 할당하는 것

② CPU를 유휴 상태로 유지하는 것

③ 입출력 작업을 대기 상태로 이동하는 것

④ 메모리와 CPU 사용량을 조절해 과부하를 방지하는 것

**09. 중기 스케줄링에서 수행되는 스왑 아웃은 무엇인가요?**

① 프로세스를 준비 큐로 이동하기

② 프로세스를 입출력 큐로 이동하기

③ CPU를 다른 프로세스에 할당하기

④ 비활성 프로세스를 디스크로 내보내기

**10. 단기 스케줄링이 실행되는 주요 상황이 아닌 것은 무엇인가요?**

① 프로세스가 생성될 때　　② 시스템 부하를 평가할 때

③ 작업이 준비 큐에 도달할 때　　④ 입출력 작업이 완료될 때

11. 입출력 큐에서 대기 중인 프로세스는 입출력 작업이 완료된 후 어디로 이동하나요?

① 준비 큐　　　② 작업 큐　　　③ 종료됨　　　④ 디스크

12. 단기 스케줄링의 주된 목표는 무엇인가요?

① CPU 사용률을 높이고 응답 시간 최소화

② 입출력 장치의 사용 최소화

③ 실행할 프로세스 수 제한

④ 메모리 자원 확보

## 마무리

1. **스케줄링**

   스케줄링: CPU와 시스템 자원을 여러 프로세스에 효율적으로 분배하는 방법입니다.

2. **선점형 스케줄링**

   ① 선점형 스케줄링: 더 높은 우선순위를 가진 프로세스가 도착하면 실행 중인 프로세스를 중단하고 CPU를 할당하는 방식입니다.

   ② 선점형 스케줄링 알고리즘은 다음과 같습니다.
   - **라운드 로빈 스케줄링 알고리즘**: 모든 프로세스에 동일한 CPU 시간을 할당하는 방식
   - **SRT 스케줄링 알고리즘**: 남은 실행 시간이 가장 짧은 프로세스를 우선 실행하는 방식
   - **기한부 스케줄링 알고리즘**: 작업을 명시된 시간(기한) 내에 완료하도록 하는 방식

3. **비선점형 스케줄링**

   ① 비선점형 스케줄링: CPU를 할당받은 프로세스가 종료할 때까지 실행하는 방식입니다.

   ② 비선점형 스케줄링 알고리즘은 다음과 같습니다.
   - **FCFS(FIFO) 스케줄링 알고리즘**: 먼저 도착한 프로세스를 먼저 실행하는 방식
   - **우선순위 스케줄링 알고리즘**: 각 프로세스에 우선순위를 부여하고, 우선순위가 높은 프로세스를 먼저 실행하는 방식
   - **SJF 스케줄링 알고리즘**: 실행 시간이 가장 짧은 프로세스를 우선 실행하는 방식
   - **HRN 스케줄링 알고리즘**: 대기 시간과 실행 시간을 함께 고려해 프로세스의 우선순위를 정하는 방식

4. **혼합형 스케줄링**

   ① 혼합형 스케줄링: 여러 알고리즘을 조합해 장점을 최대한 활용하고 단점을 보완해 시스템 성능을 최적화하는 방식입니다.

② 혼합형 알고리즘은 다음과 같습니다.

- **다단계 큐 알고리즘**: 작업을 여러 그룹으로 분류해 각각 큐를 생성하고, 각 큐에 서로 다른 스케줄링 알고리즘을 적용하는 방식
- **다단계 피드백 큐 알고리즘**: 프로세스의 우선순위를 동적으로 조정해 CPU 시간을 분배하는 방식

5. **스케줄링 단계**

운영체제는 프로세스를 효율적으로 관리하고 자원을 최적화하기 위해 스케줄링을 장기, 중기, 단기 단계로 나눠 운영합니다.

① 장기 스케줄링: 작업 큐에 들어온 새로운 프로세스 중에서 실행할 프로세스를 선택해 준비 큐로 보내는 과정입니다.

② 중기 스케줄링: 메모리 자원을 효율적으로 관리하기 위해 프로세스를 메모리에서 디스크로 이동하거나 다시 메모리로 불러오는 과정입니다.

③ 단기 스케줄링: 준비 큐에서 실행할 프로세스를 선택해 CPU를 할당하는 과정입니다.

MEMO

코딩 자율학습

# 11장

# 메모리 관리

4장에서는 하드웨어 관점에서 메모리에 관해 살펴봤습니다. 이 장에서는 소프트웨어 관점에서 메모리를 어떻게 관리하는지 살펴봅니다. 메모리 관리는 컴퓨터 시스템에서 사용 가능한 메모리를 효율적으로 할당하고, 사용이 끝난 메모리를 회수해 다른 작업에 재사용할 수 있도록 하는 과정을 포함합니다. 이러한 메모리 관리 과정은 시스템의 효율성과 안정성을 유지하고 메모리 누수나 단편화와 같은 문제를 방지하는 데 중요한 역할을 합니다.

## 11.1 물리 메모리와 논리 메모리

물리 메모리와 논리 메모리는 컴퓨터의 메모리 관리에서 사용하는 두 가지 주요 개념입니다. 물리 메모리는 실제 하드웨어인 RAM과 같은 실질적인 메모리 자원을 의미하며, 하드웨어 관점에서 메모리를 나타냅니다. 반면, 논리 메모리는 프로세스가 사용하는 추상화된 메모리 공간으로, 소프트웨어 관점에서 메모리를 정의합니다. 둘의 관계를 이해하기 위해 이들의 정의와 역할을 자세히 살펴봅시다.

### 11.1.1 물리 메모리

**물리 메모리**(physical memory)는 컴퓨터에 실제로 장착한 하드웨어 메모리입니다. **4장**에서 배운 RAM이 해당합니다. 물리 메모리는 실행 중인 프로그램과 프로그램에서 필요한 데이터를 저장하며, CPU가 직접 접근해 데이터를 읽고 쓸 수 있습니다.

물리 메모리에서 특정 데이터가 저장된 정확한 위치를 나타내는 주소를 **물리 주소**(physical address)라고 합니다. 예를 들어, 물리 메모리가 4GB(4096MB)라면 주소 범위는 0x00000000 ~0xFFFFFFFF 사이에서 할당합니다.

하지만 물리 메모리의 크기가 한정되기 때문에 운영체제는 가상 메모리 기법을 활용해 부족한 물리 메모리를 보완합니다. **가상 메모리**(virtual memory)는 디스크의 일부를 메모리처럼 사용해 논리적으로 더 큰 메모리 공간을 제공하는 기술입니다. 가상 메모리에 관해서는 **11.4절**에서 자세히 다루겠습니다.

### 11.1.2 논리 메모리

**논리 메모리**(logical memory)는 프로그램을 실행할 때 CPU가 생성하는 주소 공간입니다. 이를 **논리 주소**(logical address) 또는 **가상 주소**(virtual address)라고도 합니다.

논리 메모리는 물리 메모리와 직접 연결되지 않으며, 운영체제와 **메모리 관리 장치**(MMU, Memory Management Unit)에 의해 물리 주소로 변환됩니다. MMU는 CPU 내부에서 작동하며 논리 주소를 물리 주소로 변환하는 역할을 합니다.

논리 주소를 물리 주소로 변환하는 과정은 다음과 같습니다.

1. CPU가 논리 주소를 생성합니다.
2. MMU는 운영체제가 관리하는 메모리 매핑 정보를 이용해 물리 주소를 계산합니다.
3. 변환한 물리 주소를 사용해 CPU는 실제 메모리에서 데이터를 읽거나 씁니다.

그림 11-1 논리 주소의 물리 주소 변환

물리 주소는 다음과 같이 계산합니다.

$$물리\ 주소 = 시작\ 주소 + 오프셋$$

여기서 **시작 주소**(base address)는 프로세스가 할당받은 메모리의 시작 위치를, **오프셋**(offset)은 프로세스 내에서 특정 데이터가 위치하는 상대적 거리를 나타냅니다.

예를 들어, 프로세스가 메모리의 시작 주소로 3000을 할당받았고, 접근하려는 데이터의 오프셋이 120이라면 물리 주소는 3000 + 120 = 3120이 됩니다.

오프셋 값이 프로세스가 할당받은 메모리 크기를 초과하면 세그먼테이션 폴트(메모리 접근 오류)가 발생해 프로그램이 강제 종료될 수 있습니다. 예를 들어, 프로세스가 500바이트의 메모리를 할당받았는데, 오프셋이 600이면 할당 범위를 초과하기 때문에 오류가 발생합니다.

운영체제는 이러한 오류를 방지하기 위해 프로세스마다 독립적인 주소 공간을 할당합니다. 또한, 프로세스 간 메모리 충돌을 차단해 각 프로세스가 자신의 메모리 영역만 안전하게 접근할 수 있도록 보호합니다.

## 1분 퀴즈

**01.** MMU의 역할로 올바른 것은 무엇인가요?

① 프로세스 간 스케줄링을 수행한다.

② 논리 주소를 물리 주소로 변환한다.

③ 하드디스크의 데이터를 직접 관리한다.

④ 데이터를 저장하고 입출력을 관리한다.

**02.** 논리 주소와 물리 주소를 다르게 설정하는 이유는 무엇인가요?

① 전력 소비를 줄이기 위해

② CPU의 성능을 향상시키기 위해

③ 하드디스크를 더 효율적으로 사용하기 위해

④ 운영체제가 여러 프로세스를 효과적으로 관리하기 위해

**03.** 논리 주소를 물리 주소로 변환할 때 사용하는 공식은 무엇인가요?

① 물리 주소 = 논리 주소 + 오프셋

② 물리 주소 = 시작 주소 + 오프셋

③ 물리 주소 = 시작 주소 / 오프셋

④ 물리 주소 = 논리 주소 + 시작 주소

**04.** 프로세스가 할당받은 메모리 공간을 초과해 접근할 경우에 발생하는 오류는 무엇인가요?

① 캐시 미스   ② 페이지 폴트

③ 세그먼테이션 오류   ④ 컨텍스트 스위칭

## 11.2 시점에 따른 메모리 할당 방식

프로그램을 실행할 때 데이터 저장과 작업 처리를 위해 메모리가 필요합니다. 프로그램을 원활하게 실행하려면 메모리 할당이 제대로 이루어져야 합니다. **메모리 할당**(memory allocation)은 프로그램을 실행할 때 필요한 메모리 공간을 제공하고 관리하는 과정입니다. 운영체제는 프로그램이 원활하게 실행될 수 있도록 메모리를 적절하게 할당하고 관리합니다.

메모리 할당은 다음과 같이 이루어집니다.

1. 프로그램을 실행하면 필요한 메모리 공간을 운영체제에 요청합니다.
2. 운영체제는 사용 가능한 메모리를 탐색해 적절한 크기를 할당합니다.
3. 운영체제는 프로그램에 논리 주소를 제공하고, 필요에 따라 물리 주소와 매핑합니다.
4. 프로그램은 할당된 메모리 공간을 사용해 작업을 수행하거나 데이터를 저장합니다.
5. 프로그램이 메모리 공간을 더 이상 사용하지 않으면 해당 메모리를 해제해 다른 프로세스가 사용할 수 있도록 반환합니다.

메모리 할당 방식은 크게 연속 할당과 비연속 할당, 정적 할당과 동적 할당으로 나눌 수 있습니다. 여기서는 메모리를 할당하는 시점, 즉 메모리를 언제 할당하고 해제하는지를 기준으로 하는 정적 할당과 동적 할당을 살펴보겠습니다.

## 11.2.1 정적 할당

**정적 할당**(static allocation)은 프로그램을 실행하기 전(컴파일 시점)에 메모리를 고정 크기로 할당하는 방식입니다. **컴파일 시점**(compile time)은 소스 코드가 컴파일러에 의해 기계어로 변환되는 시점을 의미합니다.

정적 할당에서는 컴파일러가 변수와 함수의 타입을 확인하고 메모리 할당을 결정합니다. 따라서 프로그램 실행 중에 메모리 크기가 변경되지 않습니다. 프로그램을 종료하면 할당된 메모리가 자동으로 해제되므로 메모리 누수의 위험이 줄어듭니다. 또한, 메모리 주소가 고정되어 있어 디버깅할 때 변수의 위치를 쉽게 추적할 수 있습니다.

그러나 프로그램 실행 중에 변수나 자료구조의 크기를 변경할 수 없어 동적 상황에 대처하기 어렵습니다. 만약 필요한 것보다 많은 메모리를 할당할 경우 사용하지 않는 공간이 발생할 수 있습니다. 반대로 필요한 것보다 적은 메모리를 할당하면 오버플로가 발생할 수 있습니다.

예를 들어, C 언어에서 배열을 선언할 때 배열 크기는 컴파일 시점에 결정하므로 실행 중에는 크기를 변경할 수 없습니다.

```
// arr 배열은 컴파일 시점에 크기가 10으로 고정됨
int arr[10];
```

## 11.2.2 동적 할당

**동적 할당**(dynamic allocation)은 프로그램 실행 중(런타임)에 메모리 크기와 위치를 결정하는 방식입니다. 이 방식은 메모리를 유연하게 사용할 수 있으며, 가변 크기의 데이터를 처리하는 데 유용합니다. 필요한 만큼만 메모리를 사용하므로 메모리 낭비를 줄일 수 있습니다. 또한, 연결 리스트, 트리, 그래프와 같은 동적 자료구조를 쉽게 구현할 수 있다는 장점이 있습니다.

C 언어에서는 `malloc()`이나 `calloc()` 함수를 사용해 메모리를 동적으로 할당할 수 있습니다. 예를 들어, 다음과 같은 코드로 메모리를 할당하고 해제할 수 있습니다.

```c
int main() {
    // 런타임에 크기가 10인 배열을 동적으로 할당
    int *arr = (int *)malloc(10 * sizeof(int));
    // 메모리 할당 실패를 대비한 예외 처리
    if (arr == NULL) {
        fprintf(stderr, "Memory allocation failed\n");
        exit(1);
    }
    // 동적 할당된 메모리 해제
    free(arr);
    arr = NULL;   // 메모리 해제 후 NULL로 설정해 유효하지 않은 참조 방지
    return 0;
}
```

그러나 예제에서 보듯이 동적 할당은 메모리 할당과 해제 과정에서 추가 연산이 필요하므로 성능에 영향을 미칠 수 있습니다. 빈번한 메모리 할당과 해제는 성능 저하를 초래할 수 있습니다. 또한, 동적으로 할당한 메모리를 해제하지 않으면 메모리 누수가 발생해 시스템 메모리가 부족해질 수 있습니다. 앞의 예제 코드에서는 동적으로 할당한 메모리를 free() 함수를 사용해 해제합니다.

메모리 할당이 실패하면 malloc()이나 calloc() 함수는 NULL 포인터를 반환합니다. 이를 적절히 처리하지 않으면 NULL 참조로 인해 프로그램이 비정상적으로 종료될 수 있습니다. 따라서 메모리 할당 후 NULL 여부를 확인하고, 메모리 할당에 실패한 경우 적절한 예외 처리를 통해 프로그램 안정성을 확보해야 합니다.

또한, 메모리를 해제한 후 해당 포인터를 계속 참조하면 '유효하지 않은 메모리 접근' 오류가 발생할 수 있으므로 해제한 포인터는 반드시 NULL로 초기화해서 잘못된 참조를 방지해야 합니다.

> **Note** 자바와 파이썬의 메모리 관리
>
> 자바와 파이썬에서는 가비지 컬렉터(GC, Garbage Collector)가 더 이상 참조되지 않는 객체를 자동으로 수집하고 메모리를 해제합니다. 따라서 개발자가 명시적으로 메모리를 해제할 필요가 없습니다.
>
> 예를 들어, 자바에서는 new 키워드를 사용해 동적 배열을 생성하고, 해제는 가비지 컬렉터가 자동으로 처리합니다.

**자바에서 동적 객체 생성**
```
// 동적 배열 할당
int[] arr = new int[10];
```

파이썬에서는 리스트를 생성할 때 동적으로 메모리를 할당하며, 명시적으로 해제할 필요가 없습니다.

**파이썬에서 동적 객체 생성**
```
# 동적 배열 생성
arr = [0] * 10
```

자동 메모리 관리 시스템이 있더라도 불필요한 객체를 생성하거나 오래 참조하는 경우 메모리 누수가 발생할 수 있습니다. 자바에서는 정적 참조나 컬렉션에 객체를 계속 추가하는 경우 해당 객체가 가비지 컬렉터의 대상이 되지 않을 수 있습니다. 파이썬에서도 순환 참조가 발생할 경우, 즉 2개 이상 객체가 서로를 참조하고 있을 때 기본적으로 가비지 컬렉터는 이를 처리하지 못합니다. 이러한 문제를 해결하기 위해 파이썬은 gc 모듈을 제공합니다. 이 모듈은 순환 참조를 탐지하고 수집하는 기능이 있습니다. 개발자가 명시적으로 gc.collect()를 호출하면 가비지 컬렉터가 순환 참조를 탐지하고 해당 객체들을 해제할 수 있습니다.

그러나 gc.collect()를 명시적으로 호출하는 것은 권장하지 않습니다. 강제로 호출하면 파이썬의 자동 메모리 관리 메커니즘과 충돌해 성능 저하를 유발할 수 있기 때문입니다. 따라서 gc.collect()는 특수한 상황에서 문제가 발생할 경우에만 사용하며, 일반적인 경우에는 자동 메모리 관리 시스템에 의존하는 것이 좋습니다.

## 1분 퀴즈

정답 노트 p.393

**05. 빈칸에 알맞은 단어를 넣으세요.**

① _____ 메모리는 프로그램이 사용하는 가상의 주소 공간으로, 프로세스가 실제로 사용하는 메모리 공간을 나타냅니다.

② _____ 은/는 컴퓨터에서 논리 주소와 물리 주소 간 변환을 수행하는 하드웨어 장치입니다.

③ 정적 할당은 _____ 에 메모리 공간이 고정적으로 할당되는 방식입니다.

④ 동적 할당에서는 _____ 에 필요한 만큼의 메모리를 할당해 메모리 효율성을 높일 수 있습니다.

**06.** 다음 중 맞는 설명을 <u>모두</u> 고르세요.

① 논리 주소는 물리 메모리의 절대적인 위치를 나타낸다.

② 물리 메모리는 하드웨어가 직접 프로세스별로 관리한다.

③ 자바와 파이썬에서는 가비지 컬렉터에 의해 메모리가 자동으로 관리한다.

④ 동적으로 할당된 메모리를 해제하지 않으면 메모리 누수가 발생할 수 있다.

**07.** 다음 중 물리 메모리에 대한 설명으로 옳은 것은 무엇인가요?

① 가비지 컬렉터를 통해 관리한다.

② 프로세스의 가상 주소 공간을 나타낸다.

③ 논리 주소를 기반으로 데이터를 저장한다.

④ CPU가 데이터를 직접 읽고 쓸 수 있는 실제 메모리다.

**08.** 다음 중 정적 메모리 할당의 특징으로 올바른 것은 무엇인가요?

① 메모리 누수 가능성이 높다.

② 메모리 관리 오버헤드가 크다.

③ 런타임 중 메모리 크기를 변경할 수 있다.

④ 메모리 할당이 컴파일 타임에 이루어진다.

**09.** 동적 메모리를 할당할 때 적절한 메모리 해제 방법은 무엇인가요?

① 필요하지 않은 메모리는 free( ) 함수로 반환한다.

② 메모리를 할당한 후 반드시 NULL로 초기화한다.

③ 동적으로 할당한 메모리는 자동으로 해제된다.

④ 가비지 컬렉터가 자동으로 관리해 준다.

## 11.3 공간 배치에 따른 메모리 할당 방식

메모리 할당 방식은 프로세스의 메모리를 물리적으로 연속한 공간에 배치하는지 여부에 따라 연속 할당과 비연속 할당으로 나뉩니다.

### 11.3.1 연속 할당

**연속 할당**(contiguous allocation)은 프로세스의 전체 메모리 공간을 물리적 메모리의 연속한 주소 공간에 배치하는 방식입니다. 즉, 한 프로세스를 실행하는 데 필요한 메모리 공간을 한 덩어리로 배치합니다.

이 방식은 메모리 공간의 시작 주소와 크기가 고정되어 메모리를 관리하기가 상대적으로 쉽습니다. 또한, 메모리를 연속해서 배치하기 때문에 데이터 접근 속도가 빠르고 주소 변환이 간단합니다. 이러한 특성 덕분에 메모리 접근이 빈번한 응용 프로그램에서 연속 할당 방식이 유용합니다.

연속 할당 방식에는 고정 분할과 가변 분할이 있습니다.

- **고정 분할**

**고정 분할**(fixed partitioning)은 메모리를 일정한 크기의 여러 파티션으로 나누고, 각 파티션을 하나의 프로세스에 할당하는 방법입니다. 파티션 크기는 같은 크기(균등 분할) 또는 다른 크기(비균등 분할)로 설정할 수 있습니다.

고정 분할의 작동 방식은 다음과 같습니다.

1. 운영체제가 메모리를 일정한 크기의 파티션으로 나눕니다. 예를 들어, 100MB 메모리를 10MB 크기의 파티션 10개로 나눕니다.
2. 프로세스를 실행하면 해당 프로세스 크기와 가장 맞는 파티션에 로드합니다. 만약 프로세스의 크기가 파티션보다 작다면 파티션 내에 남는 공간이 생깁니다.
3. 프로세스를 종료하면 해당 파티션은 비게 되어 다른 프로세스가 사용할 수 있습니다.

고정 분할 방식은 고정 크기의 파티션을 사용해 각 프로세스를 특정 파티션에 할당하는 구조이므로 프로세스가 메모리의 어느 위치에 있는지 쉽게 계산할 수 있습니다. 그래서 주소 변환이 간단하고 빠릅니다. 이 덕분에 프로세스가 위치한 메모리를 찾기가 쉬워 메모리 접근 속도가 빠릅니다. 또한, 고정된 파티션 구조는 메모리 관리가 쉽습니다. 각 파티션에 프로세스를 할당하고 프로세스가 종료하면 해당 파티션을 비워 두는 방식으로 관리할 수 있습니다.

그러나 이 방식은 내부 단편화가 발생할 수 있습니다. **내부 단편화**(internal fragmentation)는 할당된 메모리 공간 내에 사용하지 않는 공간이 발생하는 현상입니다. 이러한 남는 공간은 다른 프로세스가 사용할 수 없기 때문에 메모리를 비효율적으로 사용하게 됩니다.

예를 들어, 전체 메모리 크기가 100MB이고 20MB 크기의 파티션을 사용한다고 합시다. 각 프로세스가 다음과 같이 메모리를 요청하고 각각 파티션을 할당합니다.

표 11-1 고정 할당 예

| 프로세스 | 요청한 메모리 | 할당된 파티션 크기 | 남는 메모리 |
|---|---|---|---|
| 1 | 17MB | 20MB | 3MB |
| 2 | 15MB | 20MB | 5MB |
| 3 | 20MB | 20MB | 0MB |
| 4 | 14MB | 20MB | 6MB |
| 5 | 18MB | 20MB | 2MB |

20MB 크기의 파티션에 각 프로세스를 할당하면 16MB(3MB + 5MB + 6MB + 2MB)의 공간이 남습니다. 하지만 이 공간은 다른 프로세스가 사용할 수 없어 낭비됩니다.

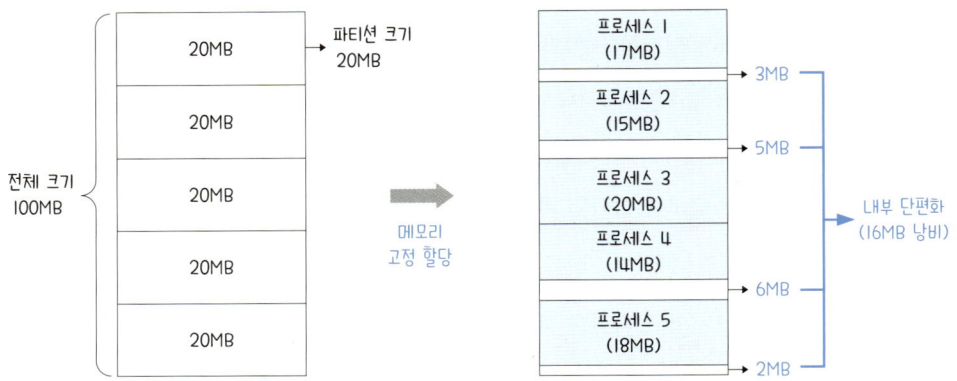

그림 11-2 내부 단편화

고정 분할 방식에서는 각 파티션 크기가 고정되므로 특정 프로세스가 요구하는 메모리 크기와 파티션 크기가 일치하지 않으면 해당 프로세스를 메모리에 적재할 수 없습니다. 예를 들어, **그림 11-2**와 같이 메모리를 고정 할당할 때 프로세스가 30MB 크기 메모리를 요청하면 적합한 파티션이 없어서 프로세스를 메모리에 적재할 수 없습니다. 이런 상태를 **적재 불가**(load failure) 문제라고 합니다.

이러한 문제는 해결하기 위해 동적 분할이나 뒤에서 다루는 페이징과 같은 다른 메모리 관리 기법을 사용합니다.

### ● 가변 분할

**가변 분할**(variable partitioning)은 프로세스의 크기에 따라 메모리를 동적으로 할당하는 방법입니다. 이 방법은 프로세스에서 필요한 만큼의 메모리만 할당하고, 프로세스가 종료하면 해당 메모리는 반환해 다른 프로세스가 사용할 수 있도록 합니다.

고정 분할에서는 각 파티션의 크기가 고정되기 때문에 프로세스가 요구하는 메모리 크기가 파티션 크기보다 클 경우 해당 프로세스를 실행할 수 없습니다. 또한, 작은 프로세스가 더 큰 파티션에 할당될 경우 파티션의 일부가 낭비됩니다. 가변 분할 방식은 이러한 고정 분할의 한계를 보완합니다.

가변 분할의 작동 방식은 다음과 같습니다.

1 프로세스가 실행할 때 필요한 메모리 크기를 요청합니다.
2 운영체제는 메모리에서 프로세스가 요청한 크기에 적합한 빈 공간을 찾아 프로세스에 할당합니다.

3 프로세스를 종료하면 할당한 메모리를 반환해 다른 프로세스에서 사용할 수 있도록 합니다.

가변 할당은 필요한 만큼만 메모리를 할당하므로 메모리 낭비를 줄이고, 다양한 크기의 프로세스를 효과적으로 처리할 수 있습니다. 특히 요구 사항이 계속 변하는 작업 환경에서 유용합니다.

그러나 메모리 할당과 해제가 반복되면서 여러 작은 빈 공간이 생기는 외부 단편화 문제가 발생할 수 있습니다. **외부 단편화**(external fragmentation)란 전체적으로 남은 메모리 공간은 충분하지만, 연속한 메모리 공간이 부족해 새로운 프로세스의 메모리 요청을 수용하지 못하는 상태를 의미합니다.

예를 들어, 전체 메모리 크기가 100MB이고, 프로세스 1은 20MB, 프로세스 2는 30MB, 프로세스 3는 40MB를 할당받아 사용한다고 합시다. 현재 메모리에는 10MB 공간이 남습니다. 이때 프로세스 2가 종료해 30MB의 빈 공간이 생깁니다. 그리고 프로세스 4가 25MB 메모리를 요청합니다. 비어 있는 30MB 공간 중 25MB를 할당하고 5MB가 남습니다. 이후 새로운 프로세스 5가 15MB의 메모리를 요청합니다. 현재 총 빈 공간은 15MB(10MB + 5MB)로 충분하지만, 조각나 있어 할당이 불가능합니다.

그림 11-3 외부 단편화

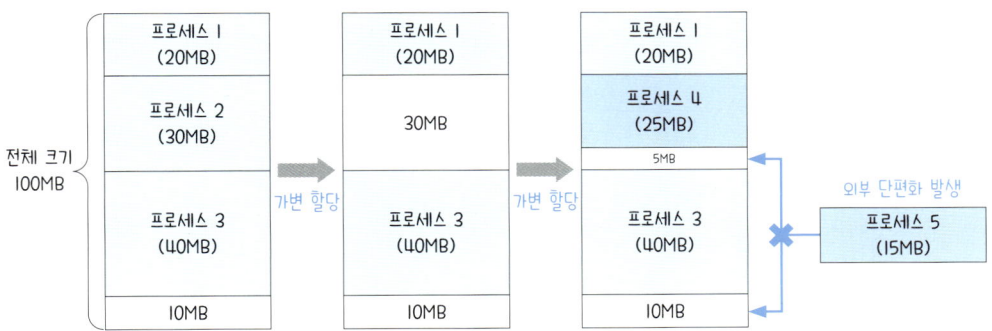

외부 단편화를 해결하기 위한 방법으로는 메모리 통합과 효율적인 할당 알고리즘 사용이 있습니다. **메모리 통합**(memory compaction)은 사용 중인 메모리를 한쪽으로 이동시켜 연속한 빈 공간을 만드는 방법입니다. 즉, 여러 프로세스가 메모리를 할당받고 해제하면서 생긴 작은 빈 공간들을 모아 큰 연속된 빈 공간을 만들 수 있습니다. 이 방법은 프로세스의 메모리 위치를 재배치해야 해서 처리 시간이 추가로 필요하지만, 외부 단편화를 효과적으로 줄일 수 있습니다.

이어서 할당 알고리즘을 살펴보겠습니다.

## 11.3.2 할당 알고리즘

**할당 알고리즘**이란 프로세스가 메모리를 요청할 때 어떤 공간에 할당할지 결정하는 규칙이나 전략을 의미합니다. 적절한 알고리즘을 사용하면 메모리 낭비를 줄여 효율성을 높이고, 외부 단편화 문제를 완화할 수 있습니다. 주요 할당 알고리즘은 다음과 같습니다.

- **최초 적합**

**최초 적합**(first fit)은 프로세스가 요청한 메모리 크기에 적합한 첫 번째 빈 공간을 찾아 할당하는 알고리즘입니다. 작동 방식은 다음과 같습니다.

1 메모리의 빈 공간을 처음부터 끝까지 순차적으로 탐색합니다.

2 요청한 메모리 크기보다 크거나 같은 첫 번째 빈 공간을 선택합니다.

3 선택한 빈 공간을 프로세스에 할당합니다.

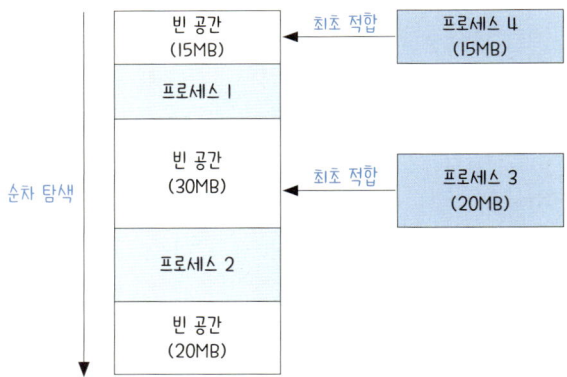

그림 11-4 최초 적합

최초 적합은 순차적으로 탐색하며 첫 번째 적합한 공간을 선택하기 때문에 구현이 쉽습니다. 빈 공간을 깊게 분석하지 않으므로 탐색 시간도 비교적 짧습니다. 하지만 할당한 후 빈 공간이 작게 남아 외부 단편화 현상을 초래할 수 있습니다. 단편화가 누적되면서 사용할 수 있는 연속된 공간이 줄어들어 메모리 효율이 점차 낮아질 수 있습니다.

최초 적합은 빠른 메모리 할당이 필요한 경우 유용하지만, 외부 단편화 문제를 해결하려면 다른 할당 알고리즘을 병행 사용하거나 주기적으로 메모리 통합을 수행해 조각화를 관리해야 합니다.

● **최적 적합**

**최적 적합**(best fit)은 메모리에서 사용 가능한 모든 빈 공간을 탐색해 요청한 메모리 크기에 가장 적합한 공간을 찾는 알고리즘입니다. 작동 방식은 다음과 같습니다.

1 메모리에서 사용 가능한 빈 공간을 모두 탐색합니다.

2 프로세스가 요청한 메모리 크기보다 크거나 같은 빈 공간 중 가장 작은 공간을 선택합니다.

3 선택한 빈 공간을 프로세스에 할당합니다.

그림 11-5 최적 적합

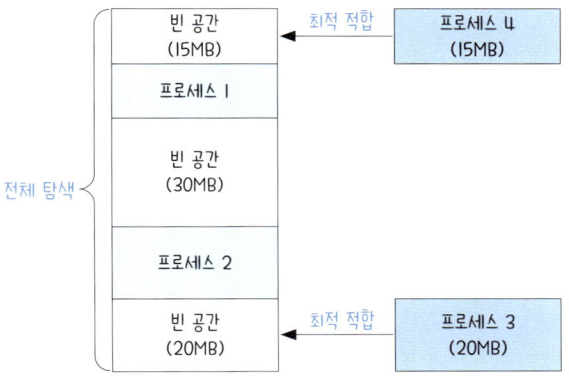

최적 적합은 남는 공간을 최소화해 상대적으로 메모리를 효율적으로 사용할 수 있습니다. 요청한 크기와 가장 가까운 크기의 공간을 선택하기 때문에 큰 메모리 공간이 잘게 나뉘는 것을 방지할 수 있습니다.

최적 적합의 할당 방식은 단점으로 작용하기도 합니다. 요청한 메모리 크기에 딱 맞는 공간을 선택하다 보면 상대적으로 작은 빈 공간이 많이 남게 됩니다. 이런 경우 이후에 들어오는 큰 메모리 요청을 처리할 수 없는 상황이 발생해 여전히 외부 단편화가 발생할 수 있습니다.

또한, 최적 적합은 사용 가능한 모든 빈 공간을 탐색해야 하므로 시간이 많이 걸립니다. 특히 빈 공간이 많을수록 탐색 비용이 크게 증가합니다. 그리고 작은 빈 공간이 많이 남아 이후 요청이 들어왔을 때 할당할 수 있는 적합한 공간이 없을 가능성이 있습니다.

최적 적합 알고리즘의 효율성을 높이려면 주기적으로 메모리 통합을 수행해 단편화를 줄이고, 사용 가능한 빈 공간을 더 효율적으로 관리해야 합니다.

● **최악 적합**

**최악 적합**(worst fit)은 요청한 메모리 크기를 만족하는 가장 큰 빈 공간을 찾아 할당하는 알고리즘입니다. 작동 방식은 다음과 같습니다.

1  메모리에서 사용 가능한 빈 공간을 모두 탐색합니다.

2  프로세스가 요청한 메모리 크기보다 큰 빈 공간 중 가장 큰 공간을 선택합니다.

3  선택한 빈 공간에 프로세스를 할당하고 남은 작은 공간은 새로운 빈 공간으로 유지합니다.

그림 11-6 최악 적합

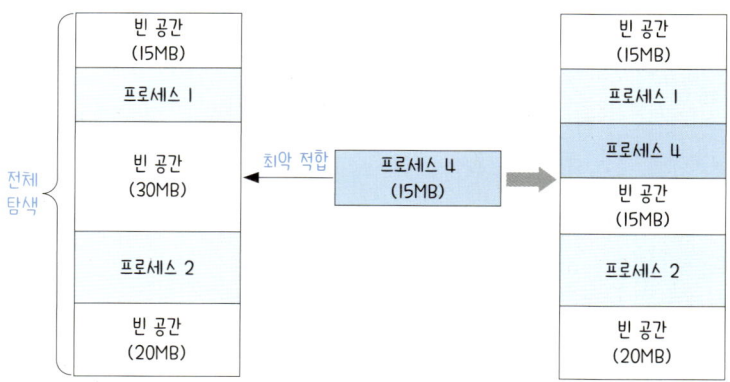

최악 적합은 큰 빈 공간을 나누어 사용하기 때문에 할당 후에도 비교적 큰 빈 공간이 남을 수 있습니다. 예를 들어, 15MB, 30MB, 20MB의 빈 공간이 있을 때 15MB 요청이 들어오면 30MB 공간을 할당합니다. 남은 15MB는 이후 작은 크기의 요청(10MB, 15MB 등)이 있을 때 사용할 수 있습니다.

최악 적합은 크기를 기준으로 최댓값을 찾으면 돼서 구현이 상대적으로 간단합니다. 그러나 모든 빈 공간을 탐색하며 큰 공간을 찾아야 하므로 탐색 시간이 오래 걸릴 수 있습니다. 또한, 큰 크기 요청에 큰 공간을 할당하면 작은 크기의 빈 공간이 남아 이후 요청을 처리하지 못하는 외부 단편화가 발생할 가능성이 있습니다. 따라서 큰 공간을 비효율적으로 나누는 경우에는 전체 메모리 효율이 떨어질 수 있습니다.

### 11.3.3 비연속 할당

**비연속 할당**(non-contiguous allocation)은 프로세스가 요청한 메모리를 연속하지 않은 여러 공간에 나누어 할당하는 방식입니다. 예를 들어, 프로세스가 100MB의 메모리를 요청했을 때 운영체제는 30MB, 40MB, 30MB와 같은 비연속적인 공간 여러 개를 조합해 할당할 수 있습니다.

프로세스는 할당받은 메모리를 연속적인 주소 공간으로 인식하지만, 실제로는 물리 메모리의 여러 곳에 분산되어 있습니다. 운영체제는 프로세스가 메모리를 사용할 때 메모리 관리 장치(MMU)를 사용해 논리 주소를 올바른 물리적 위치로 매핑합니다.

비연속 할당 방식에는 페이징과 세그먼테이션이 있습니다.

- **페이징**

**페이징**(paging)은 운영체제가 프로세스를 일정 크기의 블록(페이지)으로 나누어 물리 메모리에 할당하는 방법입니다. 이 방법은 논리 메모리와 물리 메모리를 **페이지**(page)와 **프레임**(frame)으로 분리해 관리합니다.

작동 방식은 다음과 같습니다.

1 프로세스를 생성하면 해당 프로세스의 주소 공간(논리 메모리)을 페이지 단위로 나눕니다.

2 물리 메모리도 페이지와 같은 크기의 프레임 단위로 나눕니다.

3 운영체제가 페이지 테이블을 생성하고 초기화해 논리 주소와 물리 주소 간 매핑을 관리합니다.

4 프로세스를 실행할 때 필요한 메모리 공간을 요청하면 운영체제는 사용 가능한 프레임을 탐색해 할당합니다.

5 할당한 프레임을 페이지 테이블에 저장해 논리 주소(페이지 번호)와 물리 주소(프레임 번호)를 매핑합니다.

6 프로세스가 요청한 페이지가 메모리에 없으면 페이지 폴트가 발생합니다. 그러면 운영체제는 해당 페이지를 디스크에서 메모리로 가져오고 해당 내용으로 페이지 테이블을 갱신합니다.

7 프로세스를 종료하면 해당 프로세스의 페이지 테이블이 삭제되고, 사용하던 프레임을 다른 프로세스에 할당할 수 있도록 반환합니다.

그림 11-7 페이징

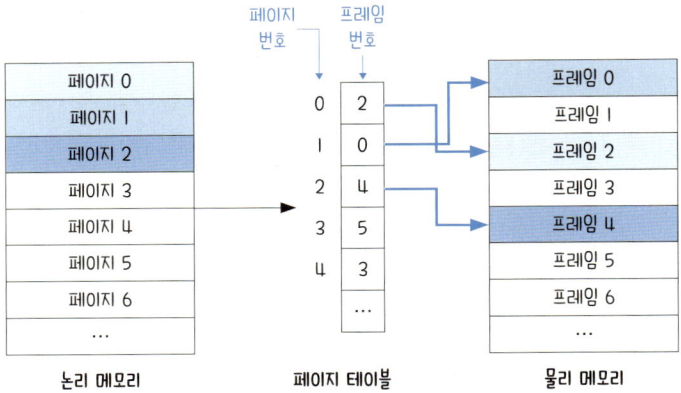

페이지 테이블(page table)은 운영체제가 관리하는 데이터 구조로, 각 프로세스의 논리 주소와 물리 주소 간 매핑 정보를 저장합니다. 운영체제는 프로세스가 생성될 때 페이지 테이블을 생성해 초기화하고, 메모리 할당이 이루어질 때마다 페이지 테이블을 갱신합니다.

페이지 테이블은 다음과 같은 정보를 포함합니다.

- **프레임 번호**: 해당 페이지가 물리 메모리의 어느 프레임에 저장되었는지를 나타냅니다.

- **유효 비트**: 페이지가 현재 메모리에 존재하는지 여부를 나타냅니다. 유효 비트가 1이면 페이지가 메모리에 존재합니다. 0이면 페이지가 디스크와 같은 보조 기억 장치에 저장된 것이며, 페이지 폴트가 발생할 수 있습니다.

- **접근 권한**: 페이지에 대한 읽기, 쓰기, 실행 권한을 나타냅니다.

페이지 테이블을 이용한 주소 변환 과정은 다음과 같습니다.

1 CPU가 논리 주소를 생성합니다. 논리 주소는 페이지 번호와 오프셋으로 구성됩니다.

- **페이지 번호**: 특정 페이지를 식별하는 데 사용합니다.
- **오프셋**: 특정 페이지 내에서 데이터의 위치를 가리킵니다.

2 운영체제는 페이지 테이블에서 해당 페이지가 물리 메모리의 어느 프레임에 저장되었는지 확인합니다.

3 MMU에서 프레임 번호와 오프셋을 조합해 물리 주소로 변환합니다.

$$물리\ 주소 = (프레임\ 번호 \times 페이지\ 크기) + 오프셋$$

4 변환한 물리 주소를 사용해 실제 메모리에 접근해 데이터를 읽거나 씁니다.

예를 들어, 페이지 크기가 4KB(4096B)고 논리 주소가 (페이지 번호: 2, 오프셋: 1000B)라고 합시다. 페이지 테이블에서 페이지 2가 프레임 8에 매칭될 때 물리 주소는 다음과 같습니다.

물리 주소 = (8 × 4096B) + 1000B = 32768B + 1000B = 33768B

즉, 논리 주소 (2, 1000)은 물리 주소 33768B로 변환됩니다.

페이징 기법은 연속한 물리 메모리가 필요하지 않아 작은 공간도 활용할 수 있고, 가변 분할 방식과 달리 메모리 공간이 조각조각 나뉘어도 페이지 단위로 할당할 수 있어 메모리를 효율적으로 사용할 수 있습니다. 또한, 운영체제가 페이지 단위로 메모리를 할당 및 해제하므로 관리가 단순합니다.

그림 11-8 페이지 테이블을 이용한 주소 변환

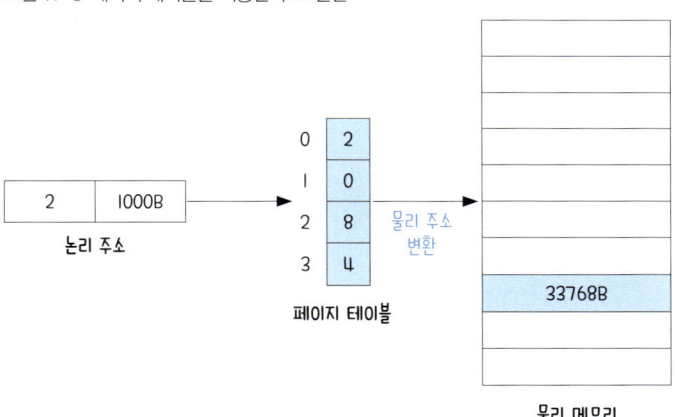

그러나 페이지 크기가 너무 크면 각 페이지 내에서 사용하지 않는 공간이 생길 수 있습니다. 예를 들어, 페이지 크기가 4KB인데 프로세스가 3.8KB만 필요하다면 0.2KB를 낭비합니다. 또한, 프로세스마다 페이지 테이블을 위한 메모리가 추가로 필요합니다. 특히 페이지 크기가 작을수록 페이지 수가 많아져 페이지 테이블 크기도 커집니다. 이럴 경우 다단계 페이지 테이블 또는 역방향 페이지 테이블을 사용해 해결할 수 있습니다.

또한, 페이징 기법은 프로세스가 메모리에 접근할 때마다 페이지 테이블을 참조해야 하므로 속도가 느려질 수 있습니다. 즉 주소 변환 과정에서 추가 연산이 필요하며, 이에 따라 오버헤드가 발생해 성능이 저하될 수 있습니다. 이 문제는 **TLB**(Translation Lookaside Buffer, 페이지 테이블 접근 시간을 줄이기 위해 사용하는 캐시 메모리)로 캐싱해 속도를 높일 수 있습니다.

● **세그먼테이션**

메모리를 고정 크기의 페이지로 나누는 페이징과 달리, **세그먼테이션**(segmentation)은 논리적인 단위인 **세그먼트**(segment)로 메모리를 나누어 관리하는 방법입니다. 즉, 프로그램에서 사용하는 코드, 데이터, 힙, 스택 등의 영역을 각각 독립적인 세그먼트로 구분해 메모리를 할당합니다. 각 세그먼트는 크기가 다를 수 있으며, 필요에 따라 동적으로 크기가 조정될 수도 있습니다.

프로세스마다 별도의 **세그먼트 테이블**(segment table)을 가지고 있으며, 이 테이블을 통해 해당 프로세스의 메모리 접근을 관리합니다. 세그먼트 테이블에는 프로세스가 사용하는 세그먼트들의 정보가 저장됩니다. 저장하는 정보는 다음과 같습니다.

- **세그먼트 시작 주소(base address)**: 물리 메모리에서 세그먼트의 시작 위치를 나타냅니다. 예를 들어, 세그먼트 0이 물리 메모리의 1000번지부터 시작한다면 시작 주소는 1000입니다.
- **세그먼트 크기(limit)**: 세그먼트의 최대 크기(최대 오프셋 값)를 의미합니다. 예를 들어, 세그먼트 0의 크기가 500이라면 해당 세그먼트는 1000~1499까지 사용할 수 있습니다.
- **인덱스(index)**: 세그먼트 번호를 의미합니다.

그림 11-9 세그먼테이션

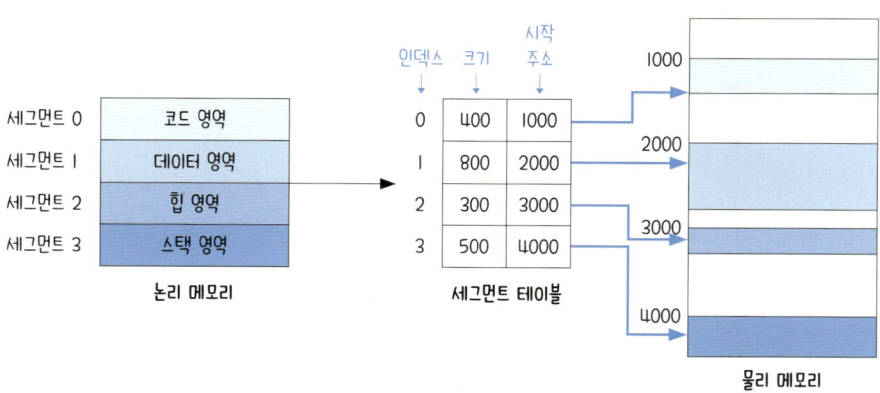

세그먼테이션에서는 세그먼트 테이블을 사용해 논리 주소를 물리 주소로 변환합니다.

1 프로세스가 논리 주소를 생성합니다. 논리 주소는 (세그먼트 번호, 오프셋)으로 구성됩니다.
2 운영체제가 세그먼트 번호(인덱스)를 이용해 세그먼트 테이블에서 해당 세그먼트의 정보를 찾습니다.

3 물리 주소를 다음과 같이 계산해 변환합니다. 이때 논리 주소의 오프셋이 세그먼트 크기보다 작은지 확인합니다. 오프셋이 세그먼트 크기보다 작으면 유효한 주소, 즉 접근할 수 있는 주소입니다. 만약 오프셋이 세그먼트 크기보다 크면 세그먼트 범위를 초과하는 메모리 접근이므로 세그먼테이션 폴트가 발생합니다.

$$물리 주소 = 시작 주소 + 오프셋$$

4 변환한 물리 주소로 물리 메모리에 접근해 데이터를 읽거나 씁니다.

예를 들어 세그먼트 테이블이 다음과 같다고 합시다.

표 11-2 세그먼트 테이블 예

| 인덱스 | 시작 주소 | 크기 |
|---|---|---|
| 0 | 1000 | 400 |
| 1 | 2000 | 800 |
| 2 | 3000 | 300 |
| 3 | 4000 | 500 |

1 논리 주소 (세그먼트 1, 오프셋 300)을 생성합니다.

2 세그먼트 1의 시작 주소를 세그먼트 테이블에서 찾습니다.

- 세그먼트 시작 주소: 2000

3 시작 주소에 오프셋을 더해 물리 주소를 계산합니다.

- 물리 주소 = 2000 + 300 = 2300
- 오프셋 300은 세그먼트 크기(800)보다 작으므로 유효한 접근입니다.

4 변환한 물리 주소로 물리 메모리에 접근합니다.

세그먼테이션은 코드, 데이터, 힙, 스택을 나누어 관리하므로 프로그램의 구조를 잘 반영할 수 있습니다. 각 영역에 필요한 만큼만 메모리를 할당하기 때문에 페이징처럼 정해진 크기보다 작은 메모리를 낭비하는 문제가 없습니다.

그러나 세그먼트의 크기가 가변적이므로 연속한 빈 공간을 찾기 어려워 외부 단편화가 발생할 수 있습니다. 예를 들어, 4KB 세그먼트를 할당해야 하는데 3KB의 빈 공간만 남아 있다면 사용하지 못하는 공간이 생깁니다. 또한, 세그먼트 테이블을 참조하는 주소 변환 과정이 추가로 필요하므로 오버헤드가 발생합니다.

이러한 단점을 보완하기 위해 세그먼테이션과 페이징을 결합한 기법이 있습니다. 즉, 세그먼트를 다시 작은 페이지로 나누어 관리하는 방법입니다. 세그먼트를 고정 크기의 페이지로 나누어 할당하면 연속적인 공간이 필요하지 않아 외부 단편화가 사라집니다. 여전히 코드, 데이터, 스택 등 세그먼트 단위로 프로그램을 관리할 수 있습니다.

하지만 이 방법 역시 단점이 있습니다. 세그먼트 테이블을 먼저 찾고, 해당 세그먼트의 페이지 테이블을 추가로 찾아야 합니다. 즉, 주소 변환을 두 번 해야 하므로 오버헤드가 증가합니다. 운영체제에서는 세그먼트 테이블과 여러 페이지 테이블을 관리해야 하므로 구현하기가 더 어렵습니다.

각 방법은 장단점이 있으므로 이를 고려해 적절한 메모리 관리 방법을 선택해야 합니다.

## 1분 퀴즈

정답 노트 p.393

**10.** 빈칸에 알맞은 단어를 넣으세요.

① _____은/는 프로세스의 전체 메모리 공간이 물리적 메모리의 연속된 주소 공간에 할당되는 방식이다.

② _____은/는 메모리를 일정한 크기의 파티션으로 나누고 각 파티션을 하나의 프로세스에만 할당한다.

③ _____은/는 프로세스의 크기에 따라 메모리를 동적으로 분할해 할당한다.

④ _____은/는 전체적으로 남은 메모리 공간은 충분하지만 연속된 메모리 공간이 부족해 새로운 요청을 수용하지 못하는 상태를 의미한다.

⑤ 페이징에서는 메모리를 일정한 크기의 블록으로 나눈 뒤 물리 메모리의 _____와/과 매핑한다.

**11.** 다음 설명 중 올바르지 <u>않은</u> 것은 무엇인가요?

① 고정 분할에서는 파티션 크기가 실행 중에 변경될 수 있다.

② 외부 단편화를 해결하기 위해 메모리 통합을 사용할 수 있다.

③ 가변 분할에서는 메모리 요청 크기에 맞는 공간을 동적으로 할당할 수 있다.

④ 세그먼테이션에서는 프로그램의 논리적 구조를 잘 반영해 메모리를 관리한다.

**12.** 다음 중 연속 할당 방식의 특징으로 올바른 것은 무엇인가요?

① 메모리 통합이 필요없다.

② 외부 단편화가 발생하지 않는다.

③ 물리 메모리의 비연속 공간을 사용한다.

④ 데이터 접근 속도가 빠르고 주소 변환이 간단하다.

**13.** 다음 중 외부 단편화가 발생하는 메모리 할당 방식은 무엇인가요?

① 정적 할당     ② 고정 분할     ③ 가변 분할     ④ 페이징

**14.** 다음 중 고정 분할 방식에서 발생할 수 있는 문제는 무엇인가요?

① 외부 단편화                    ② 내부 단편화

③ 메모리 통합 비용 증가         ④ 주소 변환 시간 증가

**15.** 다음 중 페이징 방식의 설명으로 옳지 않은 것을 고르세요.

① 외부 단편화가 발생하지 않는다.

② 내부 단편화가 완전히 제거된다.

③ 메모리를 일정 크기의 페이지로 나눈다.

④ 페이지 테이블을 사용해 논리 주소와 물리 주소를 매핑한다.

# 11.4 가상 메모리

컴퓨터의 물리 메모리(RAM)는 크기가 한정적입니다. 프로그램을 실행할 때 물리 메모리만 사용하면 한계가 발생할 수 있습니다. 이러한 문제를 해결하기 위해 운영체제는 가상 메모리라는 기술을 사용합니다.

## 11.4.1 가상 메모리란

**가상 메모리**(virtual memory)는 보조 기억 장치(이하 디스크)의 일부를 확장된 메모리처럼 사용하는 기술입니다. 이 기술은 프로그램이 물리 메모리 크기와 관계없이 더 큰 메모리 공간을 사용할 수 있게 합니다.

가상 메모리는 프로세스마다 독립적인 논리 주소 공간을 제공해 각 프로세스가 전체 메모리를 독점하는 것처럼 작동하게 합니다. 실제로는 필요한 데이터만 물리 메모리에 로드해 메모리 사용을 최적화하고 시스템의 효율성을 높입니다.

가상 메모리는 논리 주소와 물리 주소 사이에서 변환 작업을 수행하며 작동합니다. 작동 과정은 다음과 같습니다.

1 프로세스가 메모리에 접근할 때(변수 읽기, 코드 실행 등) 논리 주소를 사용합니다.

2 운영체제는 페이지 테이블을 사용해 논리 주소를 물리 주소 또는 디스크 위치와 매핑합니다.

3 MMU는 페이지 테이블을 참조해 논리 주소를 물리 주소로 변환합니다.

4 변환한 물리 주소로 데이터 읽기 또는 쓰기를 수행합니다. 만약 해당 데이터가 물리 메모리에 있으면 바로 접근합니다. 데이터가 물리 메모리에 없으면 페이지 폴트가 발생합니다. 이 경우 운영체제가 디스크에서 해당 데이터를 물리 메모리로 로드한 후 사용합니다.

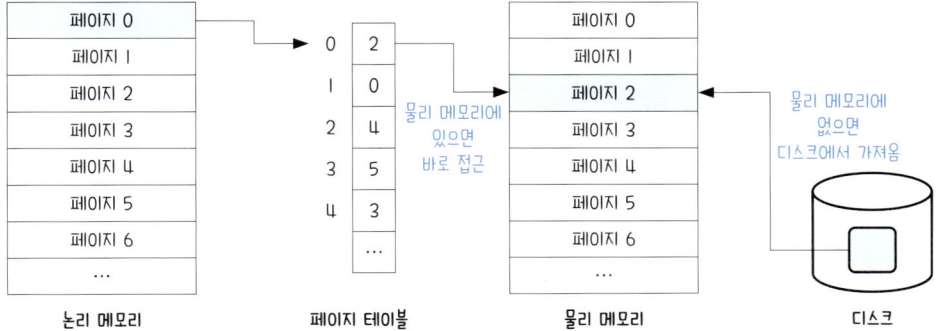

그림 11-10 가상 메모리의 작동 방식

가상 메모리는 각 프로세스에 독립적인 메모리 공간을 제공하므로 여러 프로세스를 동시에 실행할 수 있고, 한 프로세스가 다른 프로세스의 메모리에 접근할 수 없어 보안이 강화됩니다. 또한, 가상 메모리는 필요한 데이터만 물리 메모리에 로드해 메모리 사용을 최적화합니다. 이 때문에 메모리 자원을 효율적으로 사용할 수 있습니다.

그러나 가상 메모리는 논리 주소를 물리 주소로 변환하는 과정에서 추가 시간을 소요하므로 오버헤드가 발생합니다. 또한 필요한 데이터가 물리 메모리에 없으면 페이지 폴트가 발생합니다. 이 경우 운영체제는 디스크에서 데이터를 로드해야 하므로 페이지 폴트가 자주 발생하면 성능이 저하될 수 있습니다. 가상 메모리는 디스크를 사용해 데이터를 저장하고 로드합니다. 디스크 입출력 속도가 물리 메모리보다 느리기 때문에 디스크 접근이 많아지면 전체 시스템 성능이 떨어질 수 있습니다.

## 11.4.2 스와핑

가상 메모리 시스템에서 운영체제는 사용하지 않는 프로세스의 메모리 일부를 디스크로 이동해 물리 메모리의 여유 공간을 확보하는데, 이를 **스와핑**(swapping)이라고 합니다. 이때 임시로 사용하는 디스크 공간을 **스왑 공간**(swap space)이라고 합니다. 이 방식은 여러 프로세스를 동시에 실행할 때, 물리 메모리가 부족해지면 활용합니다.

스와핑의 작동 방식은 다음과 같습니다.

1 여러 프로그램을 동시에 실행하면 물리 메모리 공간이 부족해질 수 있습니다. 이때 운영체제는 사용하지 않는 프로세스의 메모리 페이지를 스왑 공간으로 이동해 물리 메모리를 확보합니다. 이를 **스왑 아웃**(swap out)이라고 합니다.

2 스왑 공간으로 이동한 프로세스를 다시 실행해야 하면 운영체제는 해당 페이지를 다시 물리 메모리로 로드합니다. 이를 **스왑 인**(swap in)이라고 합니다. 이 과정은 페이지 폴트로 감지합니다.

그림 11-11 스와핑 작동 방식

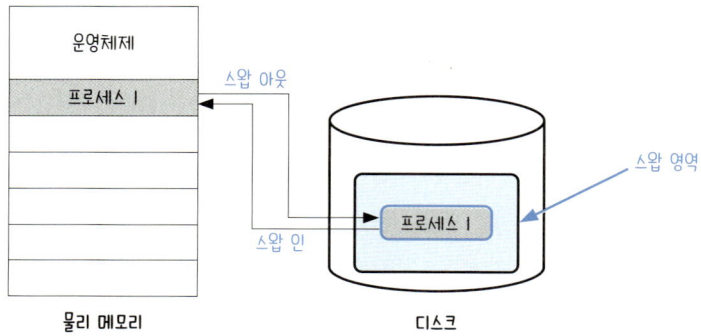

스와핑에는 페이지 스와핑과 전체 프로세스 스와핑 방식이 있습니다.

- **페이지 스와핑(paging-based swapping)**: 프로세스를 페이지 단위로 쪼개어 스왑 공간으로 이동하는 방식입니다. 페이지 폴트가 발생하면 필요한 페이지만 다시 물리 메모리로 불러옵니다. 윈도우, 맥OS, 리눅스 등 운영체제에서 페이징 기법과 함께 사용해 가상 메모리 시스템을 운영합니다.

  이 방식은 전체 프로세스를 이동하지 않고, 일부만 스왑해 속도를 향상하고, 물리 메모리가 부족할 때 효율적으로 사용할 수 있습니다. 그러나 디스크 접근이 많아지면 성능이 저하될 수 있고, 페이지 테이블을 관리해야 해서 오버헤드가 증가합니다.

- **전체 프로세스 스와핑(process swapping)**: 프로세스 전체를 디스크의 스왑 공간으로 이동하는 방식입니다. CPU가 프로세스를 실행하기 전에 물리 메모리로 다시 불러옵니다. 예전에 MS-DOS, 초기 유닉스 시스템에서 사용하던 방식으로 현대 운영체제에서는 거의 사용하지 않습니다.

### 11.4.3 요구 페이징

**요구 페이징**(demand paging)은 가상 메모리 시스템에서 메모리를 효율적으로 관리하기 위해 사용하는 기법으로, 프로그램을 실행할 때 처음부터 모든 페이지를 로드하지 않고 필요한 페이지만 메모리에 적재합니다. 프로세스가 특정 페이지를 요청하면 디스크에서 해당 페이지를 가져와 물리 메모리에 적재하므로 메모리를 효율적으로 사용할 수 있습니다.

요구 페이징의 작동 과정은 다음과 같습니다.

1. 프로그램이 실행될 때 페이지 테이블만 생성하고, 실제 페이지는 로드하지 않습니다.
2. CPU가 필요한 페이지에 접근하려고 하면 페이지 폴트가 발생합니다.
3. 운영체제가 해당 페이지를 디스크에서 물리 메모리로 불러옵니다.
4. 페이지가 로드된 후에 CPU가 프로세스를 정상적으로 실행합니다.

페이지 폴트는 프로세스가 참조하려는 페이지가 물리 메모리에 없을 때 발생합니다. 운영체제는 페이지 폴트를 다음과 같이 처리합니다.

그림 11-12 페이지 폴트 처리 과정

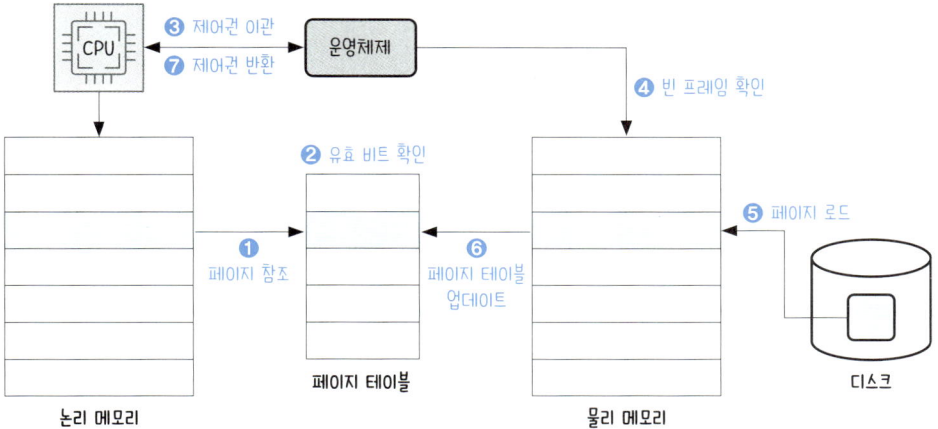

① 프로세스가 필요한 페이지를 참조하려고 시도합니다.

② 페이지 테이블에서 해당 페이지의 유효 비트를 확인합니다.
- 0(invalid)이면 페이지가 물리 메모리에 없다는 뜻이므로 페이지 폴트가 발생합니다.
- 1(valid)이면 페이지가 물리 메모리에 있으므로 정상적으로 실행합니다.

❸ 페이지 폴트가 발생하면 CPU는 제어권을 운영체제로 넘깁니다.

❹ 운영체제가 물리 메모리에 빈 프레임이 있는지 확인합니다.

- 빈 프레임이 있으면 해당 프레임에 페이지를 로드할 준비를 합니다.
- 빈 프레임이 없으면 기존 페이지를 디스크로 내보내(페이지 교체) 새로운 페이지를 저장할 공간을 확보합니다.

❺ 운영체제가 디스크에서 페이지를 읽어와 물리 메모리의 빈 프레임에 로드합니다.

❻ 운영체제가 페이지 테이블을 업데이트합니다.

- 유효 비트를 0에서 1로 변경합니다.
- 해당 페이지에 물리 메모리의 프레임 번호를 저장합니다.

❼ 운영체제가 중단된 프로세스를 다시 실행하고 CPU에 제어권을 반환합니다.

요구 페이징은 실행 시점에 필요한 페이지만 로드하므로 초기 메모리 사용량을 줄이고 불필요한 데이터가 물리 메모리에 로드되는 것을 방지할 수 있습니다. 그러나 페이지 폴트가 발생하면 디스크에서 데이터를 읽어와야 해서 성능이 저하될 수 있습니다. 페이지 폴트가 너무 자주 발생하면 **스래싱**(thrashing)이 발생할 가능성이 있습니다. 이에 관해서는 **11.4.5 스래싱**에서 자세히 살펴봅니다.

## 11.4.4 페이지 교체

**페이지 교체**(page replacement)는 요구 페이징을 사용할 때 물리 메모리가 꽉 찬 경우 어떤 페이지를 제거할지 결정하는 방법입니다. 물리 메모리 공간이 부족하면 기존 페이지를 스왑 아웃하고, 새로운 페이지를 스왑 인하는데, 이때 효율적인 페이지 교체 정책이 필요합니다.

주로 사용하는 페이지 교체 알고리즘은 다음과 같습니다.

1. FIFO

**FIFO**(First-In, First-Out)는 물리 메모리에서 가장 오래된 페이지를 교체합니다. 페이지를 큐로 관리해 먼저 들어온 페이지가 먼저 나갑니다. 페이지 진입 순서만 관리하므로 구현이 간단합니다. 그러나 오래된 페이지라도 자주 참조할 경우 비효율적이며, 벨레이디의 이상 현상이 발생할 수 있습니다.

TIP —— 일반적으로 프레임 수를 늘리면 페이지 폴트가 줄어드는 것이 정상이지만, 특정 조건에서는 오히려 페이지 폴트가 증가하는 현상을 **벨레이디의 이상 현상**(Belady's anomaly)이라고 합니다.

## 2. LRU

**LRU**(Least Recently Used)는 가장 오랫동안 사용하지 않은 페이지를 교체하는 방법입니다. 최근 사용한 페이지를 유지하므로 비교적 적은 페이지 폴트를 보장하고, 실제 환경에서도 효과적입니다. 하지만 페이지 접근 시간을 따로 저장하고 추적해야 해서 구현이 복잡합니다. 이에 따른 추가 연산과 메모리도 필요합니다.

## 3. OPT

**OPT**(Optimal Page Replacement Algorithm)는 앞으로 가장 오랫동안 사용하지 않을 페이지를 교체하는 방법입니다. 페이지 교체 성능이 가장 뛰어나며, 이론적으로 가장 적은 페이지 폴트를 보장합니다. 그러나 미래의 메모리 접근을 예측해야 해서 실제로 구현하기는 어렵습니다. 주로 알고리즘 평가의 기준점으로 활용하거나 시뮬레이션에서 사용합니다.

## 4. LFU

**LFU**(Least Frequently Used)는 가장 적게 사용한 페이지를 교체하는 방법입니다. 페이지 사용 횟수를 기록하고, 사용 횟수가 가장 적은 페이지를 교체합니다. 자주 사용하는 페이지를 메모리에 유지할 가능성이 높아 성능이 좋고, 데이터 접근 패턴이 일정하다면 매우 효율적입니다. 하지만 단기적으로 자주 사용한 페이지를 교체할 수도 있다는 문제점이 있습니다. 또한, 사용 횟수를 저장해야 하므로 추가적인 오버헤드가 발생할 수 있습니다.

## 5. Clock

**Clock**은 FIFO 알고리즘을 개선한 알고리즘입니다. FIFO의 단점(가장 오래된 페이지를 무조건 교체하는 문제)을 해결하기 위해 최근에 사용한 페이지는 교체하지 않도록 하는 방법입니다. 참조 비트(reference bit)를 추가해 최근 사용 여부를 확인하고, 원형 큐 구조를 사용해 페이지를 관리합니다. 즉, FIFO처럼 오래된 페이지를 제거하지만, 최근에 사용한 페이지라면 한 번 더 기회를 주는 방식(second chance)입니다. LRU처럼 메모리를 효율적으로 관리하면서도 구현이 쉽습니다. 그러나 참조 비트를 별도로 관리해야 하므로 오버헤드가 발생하고 원형 큐에서 여러 페이지를 탐색해야 하므로 페이지 교체 속도가 느려질 수 있습니다.

TIP — **원형 큐**(circular queue)는 큐의 한 형태로, 큐의 끝이 다시 시작 부분과 연결되는 구조입니다. 일반적인 큐는 선형 구조로, 요소가 추가되거나 제거될 때마다 큐의 앞과 뒤가 이동합니다. 반면에 원형 큐는 배열로 구현하고 두 개의 포인터(또는 인덱스)를 사용해 큐의 앞과 뒤를 추적합니다. 그래서 요소를 추가하거나 제거할 때 요소 이동 없이 포인터를 업데이트합니다.

교체 알고리즘은 운영체제와 프로그램의 특성에 맞게 선택해야 메모리 사용 효율과 시스템 성능을 최적화할 수 있습니다.

### 11.4.5 스래싱

**스래싱**(thrashing)은 페이지 폴트가 너무 자주 발생해 CPU가 실제 작업을 수행하지 못하고, 대부분의 시간을 페이지 교체에 소비하는 현상입니다. 따라서 스래싱이 발생하면 시스템 성능이 급격히 떨어집니다.

다음 그래프는 프로세스 수에 따른 CPU 이용률을 보여 줍니다.

그림 11-13 프로세스 수 대비 CPU 이용률

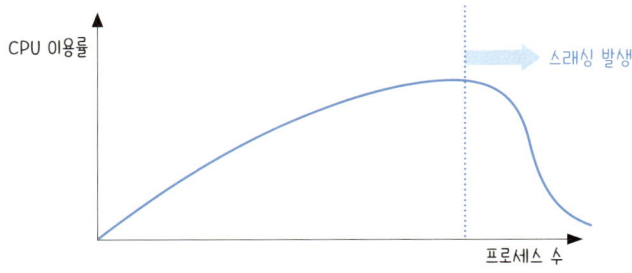

그래프를 보면 프로세스 수가 증가함에 따라 CPU 이용률도 증가합니다. 즉, CPU가 효율적으로 작업을 수행하고 있습니다. 프로세스 수가 일정 수준을 넘어가면 CPU 이용률이 더 이상 증가하지 않고 급격히 감소합니다. 이는 페이지 교체가 너무 빈번하게 발생해 운영체제가 디스크 입출력을 처리하는 데 대부분의 시간을 소비하기 때문입니다.

스래싱이 발생하면 CPU 이용률은 감소하고 성능은 크게 떨어집니다. 이 시점에는 운영체제가 디스크에서 페이지를 불러오는 데만 집중하고, 실질적인 프로세스 실행이 거의 이루어지지 않습니다.

스래싱을 해결하려면 프로세스와 메모리 관리 방법을 개선해야 합니다. 주요 해결 방법은 다음과 같습니다.

1. 작업 집합을 메모리에 유지해 페이지 폴트를 줄입니다. **작업 집합**(working set)이란 프로세스가 일정 시간 동안 자주 참조하는 페이지를 의미합니다. 작업 집합을 유지하면 불필요한 페이지 교체가 줄고 페이지 폴트가 감소합니다.

2. 현재 프로세스가 자주 접근하는 페이지를 기반으로 적절한 페이지 교체 정책을 적용합니다. 즉, LRU 또는 OPT 등을 사용해 불필요한 페이지 교체를 줄이면 자주 사용하는 페이지를 오래 유지해 스래싱을 방지할 수 있습니다.

3. 동시에 실행하는 프로세스 개수를 줄여 메모리 부담을 감소합니다. 시스템이 처리할 수 있는 만큼의 프로세스만 유지하면 스래싱을 방지할 수 있습니다.

4. 물리 메모리 크기가 너무 적으면 페이지 폴트가 자주 발생합니다. 물리 메모리를 추가하면 스래싱을 방지할 수 있습니다.

## 1분 퀴즈

정답 노트 p.393

**16.** 빈칸에 알맞은 단어를 넣으세요.

① _____ 은/는 프로그램 실행 시 필요한 페이지만 물리 메모리에 로드하는 방식이다.

② 페이지 폴트가 발생하면 운영체제는 _____ 에서 데이터를 읽어와 물리 메모리에 로드한다.

③ FIFO, LRU, OPT 알고리즘은 _____ 을/를 결정하는 데 사용한다.

④ _____ 은/는 페이지 폴트가 빈번하게 발생해 운영체제가 디스크 I/O에 대부분의 시간을 소모하면서 성능이 저하되는 현상이다.

**17.** 다음 설명 중 맞는 것을 <u>모두</u> 고르세요.

① LRU 알고리즘은 미래에 가장 오랫동안 사용되지 않을 페이지를 교체한다.

② 요구 페이징에서는 프로그램 실행 전 모든 페이지를 미리 메모리에 로드한다.

③ 가상 메모리는 논리 주소와 물리 주소 간 매핑을 통해 더 큰 주소 공간을 제공한다.

④ 페이지 폴트가 발생하면 운영체제는 페이지 교체를 통해 새 페이지를 물리 메모리에 로드한다.

**18.** 다음 중 가상 메모리의 주요 역할은 무엇인가요?

① 물리 메모리를 직접 관리한다.   ② 디스크의 접근 속도를 줄인다.

③ 더 큰 메모리 공간을 제공한다.   ④ CPU의 연산 속도를 향상시킨다.

19. 요구 페이징에서 페이지 폴트가 발생했을 때 프로세스가 잠시 중단되는 이유는 무엇인가요?

    ① 물리 메모리를 비우기 위해

    ② 프로그램을 재시작하기 위해

    ③ 페이지 테이블을 삭제하기 위해

    ④ 디스크에서 필요한 페이지를 읽어오기 위해

20. 페이지 교체 알고리즘 중 이론적으로 가장 효율적인 방법은 무엇인가요?

    ① FIFO          ② LFU          ③ LRU          ④ OPT

21. 다음 중 가상 메모리 시스템에서 스래싱이 발생하는 원인이 아닌 것은 무엇인가요?

    ① 물리 메모리 부족

    ② 비효율적인 페이지 교체 알고리즘 사용

    ③ 프로세스가 사용하는 작업 집합 크기 감소

    ④ 동시에 실행되는 프로세스 수가 너무 많음

## 마무리

1. **물리 메모리와 논리 메모리**

    ① 물리 메모리: 컴퓨터에 실제로 장착한 하드웨어 메모리로, RAM이 해당합니다.

    ② 논리 메모리: 프로그램을 실행할 때 CPU가 생성하는 주소 공간입니다.

    ③ 논리 메모리는 운영체제와 메모리 관리 장치(MMU)에 의해 물리 주소로 변환됩니다.

2. **메모리 할당**

    ① 프로그램 실행 시 데이터를 저장하고 작업을 처리하기 위해 메모리를 할당해야 합니다.

    ② 운영체제는 프로그램이 요청한 메모리를 적절하게 할당하고 관리합니다.

3. **정적 할당과 동적 할당**

    ① 정적 할당: 프로그램을 실행하기 전(컴파일 시점)에 메모리를 고정 크기로 할당하는 방식입니다.

    ② 동적 할당: 프로그램 실행 중(런타임)에 메모리 크기와 위치를 결정하는 방식입니다.

4. **연속 할당과 비연속 할당**

    ① 연속 할당: 프로세스의 전체 메모리 공간을 물리적 메모리의 연속한 주소 공간에 배치하는 방식입니다.

    - **고정 분할**: 메모리를 일정한 크기의 여러 파티션으로 나누고, 각 파티션을 하나의 프로세스에 할당하는 방법
    - **가변 분할**: 프로세스의 크기에 따라 메모리를 동적으로 할당하는 방법

    ② 할당 알고리즘: 프로세스가 메모리를 요청할 때 어떤 공간에 할당할지 결정하는 규칙이나 전략입니다.

    - **최초 적합**: 첫 번째로 찾은 충분히 큰 빈 공간에 할당
    - **최적 적합**: 가장 크기가 맞는(가장 작은) 빈 공간에 할당

- **최악 적합**: 가장 큰 빈 공간에 할당해 큰 공간을 나눔

③ 비연속 할당: 프로세스가 요청한 메모리를 연속하지 않은 여러 공간에 나누어 할당하는 방식입니다.

- **페이징**: 운영체제가 프로세스를 일정 크기의 블록(페이지)으로 나누어 물리 메모리(프레임)에 할당하는 방법
- **세그먼테이션**: 논리 메모리를 세그먼트 단위로 나누어 관리하는 방법

5. **가상 메모리**

① 가상 메모리: 보조 기억 장치의 일부를 확장된 메모리처럼 사용하는 기술입니다.

② 스와핑: 사용하지 않는 프로세스의 메모리 일부를 디스크로 이동해 물리 메모리의 여유 공간을 확보하는 방법입니다.

③ 요구 페이징: 가상 메모리 시스템에서 프로그램을 실행할 때 처음부터 모든 페이지를 로드하지 않고 필요한 페이지만 메모리에 적재하는 방법입니다.

④ 페이지 교체: 요구 페이징을 사용할 때 물리 메모리가 꽉 찬 경우 어떤 페이지를 제거할지 결정하는 방법입니다.

⑤ 페이지 교체 알고리즘: FIFO, LRU, OPT, LFU, Clock 등이 있습니다.

⑥ 스래싱: 페이지 폴트가 너무 자주 발생해 CPU가 실제 작업을 수행하지 못하고, 대부분의 시간을 페이지 교체에 소비하는 현상입니다.

⑦ 스래싱을 해결하는 방법: 작업 집합 유지, 페이지 교체 알고리즘 최적화, 멀티프로세스 수준 조절, 충분한 물리 메모리 확보 등이 있습니다.

# 12장
# 파일 시스템

이 장에서는 파일 시스템의 기본 개념과 작동 원리, 파일 시스템의 종류를 알아봅니다.

## 12.1

# 파일 시스템 개요

**파일 시스템**은 컴퓨터에서 데이터를 저장하고 관리하는 방법을 정의한 시스템입니다. 파일 시스템은 파일(문서, 이미지, 비디오, 프로그램 등)을 저장하며, 사용자가 파일에 쉽게 접근할 수 있도록 합니다.

파일 시스템을 이해하려면 파일 시스템을 구성하는 주요 요소를 먼저 알아야 합니다.

### 12.1.1 파일과 메타데이터

파일 시스템은 파일과 메타데이터를 저장하고 관리합니다.

- **파일**

**파일**(file)은 컴퓨터에서 데이터를 저장하고 관리하는 기본 단위입니다. 파일에는 다양한 형태의 정보를 담을 수 있으며, 다음과 같은 유형이 있습니다.

- **텍스트/문서 파일**: 일반 텍스트나 문서를 저장합니다. 예 .txt, .docx, .pdf
- **이미지 파일**: 사진이나 그림을 저장합니다. 예 .jpg, .png, .gif
- **비디오 파일**: 동영상을 저장합니다. 예 .mp4, .avi, .mkv
- **오디오 파일**: 음악이나 음성을 저장합니다. 예 .mp3, .wav, .aac
- **프로그램 파일**: 소프트웨어 실행 파일이나 소스 코드를 포함합니다. 예 .exe, .dll, .py

각 파일은 컴퓨터에서 고유한 이름과 형식을 가지는데, 이를 **파일 이름**과 **파일 확장자**라고 합니다. 예를 들어 report.pdf라는 파일이 있을 때, 파일 이름은 report, 확장자는 .pdf입니다. 확장자는 파일의 유형을 나타내며, 운영체제는 이를 기반으로 해당 파일을 처리하기 적합한 프로그램을 연결합니다. 파일 확장자는 필수 요소는 아니며 확장자 없이 파일을 만들 수도 있습니다.

파일은 컴퓨터의 보조 기억 장치(HDD, SSD, USB 드라이브 등)에 저장하고, 파일 시스템이 이를 관리합니다.

● **메타데이터**

**메타데이터**(metadata)는 파일 자체가 아닌 파일에 대한 추가 정보를 담고 있는 데이터입니다. 즉, 파일이 어떤 것인지 설명해 주는 정보라고 할 수 있습니다.

메타데이터는 다음과 같은 내용을 포함합니다.

- **사용자 ID**: 파일을 만든 사람이나 사용자 정보
- **파일 유형**: 파일의 형식(문서, 이미지, 음악 등)
- **파일 크기**: 파일이 차지하는 용량
- **저장 위치**: 파일을 저장한 경로
- **오프셋 정보**: 파일 내 데이터의 위치
- **버퍼 정보**: 데이터를 임시로 저장한 공간에 대한 정보
- **시간 정보**: 파일의 생성/수정/접근 시간

메타데이터는 파일 시스템에 파일과 별도로 저장합니다. 파일 시스템은 메타데이터를 기반으로 파일의 위치와 속성을 관리합니다. 메타데이터를 잘 활용하면 파일을 쉽게 찾고 관리할 수 있습니다.

## 12.1.2 디렉터리와 경로

디렉터리와 경로 체계를 이해하면 파일 관리와 시스템 탐색을 더욱 효율적으로 수행할 수 있습니다.

● **디렉터리**

**디렉터리**(directory)는 파일을 체계적으로 그룹화해 관리하는 논리적인 구조입니다. 디렉터리는 고유한 이름을 가지며, 내부에 파일뿐만 아니라 다른 디렉터리를 포함할 수 있습니다. 단, 디렉

터리 안에 같은 이름을 가진 하위 디렉터리는 존재할 수 없습니다. 즉, Documents 디렉터리 안에 또 다른 Documents 디렉터리는 들어갈 수 없습니다.

디렉터리는 **트리**(tree) 구조를 기반으로 계층적으로 구성됩니다. 최상위 디렉터리는 **루트 디렉터리**(root directory)로, 모든 파일과 디렉터리의 시작점입니다. 루트 디렉터리에는 여러 **하위 디렉터리**(subdirectory)와 파일을 포함할 수 있습니다. 예를 들어, 다음 그림에서 루트 디렉터리 안에 Documents, Pictures, Music이라는 하위 디렉터리가 있습니다.

그림 12-1 디렉터리의 계층 구조

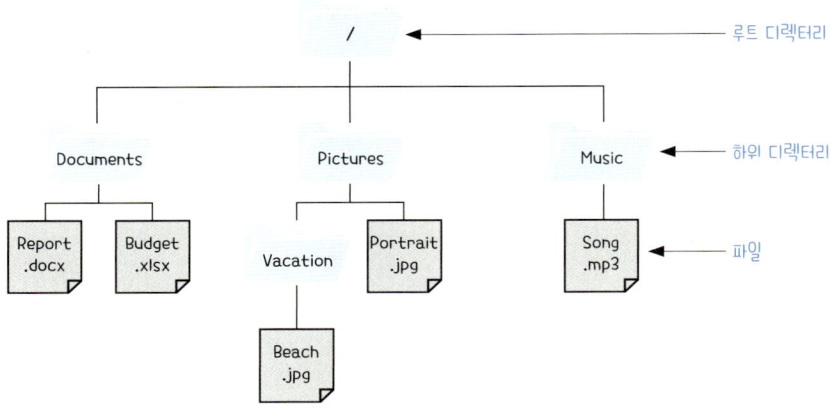

파일 시스템은 디렉터리와 파일을 계층적으로 관리합니다. 이러한 계층 구조는 사용자가 파일이나 디렉터리를 체계적으로 관리하고 필요한 데이터를 빠르게 탐색할 수 있게 합니다.

> **Note  디렉터리와 폴더**
>
> 디렉터리와 폴더는 같은 의미지만, 사용하는 상황에 따라 다르게 부릅니다.
>
> - **디렉터리(directory)**: 주로 컴퓨터 과학이나 프로그래밍에서 사용하는 용어로, 파일 시스템에서 파일이나 다른 디렉터리를 정리하는 구조를 말합니다. 디렉터리는 파일의 위치를 관리하고, 계층적으로 파일을 정리하는 데 사용합니다. 유닉스/리눅스 시스템에서는 디렉터리를 더 공식적으로 사용합니다.
> - **폴더(folder)**: 일반 사용자에게 익숙한 용어로, 윈도우에서 주로 사용합니다. 폴더는 디렉터리를 시각적으로 표현한 것으로, 사용자가 파일을 쉽게 찾고 관리할 수 있도록 도와줍니다. 폴더는 아이콘으로 표시하며, 클릭해서 열 수 있습니다.
>
> 정리하면, 디렉터리는 기술적인 용어이고, 폴더는 사용자 친화적이고 시각적인 표현입니다. 둘은 실제로 같은 기능을 하며, 파일을 정리하고 관리하는 데 사용합니다.

- **경로**

디렉터리 안 하위 디렉터리와 파일은 특정 경로를 통해 접근할 수 있습니다. 여기서 **경로**(path)는 특정 파일이나 디렉터리의 위치를 나타냅니다. 경로를 통해 사용자는 파일 시스템 내에서 원하는 데이터를 빠르게 찾을 수 있습니다.

경로는 다음과 같이 두 가지 형태로 구분합니다.

1. **절대 경로**

**절대 경로**(absolute path)는 루트 디렉터리부터 시작해 특정 파일이나 디렉터리까지의 전체 경로를 나타냅니다. 항상 고유하며, 경로의 위치를 명확히 지정합니다. 절대 경로로 파일을 열려면 루트 디렉터리에서 시작해 전체 경로를 입력해야 하므로 모든 시스템에서 동일하게 접근할 수 있습니다. 예를 들어, /home/user/Documents/Report.docx와 같은 형태입니다.

2. **상대 경로**

**상대 경로**(relative path)는 현재 디렉터리를 기준으로 파일이나 디렉터리의 위치를 지정하는 방식입니다. 현재 작업 중인 디렉터리에 따라 경로가 달라질 수 있지만, 더 짧고 간결하게 경로를 표현할 수 있습니다. 예를 들어, 현재 디렉터리가 /home/user/라면 상대 경로는 Documents/Report.docx가 됩니다.

상대 경로로 파일을 열려면 현재 작업 디렉터리를 기준으로 필요한 파일에 접근합니다. 예를 들어, cd Documents 명령을 내린 후 ls 명령으로 현재 작업 디렉터리에 포함된 파일명을 확인합니다.

경로에서 디렉터리를 구분하는 **구분자**(separator)는 운영체제에 따라 다릅니다.

- 유닉스 계열(리눅스, 맥OS): 슬래시(/) 예 /home/user/Documents
- 윈도우: 백슬래시(\) 예 C:\Users\User\Documents

### 12.1.3 파일 시스템의 주요 기능

파일 시스템은 데이터를 저장하는 기능 외에도 데이터 관리와 보호를 위한 여러 기능을 제공합니다.

1. 데이터 저장

파일 시스템은 데이터를 보조 기억 장치에 블록 단위로 나누어 저장합니다. 블록은 데이터를 저장하는 기본 단위이며, 파일의 크기에 따라 여러 블록으로 나누어 저장할 수 있습니다. 예를 들어, 1MB 크기의 파일을 4KB 블록으로 나누면 256개 블록에 나누어 저장할 수 있습니다.

파일 시스템은 보조 기억 장치의 특성에 맞춰 데이터를 효율적으로 배치해 읽기 및 쓰기 성능을 극대화합니다. 예를 들어, HDD는 헤드가 움직이는 방식이므로 파일을 연속한 블록에 저장하면 읽기 속도가 빨라집니다.

2. 데이터 검색

파일 시스템은 파일을 쉽게 찾을 수 있도록 인덱싱과 매핑 기능을 제공합니다. 파일은 파일 이름, 경로, 메타데이터를 기반으로 검색할 수 있습니다. 운영체제는 파일 시스템의 인덱스(목록)를 사용해 해당 파일을 저장한 블록 위치를 빠르게 찾아냅니다.

예를 들어, 사용자가 C:\Users\John\Documents\Report.docx 파일을 열려 합니다. 운영체제는 파일 시스템의 인덱스 정보(메타데이터 포함)를 확인해 Report.docx 파일을 저장한 블록 위치를 찾아 해당 블록을 메모리로 불러옵니다.

3. 접근 제어

파일과 디렉터리는 읽기, 쓰기, 실행 권한을 가질 수 있습니다. 이러한 권한은 사용자 또는 그룹에 따라 제한할 수 있습니다. 예를 들어, 특정 파일은 관리자만 수정할 수 있도록 설정하고, 공동 작업에서는 특정 그룹만 파일을 수정하도록 설정할 수 있습니다.

4. 보안

파일 시스템은 파일을 암호화해 데이터를 보호하고, 무단 접근을 방지합니다. 예를 들어, 윈도우의 NTFS는 파일 수준 암호화를 지원해 특정 사용자만 파일을 열 수 있도록 합니다. 리눅스 파일 시스템은 chmod와 chown 명령어를 사용해 파일 권한을 변경하고, 특정 사용자에게만 접근 권한을 부여합니다.

5. 데이터 무결성

**데이터 무결성**이란 파일이 손상되지 않고 원래 상태를 유지하는 것을 의미합니다. 파일 시스템은 데이터를 저장할 때 체크섬 또는 해시 값을 생성해 나중에 파일을 읽을 때 데이터가 변형되지 않았는지 검증합니다.

- **체크섬(checksum)**: 파일의 특정 계산값을 저장해 파일이 손상되었을 경우 이를 감지하는 방법입니다.
- **해시(hash) 값**: 파일의 고유한 데이터 서명을 저장해 변조 여부를 확인하는 방법입니다.

### 6. 데이터 복구

파일 시스템은 작업 로그를 저장해 갑작스러운 오류나 정전이 발생하더라도 데이터 손실을 최소화합니다. 이 기능을 **저널링**(journaling)이라고 합니다. 예를 들어, 파일을 수정할 때 실제 데이터를 변경하기 전에 먼저 로그(저널)에 해당 작업을 기록합니다. 작업 도중 오류가 발생하면 파일 시스템은 저널을 기반으로 복구를 시도해 데이터 손상을 방지할 수 있습니다. 대표적인 저널링 파일 시스템으로는 윈도우의 NTFS, 리눅스의 ext3와 ext4, 맥OS의 APFS와 HFS+ 등이 있습니다.

또한, 파일 시스템의 특정 시점 상태를 그대로 복사한 **스냅샷**(snapshot)을 저장해 필요할 때 복구할 수 있습니다. 윈도우의 복원 지점(system restore), 리눅스의 LVM 스냅샷, 맥OS의 타임 머신(time machine) 등이 있습니다.

### 7. 성능 최적화

파일 시스템은 성능 최적화를 위해 캐싱, 버퍼링, 디스크 조각 모음을 수행합니다.

**캐싱**은 자주 사용하는 데이터를 메모리에 저장해 접근 속도를 높이는 방법입니다. HDD나 SSD보다 RAM이 훨씬 빠르기 때문에 최근 사용한 데이터를 메모리에 저장해 두고 다시 요청할 때 빠르게 제공할 수 있습니다. 예를 들어, 자주 여는 문서 파일을 메모리에 저장하면 다음에 열 때 더 빠르게 로드됩니다.

파일을 보조 기억 장치에 저장하기 전에 먼저 메모리에서 임시로 처리하는 **버퍼링**을 사용해 성능을 높일 수 있습니다. 버퍼링을 활용하면 작은 파일을 여러 번 저장하는 대신 한 번에 모아서 저장해 효율성을 증가시킵니다. 예를 들어, 문서를 저장할 때 변경 내용을 즉시 HDD에 기록하지 않고 버퍼에 모아 두었다가 한 번에 저장합니다.

파일을 저장할 때 연속한 블록에 배치하면 디스크 조각화를 줄일 수 있습니다. **디스크 조각화**(fragmentation)는 파일이 여러 블록에 나뉘어 저장되는 현상입니다. 디스크 조각화가 발생하면 데이터를 읽는 속도가 느려질 수 있습니다. 조각화가 발생할 경우 **디스크 조각 모음**(defragmentation) 도구를 사용해 데이터를 다시 정리합니다.

파일 시스템은 단순히 파일을 저장하는 역할을 하는 것이 아니라 운영체제와 응용 프로그램이 데이터를 저장하고 접근하는 핵심 기술입니다. 운영체제는 파일 시스템을 통해 데이터 보안, 성능 최적화, 장애 복구 등을 관리할 수 있습니다.

## 1분 퀴즈

정답 노트 p.393

**01.** 다음 중 파일 시스템의 주요 역할이 <u>아닌</u> 것은 무엇인가요?

① 데이터를 저장하고 관리한다.  ② 파일의 위치와 속성을 관리한다.

③ 운영체제의 실행 속도를 높인다.  ④ 파일을 계층적으로 정리한다.

**02.** 다음 중 파일의 유형에 해당하지 <u>않는</u> 것은 무엇인가요?

① 텍스트 파일    ② 이미지 파일    ③ 하드웨어 파일    ④ 비디오 파일

**03.** 다음 중 파일 유형을 결정하는 요소는 무엇인가요?

① 파일 크기    ② 파일 확장자    ③ 파일 경로    ④ 파일 권한

**04.** 다음 중 파일에 대한 추가 정보를 담고 있는 데이터는 무엇인가요?

① 파일 이름    ② 파일 확장자    ③ 메타데이터    ④ 버퍼

**05.** 절대 경로와 상대 경로에 관한 설명으로 올바른 것은 무엇인가요?

① 절대 경로는 현재 작업 디렉터리를 기준으로 경로를 지정한다.

② 상대 경로는 루트 디렉터리부터 시작해 전체 경로를 지정한다.

③ 절대 경로는 항상 고유하며, 위치를 명확히 지정한다.

④ 상대 경로는 운영체제에 따라 다르게 동작한다.

**06.** 파일 시스템이 데이터를 저장할 때 사용하는 기본 단위는 무엇인가요?

① 블록    ② 바이트    ③ 클러스터    ④ 페이지

**07.** 파일 시스템에서 특정 파일을 찾을 때 사용하는 요소가 <u>아닌</u> 것은 무엇인가요?

① 파일 이름    ② 파일 크기    ③ 파일 경로    ④ 메타데이터

**08.** 다음 중 파일 시스템의 접근 제어 기능으로 적절한 것은 무엇인가요?

① 파일을 자동으로 백업한다.

② 파일을 압축해 저장 공간을 절약한다.

③ 디스크 조각 모음을 실행해 성능을 향상한다.

④ 특정 사용자가 파일을 읽고 쓸 수 있도록 권한을 설정한다.

**09.** 파일 시스템의 데이터 손상을 방지하고 복구하기 위한 방법이 아닌 것은 무엇인가요?

① 체크섬을 사용해 데이터 무결성을 확인한다.

② 파일을 주기적으로 삭제해 디스크 공간을 확보한다.

③ 스냅샷 기능을 활용해 특정 시점으로 데이터를 복구한다.

④ 저널링 기능을 사용해 시스템 충돌 시 데이터를 보호한다.

## 12.2 파일 시스템의 종류

파일 시스템은 다양한 운영체제와 환경에서 데이터를 저장하고 관리하기 위해 만들어졌습니다. 파일 시스템은 운영체제와 사용 목적에 따라 다르게 설계하고 고유한 구조와 특징을 가지고 있습니다. 이 절에서는 주요 파일 시스템을 살펴보겠습니다.

### 12.2.1 FAT

**FAT**(File Allocation Table)는 가장 오래된 파일 시스템으로, 구조가 단순해서 여러 운영체제와 장치에서 널리 사용합니다. FAT는 파일을 저장할 공간을 파일 할당 테이블로 관리하고, 파일을 저장한 위치와 연결된 블록 정보를 기록합니다.

FAT의 주요 버전은 다음과 같습니다.

표 12-1 FAT의 주요 버전

| 버전 | 최대 파일 크기 | 최대 드라이브 크기 | 특징 |
| --- | --- | --- | --- |
| FAT16 | 2GB | 2GB | 초기 버전, 제한적 용량 |
| FAT32 | 4GB | 2TB | USB, 메모리 카드에서 많이 사용, 4GB 이상의 파일 저장 불가 |
| exFAT | 16EB(엑사바이트) | 128PB(페타바이트) 이상 | 대용량 파일 지원, 플래시 메모리 최적화, 윈도우/맥OS/리눅스 지원 |

FAT32는 호환성이 중요한 경우 적합합니다. exFAT는 저널링 기능이 없어서 보안은 부족하지만, 대용량 파일을 저장하는 경우 유용합니다.

## 12.2.2 NTFS

**NTFS**(New Technology File System)는 마이크로소프트에서 윈도우 운영체제를 위해 개발한 파일 시스템입니다. NTFS는 최대 16EB(엑사바이트) 크기의 파일과 드라이브를 지원하며, 파일 정보와 메타데이터를 저장하는 특수한 인덱스 구조를 사용합니다. FAT보다 강력한 기능과 높은 안정성을 제공해 주로 윈도우 컴퓨터, 서버, 외장 하드 드라이브에서 사용합니다.

NTFS는 파일과 디렉터리에 세부적인 접근 권한을 설정할 수 있고, 파일을 압축해 저장 공간을 절약할 수 있습니다. 또한, 보안을 위해 파일을 암호화하며, 변경 사항을 기록해 시스템 장애 발생 시 데이터 손실을 방지합니다.

그러나 다른 운영체제(맥OS, 리눅스)와의 호환성이 제한적이라서 일부 기능을 사용하려면 외부 소프트웨어가 필요합니다. USB 드라이브와 플래시 메모리에서는 exFAT보다 덜 최적화되며, 저널링 기능 때문에 작은 파일을 자주 변경하는 작업에서는 속도가 느릴 수 있습니다.

## 12.2.3 ext

**ext**(Extended File System)는 리눅스 운영체제를 위해 설계한 파일 시스템으로, 파일 크기와 디스크 크기에 대한 제한이 적어 대용량 저장 장치에서도 안정적으로 작동합니다.

ext는 지속적인 발전을 거쳐 더 효율적이고 안정적인 버전으로 개선되었습니다. ext의 버전별 특징은 다음과 같습니다.

표 12-2 ext의 주요 버전

| 버전 | 특징 |
| --- | --- |
| ext2 | 초기 버전, 저널링 기능 없음, 비교적 빠르지만 데이터 보호 기능 부족 |
| ext3 | 저널링 기능 추가, 시스템 충돌 후 빠른 복구 가능, 안정성 증가 |
| ext4 | 대용량 파일과 드라이브 지원(최대 16TB 파일, 1EB 드라이브), 성능 최적화(지연 할당) |

**TIP** — **지연 할당**(delayed allocation)은 데이터를 한 번에 저장해 성능을 향상시키는 기술입니다.

ext는 FAT32보다 성능이 뛰어나고, NTFS와 비교해도 빠르고 안정적입니다. 리눅스와 완벽하게 통합되어 서버나 데이터베이스에서 많이 사용합니다. 윈도우에서는 지원하지 않으며 사용하려면 추가 소프트웨어가 필요합니다.

## 12.2.4 HFS와 APFS

**HFS**(Hierarchical File System)는 맥OS에서 사용하던 오래된 파일 시스템입니다. HDD에 최적화되어 SSD와 같은 최신 보조 기억 장치의 성능을 충분히 활용하지 못하고, 스냅샷 같은 보안 기능이 부족합니다. 그래서 APFS로 대체되었습니다.

**APFS**(Apple File System)는 최신 맥OS, iOS 장치(iPhone, iPad)에서 사용하는 파일 시스템입니다. SSD에 최적화되어 빠른 속도를 제공합니다. 스냅샷 기능을 지원해 특정 시점의 데이터를 빠르게 복구할 수 있습니다. 또한, 파일을 복제할 때 저장 공간을 최소화해 더 빠르고 효율적으로 작동합니다. 파일 단위 또는 전체 디스크 암호화를 지원해 보안을 강화했습니다. 하지만 다른 운영체제(윈도우, 리눅스)와의 호환성이 부족해 애플 기기에서만 사용합니다.

### 1분 퀴즈

정답 노트 p.393

**10.** FAT 파일 시스템에서 데이터를 저장할 공간을 관리하는 테이블을 무엇이라고 하나요?

① 파일 할당 테이블　　② 마스터 파일 테이블
③ 저널링　　　　　　　④ 블록 맵

**11.** 다음 중 저널링 기능이 <u>없는</u> 파일 시스템은 무엇인가요?

① NTFS　　② ext3　　③ ext4　　④ exFAT

**12.** FAT32 파일 시스템에서 지원하는 최대 파일 크기는 얼마인가요?

① 2GB　　② 4GB　　③ 16GB　　④ 32GB

**13.** 리눅스 운영체제를 위해 설계하고, 대용량 저장 장치를 지원하며 지연 할당 기술을 사용하는 파일 시스템은 무엇인가요?

① ext2　　② ext3　　③ ext4　　④ NTFS

**14.** 다음 중 윈도우에서 기본으로 지원하지 <u>않는</u> 파일 시스템은 무엇인가요?

① NTFS　　② exFAT　　③ FAT32　　④ ext4

**15.** 파일 시스템이 갑작스러운 오류나 정전 발생 시 데이터 손실을 방지하기 위해 변경 사항을 기록하는 기능은 무엇인가요?

① 캐싱　　② 버퍼링　　③ 저널링　　④ 조각 모음

16. exFAT 파일 시스템의 장점으로 올바른 것은 무엇인가요?

   ① 저널링 기능이 강력하다.　　② 대용량 파일 저장을 지원한다.

   ③ 리눅스에서만 사용 가능하다.　　④ 파일 크기 제한이 4GB이다.

17. FAT32 파일 시스템의 특징이 <u>아닌</u> 것은 무엇인가요?

   ① 저널링 기능이 있다.

   ② 최대 4GB 크기의 파일을 저장할 수 있다.

   ③ 데이터 조각화가 발생할 가능성이 있다.

   ④ 윈도우, 맥OS, 리눅스에서 사용할 수 있다.

18. NTFS 파일 시스템의 특징으로 적절하지 <u>않은</u> 것은 무엇인가요?

   ① 파일 시스템 복구를 위해 로그를 기록한다.

   ② 데이터 압축 및 암호화가 가능하다.

   ③ 모든 운영체제에서 기본 파일 시스템으로 사용한다.

   ④ 파일 및 디렉터리에 세부적인 권한 관리가 가능하다.

# 12.3 파일 시스템의 구조

파일 시스템은 데이터를 저장하고 관리하는 데 중요한 역할을 합니다. 이 절에서는 파일 시스템의 내부 구조와 데이터 저장 방식을 살펴보겠습니다.

### 12.3.1 파일 시스템의 저장 구조

파일 시스템은 데이터를 효율적으로 저장하고 관리하기 위해 여러 단계로 나뉩니다.

**1. 디스크**

**디스크**(disk)는 HDD, SSD와 같은 물리적 저장 장치로, 파일 시스템이 데이터를 저장하는 기본 장치입니다. 디스크의 성능이 파일 시스템 성능에 영향을 줍니다.

**2. 파티션**

**파티션**(partition)은 하나의 디스크를 여러 개의 독립적인 영역으로 나누는 것으로, 파티션마다 별도의 파일 시스템을 가질 수 있습니다. 예를 들어, 운영체제용 파티션과 데이터 저장용 파티션을 따로 구성할 수 있습니다.

**3. 볼륨**

**볼륨**(volume)은 파일 시스템을 적용한 논리적 저장 공간입니다. 하나의 파티션이 하나의 볼륨이 될 수도 있지만, 여러 파티션을 묶어 하나의 볼륨을 구성할 수도 있습니다. 즉, 물리적 파티션과 논리적 볼륨이 항상 일치하지는 않습니다. 또한, 볼륨에 이름(C:, D:와 같은 드라이브 문자)을 부여하면 운영체제는 이를 **드라이브**(drive)로 인식합니다.

### 4. 파일 시스템

**파일 시스템**(file system)은 볼륨 내에서 데이터를 저장하고 관리하는 구조로, 데이터를 파일과 디렉터리 형태로 구성합니다. NTFS, ext4 등 다양한 파일 시스템이 존재합니다.

### 5. 디렉터리

**디렉터리**(directory)는 파일을 그룹화해 정리하는 구조입니다. 다른 디렉터리를 포함할 수 있으며, 트리 구조를 형성해 파일을 관리합니다.

### 6. 파일

**파일**(file)은 데이터를 저장하는 기본 단위로, 텍스트, 이미지, 비디오 등 다양한 형식이 있습니다. 파일은 파일 이름, 크기, 생성일 등 메타데이터를 포함합니다.

### 7. 블록

**블록**(block)은 파일 시스템에서 데이터를 저장하는 물리적 기본 단위입니다. 일반적으로 4KB, 8KB 등 고정 크기를 사용해 데이터를 저장합니다.

### 8. 데이터 블록

**데이터 블록**(data block)은 실제 데이터를 저장하는 블록입니다. 파일 크기에 따라 여러 데이터 블록을 사용할 수 있습니다. 데이터 블록에서 사용자가 요청한 데이터를 저장하고 제공합니다.

파일 시스템은 이처럼 여러 단계 구성되며, 각 단계가 특정 역할을 담당합니다.

상위 계층은 디스크, 파티션, 볼륨을 관리하는 부분으로, 데이터를 물리적으로 저장하는 장치(HDD, SSD 등)의 공간을 관리합니다. 파일 시스템을 운영하고, 저장 공간을 논리적으로 분할해 정리하며, 운영체제가 데이터를 어디에 저장할지 결정하고, 파일을 효율적으로 배치합니다.

하위 계층은 파일과 디렉터리를 관리하는 부분으로, 파일을 저장하고 이름을 부여하며 크기, 위치, 속성 등의 정보를 관리합니다. 또한, 파일을 읽고 쓰는 기능을 제공하며 파일 간 관계를 정리해 사용자가 파일을 쉽게 찾고, 관리할 수 있도록 계층적 구조를 제공합니다. 이러한 구조 덕분에 데이터를 쉽게 저장하고 검색할 수 있습니다.

그림 12-2 파일 시스템의 저장 구조

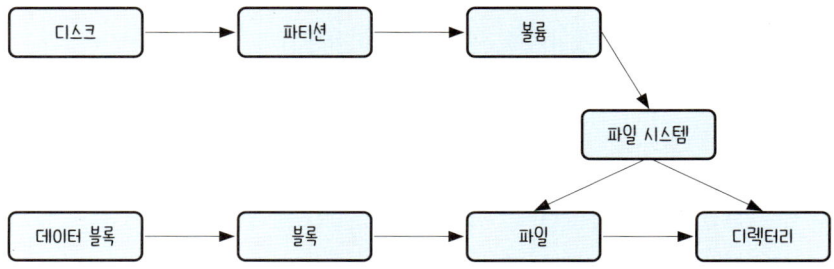

## 12.3.2 물리적 저장소와 논리적 구조

파일 시스템은 물리적 저장소(HDD, SSD 등)에 데이터를 저장하지만, 사용자는 논리적 구조 (파일과 디렉터리)를 통해 데이터를 쉽게 찾고 관리할 수 있도록 합니다.

**물리적 저장소**는 데이터를 실제로 저장하는 하드웨어 장치입니다. 데이터는 전원이 꺼져도 사라지지 않으며, 물리적 주소로 접근할 수 있습니다.

- **HDD**: 디스크에 섹터 단위로 데이터 기록(회전하는 디스크)
- **SSD**: 플래시 메모리에 블록 단위로 데이터 저장

**논리적 구조**는 사용자가 데이터를 쉽게 탐색하고 관리할 수 있도록 설계한 가상의 구조입니다. 파일과 디렉터리를 계층적으로 구성해 트리 형태로 표현합니다. 다음 그림은 C:\Music\Song.mp3의 논리적 구조를 보여 줍니다. 파일이 실제로 어디에 저장되었는지 신경 쓰지 않아도 논리적 구조의 경로를 통해 쉽게 접근할 수 있습니다.

그림 12-3 논리적 구조의 예

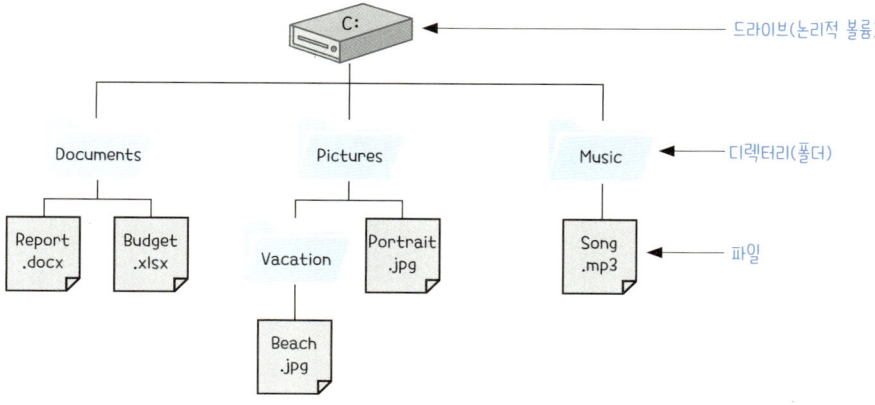

사용자가 논리적 주소(파일 경로)로 파일을 요청하면 운영체제가 이를 물리적 주소(블록 위치)로 변환하는 과정을 수행합니다. 예를 들어, 사용자가 Song.mp3 파일을 열면 운영체제가 이 파일이 저장된 물리적 블록을 찾아 데이터를 불러옵니다. 여기서 파일 시스템은 논리적 구조를 참조해 해당 파일의 실제 저장 위치를 찾아내는 역할을 합니다.

### 12.3.3 데이터 블록과 인덱스 구조

● **데이터 블록이란**

**데이터 블록**은 파일 데이터를 실제로 저장하는 기본 단위입니다. 블록 크기는 파일 시스템마다 다르며, 일반적으로 4KB, 8KB, 16KB 등으로 설정합니다.

파일 시스템은 어떤 블록이 사용 중이고, 어떤 블록이 비어 있는지를 추적해야 합니다. 이를 위해 다음 두 방법을 사용합니다.

- **비트맵(bitmap)**: 각 블록의 상태를 0 또는 1로 저장해 관리하는 방법입니다. 0은 빈 블록(사용 가능)이고 1은 사용 중인 블록입니다. 빠르게 블록 상태를 확인할 수 있지만, 블록이 많아질수록 비트맵 크기가 커질 수 있습니다.
- **빈 블록 리스트(free block list)**: 사용 가능한 블록 목록을 따로 저장해 관리하는 방법입니다. 파일 시스템이 새로운 데이터를 저장할 때 빈 블록 리스트에서 사용 가능한 블록을 할당합니다. 필요한 블록을 쉽게 할당할 수 있지만, 관리해야 할 리스트가 커질 수 있습니다.

● **데이터 블록 할당 방식**

데이터 블록 할당 방식은 파일을 저장할 데이터 블록을 어떻게 선택하고 관리하는지를 정의합니다. 일반적인 할당 방식에는 연속 할당, 연결 할당, 인덱스 할당 등이 있습니다.

**1. 연속 할당**

**연속 할당**(contiguous allocation)은 파일 데이터를 디스크의 연속한 블록에 저장하는 방식입니다. 이 방식은 파일을 저장할 때 필요한 크기만큼 연속 공간을 미리 확보합니다. 예를 들어, 100MB의 파일을 저장하려면 100MB의 연속 공간을 미리 할당합니다.

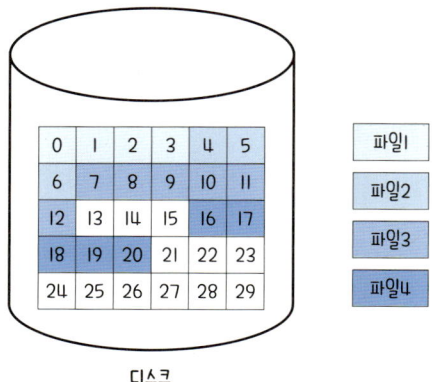

그림 12-4 연속 할당 방식

이렇게 하면 파일을 읽고 쓸 때 디스크 헤드가 순차적으로 이동하므로 접근 속도가 매우 빠릅니다. 파일의 시작 위치(블록 번호)와 크기만 저장하면 되므로 파일 관리가 간단하고, 헤드 이동을 최소화해 성능을 향상합니다. HDD에서 특히 유리한 방식입니다.

하지만 새로운 파일을 저장하려고 할 때 기존 파일이 삭제되어 비어 있는 공간이 중간중간 생기면 큰 파일을 저장할 공간이 부족할 수 있습니다. 조각화가 심해지면 디스크 공간을 비효율적으로 사용하게 됩니다. 파일이 커지면 기존에 할당한 연속 공간이 부족할 경우 파일을 다른 큰 공간으로 옮겨야 합니다. 이 과정에서 파일 이동(재배치) 시간을 추가로 소요합니다.

예를 들어, 디스크에 10MB, 20MB, 30MB 크기의 파일을 연속해서 저장합니다. 중간에 20MB 파일을 삭제하면 빈 공간(조각화)이 발생합니다. 새 파일(25MB)을 저장하려 하면 연속한 25MB 공간이 없어서 저장할 수 없습니다. 이럴 땐 디스크 조각 모음을 실행해 데이터를 다시 정리해야 합니다.

### 2. 연결 할당

**연결 할당**(linked allocation)은 파일 데이터를 연속 공간이 아닌 임의 블록에 저장하고 각 블록에 다음 블록의 주소를 포함하는 방식입니다. 즉, 파일이 디스크의 여러 곳에 흩어져 있어도 블록 간 연결 정보를 통해 데이터를 찾을 수 있는 구조입니다. 파일의 첫 번째 블록 주소만 알고 있으면 이후 블록들을 따라가면서 데이터를 읽을 수 있습니다. 이를 포인터(다음 블록의 위치)가 포함된 연결 리스트 방식으로 관리합니다.

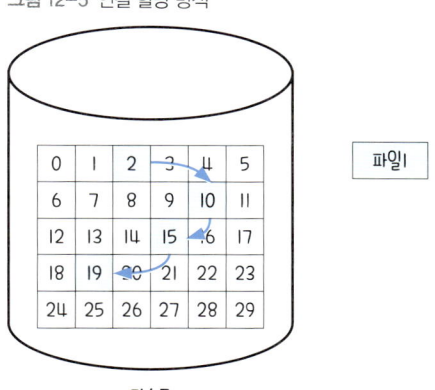

그림 12-5 연결 할당 방식

연결 할당은 파일을 저장할 때 디스크의 빈 블록 아무 곳이나 사용할 수 있어서 조각화 문제를 최소화할 수 있습니다. 새로운 블록을 쉽게 추가할 수 있어 파일 크기 증가에 유연하게 대응할 수 있으며 빈 공간을 효율적으로 사용할 수 있어 디스크 활용도가 높습니다.

그러나 각 블록에 파일 데이터뿐만 아니라 다음 블록의 주소를 저장할 공간이 필요하고, 포인터 크기(4바이트, 8바이트 등)가 커질수록 디스크 공간에 낭비가 발생할 수 있습니다. 만약 포인터 정보가 깨지면 해당 블록 이후의 데이터를 찾을 수 없어 파일이 손상될 위험도 있습니다. 또한, 특정 데이터 블록에 바로 접근할 수 없고, 처음부터 순차적으로 탐색해야 합니다. 예를 들어 파일의 100번째 블록을 읽으려면 1번 블록부터 차례로 따라가야 하므로 비효율적입니다.

### 3. 인덱스 할당

**인덱스 할당**(indexed allocation)은 파일을 구성하는 모든 데이터 블록의 주소를 별도의 **인덱스 블록**(index block)에 저장하는 방식입니다. 이 방식은 파일마다 인덱스 블록을 하나씩 생성해 파일을 저장한 모든 데이터 블록의 위치(주소)를 저장합니다. 파일의 첫 번째 블록을 찾을 필요 없이 인덱스 블록만 보면 전체 파일의 구조를 확인할 수 있습니다.

인덱스 할당은 데이터 블록이 디스크 전체에 흩어져 있어도 인덱스 블록을 사용해 원하는 블록에 바로 접근할 수 있습니다. 연속 공간이 없어도 저장할 수 있어서 조각화가 발생하지 않습니다. 또한, 새로운 데이터가 추가되면 인덱스 블록에 새로운 블록의 주소만 추가하면 되기 때문에 파일을 확장하기가 쉽습니다.

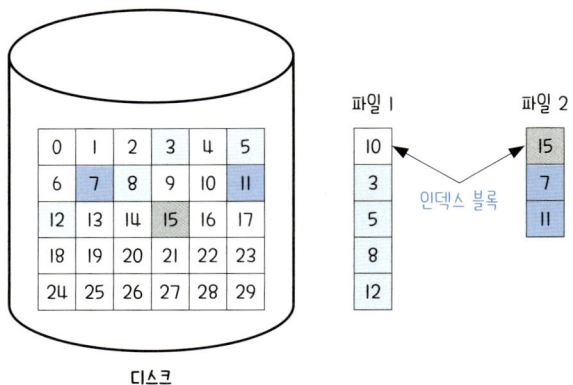

그림 12-6 인덱스 할당 방식

그러나 데이터 블록 외에 추가로 인덱스 블록을 저장하고 관리해야 하는 부담이 생깁니다. 작은 파일이 많을 경우 인덱스 블록의 공간 낭비가 발생할 수도 있습니다. 반대로 인덱스 블록이 한정된 크기일 경우 파일 크기가 일정 수준 이상 커지면 인덱스 블록이 추가로 필요합니다.

이외에도 데이터 블록을 다단계 인덱스로 관리하는 **멀티레벨 인덱스 할당**(multi-level indexed allocation), 파일을 연속된 블록 묶음(extent)으로 저장하는 **확장 할당**(extent allocation) 방식이 있습니다.

● **인덱스 구조**

인덱스 구조는 파일의 데이터 블록에 대한 정보를 저장하는 방법을 정의합니다. 즉, 데이터 블록 할당 방식에 따라 저장한 데이터를 찾는 방법을 제공합니다. 인덱스 구조를 사용하면 전체 데이터를 순차적으로 검색하지 않고도, 원하는 파일이나 데이터 블록을 빠르게 찾을 수 있습니다.

인덱스 구조는 데이터 블록 할당 방식에 따라 다르게 설계할 수 있습니다. 예를 들어, 인덱스 할당 방식에서는 인덱스 블록이 데이터 블록의 주소를 직접 저장하므로 파일 크기와 관계없이 빠르게 접근할 수 있습니다.

대표적인 인덱스 구조로 FAT, 아이노드, B-트리가 있습니다.

**1. FAT**

**FAT**(File Allocation Table)는 파일의 데이터 블록이 연속해서 저장되지 않을 때 이를 관리하기 위한 테이블입니다. FAT는 각 블록의 상태와 다음 블록의 위치를 기록합니다. 예를 들어, 파일의 첫 번째 블록이 FAT의 5번 위치에 저장되어 있다면 FAT의 5번 위치에는 다음 블록의 위치(예 7번)가 기록됩니다. 이렇게 연결된 블록들로 파일을 구성하므로 특정 블록에 접근하려면 처음부터 순차적으로 검색해야 해서 접근 속도가 느립니다. FAT는 간단하고 구현이 쉬워서 플래시 드라이브와 같은 소형 저장 장치에서 많이 사용합니다.

## 2. 아이노드

**아이노드**(inode)는 유닉스 및 리눅스 기반 파일 시스템에서 사용되는 데이터 구조로, 파일의 메타데이터와 데이터 블록 정보를 저장합니다. 각 파일은 고유한 아이노드 번호를 가지며, 이 번호를 통해 해당 파일의 메타데이터에 접근할 수 있습니다. 메타데이터는 아이노드 블록에 저장되며, 이 블록은 파일 시스템의 특정 영역에 위치합니다. 데이터 블록의 위치는 아이노드가 가리키는 블록 번호로 저장됩니다. 아이노드만 확인하면 특정 파일을 저장한 블록 위치를 바로 찾을 수 있어 접근 속도가 빠릅니다. 랜덤 접근이 가능하므로 대형 파일을 관리하는 데 유용합니다.

그림 12-7 아이노드 구조

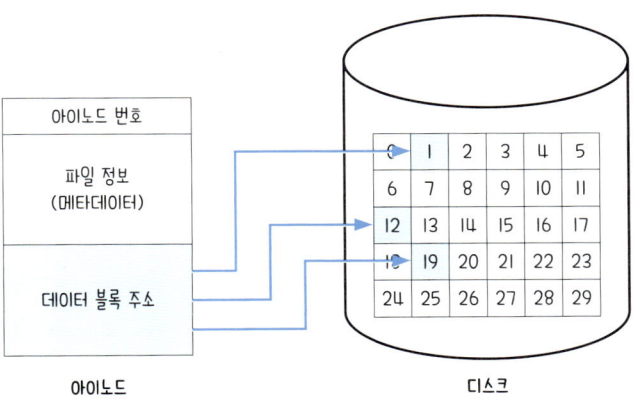

## 3. B-트리

**B-트리**(B-Tree)는 균형 잡힌 트리 구조로, 각 노드는 여러 개의 키(값)와 자식 노드(포인터)를 가질 수 있습니다. 데이터를 정렬한 상태로 저장하며 검색, 삽입, 삭제가 빠릅니다. 파일 위치를 트리 구조로 저장해 데이터가 많아도 성능이 급격히 저하되지 않습니다. 대량의 데이터 관리가 필요한 파일 시스템(NTFS, APFS)에서 주로 사용합니다.

그림 12-8 B-트리 구조

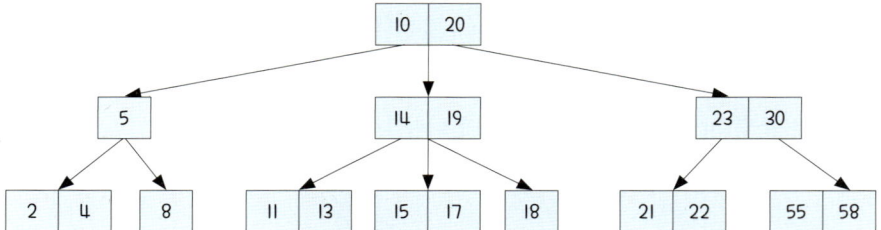

## 1분 퀴즈

정답 노트 p.394

**19.** 다음 중 파일을 저장하는 가장 작은 단위는 무엇인가요?

① 파티션　　② 디렉터리　　③ 블록　　④ 볼륨

**20.** 파일을 그룹화해 관리하고 트리 구조를 형성하는 요소는 무엇인가요?

① 파일　　② 디렉터리　　③ 블록　　④ 데이터 블록

**21.** 파일을 디스크의 연속한 블록에 저장하는 방식은 무엇인가요?

① 연속 할당　　② 연결 할당　　③ 인덱스 할당　　④ 멀티레벨 인덱스 할당

**22.** 연결 할당 방식의 특징으로 올바른 것은 무엇인가요?

① 랜덤 접근이 빠르며, 대형 파일 처리에 적합하다.

② 파일의 블록 위치 정보를 인덱스 블록에 저장한다.

③ 파일이 크면 자동으로 연속된 공간을 확장할 수 있다.

④ 파일 크기를 쉽게 변경할 수 있지만, 포인터 오버헤드가 발생한다.

**23.** 인덱스 할당 방식에 대한 설명으로 올바른 것은 무엇인가요?

① 연속된 블록을 할당하며, 큰 파일 저장 시 유리하다.

② 데이터 블록을 순차적으로 연결해 저장하는 방식이다.

③ 조각화 문제를 해결할 수 없고, 랜덤 접근 속도가 느리다.

④ 파일이 저장된 모든 블록의 위치를 인덱스 블록에 저장한다.

**24. FAT에 대한 설명으로 올바른 것은 무엇인가요?**

① 트리 구조를 사용해 검색 속도를 최적화한다.

② 블록 간 연결 정보를 저장하는 테이블 방식이다.

③ 주로 대형 데이터베이스 관리 시스템에서 사용된다.

④ 파일 시스템의 메타데이터만 저장하며, 데이터 블록 정보를 포함하지 않는다.

**25. 아이노드 방식의 장점으로 올바른 것은 무엇인가요?**

① 파일의 시작 블록만 알면 데이터를 순차적으로 읽을 수 있다.

② FAT보다 구조가 단순하고 플래시 드라이브에서 많이 사용한다.

③ 파일 크기와 관계없이 일정한 크기의 인덱스 블록을 유지할 수 있다.

④ 파일의 메타데이터와 블록 정보를 저장하며, 랜덤 접근 속도가 빠르다.

**26. 다음 설명이 맞으면 O, 틀리면 X를 괄호 안에 넣으세요.**

① (    ) 볼륨은 하나의 파티션만 포함할 수 있다.

② (    ) 논리적 구조는 사용자가 데이터를 쉽게 탐색하고 관리할 수 있도록 설계된 가상의 구조다.

③ (    ) 비트맵 방식은 각 블록의 상태를 0과 1로 저장해 빠르게 블록 상태를 확인할 수 있다.

④ (    ) 연결 할당은 포인터를 사용해 블록을 연결하며, 랜덤 접근 속도가 빠르다.

⑤ (    ) B-트리는 대량의 데이터를 효율적으로 검색하는 데 사용하며, NTFS와 같은 최신 파일 시스템에서 활용한다.

## 12.4 파일 시스템의 작동 원리

파일 시스템은 데이터를 효율적으로 저장, 검색, 보호, 최적화하기 위해 다양한 메커니즘을 사용하며, 안정적이고 신뢰성 있는 데이터 관리를 제공합니다.

파일 시스템은 파일을 읽고 쓰는 과정에서 데이터를 효율적으로 배치하고 검색하는 역할을 합니다. 이를 위해 메타데이터 관리, 데이터 블록 할당 방식, 읽기/쓰기 최적화 기술 등을 활용합니다.

### 12.4.1 파일 읽기 및 쓰기 과정

파일 시스템은 파일을 디스크에 저장하고, 필요할 때 빠르게 검색하는 기능을 수행합니다. 파일을 읽고 쓰는 과정은 파일 시스템이 데이터를 다루는 가장 기본적인 작업입니다.

- **파일 읽기**

파일 시스템에서 읽기는 일반적으로 다음과 같은 단계로 이루어집니다.

1. **파일 접근 요청**: 사용자가 파일을 열면 운영체제가 파일 시스템에 요청을 보냅니다. 요청에는 파일 이름 또는 파일 경로가 포함됩니다.
2. **메타데이터 참조**: 파일 시스템이 메타데이터에서 해당 파일이 저장된 위치를 찾습니다.
3. **데이터 블록 식별**: 파일이 저장된 블록의 물리적 위치를 확인합니다.
4. **디스크에서 데이터 읽기**: 디스크에서 해당 블록을 읽어옵니다.
5. **데이터 전달**: 읽어온 데이터를 요청한 사용자 프로그램에 전달합니다.

## ● 파일 쓰기

파일 저장 과정은 사용자가 파일을 만들거나 데이터를 저장할 때 일어납니다. 이 과정은 다음과 같은 단계로 나눌 수 있습니다.

1. **파일 생성 요청**: 사용자가 파일을 생성하면 운영체제가 파일 시스템에 파일 생성 요청을 보냅니다.

2. **빈 블록 할당**: 파일 시스템은 디스크에서 빈 블록을 찾아 파일 크기에 맞게 할당합니다.

3. **메타데이터 생성**: 파일 이름, 크기, 생성 날짜와 같은 정보를 포함하는 메타데이터를 생성합니다.

4. **블록 매핑**: 아이노드 또는 디렉터리 엔트리를 사용해 파일과 데이터 블록을 연결합니다.

5. **데이터 기록**: 파일 데이터를 블록에 저장합니다. 저장을 완료하면 이를 사용자에게 알립니다.

TIP — **디렉터리 엔트리**(directory entry)는 파일 시스템에서 디렉터리 내에 있는 파일이나 하위 디렉터리에 대한 정보를 저장하는 데이터 구조입니다. 즉, 각 파일이나 하위 디렉터리에 대한 메타데이터를 포함합니다.

## ● 파일 읽기 및 쓰기 최적화

파일 시스템은 디스크 접근 속도를 높이고, 쓰기 성능을 향상하기 위해 다양한 최적화 기술을 사용합니다. 다음 기술은 파일을 읽을 때 디스크 접근을 최소화할 수 있습니다.

- **프리페칭**(pre-fetching): 파일을 읽을 때 연속한 데이터 블록을 미리 읽어와 속도를 향상합니다.
- **캐싱**: 자주 사용하는 데이터를 메모리에 저장해 디스크에 반복해서 접근하는 일을 줄입니다.

다음 기술은 데이터를 저장할 때 쓰기 작업을 효율적으로 수행해 시스템의 전반적인 성능을 개선하고, 디스크의 수명을 늘리고 응답 속도를 높입니다.

- **버퍼링**: 데이터를 메모리의 버퍼에 임시로 저장한 후 모아서 한 번에 디스크에 저장합니다. 이렇게 하면 여러 쓰기 작업을 한 번에 수행할 수 있어 디스크 접근 횟수를 줄이고 성능을 향상할 수 있습니다.
- **쓰기 집합**(write coalescing): 여러 개의 작은 쓰기 작업을 하나의 큰 쓰기 작업으로 합쳐서 디스크에 저장합니다. 이 방법은 디스크의 물리적 이동을 줄여 성능을 개선합니다.

- **비동기 쓰기**(asynchronous writing): 쓰기 작업을 비동기적으로 처리해 프로그램이 쓰기 작업을 기다리지 않고 다른 작업을 수행할 수 있도록 합니다.

### 12.4.2 파일 조각화와 최적화

**파일 조각화**는 파일이 디스크에 연속해서 저장되지 않고 여러 위치에 나뉘어 저장되는 현상입니다. 조각화가 발생하면 디스크 접근 속도가 느려지고, 성능 저하 및 하드웨어 마모가 발생할 수 있습니다.

파일 조각화가 일어나는 원인은 다음과 같습니다.

- **빈 공간 부족**: 여러 작은 파일이 삭제되면서 빈 공간이 조각조각 나뉩니다.
- **파일 크기 증가**: 저장한 파일의 크기가 커지면 기존 위치에 더 많은 공간을 확보하지 못해 파일 일부가 다른 블록에 저장됩니다.
- **동적 저장**: 파일 시스템이 데이터를 연속해서 저장하지 않고 빠르게 빈 블록을 할당하는 경우에 조각화가 발생합니다.

파일 조각화가 발생하면 HDD에서는 디스크 헤드가 여러 위치를 이동해야 하므로 파일 접근 속도가 느려집니다. 디스크 헤드의 빈번한 이동은 하드웨어 마모를 일으킵니다. 또한, 디스크 입출력 부하가 증가해 시스템 성능을 저하시킬 수 있습니다.

파일 조각화를 해결하는 방법은 다음과 같습니다.

- **디스크 조각 모음**: 조각화가 발생한 파일 블록을 재배열해 연속한 블록으로 정리하는 방식입니다. 조각화를 제거하면 파일 접근 속도가 빨라집니다. HDD에서는 유용하지만, SSD에서는 불필요한 쓰기 작업을 증가시켜 수명을 단축할 수 있으므로 권장하지 않습니다.
- **지연 할당**: 파일을 저장할 때 즉시 블록을 할당하지 않고, 최적의 공간을 찾아 할당하는 방식입니다. 파일 시스템이 데이터를 임시 메모리에 보관하다가 최적의 위치를 찾으면 한 번에 저장합니다. ext4, XFS와 같은 최신 파일 시스템에서 주로 사용합니다.

파일 조각화를 사전에 방지하는 방법도 있습니다.

- **정적 디스크 파티션**: 서로 다른 용도의 데이터를 별도의 파티션에 저장해 조각화를 줄입니다.

- **동적 크기 조정**: 데이터 확장이 빈번한 파일에는 미리 여유 공간을 할당해 데이터를 확장할 때 조각화를 줄입니다.
- **SSD 사용**: SSD는 조각화의 영향을 거의 받지 않으며, 랜덤 접근 속도가 빠릅니다.
- **효율적인 파일 시스템**: ext4, NTFS, APFS 등 최신 파일 시스템은 조각화를 방지하는 최적화된 공간 할당 알고리즘을 사용합니다.

### 12.4.3 저널링 및 데이터 복구

파일 시스템은 데이터를 안전하게 저장하고, 시스템 장애가 발생했을 때 데이터를 보호하기 위해 저널링과 데이터 복구 기능을 제공합니다.

● **저널링**

**저널링**(journaling)은 시스템 장애 시 파일 시스템의 일관성과 무결성을 보장하기 위해 변경 사항을 기록하는 기술입니다.

저널링의 작동 방식은 다음과 같습니다.

1 파일 시스템이 데이터 변경 작업을 수행하기 전에 저널(로그)에 변경 내용을 기록합니다.
2 기록을 완료하면 실제 데이터 블록을 갱신합니다.
3 시스템 장애가 발생하면 저널을 참조해 변경 작업을 복구하거나 취소합니다.

저널은 다음과 같은 정보를 포함합니다.

- 어떤 작업이 이루어졌는지(파일 생성, 삭제, 수정)
- 어느 블록을 수정할지(변경할 데이터의 위치)
- 변경을 완료했는지(작업의 순서와 상태)

대표적인 저널링 파일 시스템은 다음과 같습니다.

1. **NTFS**: 윈도우에서 사용하는 파일 시스템으로, 트랜잭션 단위로 변경 사항을 기록하고 관리합니다. **트랜잭션**(transaction)이란 파일 시스템에서 수행하는 작업을 하나의 단위로 묶은 것입니다.

2. **ext3/ext4**: 리눅스에서 사용하는 파일 시스템으로, 3가지 모드를 제공합니다.

    - **저널링 모드(journal mode)**: 모든 데이터와 메타데이터를 저널에 기록한 후 실제 디스크에 기록합니다. 데이터의 무결성을 가장 잘 보장하지만, 성능이 저하될 수 있습니다.

    - **메타데이터 저널링 모드(ordered mode)**: 메타데이터만 저널에 기록하고, 데이터 블록은 직접 디스크에 저장합니다. 데이터를 메타데이터보다 먼저 저장하도록 보장해 데이터 무결성을 유지합니다. 성능은 저널링 모드보다 더 좋습니다.

    - **메타데이터 모드(writeback mode)**: 메타데이터만 저널에 기록하고, 데이터 블록은 비동기적으로 디스크에 저장합니다. 이때 순서는 보장하지 않습니다. 이 모드는 성능은 우수하지만, 데이터 무결성에 대한 보장이 가장 낮고 데이터가 손실될 위험이 있습니다.

3. **APFS**: 애플에서 개발한 파일 시스템으로, 다음과 같은 특징이 있습니다.

    - **메타데이터 저널링**: 파일 시스템의 메타데이터 변경 사항을 저널에 기록하는 방식으로 시스템 충돌이나 전원 손실 시 데이터 손실을 방지합니다.

    - **스냅샷 기능 제공**: 스냅샷 기능을 제공해 특정 시점의 파일 시스템 상태를 기록할 수 있습니다. 데이터 복구 및 버전 관리가 용이합니다.

    - **트랜잭션 기반 파일 시스템**: 여러 작업을 원자적으로 처리해 데이터 무결성을 보장합니다. **원자적**이란 트랜잭션 내 모든 작업이 성공해야만 완료하고, 하나라도 실패하면 모든 작업이 취소되어 이전 상태로 돌아가는 것을 의미합니다.

● **데이터 복구**

**데이터 복구**란 시스템 장애, 파일 시스템 손상, 데이터 손실 등이 발생했을 때 데이터를 복원하고 무결성을 유지하는 과정입니다. 파일 시스템이 자동으로 손상된 디렉터리 구조를 복구하거나 고아 블록(연결되지 않은 데이터)을 찾아 원래 위치로 복구합니다.

파일 시스템에서 사용하는 데이터 복구 기술은 다음과 같습니다.

1. **fsck**

**fsck**(File System Check)는 유닉스/리눅스 시스템에서 파일 시스템의 무결성을 검사하고 손상된 파일 시스템을 복구하는 데 사용하는 도구로, 다양한 파일 시스템 유형을 지원합니다.

fsck는 다음과 같은 명령어 형태로 파일 시스템을 검사하고 복구합니다.

```
fsck [옵션] [파일_시스템]
```

[파일_시스템]은 검사할 파일 시스템 장치의 파일 경로입니다. 예를 들어, /dev/sda1과 같은 경로를 입력합니다. [옵션]은 파일 시스템을 검사할 때 어떤 방식으로 동작할지를 나타냅니다. 옵션을 조합해 fsck를 사용하면 파일 시스템의 무결성을 효과적으로 검사하고 복구할 수 있습니다.

- -a 또는 --auto: 파일 시스템의 문제를 자동으로 수정합니다.
- -n 또는 --no: 파일을 수정하지 않고 검사만 수행합니다.

예를 들어, 다음과 같이 입력해 실행하면 /dev/sda1에 대해 자동으로 파일 시스템 검사 및 복구를 수행합니다.

```
fsck -a /dev/sda1
```

### 2. 스냅샷

특정 시점의 파일 시스템 상태를 저장해 필요할 때 해당 시점으로 데이터를 복원할 수 있는 기술입니다. 스냅샷은 주로 데이터 보호, 백업, 버전 관리에 사용합니다.

스냅샷의 작동 방식은 다음과 같습니다.

1 사용자가 스냅샷을 생성하면 파일 시스템의 메타데이터와 데이터 블록 상태를 기록합니다.

2 파일 시스템에서 변경 사항이 발생하면 기존 데이터를 변경하지 않고, 새로운 데이터 블록을 생성해 기록합니다.

3 복구할 때는 특정 시점의 스냅샷을 선택해 원래 상태로 되돌립니다.

스냅샷은 ZFS/Btrfs(리눅스), APFS(맥OS)에서 사용합니다.

### 3. RAID

여러 개의 HDD 또는 SSD를 결합해 데이터의 중복성과 성능을 향상시키는 기술입니다. 디스크 장애가 발생해도 데이터를 보호하고 복구할 수 있습니다. RAID에 관해서는 **5.3절**에서 자세히 다루었습니다.

### 12.4.4 접근 제어와 보안

파일 시스템은 데이터 보안을 유지하고 불법적인 접근을 방지하기 위해 접근 제어, 파일 암호화, 사용자 인증 및 권한 관리 등의 보안 기능을 제공합니다. 이러한 보안 기능을 활용하면 데이터의 기밀성, 무결성, 가용성을 보호할 수 있습니다.

● **접근 제어 목록**

**접근 제어 목록**(ACL, Access Control List)은 파일이나 디렉터리에 대한 접근 권한을 사용자나 그룹별로 설정하는 시스템입니다. 파일 시스템은 각 파일과 디렉터리에 대해 ACL을 유지합니다. ACL에는 해당 파일이나 디렉터리에 접근할 수 있는 사용자 또는 그룹과 그들이 수행할 수 있는 작업을 정의합니다.

일반적인 접근 권한은 다음과 같습니다.

- **읽기(r, read)**: 파일을 읽을 수 있는 권한
- **쓰기(w, write)**: 파일을 수정하거나 새로운 데이터를 추가할 수 있는 권한
- **실행(x, execute)**: 실행 가능한 파일(프로그램, 스크립트 등)을 실행할 수 있는 권한

유닉스/리눅스 파일 시스템은 기본 권한이 소유자, 그룹, 기타 사용자로 나뉘며, `rwx` 형식으로 표시합니다. 예를 들어, `-rw-r--r--`는 소유자에 읽기 및 쓰기 권한이 있고, 그룹과 기타 사용자는 읽기 권한만 있습니다.

NTFS는 권한을 더 세분해서 설정할 수 있습니다. 예를 들어, 사용자 A는 읽기만 허용하고, 사용자 B는 읽기 및 쓰기를 허용할 수 있습니다.

이처럼 접근 제어 목록을 사용하면 특정 사용자 또는 그룹별 맞춤형 권한을 부여할 수 있어 보안이 강화됩니다.

● **파일 암호화**

**파일 암호화**(file encryption)는 파일 데이터를 암호화해 불법적인 접근을 방지하는 기술입니다. 파일을 저장할 때 암호화하고, 읽기 요청이 들어오면 인증된 사용자만 복호화할 수 있게 합니다.

NTFS는 EFS(Encrypting File System)라는 기능을 사용해 파일 또는 디렉터리 단위 암호화를 지원합니다. 사용자는 파일 암호화를 활성화해 데이터 보안을 강화할 수 있으며, 복호화는 인증된 사용자만 가능합니다.

APFS는 디스크 또는 파일 단위 암호화를 지원합니다. 암호화된 상태에서도 데이터 무결성을 유지합니다.

리눅스의 LUKS(Linux Unified Key Setup)는 전체 디스크 암호화를 지원합니다. 시스템을 부팅할 때 암호를 입력해야 해독할 수 있습니다.

이러한 파일 암호화를 활용하면 디스크 도난이나 물리적 유출이 발생하더라도 데이터를 보호할 수 있습니다.

● **사용자 인증 및 권한 관리**

파일 시스템은 보안을 강화하기 위해 사용자 인증과 권한 관리를 적용해 불법적인 접근을 차단합니다.

**사용자 인증**(authentication)은 사용자가 주장하는 신원을 확인하는 과정입니다. 즉, 파일 시스템에 접근하려는 사용자가 실제로 그 사용자인지를 검증하는 것입니다. 일반적인 인증 방법은 다음과 같습니다.

- **비밀번호 인증**: 사용자 계정과 비밀번호 입력
- **생체 인식**: 지문, 얼굴 인식, 홍채 인식 등 생체 정보 사용
- **2단계 인증(2FA)**: 비밀번호 + 추가 인증 수단(SMS로 전송된 코드, OTP 등)
- **토큰 인증**: 하드웨어 또는 소프트웨어 기반 인증 장치 사용

**권한 관리**(authorization)는 인증된 사용자가 시스템 내에서 수행할 수 있는 작업이나 접근할 수 있는 자원에 대한 권한을 설정하고 관리하는 과정입니다. 접근을 제어하는 방식은 다음과 같습니다.

- **역할 기반 접근 제어**: 사용자의 역할에 따라 접근 권한 부여 예 관리자, 일반 사용자, 게스트 등
- **정책 기반 접근 제어**: 특정 조건에 따라 접근 권한 설정 예 특정 시간대에만 접근 허용
- **리소스 접근 제어**: 특정 파일, 디렉터리 등 자원에 대한 접근 권한 관리

유닉스/리눅스 파일 시스템은 간단하고 직관적인 권한 모델을 제공합니다. 권한은 명령어(chmod, chown, chgrp)를 사용해 설정하고 관리할 수 있습니다.

- **사용자(user)**: 파일을 생성한 사용자
- **그룹(group)**: 여러 사용자가 특정 그룹을 통해 접근 권한 공유
- **기타(others)**: 소유자와 그룹에 속하지 않은 사용자

NTFS는 복잡한 권한 관리를 제공합니다.

- **사용자 및 그룹 기반 권한 설정**: 특정 사용자 또는 그룹별로 권한 부여 예 사용자 A는 읽기 권한, 사용자 B는 읽기/쓰기/삭제 권한
- **상속(inheritance)**: 상위 디렉터리의 권한이 하위 디렉터리 및 파일에 자동 적용
- **세분한 권한 관리 가능**: 읽기, 쓰기, 수정, 소유권 변경, 실행 등 다양한 권한 제공

접근 제어와 보안이 중요한 이유는 권한 관리와 암호화를 통해 데이터가 손상되거나 부적절하게 수정되는 것을 방지할 수 있기 때문입니다. 디스크 도난, 데이터 유출 등이 발생해도 데이터를 안전하게 보호할 수 있습니다. 그래서 금융, 의료 등 보안이 중요한 산업에서는 철저한 접근 관리가 필수입니다.

### 1분 퀴즈

정답 노트 p.394

**27.** 다음 중 파일 쓰기 성능을 향상시키는 기술이 아닌 것은 무엇인가요?

① 버퍼링　　② 캐싱　　③ 비동기 쓰기　　④ 디스크 조각 모음

**28.** 파일 조각화를 방지하는 방법으로 적절하지 않은 것은 무엇인가요?

① 디스크 조각 모음　　② 지연 할당
③ SSD 사용　　④ 비동기 쓰기

**29.** 파일 읽기 과정에서 운영체제가 참조하는 데이터는 무엇인가요?

① 파일 블록 리스트　　② 메타데이터
③ 운영체제 커널　　④ 디렉터리 엔트리

**30.** 다음 중 파일 조각화를 방지하는 방법으로 적절한 것은 무엇인가요?

① 파일을 압축해서 저장한다.　　② SSD를 사용한다.
③ 파일을 작은 단위로 저장한다.　　④ 파일을 직접 수정하지 않는다.

31. 저널링 파일 시스템이 수행하는 주요 작업은 무엇인가요?

　① 파일을 압축해 저장한다.

　② 데이터를 랜덤한 위치에 배치한다.

　③ 파일 시스템의 성능을 낮추는 역할을 한다.

　④ 파일 변경 사항을 로그에 기록해 시스템 장애 발생 시 복구한다.

32. 다음 중 스냅샷에 대한 설명으로 올바른 것은 무엇인가요?

　① 특정 시점의 파일 시스템 상태를 저장해 필요할 때 복구할 수 있다.

　② 조각 모음을 실행하는 과정에서 사용된다.

　③ 한 번 생성된 후에는 변경이 불가능하다.

　④ RAID와 결합해야만 사용할 수 있다.

33. 접근 제어 목록의 역할은 무엇인가요?

　① 파일 및 디렉터리의 접근 권한을 사용자 및 그룹별로 설정하는 것

　② 파일의 크기를 줄여 성능을 향상시키는 것

　③ 디스크 공간을 자동으로 최적화하는 것

　④ 파일을 암호화하여 보호하는 것

34. 빈칸에 알맞은 단어를 넣으세요.

　① _____ 은/는 파일을 읽을 때 연속된 데이터 블록을 미리 가져와 성능을 향상시키는 기술입니다.

　② _____ 은/는 파일 시스템이 데이터를 저장할 때 즉시 블록을 할당하지 않고, 최적의 빈 공간을 찾아 할당하는 방식입니다.

35. 다음 설명이 맞으면 O, 틀리면 X를 괄호 안에 넣으세요.

　① (　　) 파일을 저장할 때 운영체제는 항상 빈 블록을 연속해서 할당한다.

　② (　　) 파일 조각화가 발생하면 디스크 성능이 저하될 수 있다.

　③ (　　) HDD에서는 조각화가 발생하지만, SSD에서는 조각화의 영향을 거의 받지 않는다.

　④ (　　) ACL을 사용하면 특정 사용자에게만 파일 접근을 허용할 수 있다.

　⑤ (　　) 파일을 생성할 때 운영체제는 먼저 파일의 내용을 디스크에 기록한 후 메타데이터를 갱신한다.

## 마무리

1. **파일 시스템**

    ① 파일 시스템: 컴퓨터에서 데이터를 저장하고 관리하는 방법을 정의하는 시스템입니다.

    ② 파일: 데이터를 저장하는 기본 단위로, 파일 이름과 확장자로 파일 유형을 결정합니다.

    ③ 메타데이터: 파일의 속성을 설명하는 정보로, 파일을 효율적으로 검색하고 관리하는 데 사용합니다.

    ④ 디렉터리: 파일을 그룹화해 정리하는 구조로, 트리 형태로 계층적으로 구성됩니다.

    ⑤ 경로: 특정 파일이나 디렉터리의 위치를 나타내며, 절대 경로와 상대 경로가 있습니다.

    ⑥ 파일 시스템은 데이터 저장 및 검색, 접근 제어 및 보안, 데이터 무결성 및 복구, 성능 최적화 등의 기능을 제공합니다.

2. **파일 시스템의 종류**

    ① FAT: 초기 파일 시스템으로, 파일 할당 테이블을 이용해 파일 위치와 블록 정보를 관리합니다.

    ② NTFS: 마이크로소프트가 윈도우를 위해 개발한 현대적인 파일 시스템으로, 강력한 보안과 데이터 보호 기능을 제공합니다.

    ③ ext: 리눅스 운영체제를 위해 설계한 파일 시스템으로, 대용량 저장 장치에 적합합니다.

    ④ HFS: 맥OS에서 사용하던 파일 시스템으로, APFS로 대체되었습니다.

    ⑤ APFS: 최신 맥OS, iOS 장치에서 사용하는 파일 시스템으로, SSD에 최적화되어 빠른 속도를 제공합니다.

3. **파일 시스템의 구조**

    ① 파일 시스템은 데이터를 효과적으로 저장하고 관리하기 위해 디스크 → 파티션 → 볼륨 → 디렉터리 → 파일 → 블록으로 나뉘어 있습니다.

② 파일 시스템은 데이터를 물리적 저장소(HDD, SSD 등)에 저장하지만, 사용자는 논리적 구조(파일과 디렉터리)를 통해 데이터를 쉽게 찾고 관리할 수 있습니다.

③ 데이터 블록: 파일 데이터를 저장하는 기본 단위입니다.

④ 데이터 블록 할당 방식: 파일을 저장할 때 데이터 블록을 어떻게 배치하고 관리할 것인지 결정하는 방식으로, 연속 할당, 연결 할당, 인덱스 할당 방식이 있습니다.

⑤ 인덱스 구조: 파일의 데이터 블록을 빠르게 찾을 수 있도록 하는 구조로, FAT, 아이노드, B-트리가 있습니다.

4. **파일 시스템의 작동 원리**

① 파일 시스템은 디스크 접근 속도를 높이고, 쓰기 성능을 향상하기 위해 프리페칭, 캐싱, 버퍼링, 쓰기 집합, 비동기 쓰기 등 최적화 기술을 사용합니다.

② 파일 조각화: 파일이 연속적인 공간이 아닌 여러 위치에 나뉘어 저장되는 현상입니다.

③ 파일 조각화가 발생하면 디스크 조각 모음, 지연 할당 등으로 파일 조각화를 해결하거나 파일 조각화를 예방하는 방법(정적 디스크 파티션, 동적 크기 조정, SSD 사용 등)을 사용합니다.

④ 파일 시스템은 데이터를 보호하기 위해 저널링과 데이터 복구 기능을 제공합니다

- **저널링**: 파일 시스템의 일관성과 무결성을 보장하기 위해 변경 사항을 기록하는 기술
- **데이터 복구**: 시스템 장애, 파일 시스템 손상, 데이터 손실 등이 발생했을 때 데이터를 복원하고 무결성을 유지하는 과정. fsck, 스냅샷, RAID 등으로 데이터 복구

⑤ 파일 시스템은 접근 제어, 파일 암호화, 사용자 인증 및 권한 관리 등의 보안 기능을 제공합니다.

**MEMO**

# 정답 노트

## 1장

### 1분 퀴즈

**01.** ③ **02.** ④ **03.** ② **04.** ③ **05.** ④

## 2장

### 1분 퀴즈

**01.** ① **02.** ④ **03.** ③ **04.** ② **05.** ① **06.** ③
**07.** ④ **08.** ① O ② X ③ O ④ X ⑤ X **09.** ③ **10.** ①
**11.** ④(12 = 1100, 10 = 1010, OR 연산 후 1110 = 14) **12.** ② **13.** ① O ② O ③ X ④ O
**14.** ② **15.** ① **16.** ③ **17.** ③ **18.** ① X ② O ③ X

## 3장

### 1분 퀴즈

**01.** ① 산술 논리 장치(ALU) ② 제어 장치 ③ 레지스터 **02.** ② **03.** ④ **04.** ①
**05.** ④ **06.** ① 클럭 사이클 ② IPC ③ 단순 명령어 **07.** ③ **08.** ②
**09.** ② **10.** ④ **11.** ② **12.** ① 사이클 ② 실행 유닛 ③ 컴파일러
**13.** ③ **14.** ④ **15.** ② **16.** ④ **17.** ④

## 4장

### 1분 퀴즈

**01.** ① 레지스터 ② 트랜지스터, 커패시터 ③ 감지 증폭기 ④ RAS **02.** ③ **03.** ④
**04.** ② **05.** ④, ⑤ **06.** ① 휘발성 ② DRAM ③ SRAM ④ EPROM ⑤ 시스템

07. ③    08. ②    09. ①    10. ③
11. ① CPU, 메인 메모리 ② L1 캐시 ③ 캐시 히트 ④ 워드 ⑤ LRU    12. ③    13. ④
14. ②    15. ①, ②, ③

## 5장

### 1분 퀴즈

01. ① 스핀들, RPM ② 실린더 ③ 탐색 시간 ④ NAND 플래시 ⑤ 블록 ⑥ 무효(invalid), 비어 있는(free)
02. ④    03. ①    04. ③    05. ④    06. ②    07. ①
08. ① SSTF ② FCFS    09. ③
10. ① 스트라이핑 ② 이중 패리티 ③ 스트라이핑, 미러링    11. ③    12. ④

## 6장

### 1분 퀴즈

01. ①    02. ②    03. ④    04. ①
05. ① 입출력 요청 큐 ② 장치 드라이버 ③ 인터럽트    06. ④    07. ③
08. ① 버퍼 ② 프로그램 입출력 ③ DMA ④ DRQ(DMA Request) ⑤ 사이클 스틸링
09. ③    10. ① 주소 버스 ② 데이터 버스 ③ 제어 버스 ④ SATA

## 7장

### 1분 퀴즈

01. ① 사용자 인터페이스 ② 커널 ③ 부트 로더    02. ③    03. ②    04. ④
05. ④    06. ④    07. ①, ④
08. ① 커널 영역 ② 커널 영역, 사용자 영역 ③ 사용자, 커널    09. ②    10. ④
11. ③    12. ②, ③, ④

## 8장

### 1분 퀴즈

**01.** ① 프로세스  ② 코드, 데이터, 힙, 스택  ③ PCB, PID
**02.** ① O  ② X  ③ O
**03.** ④    **04.** ③    **05.** ②    **06.** ④
**07.** ① 고아  ② 초기(루트)  ③ 준비    **08.** ① O  ② X  ③ O  ④ O    **09.** ②    **10.** ②
**11.** ④    **12.** ②
**13.** ① 프로세스 간 통신(IPC)  ② FIFO(First In, First Out) 또는 선입선출  ③ 비동기  ④ 양방향
**14.** ① O  ② X  ③ X  ④ O  ⑤ X    **15.** ③    **16.** ①    **17.** ①    **18.** ④
**19.** ① 멀티프로세스  ② 동시성  ③ TCB  ④ 스레드    **20.** ① O  ② X  ③ O  ④ X
**21.** ①, ②    **22.** ②    **23.** ②

## 9장

### 1분 퀴즈

**01.** ① 임계 구역  ② 경쟁 조건    **02.** ① O  ② O  ③ X  ④ O  ⑤ O    **03.** ②
**04.** ④    **05.** ③    **06.** ①
**07.** ① 잠금, 잠금 해제  ② P(wait), V(signal)  ③ 시그널, 비시그널
**08.** ① O  ② X  ③ X  ④ O    **09.** ③    **10.** ②    **11.** ④    **12.** ②
**13.** ①    **14.** ① 상호 배제, 점유와 대기, 비선점, 환형 대기  ② 안전  ③ 순환
**15.** ① O  ② O  ③ X  ④ O    **16.** ③    **17.** ②    **18.** ②    **19.** ④
**20.** ③

## 10장

### 1분 퀴즈

**01.** ① 스케줄링  ② 우선순위  ③ 시간 할당량(타임 퀀텀, 타임 슬라이스)
④ (대기 시간 + 실행 시간) / 실행 시간  ⑤ 다단계 큐

**02.** ① O  ② X  ③ X  ④ X  ⑤ O   **03.** ②   **04.** ③   **05.** ④

**06.** ① 준비 큐  ② 디스크(보조 기억 장치)  ③ CPU   **07.** ① O  ② O  ③ X  ④ X  ⑤ O

**08.** ④   **09.** ④   **10.** ②   **11.** ①   **12.** ①

## 11장

### 1분 퀴즈

**01.** ②   **02.** ④   **03.** ②   **04.** ③

**05.** ① 논리  ② 메모리 관리 장치(MMU)  ③ 컴파일 타임(프로그램이 실행되기 전)
④ 런타임(프로그램 실행 중)

**06.** ②, ③, ④   **07.** ④   **08.** ④   **09.** ①

**10.** ① 연속 할당  ② 고정 분할  ③ 가변 분할  ④ 외부 단편화  ⑤ 프레임

**11.** ①   **12.** ④   **13.** ③   **14.** ②   **15.** ②

**16.** ① 요구 페이징  ② 디스크(보조 기억 장치)  ③ 페이지 교체  ④ 스래싱   **17.** ③, ④   **18.** ③

**19.** ④   **20.** ④   **21.** ③

## 12장

### 1분 퀴즈

**01.** ③   **02.** ③   **03.** ②   **04.** ③   **05.** ③   **06.** ①

**07.** ②   **08.** ④   **09.** ②   **10.** ①   **11.** ④   **12.** ②

**13.** ③   **14.** ④   **15.** ③   **16.** ②   **17.** ①   **18.** ③

**19.** ③   **20.** ②   **21.** ①   **22.** ④   **23.** ④   **24.** ②
**25.** ④   **26.** ①X ②O ③O ④X ⑤O   **27.** ④   **28.** ④   **29.** ②
**30.** ②   **31.** ④   **32.** ①   **33.** ①
**34.** ① 프리페칭 ② 지연 할당   **35.** ①X ②O ③O ④O ⑤X

# INDEX

## A

address bus  187
address decoder  108
addressing mode  060
aging  299
ALU, Arithmetic Logic Unit  028, 072
application  202
application software  024
ARC  121
arithmetic circuit  073
ASCII  048
avoidance  277

## B

background process  220
banker's algorithm  277
BCD 코드  050
binary code  039
bit  036
booting  202
buffering  176
bus  031, 187

## C

cache hit  118
cache memory  079
cache miss  118
caching  177
capacitor  107
CAS, Column Address Strobe  108
CISC, Complex Instruction Set Computer  085
CLI, Command Line Interface  201
clock cycle  081
clock speed  081
compiler  058
concurrency  238, 250
consistency  258
context  238
context switching  238
contiguous allocation  328
control bus  188
control circuit  109, 171
control line  109
control register  171
control signal generator  076
control unit  028, 076
CPU, Central Processing Unit  024, 028, 070
CPU 처리 속도  081
critical section  260
C-SCAN  144

## D

daemon  235
data  036
data bus  109, 188
data race  259
data register  172
deadline  293
deadlock  259, 275
dedicated purpose register  078
demand paging  345
device controller  170
device driver  172
direct mapping  123
disk scheduling algorithm  141
dispatch  237
DMA, Direct Memory Access  170, 184
double precision  047
DRAM, Dynamic RAM  113
dynamic allocation  324
dynamic priority  298

## E

EEPROM, Electrically Erasable Programmable ROM  114
EPROM, Erasable Programmable ROM  114
event object  272
exit code  240
exokernel  207
ext, Extended File System  363
external fragmentation  331

## F

FAT  362
FCFS  141, 295
FIFO  121, 295, 346
File Allocation Table  362
file system  200
fixed partitioning  328
fixed point  045
flash memory  114
floating point  046
foreground process  220
fragmentation  199
fully associative mapping  123

## G

general purpose register 078
GUI, Graphical User Interface 201

## H

hardware 023
HDD, Hard Disk Drive 130
heap 222
hit ratio 118
HRN, Highest Response Ratio Next 301
hybrid kernel 207

## I

Input/Output Device 030
input register 075
instruction 057
instruction cycle 082
instruction cycle control 077
instruction decoder 076
instruction set 070
integrity 258
internal fragmentation 329
interpreter 059
interrupt 088
interrupt handler 174
interrupt handling circuit 172
I/O status information 227
IPC, Instructions Per Cycle 082
IR, Instruction Register 076
ISA, Instruction Set Architecture 084

## J

journaling 359, 379

## K

kernel 205
kernel mode 213
kernel space 205

## L

L1 캐시 117
L2 캐시 117
L3 캐시 117
LFU, Least Frequently Used 121, 347
locality 120
logical memory 321
logic circuit 073
long-term scheduling 311
LRU, Least Recently Used 120, 347

## M

machine code 057
main memory 104
medium-term scheduling 312
memory 029, 104
memory cell 107
memory management information 225
message queue 245
metadata 355
micro kernel 206
mirroring 149
monolithic kernel 205
multilevel feedback queue 306
multilevel queue 304
multi-process 220
multitasking 071
multithread 250
mutex 264

## N

nibble 036
nonpreemptive scheduling 295
NTFS, New Technology File System 363

## O

opcode 059
operand 059
operation code 059
operation selector 073
OPT 347
OS, Operating System 022, 198
output register 075
overflow 074

## P

page replacement 346
page table 336
paging 335
paging-based swapping 344
parallelism 250
parallel processing 092
parity 150
PC, Program Counter 077, 225
PCB, Process Control Block 223
PCIe, Peripheral Component Interconnect express 190
physical address 320

physical memory   320
PID, Process ID   224
pipelining   092
polling   182
preemptive scheduling   288
prevention   276
priority inversion   259
process   199, 218
process state   224
program   218
PROM, Programmable ROM   114

### R

race condition   259
RAID   146
RAM, Random Access Memory   024, 029
RAS, Row Address Strobe   108
register   028, 077
register state   225
RISC, Reduced Instruction Set Computer   086
ROM, Read-Only Memory   114
RR, Round Robin   289

### S

SATA, Serial ATA   190
SCAN   143
scheduling   286
scheduling queue   226
segment   338
select line   109
semaphore   267
service   235
set associative mapping   123
shared memory   246
shared resource   260
short-term scheduling   313
signal   247
SJF, Shortest Job First   300
socket   247
software   024
spatial locality   120
SRAM, Static RAM   114
SRT, Shortest Remaining Time   291
SSD, Solid State Drive   134
SSTF, Shortest Seek Time First   142
stack   223
starvation   259
static allocation   324
static priority   298
status register   075, 171
super pipelining   095
superscalar   094
swap in   344
swap out   344
swapping   343
swap space   343
synchronization   258
system call   208
system library   201
system program   202
system software   024

### T

TCB, Thread Control Block   251
temporal locality   120
thrashing   348
thread   239, 250
thunderbolt   190
transistor   107

### U

UI, User Interface   201
USB, Universal Serial Bus   189
user mode   213

### V

variable partitioning   330
virtual memory   199, 320, 342
VLIW, Very Long Instruction Word   096
Von Neumann architecture   026

### W

working set   349
Write-Around   122
Write-Back   121
Write-Through   122

### ㄱ

가변 분할   330
가상 메모리   199, 320, 342
경쟁 조건   259
고정 분할   328
고정 소수점   045
공간 지역성   120
공유 메모리   246
공유 자원   260
교착 상태   259, 275
그래픽 사용자 인터페이스   201
기계어   057

기아 259
기한부 293

### ㄴ

내부 단편화 329
논리 메모리 321
논리 연산 054
논리 연산 회로 073
니블 036

### ㄷ

다단계 큐 304
다단계 피드백 큐 306
단기 스케줄링 313
대기 그래프 278
데몬 235
데이터 036
데이터 경합 259
데이터 레지스터 172
데이터 무결성 258
데이터 버스 109, 188
데이터 블록 369
동기화 258
동시성 238, 250
동적 우선순위 298
동적 할당 324
디스크 스케줄링 알고리즘 141
디스패치 237

### ㄹ

라운드 로빈 289
레지스터 028, 077
레지스터 상태 225

### ㅁ

마이크로 커널 206
멀티스레드 250, 251
멀티태스킹 071
멀티프로세스 220, 251
메모리 024, 029, 104
메모리 계층 구조 105
메모리 관리 정보 225
메모리 단편화 199
메모리 셀 107
메시지 큐 245
메타데이터 355
명령어 057
명령어 레지스터 076
명령어 사이클 082
명령어 사이클 제어기 077
명령어 실행 083
명령어 인출 083
명령어 집합 070
명령어 집합 구조 084
명령어 해독기 076
명령어 해석 083
명령줄 인터페이스 201
모놀리식 커널 205
물리 메모리 320
물리 주소 320
뮤텍스 264
미러링 149

### ㅂ

배정밀도 047
백그라운드 프로세스 220
버스 031, 187
버퍼링 176
병렬성 250

병렬 처리 092
보수법 043
보조 기억 장치 024, 029
부동 소수점 046
부모 프로세스 231
부팅 202
비선점형 스케줄링 295
비트 036
비트 연산 054
비휘발성 메모리 114

### ㅅ

사용자 모드 213
사용자 인터페이스 201
산술 논리 장치 028, 072
산술 연산 회로 073
상태 레지스터 075, 171
상호 배제 275
서비스 235
선점 금지 276
선점형 스케줄링 288
선택 단자 109
세그먼테이션 338
세그먼트 338
세마포어 267
소켓 247
소프트웨어 024
솔리드 스테이트 드라이브 134
슈퍼스칼라 094
슈퍼 파이프라이닝 095
스래싱 348
스레드 239, 250
스레드 제어 블록 251
스와핑 343
스왑 공간 343

스왑 아웃　344
스왑 인　344
스케줄링　286
스케줄링 큐　226
스택　223
시간 지역성　120
시그널　247
시스템 라이브러리　201
시스템 소프트웨어　024
시스템 프로그램　202
시스템 호출　208
싱글 프로세스　251
썬더볼트　190
쓰기 정책　121

## ㅇ

어셈블리어　058
에이징　299
엑소커널　207
연산 선택기　073
연산 코드　059
연속 할당　328
열 주소 스트로브　108
예방　276
오버플로　074
오퍼랜드　059
완전 연관 매핑　123
외부 단편화　331
요구 페이징　345
우선순위 상속 기법　267
우선순위 역전　259
운영체제　022, 198
유니코드　049
은행원 알고리즘　277
응용 소프트웨어　024

응용 프로그램　202
이벤트 객체　272
이진 코드　039
인터럽트　088
인터럽트 기반 입출력　183
인터럽트 처리 회로　172
인터럽트 핸들러　174
인터프리터　059
일관성　258
일반 목적 레지스터　078
임계 구역　260
입력 레지스터　075
입출력 상태 정보　227
입출력 장치　024, 030, 164

## ㅈ

자식 프로세스　231
자원 할당 그래프　278
작업 집합　349
장기 스케줄링　311
장치 드라이버　172
장치 컨트롤러　170
저널링　359, 379
점유와 대기　276
정적 우선순위　298
정적 할당　324
제어 단자　109
제어 레지스터　171
제어 버스　188
제어 신호 생성기　076
제어 장치　028, 076
제어 회로　109, 171
종료 코드　240
주 기억 장치　104
주소 디코더　108

주소 버스　187
주소 지정 방식　060
중기 스케줄링　312
중앙 처리 장치　024
지역성　120
직접 매핑　123
집합 연관 매핑　123

## ㅊ

출력 레지스터　075

## ㅋ

캐시 교체 정책　120
캐시 메모리　079
캐시 미스　118
캐시 히트　118
캐싱　177
커널　205
커널 모드　213
커널 영역　205
커패시터　107
컨텍스트　238
컨텍스트 스위칭　238, 239
컴파일　058
컴파일러　058
클럭 사이클　081
클럭 속도　081

## ㅌ

트랜지스터　107
특수 목적 레지스터　078

## ㅍ

파이프라이닝　092
파일 시스템　200, 354
패리티　150
페이지 교체　346
페이지 스와핑　344
페이지 테이블　336
페이징　335
포어그라운드 프로세스　220
폰 노이만 구조　026
폴링　182
프로그램　218
프로그램 카운터　077, 225
프로세스　199, 218
프로세스 상태　224
프로세스 식별자　224
프로세스 제어 블록　223
플래시 메모리　114

## ㅎ

하드 디스크 드라이브　130
하드웨어　023
하이브리드 커널　207
행 주소 스트로브　108
환형 대기　276
회피　277
휘발성 메모리　113
히트율　118
힙　222